KB251974

와 인 에 담 긴
역 사 와 문 화

와인에 담긴 역사와 문화

초판인쇄 2005년 10월 1일
초판발행 2005년 10월 5일

지 은 이 최영수 김복래 김정하 김형인 조관연
펴 낸 이 이찬규
펴 낸 곳 북코리아
등록번호 제03-01240호
주   소 121-802 서울시 마포구 공덕동 173-51
전   화 (02)704-7840
팩   스 (02)704-7848
이 메 일 sunhaksa@korea.com
홈페이지 www.ibookorea.com

값 20,000원

ISBN 89-89316-61-8 03900

| 프랑스의 주요 포도주 산지 |

1_Bordeaux(보르도) / 2_Bourgogne(부르고뉴) / 3_Lille(릴) / 4_Amiens(아미앵) / 5_Rouen(루앙) / 6_Chalons-Marne(샬롱-마른느) / 7_Metz(메츠) / 8_Est(에스트) / 9_Alsace(알자스) / 10_Strasbourg(스트라스부르) / 11_Rennes(렌느) / 12_Orleans(오를레앙) / 13_Nantes(낭트) / 14_Val de Loire(발 드 루아르) / 15_Savoie(사부아) / 16_Dijon(디종) / 17_Jura(쥐라) / 18_Besancon(브장송) / 19_Poitiers(푸아티에) / 20_Clermont-Ferrand(클레르몽-페랑) / 21_Lyon(리옹) / 22_Bergerac(베르주락(벨주락)) / 23_Cotes du Rhone(코트 뒤 론느) / 24_Sud-Ouest(쉬드-웨스트) / 25_Provence(프로방스) / 26_Avignon(아비뇽) / 27_Marseille(마르세유) / 28_Montpellier(몽펠리에) / 29_Languedoc(랑그독) / 30_Toulouse(툴루즈) / 31_Armagnac(아르마냑) / 32_Roussillon(루실롱) / 33_Corse(코르스) / 34_Limoux(리무) / 35_Charente(샤랑트) / 36_Limoges(리모주) / 37_Caen(캉)

이탈리아

| 이탈리아의 주요 포도주 산지 |

1_Valle d'Aosta(발레 다오스타) / 2_Alto Adige(알토 아디제) / 3_Trentino(트렌티노) / 4_Friuli Venezia Giulio(프리울리 베네치아 줄리아) / 5_Veneto(베네토) / 6_Lombardia(롬바르디아) / 7_Emilia Romagna(에밀리아 로마냐) / 8_Marche(마르케) / 9_Abruzzo(아부르초) / 10_Moliese(몰리에세) / 11_Puglia(풀리아) / 12_Basilicata(바실리카타) / 13_Liguria(리구리아) / 14_Umbria(움브리아) / 15_Toscana(토스카나) / 16_Piemonte(피에몬테) / 17_Sardegna(사르데냐) / 18_Lazio(라치오) / 19_Campania(캄파니아) / 20_Sicilia(시칠리아)

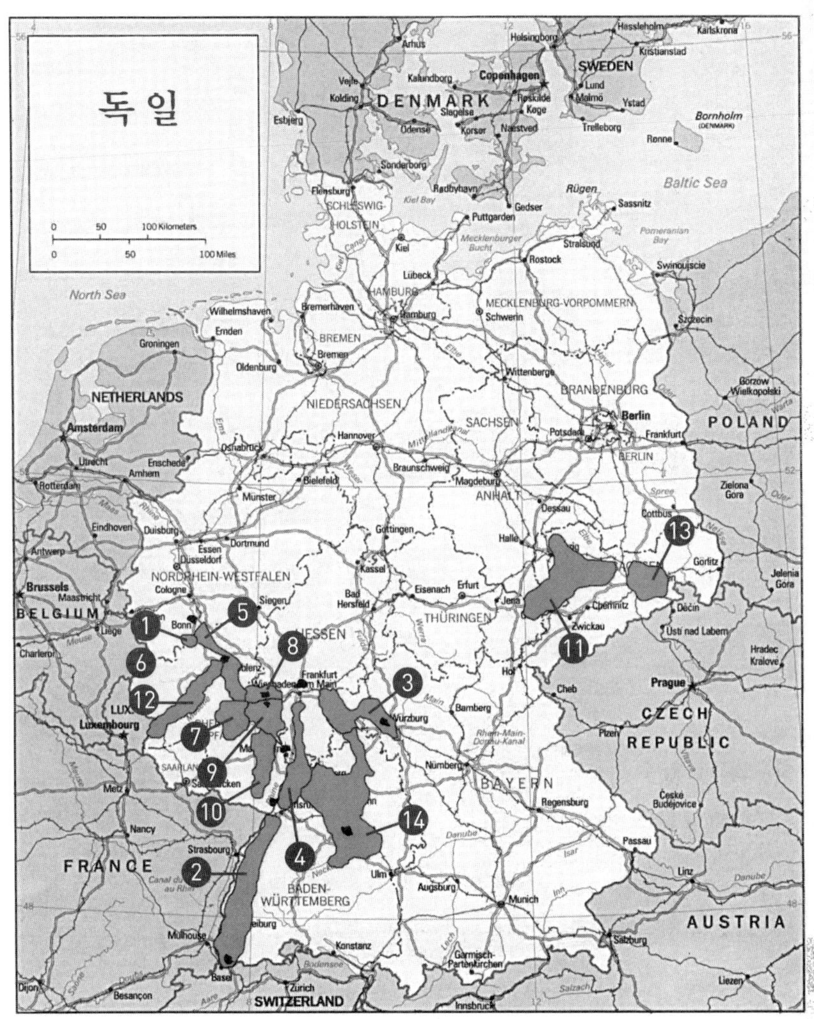

| 독일의 주요 포도주 산지 |

1_Ahr(아르) / 2_Baden(바덴) / 3_Franken(프란켄) / 4_Hessich-Bergstrasse (헤시히-베르크슈트라세) / 5_Mittelrhein(미텔라인) / 6_Mosel(모젤) / 7_Nahe (나헤) / 8_Rheingau(라인가우) / 9_Rheinhessen (라인헤센) / 10_Rheinpfalz(라인팔쯔) / 11_Saale-Unstrut(작센-운슈트루트) / 12_Saar-Ruwer (사르-루버) / 13_Sachen (작센) / 14_Württemberg (뷔르템베르크)

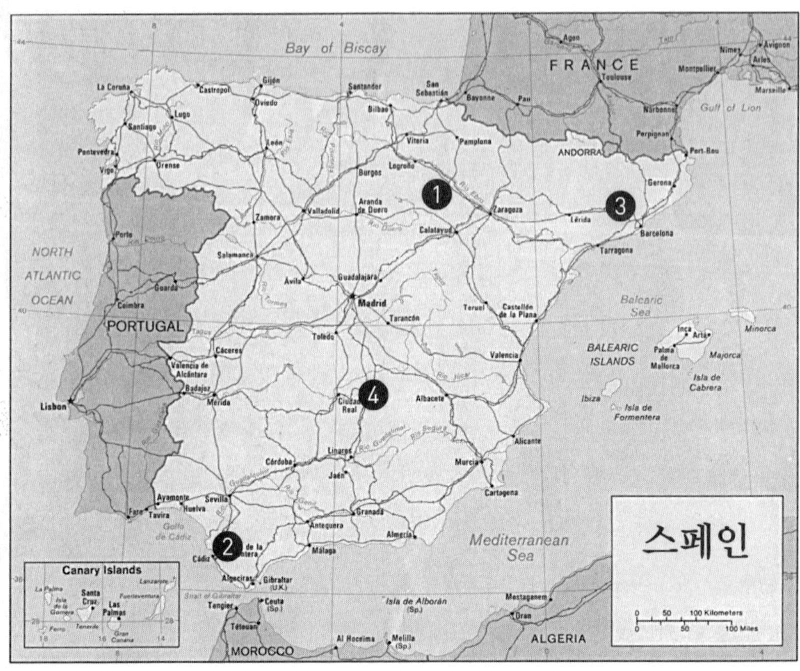

| 스페인의 주요 포도주 산지 |

01_Rioja(리오하)
02_Jerez(헤레스)
03_Penedes(페네데스)
04_Castilla(카스티야)

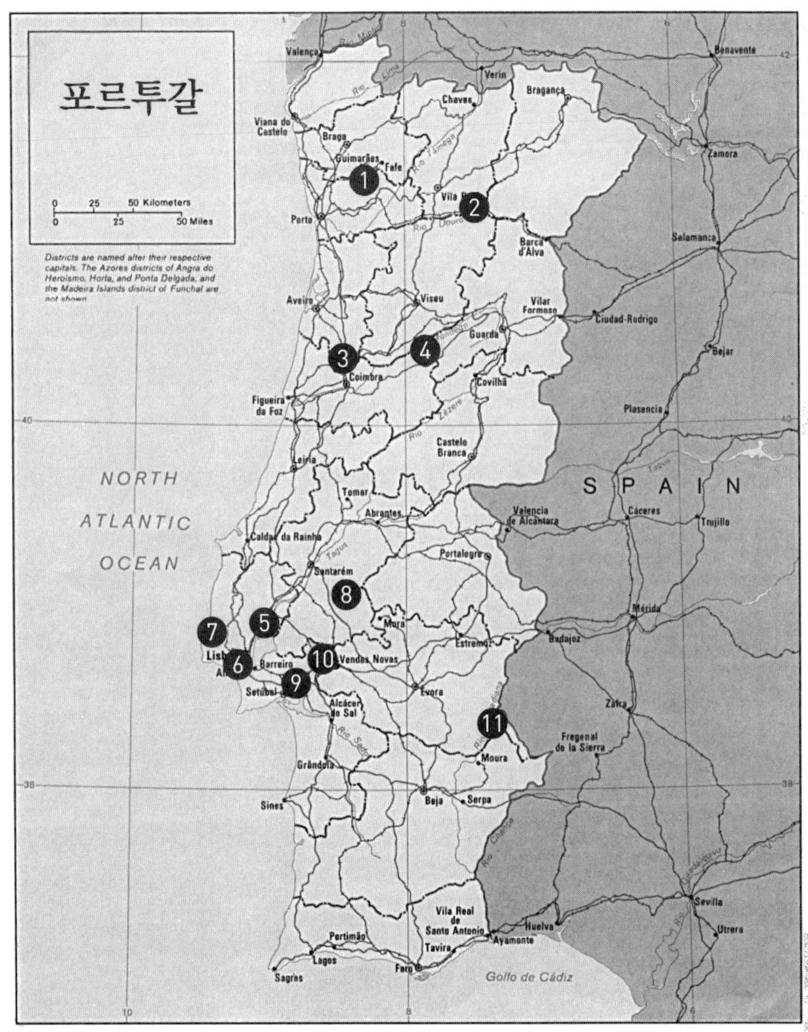

| 포르투갈의 주요 포도주 산지 |

1_ Vinho Verde(빈뉴 베르드) / 2_Porto e Douro(뽀르뚜 와 도우루) / 3_Bairrada(바이하다) / 4_Dão(다웅) / 5_Bucelas(부셀라스) / 6_Carcavelos(까르까벨로스) / 7_Colares(꼴라레스) / 8_Ribatejo(리바떼쥬) / 9_Setúbal(세뚜발) / 10_Palmela(빨멜라) / 11_Alentejo(알렌떼쥬)

미국, 캘리포니아

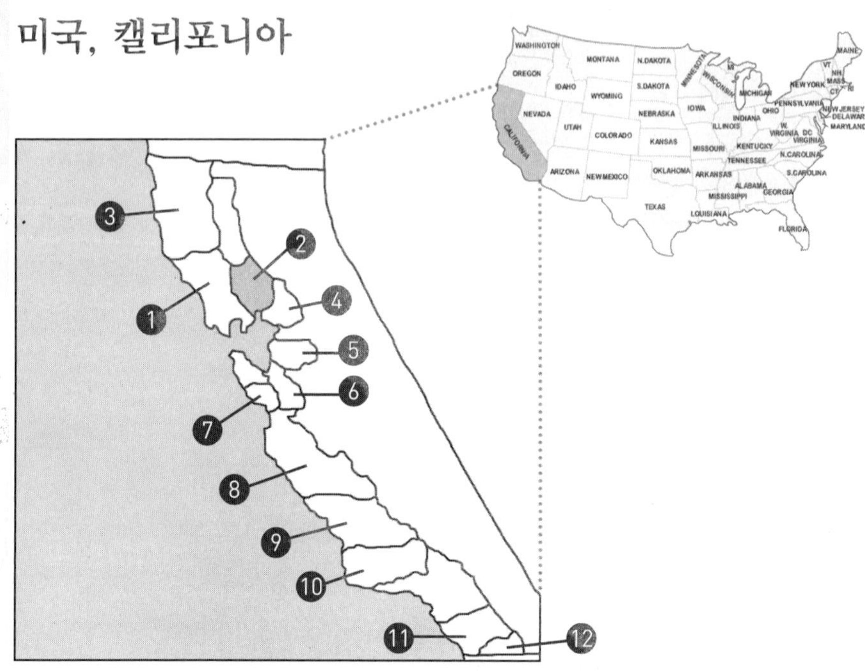

| 미국의 주요 포도주 산지 |

1_Sonoma(소노마)

2_Napa Valley(나파벨리)

3_Mendocino(멘도시노)

4_Central Valley(중앙 밸리)

5_Alameda(알라메다)

6_Sta. Clara(산타클라라)

7_Sta. Cruz(산타크루즈)

8_Monterey(모너리)

9_San Lous Obispo(산루이스오비스포)

10_Santa Barbara(산타바바라)

11_Riverside(리버사이드)

12_Sandiago(산디아고)

| 아르헨티나의 주요 포도주 산지 |

1_Salta(살따)
2_Rioja(리오하)
3_San Juan(산 후안)
4_Mendoza(멘도사)
5_Rio Negro(리오 네그로)

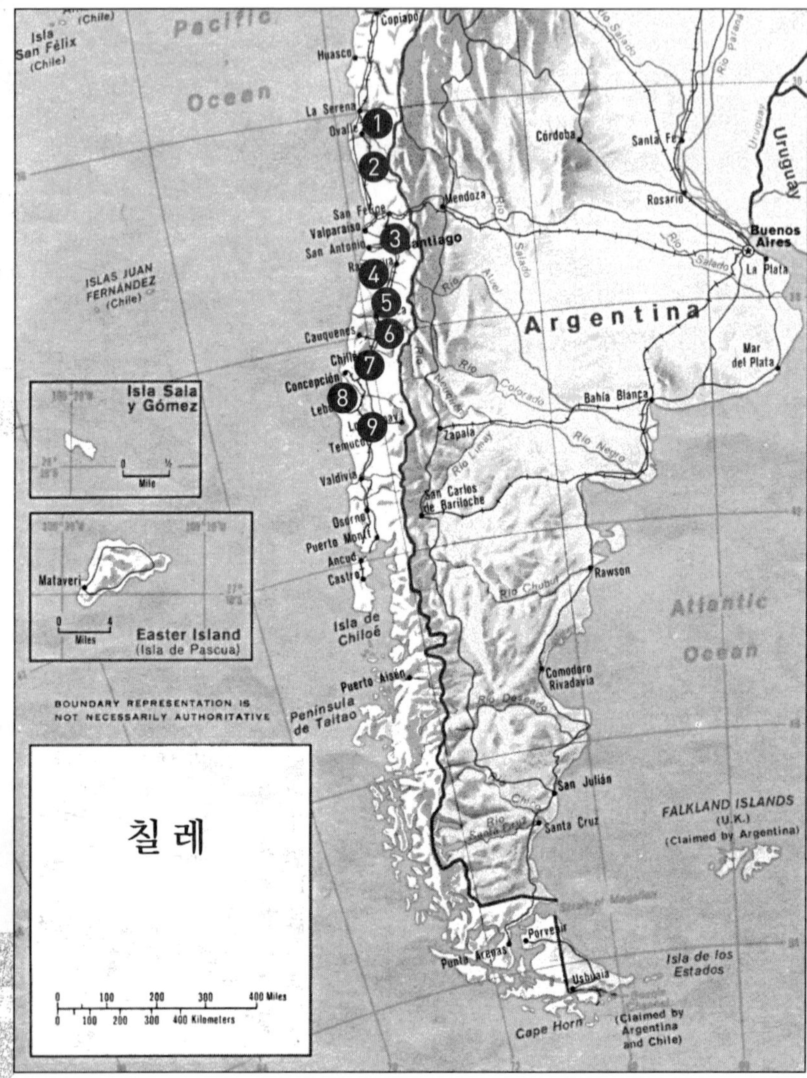

| 칠레의 주요 포도주 산지 |

1_Aconcagua(아콘카구아) / 2_Casa Blanca(카사블랑카) / 3_Santiago(산티아고) / 4_Maipo(마이포) / 5_Rapel(라펠) / 6_Cúrico(쿠리코) / 7_Maule(마울레) / 8_Itata(이타타) / 9_Bió-Bió(비오 비오)

| 오스트레일리아의 주요 포도주 산지|

1_Hunter Valley(헌터 밸리)
2_Barossa Valley(바로사 밸리)
3_Adelaiede Hills(아델라이드 힐즈)
4_Coonawara(쿠나와라)
5_Pathaway(패서웨이)
6_Margarth River(마가레트 리버)
7_Swan Valley(스완밸리)
8_Perth Hills(퍼스힐즈)

| 남아프리카공화국의 주요 포도주 산지 |

1_Tulbagh(툴바그)
2_Paari(파리)
3_Stelleonbosch(스텔리온보슈)
4_Klein Karoo(클라인 카루)

The
cultural
history of
Wine

와인에 담긴 역사와 문화

최영수·김복래·김정하·김형인·조관연 지음

북코리아

최근 들어 우리나라 일각에서는 와인 열풍이 불고 있다. 한국의 주요 일간지에는 한국인의 문화적 수준을 한 단계 끌어올리기 위해 새롭게 귀족적 문화 취향으로 떠오르고 있는 와인 순례에 대한 글들이 끊이지 않고 게재되고 있다. 그러나 많은 글들이 친절하게 소개하고 있음에도 불구하고 어쩐지 핵심이 빠진 듯하고 석연치 않게 느껴지는 것은 어쩐 일일까? 그것은 와인 속에 담겨있는 역사와 문화의 이야기가 빠져 있기 때문일 것이다.

후기 산업사회의 특징 중 하나는 이미지 또는 감성 마케팅이다. 20세기에 들어서자 서구에서는 상품을 문화적 이미지로 포장 판매하는 새로운 마케팅 기법이 등장하였고, 이것은 1980년대 이후 더욱 강력한 트렌트로 발전하여 다방면에서 매우 높은 수익을 올리고 있다. 커피를 예로 든다면, 생산지에서 1, 2센트에 불과한 원두가 팩에 담겨서는 5~25센트에 팔리고, 커피전문점이나 고급레스토랑에서는 2~5달러에 팔린다. 그러나 관광의 도시 베니스의 카페 플로리안에서는 15달러나 한다. 이 터무니없이 높은 가격을 지불하고도 적지 않은 관광객들은 기꺼이 마시는데, 이는 바로 베니스의 마르코광장이 주는 이미지를 커피를 통해 소비하고 영원히 간직하고 싶은 소비자의 욕망 때문일 것이다. 한국에서 불고 있는 와인 열풍도 이런 감성 마케팅과 관련되어 있다.

서구 사회에서 와인은 단순히 술의 한 종류가 아니다. 성서에서나 근대 서구 지식인들의 와인 예찬에서 볼 수 있듯이 와인은 문화적으로 다양한 이미지들의 복합체이다. 서구제국은 이 이미지를 토대로 자국의 포도 농업과 노동력 기반을 유지하고 있다. 또한 근래에는 와인이 갖고 있는 경제적 · 문

화적 가치를 인식한 미국, 칠레 그리고 남아공과 같은 후발 국가들이 새롭게
생산기반을 갖추고 와인 시장에 뛰어들면서 유럽의 몇몇 국가들이 위태롭게
유지해온 독과점 상태가 흔들리고 있다. 이로 인해 '와인 전쟁'이 시작되었고,
우리는 눈에 보이지 않는 이 전쟁 속에서 생겨난 이미지에 따라 특정한 와인
을 마시고 있다.

와인 문화는 자랑스런 인류의 문화유산 중의 하나이며, 우리의 눈에서
새롭게 자리매김하기 위해서는 이를 둘러싼 역사와 문화의 이해에서 출발해
야 하는 것은 아닐까? 우리나라에서도 와인 관련 책자들이 이미 많이 출간되
었다. 이들은 마시는 법이나 분류법 같은 기초적인 지식부터 소믈리에들이나
알고 있음직한 산지별, 연도별 맛과 향의 차이 같은 고급 정보까지 담고 있다.
그러나 와인을 제대로 이해하기 위해 정작 필요한 역사와 문화적 함의들을
알려주는 책자를 찾아보기란 쉬운 일이 아니다. 이는 와인 생산국들의 문화
와 언어가 다양한데다, 그에 얽힌 역사와 문화가 다층적이고 유구하기 때문
이다. 이 때문에 주요 와인 생산국에서 각각의 역사와 문화를 전공한 연구자
다섯 명이 모여서 이 책을 출간하게 되었다.

우리들은 아름다운 왕산을 배경으로 자리잡은 한국외대 외국학종합연구
센터에서 서로 만났다. 그곳에는 세계 각 지역에서 오랜 세월에 걸쳐 학문을
닦고 그곳 생활의 감각을 몸에 익히면서 귀국하여, 지구촌 곳곳의 문화에
대해 깊이 있는 연구를 하고 있는 학자들이 포진해 있다. 나의 와인 사랑은
오래 전부터 각별하여서 그것을 학문적 대상으로 삼아보겠다던 꿈이 있었다.
4년여 전 이곳에서 나는 주요 와인 생산국들의 문화를 전공한 젊은 연구원들

을 만났고 우리는 서로를 이끌어주고 격려하면서 와인에 대한 문화적 깊이가 있는 향기로운 책을 만들자는 데 의견을 모았다.

그러나 이 책을 출간하는 일은 처음에 생각했던 것보다 난항의 연속이었다. 해당 자료들을 모으고 선별·분류하는 작업은 비교적 쉬운 일에 속했다. 우리는 여러 차례 이런 저런 와인을 시음하면서 논의를 더해 갔음에도 불구하고, 언어권별로 서로 달리 불리는 동일한 품종의 명칭들을 어떤 기준에서 통일할 것인지, 어떤 항목들을 취사선택할 것인지는 마지막 순간까지도 정리하기 어려웠다. 유럽에서 국민국가의 개념이 등장한지는 얼마 되지 않는다. 중세까지 여러 나라에서 와인은 공동의 역사적 기반을 많이 갖고 있다. 이에 따라 와인의 역사와 문화를 국가별로 소개하다 보니 내용이 중복되는 일도 종종 발생했고 분담도 쉽지 않았다. 논의의 전개를 위해 꼭 필요한 부분에만 국한해서 내용상의 중복을 허락하였음에도 불구하고 독자를 불편하게 하는 중복이 있을 수도 있다. 이 점에 대해서는 독자들의 양해를 구한다.

이 책이 출간되기까지 많은 분들의 도움이 있었다. 무엇보다 인내심과 끈기를 갖고 기다려주신 북코리아 이찬규 사장님, 책이 나오기까지 까다로운 조판작업을 해주신 편집부에 감사를 드린다. 또 남아프리카공화국의 와인에 대해 정보를 제공하고 그곳에서 귀한 와인도 직접 가져와서 우리 필진의 시음회에 즐거움을 더해주신 서상현 선생님에게도 감사드린다.

역사와 문화는 어떤 창을 선택해서 보느냐에 따라서 전혀 새로운 장면들이 보인다. 이 책은 거대하고 유구한 사회를 바라보는 창으로 와인을 선택했다. 이를 통해 바라보는 풍경은 독자들이 익숙했던 기존의 역사적 장면들과는 또 다른 면모를 보여줄 것이다. 아는 만큼 보인다는 말이 있듯이, 아는 만큼 잘 마실 수 있고 와인의 오묘한 기품을 만끽할 수 있다. 오랫동안 이 책을 함께 집필하면서 우리 필진도 와인 속에 담긴 역사와 문화에 한 발자국 더 가까이 다가가게 되었고, 이에 따라 그 안에 담겨져 있는 비밀스런 숨결마저 새삼 느낄 수 있게 되었다. 그럼 한 잔의 와인을 마시면서 낯설지만 그윽하고 향기로운 곳으로 여행을 떠나보자.

왕산 기슭에서
2005년 10월
대표저자 최영수

포도주의 기원과 전파 ──────────────── 최영수

고대의 포도주 27

1. 이집트 27
2. 그리스 28
3. 로 마 32
4. 프랑스 36

중세의 포도주 39

1. 수도원과 포도주 39
2. 성경에 나타난 포도주 41

근 · 현대의 포도주 44

1. 근 대 44
2. 현 대 45

프랑스 편 ──────────────────── 김복래

프랑스 포도주의 역사와 문화 51

1. 유럽 포도의 자생설 51
2. 고대의 포도주 53
3. 중세의 포도주 55
4. 지역별 포도주 60
5. 포도주의 등급 95
6. 종교적 의미 – 빵과 포도주의 앙상블 98
7. 개인적인 삶의 의미 102
8. 사회적인 의미 106
9. 예술 · 문학 · 음악, 그리고 언어적인 의미 110
10. 천사의 몫 122
11. 포도주와 음식의 궁합 127
12. 에필로그 130

이탈리아 편 ──────────────────── 김정하

이탈리아 포도주의 역사와 문화 134

바쿠스의 향연 137
포도주의 숙성과 발효 139

포도주에 물을 섞어 마시는 관행 *141*
포도주의 다양한 효과 *141*
포도주는 남성중심적 사회의 상징 *142*
도미치아누스 황제의 포도경작지 확대금지법 *142*
포도주 연구: 경작기술과 품종분류 *143*
포도품종의 어원학적 기원 *144*
아우구스투스 시대의 포도주 *145*
포도나무 가지치기 *145*　　　　포도주는 주님의 피 *147*
수도원 주막 *148*　　　　봉건 세속사회의 포도재배 *149*
토스카나의 포도주 *150*　　　　통일 이탈리아의 바롤로 *154*
20세기 포도주 산업 *155*

이탈리아 포도주의 특징 *158*

1. 포도주의 주요산지 *158*　　　2. 이탈리아의 포도품종 *167*
3. 포도주 등급 *176*　　　4. 코르크 마개 *179*
5. 라벨 *180*　　　6. 포도주와 음식의 궁합 *184*

독일 편 ——————————————————————— 조관연

독일 포도주의 역사와 문화 *194*

1. 로마, 야만인 그리고 포도주 *194*　　　2. 칼대제와 포도주 *199*
3. 수도원과 포도주 *203*　　　4. 중세도시 속의 포도주 *211*
5. 암흑속의 포도주 *220*　　　6. 귀부병에 걸린 리슬링 *227*
7. 포도주의 과학화 *233*　　　8. 포도주의 고급화 *236*

독일 포도주의 특징 *241*

1. 포도주법 *241*　　　2. 포도품종 *250*
3. 포도주의 맛과 향 *254*　　　4. 포도주의 주요 산지 *257*
5. 독일 음식과 포도주 *266*

스페인 편 ——————————————————————— 최영수

스페인 포도주의 역사와 문화 *272*

1. 페니키아 *272*　　　2. 그리스와 로마 *274*
3. 이슬람 *277*　　　4. 신대륙과 영국 *281*
5. 포도주의 현대화 *284*

스페인 포도주의 특징 *286*

1. 포도주법 *286*　　　　　2. 포도주의 주요산지 *288*

포르투갈 편 ———————————————— 최영수

포르투갈 포도주의 역사와 문화 *310*

1. 타르테소 *310*　　　　　2. 로마와 게르만 *312*
3. 이슬람 *314*　　　　　4. 신대륙 *316*
5. 포도주의 고급화 *318*

포르투갈 포도주의 특징 *321*

1. 포도주법 *321*　　　　　2. 포도주의 주요산지와 분류 *324*

미국 편 ———————————————— 김형인

미국 포도주의 역사와 문화 *340*

1. 미션 포도주의 유래 *340*
2. 캘리포니아 포도주 프랑스 포도주에 도전하다 *358*

미국 포도주의 특징 *362*

1. 포도주법 *362*　　　　　2. 포도주 라벨과 경고문 *363*
3. 포도주의 주요산지와 품종 *364*
4. 미국의 대표적 음식과 포도주 *405*

칠레 편 ———————————————— 최영수

1. 칠레 포도주의 특징 *413*
2. 칠레 포도주의 등급과 품종 *416*

브라질 편 ———————————————— 최영수

아르헨티나 편 ———————————————— 최영수

호주 편 ———————————————— 김형인

1. 호주 포도주의 역사와 문화 *429*   2. 호주 포도주의 특징 *431*

남아프리카공화국 편 ———————————————— 서상현

1. 남아프리카 포도주 역사와 문화 *436*
2. 남아프리카공화국의 포도주 특징 *437*
3. 포도주와 음식 *439*

포도주 상식 ———————————————— 최영수, 김복래, 김정하

1. 기 후 *443*   2. 바 람 *445*
3. 토 양 *445*   4. 좋은 땅에서 좋은 포도를 *446*
5. 접 본 *447*   6. 포도원과 수확 *447*
7. 포도주의 양과 질 *449*

포도품종 *450*

1. 고전적인 백포도주 계열 *450*   2. 고전적인 적포도주 품종 *452*
3. 그 밖의 주요 품종들 *454*

포도주 양조법 *457*

1. 적포도주 양조법 *458*   2. 쌉쌀한 백포도주 양조법 *461*

포도주 시음 *466*

1. 포도주의 선택 *466*   2. 포도주 시음의 적정온도 *467*
3. 포도주의 개봉 *469*   4. 포도주 따르는 법 *469*
5. 포도주 시음 에티켓 *470*   6. 소믈리에 *472*

포도주의 보관 *478*

포도주와 속담 *481*

포도주와 격언 *483*

포도주 관련 책자들 *485*

■ **찾아보기** *489*

포도주의 기원과 전파

포도주는 우연히 태어났다는 것이 일반적인 견해이다. 즉 포도주는 포도즙이 발효되어 생겨난 자연의 산물이다. 포도주가 언제, 어디서, 어떻게 생겨났는지를 정확히 밝혀내는 것은 거의 불가능한 일이다. 그러나 인간이 하나의 과일을 맛볼 수 있는 기쁨을 더욱 오랜 기간 연장시키려는 노력의 결실이 포도주를 탄생시켰다고 보아야 할 것이다. 발효된 포도즙, 즉 포도주는 라틴어 비눔(vinum)이 그 어원이다. 세계에서 가장 위대한 포도주 제조자인 프랑스인은 1905년 "어떤 음료도 싱싱한 포도나 포도즙의 발효에 의하지 않고서는 포도주(vin)라는 이름으로 보관되거나 판매될 수 없다"고 법령화했다. 이와 같이 '싱싱한'이란 표현의 강조는 많은 의미를 지닌다. 이것은 건포도가 포도주 양조를 위해 사용되거나 수입되었을 때 발생하는 문제점을 지적한 것이다. 이탈리아에서는 1925년 법으로 '싱싱한' 또는 '약간 마른' 포도액을 발효시킨 것을 비노(vino)라고 지정하였다. 1930년 독일법은 보다 엄격한 프랑스법의 정의를 따르고 있다.

그러나 포도주 음주자(drinker), 애호가(lover), 감식가(connoisseur)는 이

런 따분한 정의에는 아무런 관심이 없다. 그들은 단지 포도주를 마시고, 즐기며, 살아 있는 생명체로 간주할 뿐이다. 영국의 에드워드 7세는 "인간은 포도주를 마실 뿐만 아니라 그것을 폐부까지 흡입하고, 쳐다보고, 맛보고 삼킨다. 그리고 난 후에 그것들과 대화한다"는 명언을 남겼다. 프랑스인들도 "포도주는 땅과 태양의 산물이다. 그러나 예술작품이기도 하다. 그것을 만든 주체가 바로 인간이니까"라고 한다. 매년 세계적으로 50~60억 갤런의 포도주가 생산된다. 그러니까 연평균 1인당 2갤런의 포도주를 마시는 셈이다. 노아가 포도주를 만든 이래 양조기술과 우수품종의 개발로 지금에 이르러 세계 도처에서 헤아릴 수 없이 많은 포도주가 생산되고 있다. 이른바 포도주의 황금기가 도래한 것이다.

노아의 방주

　　이 책에서는 포도나무가 출현한 아득한 고대로부터 오늘날에 이르기까지, 포도주가 과연 어떻게 변화·확산되었는가를 시대별·국가별로 살펴보고자 한다.

　　포도의 원산지는 터키, 아르메니아, 이란 사이의 코카서스 남부지역으로 알려져 있다. 즉 이 곳은 노아가, 홍수가 그치자 방주에서 기어 나왔던 아라라트산(Monte Ararat)이 위치한 곳으로 추정된다. 구약성서에 등장하는 노아는 포도주 연구가들이 항상 언급해 온 인물이다. 노아는 배에서 나오자마자 맨 먼저 포도나무를 심고 열매를 수확한 다음 술을 만들어 마시고 취했다고 성서는 기록하고 있다. 구소련 과학자들의 말이 확실하다면, 거대한 항아리 밑에 화석화된 포도주 찌꺼기가 발견된 이 지역은 창세기의 현장이 아닐 수 없다. 또한 토론토대학의 고고학자 버지니아 발더(Virginia Balder)는 이란에서 발견된 BC 3500년의 것으로 추정되는 용기 안에 포도주가 들어 있었던 확실한 흔적이 있다고 밝힌 바 있다. 이처럼 포도주는 문자가 생겨나기 전에 나타났지만, 수메르(Sumer)왕 길가메시(Gilgamesh)의 서사시에도 홍수와 포도주의 기록이 있다. 여섯 날과 여섯 밤 동안 비바람과 홍수가 밀어 닥친 뒤 모든 사람이 진흙으로 변해 있었다거나, 비가 그친 뒤에도 산꼭대기에 매달린 배는 6일 동안이나 그대로 머물러 있었다는 이야기 등은 이 지역주민이 겪은, 유프라테스강 대홍수의 참상을 말해 주는 전승이라 하겠다. 프랑스 작가 마겔론 투생 사마(Maguelonne Toussaint Samat)는『음식물의 자연 풍속사(*Histoire Naturelle et Morale de La Nourriture*)』에서 수메르인의 노아격인 우타 나피스틴(Outa Napisthin)이 배를 만드는 데 동원된 일꾼에게 포도주를 제공하였다고 기술하고 있다.

지금으로부터 6000년 전에서 4000년 대 중엽에 이르기까지, 많은 사람들이 유목생활을 포기하고, 농경생활을 위해 한 곳에 정착했다. 포도농사도 소아시아를 거쳐 이집트까지 전파되었다. 이후 포도나무와 포도주는 크레테에 소개되었고, 이 곳에서 다시 그리스로 이탈리아 남부와 리비아로 확산되었다. 야생종 포도나무는 주로 접지(cutting)로 번식되어 일반 재배되었다. 수세기 동안의 개량작업으로 많은 우수품종이 나타났는데, 그 중 부르고뉴의 주요 변종인 피노 누와르(pinot noir)와 샤르도네(chardonnay), 알자스와 라인지역의 주요 품종인 리슬링(riesling), 보르도의 카베르네(cabernet), 헝가리와 루마니아의 카르다카(kardaka), 바롤로(barolo)와 가티나라(gattinara) 같은 북이탈리아 지역의 네비올로(nebbiolo), 프랑스 남부와 캘리포니아 포도의 주역 그르나슈(grenache), 루아르강 유역의 그로슬로(groslot)가 대표적이다. 청동기시대에 포도나무와 포도주는 사방으로 확산되었다. 그리스인은 프로방스지방, 이베리아반도 그리고 페르시아를 경유하여 인도에, 그리고 호박과 주석의 교역로를 따라 섬나라 영국까지 보급하였다.

이처럼 확산된 포도나무는 12세기에는 북위 55도 선상까지 그 생존범위를 넓혀, 노르망디, 플랑드르, 북유럽과 발틱연안에서도 찾아볼 수 있게 되었다. 그러나 이 북부지역은 여름에도 일조량이 충분하지 못해서 상업적으로 충분한 이득을 낼 수가 없었다.

오늘날 포도는 프랑스, 독일, 스위스, 이베리아반도국, 그리고 지중해 연안의 모든 국가와 발칸국, 러시아 남부, 아메리카, 아프리카에서 재배되고 있다. 영국의 렘쇼 홀(Remshaw Hall)은 북위 53도 18분인데도 포도를 생산하고 있고, 거의 같은 위도상의 구소련 라트리아(Latria) 역시 산지이다. 포도나무는 중국에도 전파되었다. 중국 고전에 의하면 BC 3000년에 실크로드를 통해 카스피해로부터 전래된 것으로 알려져 있다.

리프 에릭손(Lief Eriksson)이 이끄는 바이킹 원정대는 1000년에 미주대륙에서 자생하는 포도나무를 확인했다. 그 곳은 지금의 매사추세츠인 것으로 추정된다. 에릭손은 이 곳을 포도나무의 땅(vineland)이라고 했다. 현재는 이 곳에 포도가 자라는 것이 불가능하지만, 당시에는 기후조건이 맞았던 것 같다.

이후 스페인 식민자들이 미주대륙에 포도나무를 보급했다. 16세기 이후부터 유럽 선교사들이 오늘날 유럽 포도주의 미국수출에 막대한 지장을 주고 있는 캘리포니아산 포도주를 생산하였다. 캘리포니아의 일부 지역은 프랑스 보르도산 적포도주 클라레(claret)와 매우 흡사한 포도주를 생산한다. 프랑스 양조업자들은 자국산 이름을 사용하는 데 매우 분개하고 있지만, 미국산 포도주의 질이 그만큼 우수하다는 사실을 입증해 주는 예이다.

고대의 포도주

1. 이집트

코카서스에서 자라던 포도는 이미 BC 3000년에 메소포타미아와 이집트에 전래되었다. 이집트인은 포도주가 호리우스(Horius)의 아버지이고, 농업신인 오시리스(Osiris)가 최초로 양조하였다고 믿었다. 고대 이집트인은 포도주를 매우 사랑했다. BC 3000년, 제1왕조기의 무덤에서는 시신이 포도나무의 가지 위에 누워

이집트의 포도주 공예품

있는 것이 발견되었다. 이것은 망자가 사후세계를 포도나무와 함께 여행한다는 의미를 지닌다. 그리스 보다 앞선, 이집트의 포도경작은 나일강 삼각주와 멤피스 교외에서 점차 남쪽으로 확산되어 파이움(Faium)과 같은 서부사막의 오아시스까지 펼쳐졌다. 이집트인들은 커다란 범포자루에 포도송이를 집어넣고 밟아 으깬 뒤 막대기로 자루를 비틀어 즙을 짠 다음 지하창고에서 발효

이집트인의 축제

망자들의 세계

시켜 술을 만들었다. 세금징수업자는 포도주의 질을 면밀히 검사하고, 용기 뚜껑 위에는 포도농원, 수확인, 즙을 짠 날, 색깔, 양조자 이름과 상표를 새겼다. 그러한 이유 때문에 무덤에서 발견된 포도주 항아리의 기록은 후일 고고학자들에게 귀중한 자료가 되었다. 이렇게 발견된 포도주 중 일부는 무덤에 묻히기 2세기 전에 양조된 것도 있다. 망자가 자신의 집에서 가장 값진 물건을 함께 지니고 사후세계로 떠난다는 이집트인들의 관습을 보여 주는 좋은 예이다.

또한 이집트인들은 시신을 포도주로 깨끗이 씻고 장기를 적출한 후 신체의 내부도 정결히 닦았다. 이집트인들은 이처럼 포도주를 신성시했던 것이다. 그들은 팔레스타인과 시리아에서 질 좋은 포도주를 수입하여 자국산 포도주의 품질개선에 노력했다. 구약성서 에스겔 제27장 제18절은 당시 동지중해 지역에서 포도주 교역이 활성화되고 있었음을 말해 준다. "너의 제조품이 많고 각종 보화가 풍부함으로 다메섹이 너와 통사하였음이여. 헬본 포도주와 흰 양털을 가지고 너와 무역하였도다." 시리아와 팔레스타인에서 매년 실시했던 신년 축하연은 델타(삼각주)의 이집트인들에게도 영향을 미쳐 달의 주기가 새로이 시작되기 이전의 달이 다시 돌아온다고 믿고 신께 헌주한 다음에 한껏 도취하며 즐겼다.

2. 그리스

포도주의 역사를 이야기할 때 그리스인들은 결코 빼놓을 수 없는 중요한 존재이다. 그리스인들이 인류역사상 최초로 포도주를 만들어 내지는 않았으나, 그들은 그것을 더욱 값지게 변화시켰다. 포도나무는 트로이 성이 함락되기 훨씬 전인 BC 1184년 에게해 지역에 유입되었다. 그리스인들은 자국 식민지와 해외의 상업전진기지에도 포도나무를 보급했고, 이베리아반도에는 BC 600년에 옮겨다 심었다. 당시 이탈리아에는 이미 포도나무가 자생하고 있었다. 이탈리아 남부 식민지 마그나 그레시아(Magna Grecia)는 대규모 포도산지였고, 에노트리아(Enotria), 즉 포도주의 땅이라고 했다. 포도재배는 알렉산더 대왕의 동방원정시에 더욱 확산되었다. 중국에 포도주가 전파된 것도 바로 그 시기였다. 서유럽에 사명을 띠고 왔던 중국장군 장치엔(Chang Chien)은 BC 128년 바트리아(Bactria)에서 1년을 체류한 뒤 귀국할 때 포도주 양조를 위한 기술과 종자도 가지고 가서 황제에게 바쳤다. 그러나 중국인들이 본격적으로 포도주의 맛을 볼 수 있게 된 것은 그보다 훨씬 뒤인 627~649년의 일이었다.

그리스 신화에 의하면, 제우스신의 아들 디오니소스(Dionysus)는 포도주의 신으로 그리스인들의 후원자가 되었고, 그리스인들은 열광적으로 이 술을 즐기기 시작했다. 유년시절 니세이데스라는 님프가 맡아 소년시절까지 자란 디오니소스는 장성하자 포도나무를 기르는 일과 그 열매의 귀중한 즙을 짜는 방법을 개발하였다. 그 이후 디오니소스는 백성들에게 포도나무 배양법을 가르치면서 아시아를 두루 섭렵했다고 한다. 플라톤(Plato, BC 427~347)은 포도주를 긍정적으로 평가한 최초의 인물이었다. 그는 "포도주가 인간인 우리에게 벌을 내리고 광란하게 한다고 하지만, 그것은 영혼의 정숙, 건강, 심신의 강건함을 제공할 목적으로 주어진 값진 약이다."라고 포도주를 변론했다. 그러나 신화는 폭음의 경고를 잊지 않는다. 에리

주신 디오니소스

포도주 상점

고네(Erigone) 이야기가 바로 그것이다. 즉 디오니소스는 에리고네를 유혹하기 위해 스스로 자신이 포도송이로 변하였다. 에리고네의 아버지 이카리우스(Icarius)는 아티카(Attica)에 온 새로운 신 디오니소스를 환대하고 포도주 마시기를 권장했다. 그러나 아테네 사람들은 너무 많이 마셔 취했고, 결국 모두가 술에 중독되었다. 이 술을 소개한 이카리우스는 불행히도 죽음을 당했고, 에리고네 역시 아버지의 무덤 곁에서 목매어 자살했다. 이처럼 포도의 피는 인간의 피를 대가로 맞바뀌었다.

아리스토텔레스의 제자 테오프라스투스(Theophrastus)는 BC 287년 훌륭한 포도재배 지침서를 내놓았다. 이 시대 그리스의 많은 지역은 서(西)지중해와 흑해에서 식료품과 잡화를 수입하고, 그 대신 포도주를 수출했다. 또한 포도주 항아리, 컵 등의 제조기술과 운반·저장·혼합기술이 개발되어 포도주가 생산되는 모든 지역에 보급되었다. 그리스인들은 발로 밟아 포도즙을 짜던 방식을 개선하여 금속압착기를 발명했다. 또한 특이한 것은 항아리 내부에 송진을 발라서 포도주에 특이한 맛을 가미시켰는데, 이것은 오늘날 그리스 렛지나(retsina)로 알려져 있다. 그 당시에는 통이 없었기 때문에 그리스인들은 농축 포도주를 테라코타 항아리에 저장했다. 높이 3m 이상 되는 이 무거운 용기의 내부는 포도주의 증발을 막기 위해 송진을 발랐다. 그러나 일상용 포도주는 염소가죽이나 돼지방광에 담았고, 이것 역시 독특한 향을 지녔다.

그리스인들은 양조 직후에 즉시 마실 수 있는 술도 개발하였다. 이 술은 오늘날 프랑스의 보졸레 누보(Beaujolais Nouveau)와 비슷한, 거의 발효되지 않은 포도주스나 다름없지만, 당도가 높으며 향 또한 매우 부드러웠다. 자신투스(Zacynthus)와 레우카디아(Leucadia)산 포도주는 술의 맑기를 보존하기 위해 석고처리를 하였다. 또한 로데스(Rhodes)와 코스(Cos)처럼 농도가 진한 술에는 바닷물을 첨가하여 마셨다. 그리스의 식탁에서 마시는 술은 항상 자국산만은 아니었다. 레바논, 팔레스타인, 이집트, 마그나 그레시아

그리스 와병에 새겨진 심포지엄의 장면

(Magna Grecia) 그리고 남부 이탈리아산이 많았다. 유명한 레슬링 선수 밀로의 크로톤(Croton)이 하루에 마셨던 10*l*의 키로(Ciro) 포도주는 칼라브리아(Calabria)에서 수입된 유명한 것이었다.

르네상스시대 이탈리아의 부유층들은 지하창고에 항상 그리스 포도주를 저장해 놓고 있었다. 밀라노 공작들은 특히 그리스 포도주의 애호가들이었다. 메디치가(家)의 로렌초(Lorenzo de Medici)는 특히 그리스산 말름세이(Malmsey)를 모든 병을 이길 수 있는 만병통치약으로 생각했다. 1466년, 『심포지엄(*Symposium*)』이라는 문집에서 로렌초는 "포도주와 사냥을 자기 생애의 최대 즐거움으로 생각한다."고 토로했다.

그리스인들은 포도주를 실로 다양하게 이용했다. 포도주의 신맛을 제거하는 기술을 터득했던 그리스인들은 허브를 가미하여 포도주를 약으로도 활용하였고, 꿀이나 소아시아산(産) 사탕수수액을 첨가해서 진하게 만들어 소스, 연고, 화장품과 용매(solvente)로도 이용했다.

이집트의 경우처럼 그리스에서도 정상적으로 구매된 포도주 항아리의 손잡이에서 상인의 직인과 용기를 검사하는 지방관리의 서명이 발견된다. 이 관리들은 그리스 도시국가의 명예를 수출한다는 취지에서, 특히 해외판매용에는 엄격한 규제를 가했다.

고대 그리스에서는 아가페(Agape)라는 축제가 있었다. 아가페에서는 포

플루트가 연주되는 동안 음식을 토하고 있는 그리스 청년

도주에 물을 타지 않고 농축액이 그대로 제공되었는데, 주빈이 잔을 비우기 전에는 그 누구도 입술에 잔을 댈 수가 없었다. 영어에서 종종 '연회(Banquet)'라고 번역되는 심포지엄(symposium)은 그리스시대에 음주파티를 의미했다. 이 파티에서 손님들은 소파에 기대어 꽃으로 머리를 장식하고, 노예들에게 발을 씻기게 하고 한가로이 술잔을 기울였다. 그리스 연회에는 두 개의 단계가 있는데, 첫 번째는 미식을 즐기고, 두 번째는 그보다 훨씬 더 오래 지속되었는데, 주로 맥주, 벌꿀술 그리고 포도주를 마시며 즐기는 심포지엄이 이루어졌다. 손님들은 포도주에 물을 섞어 마시면서 그 곳에 참석하지 않은 친구를 제물 삼아 험담을 늘어놓으며 즐기거나 특별한 철학적 주제를 가지고 진지한 토론을 벌였다. 플라톤의 유명한 『향연(*Symposium*, BC 385)』은 『연애론(*On Love*)』이라고도 하는데, 이것은 시인 아가톤(Agathon)이 심포지엄에서 벌인 정신적 연애의 진지한 논쟁이었다.

3. 로 마

그리스인들의 문화전통을 계승한 로마인들은 포도주에서도 그리스인만큼이나 대단한 열정의 소유자였다. 로마인들은 엄청난 포도주 애호가로서, 한때는 그 도가 지나쳐 포도의 재배단지가 확대되면서 곡물이 줄어들어 고통을 겪기도 했다.

오늘날 로마의 몬테 테스타치오(Monte Testaccio)는 포도주 항아리 파편으로 이루어진 150피트 높이의 동산이다. 이 곳은 그 당시에 로마서민들을 위해 수입된 싸구려 스페인산 포도주의 양이 얼마나 많았는지를 보여 주는 좋은 예이다. 지중해를 로마의 호수로 만들어 버린 용맹한 로마군단은 원정 시에 항상 포도주를 휴대했다. 로마군인들은 공중위생의 관념이 철저했고, 그들이 출정한 낯선 외국 땅에서 먹게 될 물보다는 포도주가 훨씬 안전하고 위생적임을 잘 알고 있었다. 물보다 포도주가 더 안전하다는 생각은 공중위생의 관념이나 미생물 또는 박테리아가 발견되기 전인 19세기까지도 일종의 공인된 진리로 통하였다.

포도주 공급을 확실히 하기 위해 군인들은 출정시에 포도나무를 가지고 가서 야영지 주변에 직접 심기도 했다. 이 나무들은 군인들을 위로하는 위무 기능을 수행함으로써 전략적으로도 중요한 역할을 했다. 포도나무는 1년 내내 손이 가는 식물이다. 그래서 골(Gaule)과 게르만 지역의 많은 주민이 로마인들의 포도재배에 고무되어 유목생활을 포기하고 정착하였다. 사람들은 포도밭 일에 매여 로마제국에 반기를 들거나 무기를 손에 들 마음이 줄어 들었고, 확실히 더 평화적으로 변모했다.

로마의 황금시대에 포도경작은 괄목할 만한 수준에 이르렀다. 플리니오 (Plinio)와 코루멜라(Columela) 같은 작가는 포도농사에 전념하면서 각종의 나무열매가 잘 맺는 방법과 양조법을 심도 있게 연구했다. 오늘날 자주 쓰이는 원산지 명칭의 관념은 이 때 더욱 확산되었다. 로마인은 팔레르노 (Falerno)와 마르멘티노(Marmentino) 같은 유명산지의 포도주를 선호했다. 이 때는 이미 포도의 수확기가 좋은지 나쁜지 하는 관념도 확고하게 성립되었다.

기원 초에 보르도, 론, 그리고 모젤 계곡이 포도재배의 중심지로 변모하자, 도미니티아누스 황제는 92년에 칙령을

몬테 테스타치오 동산

발포하여 이베리아반도와 골지역의 포도밭을 모조리 없애고, 이탈리아 포도를 살리려고 하였다. 로마인들은 그들이 이룩했던 모든 과업에서처럼 포도재배에서도 용의주도했던 것 같다. 로마인들은 느릅나무 또는 포플러에 포도를 접목하는 기술도 개발하였다.

로마인들의 포도주 양조과정을 한번 살펴보기로 하자. 포도가 노예들의 잘 씻은 발로 으께지자마자 첫 번째 압착에서 나온 즙은 물숨(mulsum)이라는 아페리티프(식전에 마시는 술) 용도로 잘 보관하였다. 그 후 버드나무가지로 짠 바구니에 걸러진 나머지 즙은 돌리아(dolia)라는 항아리 속에서 발효시켰다. 이 때까지도 포도주 통은 존재하지 않았다. 그리스인들처럼 로마인들도 포도주를 맑게 하기 위해 포도주에 재, 진흙, 석고를 첨가하였다. 바닷물 역시 간혹 첨가되었는데, 먼지, 찌꺼기가 모일 수 있도록 물고기의 아교, 젤라틴, 피 또는 역청을 이용하는 기술도 있었다. 이러한 포도주는 역청을 바른 항아리 안에 2~3년 동안 저장·숙성되었다. 그리스 식으로 항아리 입구는 석고로 봉인했다.

돌리아

유리병의 사용은 BC 1세기부터 확산되었다. 지중해인들의 발명품인 유리컵 역시 4000년 동안 사용되어왔지만, 그 당시에 유리제품은 매우 고가품이었기 때문에 성찬식에만 주로 이용되었다. 유리병과 함께 코르크 마개도 등장했다. 편리한 스크루식 압착기도 발명되어 수확부터 포도주 양조까지의 과정이 한결 수월해졌다.

로마의 포도주 항아리에 새겨진 피타키움(Pittacium)은 내용물의 원산지와 제조연도를 표시했다. 당시 항아리는 지하에 저장되지 않았다. 수세기가 지난 후 수도승들이 환란이나 전쟁시 지하에 무거운 술항아리를 숨겨 두었지만, 로마인들은 아포테카(Apotheca)라는 집의 맨 위층 방에 보관했다. 이곳은 주로 굴뚝 옆이었고 그리스도 이와 같았다. 이 토기굴뚝의 따뜻한 온기와 접촉한 포도주는 연기향을 띠었다. 코루멜라(Columella)에 따르면, 최상의 연기는 목욕탕에서 올라오는 굴뚝의 것이라고 한다.

대연회에서 포도주를 마시는 의식은 그리스와 마찬가지로 먼저 주피터신에게 드리는 헌주로 시작되었다. 그리스시대의 심포지엄은 라틴어로 번역되어 코미사티오(Comissatio)가 되었다. 이 때 그들이 얼마나 먹고 마시고 흥청거렸는지는 당시 기록에 잘 나타나 있다. 술 마시고 흥청대는 로마인들은 대연회가 진행되는 동안에 여러 차례 깃털로 목구멍을 간질어 토해냈고, 결국은 노예 등에 업혀 귀가했다. 세네카(Seneca)는 이러한 로마인들의 방만한 행동을 비난해마지 않았다. "Vomunt ut edant, edant ut voment." 즉 그들은 먹기 위해 토하고 토하기 위해 먹었다. 음식과 포도주를 토한 후 식탁에서 하는 트림(belching)은 예절의 표시였다. 클로디우스 황제는 식탁에서 방귀뀌는 것을 정당화하도록 제안했다. 그것은 방귀를 억제하려고 애쓰다가 건강에 위협을 받았던 사람에 관한 일화를 듣고 난 후 취해진 조처였다. 전설적인 부를 자랑하던 해방노예 트리말키오(Trimalchio)의 대연회에서 오케스트라는 적기에 알맞은 음악을 연주함으로써 모두가 참았던 방귀를 뀌도록 신호를 해 주었다.

스페인 태생의 로마 풍자시작가 마르티알(Martial)에 따르면, 어떤 주당들은 술에 취해 혼미해졌을 때, 공공연히 대동한 노예의 도움으로 사람들 앞에서 요강에 오줌을 누기도 했다고 한다. 포도주는 배뇨를 촉진하는 특징이 있다. 그래서 후일 프랑스에서는 "몽마르트(Montmartre) 포도주 한 홉을 마시면 오줌을 네 번 눈다."는 말도 생겨났다. 또한 연회에서는 주빈이 그 날의 보조자를 선택하며 즐기는 사례도 있었다. 예를 들면, 그 날 밤 보조자의 이름이 카이우스 율리우스 케사르(Caius Julius Caesar)로 17자이면, 손님들은 그의 건강을 위해 포도주 17잔을 마셔야 했다. 이 때 사용하는 컵의 용량은 대략 $0.45l$ 였다. 1박 2일 동안 한시도 쉬지 않고 포도주를 마셨던 폼포니우스 플라쿠스(Pomponius Flaccus)와 리키우스 피소(Lucius Piso) 양인에게 보답하기 위해 티베리우스(Tiberius) 황제는 전자를 시리아 총독에,

후자를 로마시장에 각각 임명하였다. 티베리우스 황제는 그의 짧은 생애를 통해 어찌나 먹고 마시기를 즐겼던지, 만일 그의 아내가 그를 독살하지 않았다면 알코올 중독으로 죽었을지도 모를 일이다.

로마시대에는 포도주를 표현한 문구들이 많이 회자되었다. 클레오파트라의 죽음을 알고 시인 호라스(Horace)는 "자 이제는 마실 시간이다(Nunc est bibendum)"라고 외쳤다. 음유시인 오비드(Ovid)는 "포도주의 주인 바쿠스 신이여! 당신은 예술의 적이다"라는 명언을 남겼다.

4. 프랑스

파리 시내에 지하철이 건설될 당시, 땅 밑에서 발견된 이상한 고리모양의 병에는 "포도주 있어요? 예, 있어요. 가득 채워 한 잔 주세요"라는 문구가 새겨져 있었다. 컵에 새겨진 이 글귀는 포도주가 옛 프랑스인들에게 얼마나 많은 즐거움을 주었는가를 생생히 말해 주고 있다. 프랑스의 유명한 희극작가 몰리에르의 작품에서도 그 기쁨은 나타난다. "만일 당신이 덜 마시면 당신은 덜 행복해질 것이고, 많이 마실수록 더 행복해질 것이다." BC 500년 전 페니키아인들은 오늘날 마르세유 지역에 식민지를 건설했다. 그리고 골(Gaule)인의 땅에 최초로 포도나무를 들여왔다. 이로써 최초의 포도단지가 플라트(Platte) 언덕 위에 펼쳐졌다. 이 곳은 아직도 감미로운 로제 포도주의 산지로 유명하다. 그 후 로마세력이 팽창하면서 프로방스지방은 포도나무로 덮였다. 물론 생산자들은 자기네 노동의 결실을 제대로 누리지 못했다. 골인이 생산한 포도주는 정복자 로마인들의 식탁을 장식했기 때문이다. 그리스인은 골인에게 포도재배를 소개했고, 로마인은 그것을 확고히 정착시켰다. 그리고 골인의 타고난 재능과 노력이 오늘날 프랑스 포도주를 탄생시킨 것이다.

디종의 고고학 박물관에 있는 2세기 말 갈로(골의 라틴명)로마사회의 조

 | **와인에 담긴 역사와 문화**

각품에는 옛 프랑스의 일상생활상이 잘 묘사되어 있다. 장화를 신고 소매 없는 외투를 입은 한 고객이 포도주 파는 상인에게 손잡이 달린 주전자를 내민다. 상인은 작은 항아리에서 포도주를 채워 준다. 카운터에는 밑받침 달린 컵들이 즐비하게 놓여 있다. 이것은 고객들이 주점에서 술을 마실 수 있다는 것을 의미했으나, 18세기까지 유효했던 프랑스법에 의하면 포도주는 주막에서 팔기만 했지 마시지는 못하도록 금지되어 있었다. 포도주통(barrel)은 프랑스인이 특히 자랑스럽게 여기는 골인의 발명품이다. 프랑스어 토노(tonneau)는 영어의 톤(tun)과 같은 어원으로 켈트어에서 유래하였다. 통 만드는 직업은 원래 맥주와 더욱 깊은 연관이 있었다. 밤나무와 참나무로 만드는 통은 포도주를 즐기는 남쪽보다 북쪽의 맥주 마시는 지역, 즉 골의 북쪽에서 더 많이 생산되었다. 남부에서는 항아리가 상당기간 포도주 저장에 사용되다가 통으로 바뀌었다.

골인이 발명한 나무 포도주통

　　골인들의 지하세계의 신이며 인류의 아버지인 쉬셀뤼(Sucellus)는 발 옆에 항상 나무망치와 작은 술통을 휴대하고 있었다. 그의 사명은 술을 통해 인간세상이 보다 더 윤택한 삶을 누리도록 해 주는 것이었다. 이를 위한 으뜸가는 촉매제는 맥주였고 다음이 포도주였다. 따라서 그는 디오니소스처럼 포도주의 신으로까지 간주되지는 않았다. 중세 말까지 통 만드는 일은 한센병 환자들에게나 허용된 극소수 직업 중의 하나였다. 그러나 점차로 통제조업은 중요한 산업으로 입지를 굳혔고, 중세 최대의 조합을 구성하였다. 16세기에는 포도주통 제조조합에서 신진장인 우두머리(master, 또는 프랑스어의 maître)가 걸작품을 만들면 길드에서 실력과 기술을 완전히 인정받았다. 이때 그는 동료들에게 원하는 만큼의 음식과 포도주로 한 턱을 냈다.

갈로로마사회에서는 포도주를 물에 타지 않았고, 통에서 숙성시켜 마실 때도 희석시키지 않았다. 이러한 술을 메룸(merum)이라 했다. 종종 술에는 역청과 향이 가미되었고, 알로에 주스를 섞는 경우도 있었다. 그래서 키케로는 "골인들은 포도주에 물을 타서 마시면 그 자신들이 독살되는게 아닌가 두려운가 보다"라고 빈정대기도 했다. 또한 로마인들은 "골 지방의 물은 결코 나쁘지 않다. 다른 어떤 나라도 프랑스처럼 신선하고 맑으며 치료능력을 지닌 천연의 온천수를 가진 곳은 없을 것이다. 그러나 물은 물이고 포도주는 포도주다"라며, 품질에서 로마 것이 월등히 우수함을 은근히 과시하였다.

고대 프랑스인들의 전통은 연회에 모인 손님들이 탐욕스럽게, 시끄럽게, 유쾌하게 떠들면서 먹고 마시는 것이었다. 연회에 활력을 불어넣기 위해 골인들은 싸움도 즐겼다. 은장식 뿔로 또는 존경하는 조상의 것일지도 모르는 해골이나 주발 따위를 건네며 술을 진창 마셨다. 프랑스에는 유리보급이 상당히 늦은 편이었다. 그러나 부유한 상류층은 로마귀족들의 사치를 본따거나 아예 그들을 능가할 정도였다. 골의 유리제조업자들이 만든 병은 인간형태를 닮거나, 모래시계 비슷한 모양의 매력적인 것이었다. 유명한 공예가 프롱티뉘(Frontinus)는 작은 나무통 모양의 유리통을 만들었는데, 이것은 아직도 라인지역과 노르망디 무덤에서 출토된다. 한편 이러한 매장습관은 저승세계에서도 포도주를 즐긴다는 의미로 해석할 수 있다.

두세 사람이 모여 축배를 들 때 컵을 부딪혀 쨍강 울리는 행위(clinking glasses)는 옛날 사발의 불투명성에서 유래한다. 원래는 서로 잔을 부딪혀 소리내는 것이 아니라, 신에게 드리는 헌납의 의미로 머그잔이나 주발을 높이 치켜드는 일종의 예의를 표하는 예식행위였다. 과거에는 잔, 주발, 뿔잔 등의 불투명성으로 인해 다른 사람이 안에 들어 있는 내용물을 볼 수가 없었다. 그래서 건배할 때 서로의 잔을 들어올리는 행위는 자신이 진짜로 마신다는 것을 상대방에게 보여주는 제스처였다. 그러나 이러한 행위는 후일 일종의 기분풀이로 성행하게 되었다.

　　예전의 프랑스인들은 맛 좋은 포도주의 출고를 기념하기 위해, 포도주를 찬양하는 시를 발표하였다. 그래서 오존이라는 시인은 4세기에 그의 고향 포도주를 찬양하는 시를 써서 모젤계곡에 널리 이를 알렸다.

 중세의 포도주

1. 수도원과 포도주

팍스로마나 말기에 경제활동은 약화되고 포도경작도 위축되었다. 로마의 몰락, 게르만 민족의 대대적인 대이동, 흉노, 무슬림세력과 바이킹의 침공은 영국, 북프랑스, 스와비아(Swabia), 동부 바바리아(Bavaria)지역의 포도경작지를 황폐화시켰다. 자연히 포도주 기술도 퇴보하였고, 코르크 병마개도 사라졌다. 항아리도 이제 나무통에게 그 자리를 양보했다. 따라서 사람들은 나무통에서 오래 보존할 수 없어 포도주를 빨리 마셔 없애야 했다. 또한 식초처럼 시큼해지는 포도주의 산화작용을 위장하기 위해, 허브 같은 향료를 첨가하기도 했다. 그래서 당시의 포도주는 젊으면 젊을수록 좋았다. 고대 이집트시대부터 알려진 유리병과 컵은 여전히 희귀한 존재였다. 프랑스 역사의 거장 페르낭 브로델(Fernand Braudel)은 『13～18세기의 물질문명과 자본주의』라는 저서에서 부유한 집에서조차도 유리컵은 겨우 한 개 정도가 있었고, 그것도 이 사람 저 사람 서로 건네가면서 사용되었다고 전하고 있다.

　　중세의 포도주는 교회라는 막강한 보호자를 얻게 되었다. 종전의 보호자였던 로마장군들은 이제 포도원 경영자로 변모한 주교로 대체되었다. 이로써 수도원은 포도주 생산중심지로 확고히 자리잡았다. 그 한 예로서 클뤼니 시토 수도회는 부르고뉴(Bourgogne) 포도재배단지의 발전과 안정에 지대한 공헌을 했다. 무엇보다도 교회의 제반의식에 필요한 포도주를 생산한다는 명분에서 교회는 포도재배를 전폭적으로 지원했다. 따라서 이 시기는 포도주 양조에 관한 한, 고전적 기술의 완만한 회복기라고 할 수 있다. 또한 맥주 애호가였던 켈트족의 로마화, 이베리아 반도, 프랑스와 독일 일부지역의 음주문화의 변화로 인해 포도주의 일반 선호도가 훨씬 높아졌다.

프랑스의 대문호였던 빅토르 위고는 "신께서는 물을 만드셨지만, 인간은 포도주를 만들었다"고 언급한 적이 있다. 인내심 많고 꼼꼼하며 근면의 상징이었던 수도승들은 그들 자신이 계몽적인 포도주 양조자요, 포도재배의 대가임을 입증하였다. 미각도 매너도 없는 프랑크족의 침공으로 인해 그들의 재능은 잠시 빛을 잃는 듯 했으나, 그들은 혜안을 지니고 있었다. 수도승들의 꾸준한 노력 덕택에 프랑스에서는 게르만족이 수도원을 공격하지 않고 십자가를 피해가기 시작했다. 특히 서고트족은 성 베네딕투스의 위엄에 위축되었다. 그러나 로마제국의 몰락과 더불어 침체 일로에 있었던 이탈리아에서는 그러한 행운이 따라 주지 않았다. 롬바르드(Lombard)족은 몬테카시노를 약탈하고, 포도농원은 가차없이 유린되어 결국 다음 세기에 가서야 복구되었다.

약탈자로부터 식량을 숨길 필요성 때문에 지하의 방 안에 술통을 몰래 감추는 관습이 생겼고, 마침내 포도주는 이상적 공간인 지하저장실(cellar)을 찾게 되었다. 다락방에 포도주를 저장하는 것은 전혀 도움이 되지 않았기 때문에, 이것은 실로 혁명적인 발견이었다. 서유럽 문명에서 수도원에서 하는 가장 위대한 봉사는 포도주 양조와 증류의 기여일 것이다. 유럽에서는 지금도 라인강변의 베네딕트 수도원, 모젤 계곡, 프로방스와 랑그도크 지방의 시토 수도회가 포도주 생산에 노력을 기울이고 있다.

칼뱅과 헨리 8세는 스위스와 영국에서 프로테스탄트 개혁이 이루어졌을 때 포도주 양조를 멈추도록 명했다. 그러나 수도사들은 공산체제가 세력을 장악하는 곳에서도 계속 포도주를 생산했다. 수도원은 공산집단에 소속되었고, 신의 포도주는 단지 인민의 포도주로 변했을 뿐이다. 포도주의 라벨 중에서 클로(clos), 클로스터(kloster), 에르미타쥐(hermitage), 셍 아베(St. Abbaye), 프리외르(prieure) 그리고 코망드리(commandrie) 등은 산지가 수도원이라는 뜻이다. 오늘날도 프랑스에는 109개, 독일 45개, 오스트리아 27개, 이탈리아 17개, 스위스 12개, 포르투갈 9개, 영국 4개, 그리고 미국 10개 이상의 수도원과 선교사들이 포도나무를 가져가 정착 발전시켰다.

또한 그들의 기술을 완벽하게 옮겨 놓은 칠레, 아르헨티나, 호주, 뉴질랜드 등은 여전히 훌륭한 포도주를 생산하고 있다. 특히 셍드니(Saint-Denis)와 셍제르맹(Saint-Germain)의 대수도원들은 파리지엥(파리시민)의 갈증을 풀어 주는 데에만 만족하지 않고, 센 강변을 따라 해협을 통과해 영국에 루아르, 부르고뉴, 랑그도크 지방의 포도주를 수출하여 국위를 선양했다. 백년전쟁 전에 영국부자들은 아키텐(Aquitaine), 즉 보르도의 포도주를 선호하였다. 영국인들은 전통적으로 보르도 포도주를 매우 좋아해서, 이 술에 클라레(claret), 즉 맑은 포도주라는 이름도 붙여주었다. 한편 남서부 지역에서도 수도승들은 8세기에 무어인들이 파괴한 포도농원을 다시 일구었고, 메독(Medoc)의 습지도 말려 훌륭한 술을 생산하였다.

2. 성경에 나타난 포도주

기독교에서 포도주는 빵과 고기처럼 많은 상징성을 지닌다. 성찬식에 사용되는 포도주는 영성을 촉진시키며, 그 알코올 성분이 인간을 편안한 상태로 유도한다. 그러나 지나칠 정도로 취기에 이끌리게 되면 광기에 접하게 된다는 점은 항시 기독교인이 유의해야 할 사항 중 하나였다. 고대에서 이러한 광기는 오직 신만의 소유물로 간주되었다. 포도주의 붉은 색조는 피와의 연합을 암시한다. 그것은 포도나무의 피로 간주되었다. 피처럼 그것은 삶의

예수의 최후의 만찬

상징이요, 영원한 삶은 불멸의 신들의 특권이었다. 그래서 포도주를 마시는 것은 인간을 일시적으로나마 신과 동등하게 만드는 것이었다. 중세에는 포도주 양조와 음주가 예수 그리스도의 가르침과 연관되어 하나의 신성한 종교의식으로 수행되었다. 최후의 만찬에서 예수가 "마시라. 이것은 나의 피이니라"고 말씀한 것은 포도주가 지닌 가장 의미 있는 상징일 것이다.

성경은 포도주에 특별히 관대하지는 않았지만, 이를 부정적으로 평가하지도 않았다. 그러나 잠언 제23장 제31~35절은 음주의 결과를 경고한다.

붉은 눈이 뉘게 있느뇨. 술에 잠긴 자에게 있고 혼합한 술을 구하러 다니는 자에게 있느니라. 포도주는 붉고 잔에서 순하게 내려가나니 너는 그것을 보지도 말지어다. 이것이 마침내 뱀 같이 물 것이요, 독사 같이 쏠 것이며, 네 눈에는 괴이한 것이 보일 것이요, 네 마음은 망령된 것을 말할 것이며, 너는 바다 가운데 누운 자 같을 것이요, 돛대 위에 누운 자 같을 것이며, 네가 스스로 말하기를 사람이 나를 때려도 나는 아프지 아니하고 나를 상하게 하여도 내게 감각이 없도다. 내가 언제나 깰까 다시 술을 찾겠다 하리라.

성경의 포도주 비판의 주목적은 유흥과 통음축제 그리고 우상의 헌주금지에 있다. 고린도 전서 제10장 제19절은 "그런즉 내가 무엇을 말하느뇨. 대저 이방인이 제사지내는 것은 귀신에게 하는 것이요, 하느님께 제사하는 것이 아니다. 나는 너희가 귀신과 교제하는 것을 원하지 아니하노라. 너희가 주의 잔과 귀신의 잔을 겸하여 마시지 못하고, 주의 상과 귀신의 상에 겸하여 참예하지 못하니라." 또한 제31절에서도 "그런즉 너희가 먹든지 마시든지 무엇을 하든지 다 하느님의 영광을 위하여 하라"고 경고한다. 사도 바울은 고린도 전서 제10장 제4~7절에서도 "다 같은 신령한 음료를 마셨으니, 이는 저희를 따르는 신령한 반석으로부터 마셨으며, 그 반석은 곧 그리스도시라……. 저희 중에 어떤 이들과 같이 너희는 우상숭배하는 자가 되지 말라. 기록된 바 백성이 앉아서 먹고, 마시며, 일어나서 뛰논다 함과 같으니라"로 절제와 섬김의 교훈을 주었다. 한편 요한복음 제2장 제1~11절에서는 포도주의 음주행위 자체를 비판적으로 보지 않고 있다.

"갈릴리 가나에 혼인이 있어, 예수의 어머니도 거기 계시고, 예수와 그 제자들도 혼인에 초대되었더니 포도주가 모자란지라, 예수의 어머니가 예수께 이르되 저희에게 포도주가 없다 하니……. 예수께서 저희에게 이르시되 항아리에 물을 채우라 하신 즉 아구까지 채우니 이제는 떠서 연회장에 갖다 주라 하심에 갖다 주었더니 연회장은 물로 된 포도주를 맛보고 어디서 났는지 알지 못하되……. 연회장이 신랑을 불러 말하되, 사람마다 먼저 좋은 포도주를 내고, 취한 후에 낮은 것을 내거늘, 그대는 지금까지 좋은 포도주를 두었도다 하니라."

전도서 제9장 제7절 "너희는 가서 기쁨으로 네 식물을 먹고 즐거운 마음으로 네 포도주를 마실지어다. 이는 하나님이 너희 하는 일을 벌써 기쁘게 받으셨음이니라"고 기록한다. 또한 디모데 전서 제5장 제23절에도 "이제부터는 물만 마시지 말고, 네 자신을 지켜 정결하게 하라. 이제부터는 물만 마시지 말고 네 비위와 자주 나는 병에 포도주를 조금씩 쓰라"고 하였다. 신구약 성경에는 이처럼 포도주를 다룬 수많은 기록이 있다. 포도주는 빵 기름과 더불어 일용양식의 삼위일체를 이루고 있는 것이다.

근·현대의 포도주

1. 근 대

르네상스의 과학적 진보는 포도주에도 많은 영향력을 미쳤다. 이 시기에는 주요산지의 윤곽이 드러났고, 유럽문명의 팽창과 식민지 발견으로 인해 포도주 생산의 새로운 지평이 열렸다. 유럽인은 아메리카에 도착했을 때, 몇 종류의 야생 포도나무를 발견하였다. 그것은 지중해 연안의 품종과 다른 것으로 포도주 양조에는 별로 적합하지 않았다. 유럽인들은 그들의 품종을 가져갔다. 콜럼부스가 아메리카 대륙을 발견한 지 26년 이후에, 멕시코 아스텍 문명을 정복한 코르테스(Cortes)는 포도나무를 심도록 지시했다. 한 예수회 선교사가 그 곳에 정착한 백인지주들에게 그 땅에 사는 원주민 100명을 위해 향후 5년 간 매년 1000그루의 나무를 심도록 해달라고 요청했다. 그래서 예수회 신부들은 멕시코에서 시발하여 캘리포니아 반도까지 해안을 따라 포도나무를 심었다. 이후 프란시스코(Francisco) 수도회에서 그 재배지를 더욱 늘려나갔고 결국 그들이 이룩한 성공이 오늘날 재배업자들에게 그대로 계승되어 기후조건에 따라 40~50종이 자라고 있다.

중남미 지역에서도 신부들은 포도재배를 위해 다시 한번 중요한 역할을 수행했다. 그들은 미사집전을 위해 포도주가 필요했다. 그래서 원주민 개화마을 '미션(Mission)'은 포도재배단지를 갖추게 되었는데, 그 때문에 성직자들이 캘리포니아로 이식해 간 포도품종 중에는 미션이라는 이름을 가진 것도 있다. 산업혁명 이후 유리병이 생산되면서 코르크 병마개도 널리 사용되었

포도밭에서 일하는 수사들

고, 바야흐로 포도주는 현대적 형태를 취하기 시작했다. 17~18세기에 포도
주를 병에 담기 시작하면서부터 사람들은 이제 포도주의 산화작용 때문에
'빠른 소비'를 걱정하지 않아도 되었다. 한편 병과 코르크 마개의 이용으로
샴페인의 반짝이는 영롱한 거품이 포도주 애호가들의 미각을 기쁘게 했다.
샴페인 제조기술은 1668년 돔 피에르 페리뇽(Dom Pierre Perignon) 수도승
이 개발했는데, 그는 1670년 오비에르(Hautvillers) 베네딕트 수도원 포도
주의 지하저장고 관리인이었다.

17세기에는 포르투갈산 포도주 포르토(Porto)의 인기가 급상승했다.
1703년 영국과 포르투갈 사이에 체결된 메투엔(Methuen) 조약으로 프랑스
포도주 보다 훨씬 관세가 낮아지자, 영국과 유럽 북서부지역은 포르투갈산
포도주를 많이 수입해 갔다. 결국 프랑스 포도주는 사양화되었고, 19세기
중엽까지도 회복되지 못했다.

2. 현 대

18~19세기 과학의 진보 역시 포도주에 많은 영향을 미쳤다. 나폴레옹 시대
장관이며, 화학자였던 샤프탈(Chaptal)은 포도주를 강장하기 위해 설탕을
첨가하도록 권고했다. 이것은 포도주의 빠른 변질을 막아 주는 것으로 샤프
탈리자사옹(Chaptalização)라 하는 것으로 오늘날에도 많이 사용된다. 그러
나 현대적인 포도주의 양조기술은 효모활동을 통해서 발효현상과 당분작용
에서 알코올의 변화를 연구했던 파스퇴르와 더불어 시작되었다고 할 수 있다.
이와 대략 동일한 시기에 포도재배는 뿌리를 공격해서 포도나무를 죽이는
포도뿌리진딧물(Filoxera)로 인해 극심한 진통을 겪었다. 그 전에도 포도재
배는 많은 병충해를 경험했지만, 어떤 것도 이만큼 그 피해가 심각하지는
않았다. 이 진딧물은 부주의로 인해 미국에서 수입되었다. 영국 과학자들은

미국 야생포도나무 몇 그루를 가져다가 연구를 하였다. 그 때 이 해충이 딸려 왔고, 1864년에는 프랑스에도 상륙하였다. 포도원은 가차없이 파괴되었고, 이 병충해를 막기 위해 갖은 방법이 동원되었다. 어떤 곳에서는 조금이라도 병든 포도나무를 구제해 보려고 포도밭을 침수시키기까지 했다. 그러나 해결책은 진원지인 미국에서 나왔다. 과학자들은 진딧물이 포도주 제조용이 아닌 미국산 포도나무의 뿌리는 공격하지 않는다는 사실을 알게 되었다. 그리하여 미국산 포도나무의 뿌리에 고품질의 유럽산 품종을 접목시켰다. 오늘날 극히 드문 경우를 제외하고 유럽산 포도나무의 뿌리는 아메리카산이지 유럽의 것이 아니다. 이 병충해로 인해 유럽의 포도생산에는 많은 변화가 생겼다. 어떤 지역에서는 아예 포도재배가 자취를 감추었고, 또 어떤 지역에서는 전혀 다른 품종을 심기도 했다.

제2차 세계대전 이후 포도재배는 또 한번 새로운 도약을 경험했다. 젊고 의욕적인 양조기술자들의 노력 덕택에 파스퇴르의 선진기술이 농촌에 널리 보급·확산되었다. 또한 포도재배기술 역시 병충해 예방, 접목법, 건강하고 발육이 좋은 묘목의 생산 덕택에 더욱 발전되었다. 온도조절과 발효를 야기시키는 효모연구도 상당히 진척되었고, 위생적인 포도주 생산을 위한 노력이 경주되었다. 기술은 인간의 개입을 값지게 한다. 그러나 포도주는 어디까지나 자연의 변덕에 예속된 자연의 산물이다.

에밀 페이노(Emile Peynaud) 교수가 유명한 샤토 마르고(Chateau Margaux)의 기술자문을 맡았을 때, 새로운 소유주는 세계에서 가장 훌륭한 포도주를 만들고 싶다고 소감을 피력했다. 이 위대한 양조가는 "그건 간단한 일이오, 당신이 내게 세계에서 가장 훌륭한 포도를 제공한다면!"이라고 응수하였다. 오늘날 아메리카주, 오세아니아, 북아프리카 그리고 남아프리카에서 새로운 포도주 생산지가 급성장하고 있다. 그것은 다름이 아니라 이 신생 지역이 전반적인 포도주의 질을 개선하고, 유럽독점을 종식시키면서 소비자를 위한 새로운 선택의 기회를 제공하고 있기 때문이다. 이와 같은 경쟁시장의 확대는 유럽을 각성시키는 계기가 되었다. 그 덕분에 포도주의 세계는 매우 유동적이며, 여기서 득을 얻는 것은 소비자들이다.

오늘날의 포도주는 과거 50년 전보다 훨씬 더 품질이 우수하다. 그러나 그 소비는 매우 급강하고 있다. 이러한 추세는 첫째로, 현대적인 삶의 리듬에 그 원인이 있다. 현대인의 삶 그 자체가 오늘날 인구가 집중된 대도시에서 사람들이 조용한 식사를 즐기는 것을 더 이상 허용하지 않는다. 또한 맥주나·다른 새로운 음료들이 포도주 소비를 더욱 위축시키고 있는 형편이다. 둘째로, 사람들이 알코올 음료를 덜 마시는 경향이 있다. 날씬한 몸매를 높이 평가하는 새로운 시대적 심미관과 건강의 지나친 관심이 포도주 소비량의 감소에 일조를 한 셈이다. 대신에 사람들은 훨씬 양질의 포도주를 선호한다. 예로서 프랑스 자료에 의하면, 1970년 연간 1인당 포도주 소비량이 107.5*l* 였을 때 고급 양조지 호칭등록을 의미하는 'AOC' 등급의 포도주 소비량은 전체의 13.2%였다. 반면에 1984년 소비량은 비록 88.6*l*로 감소했지만, AOC급은 오히려 27% 이상으로 상승했다. 오늘날 프랑스의 심미적인 포도주 소비자들은 포도주 질에 더욱 더 까다로운 요구를 한다. 최근『르프웽(*Le Point*)』이라는 잡지는『좋은 포도주의 광(Fous du bon bin)』이란 자료를 발표하였다. 이러한 관심은 미국, 영국, 덴마크, 스위스, 일본 그리고 최근에는 한국에서도 날로 높아지는 추세이다. 즉, 습관적으로 포도주를 마시지 않고, 고품질을 선별하여 마시는 경향이 커진 것 같다.

최근 미국에서도 모든 알코올 음료의 소비량이 국가 전체적으로 떨어지고 있다. 대규모 알코올 반대캠페인이 전개되고 있기 때문이다. 그러나 대략 7500만 명의 미국인은 여전히 포도주를 애호하고, 그것을 인식하려고 노력하고 있다. 연간 1인당 소비량이 8.6*l* 이지만 그 관심은 지대하다. 또한 많은 국가에서 새로운 소비형태가 나타나고 있다. 유럽에서 포도주는 거의 음식물의 보충물이었던 반면에, 새로운 소비국에서는 축제와 칵테일용이다. 따라서 백포도주가 더 보급에 유리한 편이다. 미국에서는 5병 중 3병이, 그리고 영국에서는 약 70%가 백포도주이다. 전통적인 포도주 국가에서도 백포도주의 선호도가 점차로 높아지고 있다. 여성이 중요한 소비층으로 유입된 것도 역시 최근의 추세이다. 새로운 소비국에서 구매층의 대부분이 또한 여성이다. 오늘날 새로운 포도주시장은 절충적이고 덜 편견적이다.

미국은 물론 훌륭한 포도주 생산국이지만 대도시 어디에서나 전세계의 포도주를 살 수 있다. 영국 역시 포도주 생산국이 아니기 때문에, 매우 개방적인 심성을 지니고 있다. 많은 사람들이 타자의 상황을 이해하고, 국수주의적 태도를 지양한다. 우리나라의 경우도 마찬가지이다. 그러나 생산국의 입장은 이와 판이하게 다르다. 맹목적 애국주의는 지역차원에서도 매우 민감한 반응을 보인다. 가령 이탈리아의 토스카나 지방에서는 피에몬테 지방의 포도주를 찾기가 매우 힘들다. 그리고 그 반대의 경우도 역시 무리다. 파리에서도 일부 외국산 포도주가 발견되지만 어디까지나 한계가 있다. 그러한 현상은 스페인, 독일 그리고 포르투갈 지역에서도 마찬가지이다.

그러나 전세계의 포도주 애호가들이 배타적인 사고에서 깨어나 한 마음으로 해야 할 일이 있다. 그것은 전세계의 포도밭에서 일하는 농민들에게 찬사를 바치고, 포도주를 빚는 양조자들에게 삼가 경의를 표하는 일이다. 포도를 재배하고 포도주를 만드는 행위는 자연과 조화를 이루는 작업이다. 그래서 우리는 자연에게도 고마움을 표해야 할 것이다.

프랑스 편

고대의 포도주는 찬미의 대상이며, 신성한 제례용 술이다. 그래서 질 좋은 최상급 포도주를 마신다는 것은 곧 소수 엘리트 계급의 특권을 의미했다. 가난한 서민들은 단지 신맛의 묽은 포도주나 맥주, 또는 사과술 등 거친 알코올 음료에 만족해야만 했다. 이 포도주의 이원주의(신분적 불평등) 현상은 고대, 중세, 근대 18세기 초까지도 계속 이어지게 되며, 법 앞의 평등을 주장했던 프랑스 혁명 이후에도 사라지지 않는다.

프랑스 역사가이며, 사회학자인 장 폴 아롱(J.P. Aronl)은 식도락(gastronomie) 이란 문화영역은 신구(新舊)계급의 갈등의 장이라고 했다. 혁명 이후 19세기 유럽사회의 주역이 된 돈의 귀족, 즉 신흥 부르주아 계층은 옛날 토지귀족의 식탁문화를 장악하였다. 그러나 구 귀족의 뒤를 이어 현란한 식도락 문화를 선도했던 부

포도를 따는 고대인

르주아 계급의 외향적인 부의 과시와는 달리, 노동계급의 열악한 생활수준, 즉 칼라일이 언급했던 포크와 나이프의 문제는 전혀 향상될 기미를 보이지 않았다.

에드워드 쇼터(E. Shorter)가 이른바 노동계급의 하위문화(subculture) 형성기라고 지적했던 19세기 말부터 서서히 식도락의 민주화가 보편화되었다. 그래서 18세기에는 클레레(clairet: 빛깔이 연한 적포도주)라는 귀여운 별칭을 지닌 보졸레 포도주가(특히 1850년대의 본격적인 철도혁명 덕분에) 이제 20세기에는 고급 레스토랑에서 서민식당, 카바레, 비스트로(bistrot), 프랑스 이성의 산실인 카페, 심지어 패스트푸드점의 식탁에까지 골고루 선보이게 되었다. 보졸레 누보(Beaujolais Nouveau)가 출시되는 시기(매년 11월 셋째 주 목요일 0시)에 때맞춰 거의 모든 레스토랑의 벽보나 메뉴에는 새로운 보졸레 누보의 출시를 알리는 표지가 붙는다. "어, 리오넬 조스팽이 방금 도착했네(Lionel Jospin—Beaujolais Nouveau—est arrivé!)" 이처럼 보졸레 누보는 프랑스 전 총리 리오넬 조스팽을 풍자하는 경구에도 익살스럽고 희화적인 모습으로 등장하게 된다. 자, 이제부터 이러한 포도주 이분법과 민주화 현상을, 프랑스인과 포도주를 시대별로 한번 살펴보기로 하자.

보졸레 누보

보졸레 누보는 그 해에 재배한 포도로 만들어서 바로 파는 햇 포도주를 의미한다. 프랑스에서 매년 9월에 수확한 포도를 11월까지 저장·숙성시켜서 11월 셋째 주 목요일부터 출시하는데, 오래 저장해서 만든 보통의 포도주처럼 깊은 맛은 없지만, 향이 좋고 쓴맛이 적어서 처음 마시는 사람에게도 좋다. 보통 포도주보다 차게 마시며, 오래 될수록 맛이 떨어진다. 가격은 저렴한 편이나, 판매량이 한정되어 보통 출시 2~3주만에 바닥난다.

프랑스 포도주의 역사와 문화

1. 유럽 포도의 자생설

어떤 부족이 최초로 포도나무를 재배할 생각을 하게 되었을까? 즙이 많고 검붉은 또는 푸르게 잘 여문 포도송이를 수확하기 위해 거친 들판에 자라는 야생식물을 최초로 길들인 사람은 과연 누구일까? 또한 열매를 으깨고 거기서 나온 향기로운 즙을 발효시킨 이는 누구인가? 일설에 의하면 포도주는 전설에 나오는 아르고호(그리스 신화에서 영웅들이 황금의 양피(羊皮)를 구하기 위해 탔던 배)의 선원이나 그리스 영웅 율리시즈의 친구들이 아시아에서 받아들였다고 한다. 그러나 일부 포도주의 사가들은 이를 강력히 부인하고 있다.

이미 선사시대부터 포도는 야생의 칡덩굴 형태로 유럽의 토양에서 마음껏 자생하였다. 『프랑스 포도주의 역사(*Histoire des vins en France*)』에서 장 드 케르델랑(Jean de Kerdéland)은 포도나무처럼 덩굴과에 속하는 전설 같은 식물의 품종을 몇 가지 나열하였다. 인류문명의 동이 트기도 전에 등장했다는 중생대(제2기)의 파르테노시수스(parthenocissus)는 유명한 세잔(Sézanne) 포도나무의 조상으로 알려져 있다. 1870년에 이 세잔 품종의 흔적이 발견된 적이 있는데, 오늘날 샹파뉴 사람들은 이를 '샹파뉴 포도주의 어머니'라고 주장하고 있다.

포도를 으깨는 프랑스 농부

또 다른 포도덩굴의 이름 오조니엔(Ausonienne)은 보르도 포도주를 찬미한 시인 오존(Ausone)의 이름에서 따온 것이다. 비니페아(vinifea)는 인류등장시기와 거의 똑같은 제4기(약 100만 년 전)에 출현했던 것으로 추정되고 있다. 비니페아는 야생포도를 의미하는 랑브뤼스크(lambrusque)라고도 한다. 이들의 주장을 액면 그대로 믿는다면, 포도의 기원은 정말 오래 된 것이다. 그러나 과연 고대의 이 신비한 덩굴이 모두 포도주 양조가 가능한 식물이었을까? 유럽의 포도자생설을 강력히 주장하는 사람들은 이 야생포도의 장점을 극구 강조한다. 최근 스위스 취리히의 유적발굴 당시에 나온 많은 양의 포도씨를 보면, 유럽인의 조상은 포도주 발효까지는 아니라도 적어도 포도즙을 짜는 기술은 익히 알고 있었다고 본다.

『프랑스 포도주(*Vins de France*)』의 저자 조르주 레(Georges Ray)는 만일 곡식으로 밀가루 만드는 방법을 알고 있는 사람이라면 이보다 훨씬 간단한 포도주 양조법의 원리는 거뜬히 터득하였을 것이라고 주장한다. "포도송이를

포 도 주 의 우 연 한 발 견

포도주의 우연한 발견에는 또 다른 유명한 이야기가 후세에 전한다. 페르시아 왕 잠시드(Jamsid)의 궁정에서 포도는 가장 인기 있는 과일 중 하나였다. 사람들은 일년 내내 이 귀중한 기호식품을 애용할 수 있도록 여러 항아리 속에 포도송이를 넣어 잘 보관했다. 그런데 어느 날 항아리 속에서 이상한 냄새가 나서 뚜껑을 열어 보니, 이상한 거품이 부글부글 일고 있지 않은가! 사람들은 혹시 독(毒)이 들어있을까 우려해서 그 냄새나는 항아리를 한 쪽으로 얼른 치워버렸다. 그런데 궁정의 한 불행한 유녀가 이 문제의 항아리 속에 든 독을 마시고, 이 세상을 하직하려고 결심했다. 그런데 유녀는 붉은 독(사실은 잘 익은 포도주)을 마시고 나서, 오히려 생의 환락과 기력을 되찾아 주는 달콤한 수면을 체험했다. 결국 유녀는 죽음 대신에 포도의 신비스런 비밀(?)을 발견했던 것이다.

으깨고 얻은 달콤한 즙을 그냥 방치해두면, 제 스스로 알아서 발효가 된다"고 레는 천연덕스럽게 응수한다. 그러나 유럽 포도주의 일반적인 계보는 동방에서 그리스·로마로, 로마인이 오늘날 프랑스인의 조상격인 골(Gaule)인에게 이 오묘한 신의 선물을 전수해 준 것으로 알려져 있다.

2. 고대의 포도주

고대의 포도주는 오늘날 우리가 포도주를 일반적으로 알고 있는 상식과는 달리, 매우 독특한 방식으로 소비되었다. 그것은 리쾨르(단맛)의 포도주와 독한 포도주로 크게 구분된다. 고대인은 포도주의 감미와 숙성(vieillissement)을 위해, 대개 포도주에 꿀이나 향료를 타서 마셨다. 흔히 셰리주라는 헤레스산 백포도주(xérès)가 오늘날 고대 포도주의 원형을 거의 그대로 간직하고 있다.

그리스의 주신 디오니소스

고대인은 포도주를 물에 타서 즐겨 마셨고, 특히 그리스인은 짜디짠 바닷물을 타서 마셨다. 유럽 포도주의 주창자(主唱者)는 그리스인이다. 그리스 포도주는 중세까지도 그 진가를 높이 인정받았다. 그리스인은 포도주 무역에 지대한 공헌을 했다. 포도주와 올리브유는 그리스 경제발전의 가장 중요한 원동력이라고 할 수 있다. 그리스인의 포도주 숭배는 가장 인기 있는 올림포스 신 가운데 하나였던 주신(酒神) 디오니소스의 숭배로 한층 고양된다. 고대 그리스의 보르도 포도주라는 키오스 섬의 포도주와 레스보스 섬에서 생산되었던 토카이 에센치아(Tokay essenczia)가 특히 유명했다. 키오스 섬의 3대

비너스의 탄생

명물은 질 좋은 점토로 만든 손잡이가 달린 항아리, 스핑크스와 포도였다.

고대 그리스에서 포도주는 종교적인 역할을 수행했다. 첫째로 사랑의 여신 아프로디테(비너스) 숭배와 밀접한 연관이 있다. 즉 포도주는 연인에게 상당한 최음효과가 있었다. 둘째로 고통받는 자들에게 정신적인 안정과 휴식을 제공했다. 셋째로 의사에게 포도주는 마취의 효험이 있었다. 마취제가 발달하지 않았던 시대에, 포도주의 달콤한 취기는 수술대에 오른 환자의 고통을 잠시나마 잊게 해 주는 다행한 존재였다. 넷째로 포도주는 불행한 자에게 기쁨의 원천이 되었다. 동방무역과 식민사업을 통해 포도주를 알게 된 그리스인은 시실리나 남부 이탈리아 지역에 이처럼 영험하고 신비스런 포도주를 전파했다. 이 그리스인을 통해서 포도경작법을 알게 된 로마인은 오늘날 프랑스인의 조상격인 골족에게 포도주를 전달하는 매개체 역할을 했다.

BC 6세기경 페니키아인은 마르세유 지방을 식민지화하고 거기에 포도나무를 심었다. 오늘날 포도주의 메카인 프랑스 지역에 최초로 포도나무를 접목시킨 것이 페니키아인이라면, 이를 재배·보호·육성시킨 것은 바로 로마인이었다. 당시 골의 상류층은 로마포도주의 열렬한 애호가였다. 그들은 포도주를 담는 질 좋은 도자기를 구입하기 위해, 자기들이 거느리고 있는 노예와 맞바꾸는 사례가 빈번하였다. 귀족층은 포도주, 대다수 서민층은 샘물이나 맥주, 사과로 만든 시드르(과일주의 일종) 등 거친 음료에 만족해야만 했다. 시간이 차츰 경과함에 따라 로마산 외제 포도주를 선호하던 골인도 어느 새 훌륭한 포도재배자로 떠오르기 시작했다.

도자기나 항아리처럼 잘 깨지지도 않고 실용적이며 운반에도 편리한 통을 발명한 것도 바로 골인이었다. 또한 골인은 코르크 마개를 사용하여 백포도주에 거품이 일게 하는 기술을 도입하였고, 또 꿀을 넣어 감미로운 맛이 나게 했다. 그래서 로마인은 골인의 포도주를 다시 역수입하는 처지가 되었다.

96년 로마황제(재위: 81~96) 도미티아누스는 골인의 밀농사를 장려하고, 또한 로마 포도상인의 이익을 도모한다는 취지에서 골 지역의 태양 아래서 자라는 모든 포도나무의 반 이상을 뿌리째 뽑도록 명하였다. 도미티아누스 황제의 법령은 2세기가 지난 후에 폐지되었다. 그 이후 골지역의 포도재배는 오늘날까지도 계속 연면히 이어지고 있다. 그래서 보르도 출신의 유명한 문인이며, 철학자인 몽테뉴(1533~1592)는 16세기경 이탈리아를 두루 여행하면서 다양한 이탈리아의 선진문명에 흠뻑 매료되었다. 그러나 단 한 가지, 고향에 두고 온 포도주를 몹시 그리워하였다고 한다.

3. 중세의 포도주

중세 초에 기독교가 발전함에 따라 포도주가 널리 전파되었다. 추수의 풍·흉작에 관계없이 1년 내내 빵과 포도주로 집전하는 미사를 거르지 않기 위해, 수도승은 수고를 아끼지 않았다. 그들은 훌륭한 포도재배인인 동시에 일꾼이었다. 당시에 주교나 수도원장은 세속적인 영주였으며, 자연 널따란 토지를 소유하고 있었다. 중세 수도원이나 주교의 영지에서는 탐스런 포도송이가 태양 아래 알알이 영글어갔다. 아비뇽 교황청의 프랑스 교황은 특히 포도재배에 지대한 관심을 보였다. 가령 샤토뇌프 뒤 파프(Châteauneuf-du-Pape) 포도주는 요한 22세의 성원에 크게 힘입었고, 클레멘스 5세 역시 포도재배자였다. 프랑스 포도주의 이름은 마치 성인의 연도(litanie)와 비슷하다. 가령 성인의 이름을 따서 지은 생테밀리옹(saint-émillion), 생테스테프(saint-es-tèphe), 뉘생조르주(nuits-saint-georges)가 그 대표적인 예이다.

필립 오귀스트(1137~1180)

프랑스 국왕 역시 파리 근처에 넓은 포도밭을 소유하고 있었다. 필립 오귀스트(재위: 1137~1180)는 몽마르트 언덕은 물론이고, 루브르 궁전의 정원에까지 포도나무를 심도록 명하였다. 국왕의 포도주가 맨 처음 카바레(선술집)에 당도하면, 카바레에서는 제일 먼저 가장 큰 목소리로 그 도착을 알려야만 했다. 이것이 바로 국왕이 내리는 포도주 판매허가(banvin)의 절차이다. 국왕의 포도주 다음에 영주, 수도원장, 그리고 맨 나중에 카바레 주인의 포도주가 도착하는데, 그 때까지도 고함치는 고용인의 목이 쉬지 않았으면 마음껏 목청을 높여 소리를 질러도 된다. "프랑스 포도주 만세!" 카바레 주인은 하루 또는 1주일 정도 이 고함치는 사람을 단기적으로 고용하였다. 그는 하루에 두 번씩 고함을 질러야 했고, 물병이나 굽 달린 큰 잔(hanap)을 들고 거리를 순회하면서 만나는 사람에게 포도주를 맛보이며 상품을 소개하였다. 당시 고함치는 사람의 장례식은 매우 특별한 의례를 거쳤다. 물병과 굽 달린 큰 잔을 손에 든 두 명의 고함치는 사람이 뒤에서 고인의 관을 따랐다. 관이 십자로에 당도하면 장례행렬이 일순 멈춰지며, 지나가는 행인에게 포도주를 따라 주는 의식이 거행되었다. 잽싸게 모여든 구경꾼은 결코 이러한 시음의 기회를 놓치지 않았다.

좀더 나중에 매우 희한한 직종이 등장하였다. 이른바 베르사유의 포도주 주자이다. 즉 포도주를 손에 받쳐들고 숨을 헉헉거리며 달리는 사람을 가리킨다. 마리 앙투아네트의 포도주 주자는 빵과 포도주 한 병, 그리고 약간의 음식물이 담긴 쟁반이나 바구니를 들고, 고귀한 여주인이 행차하는 곳은 어디든지 따라다녔다. 가령 앙투아네트 왕비가 사냥을 하거나 여행을 할 때,

배가 고프면 즉시 허기를 달랠 수 있도록
하기 위해서였다. 그러나 실제로 왕비는
소식하는 편이었고, 사냥을 즐기지도, 여
행을 자주 하는 편도 아니었다. 고작 파리
주변의 퐁텐블로 숲이나 콩피엔에 가는 정
도였다고 한다. 결국, 이 포도주 주자가 달
릴 수 있는 기회는 거의 없었던 것으로 추
정된다.

마리 앙투아네트(1755~1793)

그러나 중세로 다시 거슬러 올라가면,
포도주에 취할 수 있는 기회는 얼마든지
있었다. 당시의 민요는 "적어도 한 달에 한
번은 기분 좋게 취해야 한다"며 권주가를
부르고 있다. 부르주아 포도주는 부르주아 권리를 획득했을 때 마시는 포도
주이다. 쿠시에 포도주(vin de couchier)는 평화롭게 초야를 치르기 위해 바
치는 일종의 조세였다. 말의 등자를 의미하는 에트리에 포도주(vin de l'étri-
er)는 여행을 떠날 때 마시는 포도주이다. 밤샘을 의미하는 베유 포도주(vin
de veille)는 대영주의 나이트 테이블 위에 놓이는 포도주이다. 서기를 의미
하는 클레르 포도주(vin de clerc)는 소송이 끝난 후에 마시는 포도주이다.
사제를 의미하는 퀴레 포도주(vin de curé)는 유아세례시에 마시는 포도주의
명칭이다. 사형수의 포도주는 죄수가 교수대로 향하기 전에 생드니 거리에
있는 피디유의 안마당에서 마지막으로 비장하게 마시는 술이다. 또한 재판
관의 포도주는 특이하게도 사형을 집행하는 형리가 직접 내는 술이다.

중세의 사람들은 어떤 술을 마셨을까? 백포도주는 매우 드물었고, 진홍
빛 포도주나 클레르 포도주(영국인이 보르도 포도주를 이렇게 부른 데서 유래)가
대부분이었다. 파리, 믈렁, 몽모랑시, 벨빌, 몽마르트 포도주를 마셨다. 또한
키프로스나 스페인 포도주를 즐기기도 했는데, 뜨겁게 데워 마셨다고 한다.

중세의 식사

또한 꿀로 달게 한 아니스나 알로에, 압생트 등을 가미한 초본(?) 포도주나 향료를 가미하여 매운 맛이 나는 포도주를 마시기도 했다. 르그랑 도시(Legrand d'Aussy)는 그의 저서 『프랑스인의 사생활』에서 이러한 향료 포도주를 "포도주의 수액과 정열적인 힘을 진귀한 향료와 꿀의 감미로움으로 감싼 인간산업의 최대역작"이라 찬미해마지 않았다.

중세에도 여전히 사람들은 포도주에 물을 타서 마셨으며, 이러한 전통은 왕정복고 말기까지도 계속 이어졌다. 태양왕 루이 14세는 40세 전까지 물에 희석되지 않은 순수한 포도주를 결코 마신 적이 없었다. 생루이 국왕의 총애를 한몸에 받았던 프랑스 연대작가 주앵빌(1224~1317)은 다음과 같은 이야기를 후세에 남겼다. "전하는 내가 만일 젊은 시절에 포도주를 물에 타서 먹는 습관을 익히지 않는다면 반드시 건강이 나빠지거나 위장병으로 고생할 것이라고 진정어린 충고를 하였다." 중세에는 얼음처럼 차가운 포도주를 마시지 않았다. 특히 겨울에는 포도주를 데워 마셨는데, 불에 벌겋게 달구어진 칼날을 포도주잔에 담근 채 마시는 기이한 습관이 있었다고 한다.

르네상스 시대부터 오를레앙, 투렌, 일드프랑스 지역의 포도주는 샹파뉴나 부

루이 14세(1638~1715)

　와인에 담긴 역사와 문화

르고뉴 지방의 유명 포도주의 기세에 눌려 점점 쇠퇴일로를 걷기 시작했다. 프랑수아 1세에서 루이 14세 치세기에 이르기까지 국왕의 식탁에 오르는 영광을 차지한 포도주는 단연 샹파뉴 포도주였다. 그러나 동 페리뇽 수사가 오늘날 우리가 알고 있는 샴페인 제조법을 발견하기 전까지, 샹파뉴의 대표적인 포도주는 거품이 일지 않는 적포도주였다. 루이 14세의 주치의였던 의사 파공(Fagon)은 샹파뉴 포도주 대신에 부르고뉴 포도주를 마시라고 적극 권고하였다. 이는 부르고뉴 지방과 샹파뉴 지방의 길고 우스꽝스런 대전쟁의 서곡에 불과하였다. 프랑스 포도주의 역사에서 3번째 승자인 보르도 포도주는 좀더 후일 리슐리외 원수 덕분에, 18세기부터 그 명성과 진가를 인정받기

리슐리외 원수와 신비의 영약 보르도 포도주

보르도 포도주의 역사는 리슐리외 원수가 아키텐 지방의 총독이 되면서부터 위대한 전기를 맞이하게 되었다. 비록 루이 14세가 보르도 포도주를 신들의 넥타르라고 칭송하였어도, 그 때까지 보르도 포도주는 왕이나 귀족의 호화스런 식탁에서 부르고뉴나 샹파뉴 포도주가 누리는 영광을 누리지 못하였다.

프랑스 식도락의 명사 중의 한 사람인 리슐리외 원수가 여행에 지친 심신을 이끌고 부임지인 보르도에 당도하였을 때의 일이다. 그는 빠른 원기회복을 위해 우유로 매일 목욕을 하였다. 그 후로 보르도에서는 총독의 시중을 드는 하인들이 목욕하고 남은 우유를 저자거리에 내다 판다는 미심쩍은 소문이 돌았다. 그 후로 감히 우유를 사먹으려는 자가 별로 없었다고 한다. 특별한 우유욕에도 별로 효과를 보지 못한 리슐리외 원수는 신비한 영약 보르도 포도주를 통해 건강을 회복하였다. 그래서 사람들은 이를 리슐리외의 탕약이라고 했다. 보르도 포도주의 진가를 깊이 인식한 리슐리외는 파리에 돌아가서도 보르도 포도주를 궁정에 적극 홍보하였다. 결국 18세기 말부터 코르동 블뢰(Cordon-Bleu)나 코트 뒤 론(Côte du Rhône) 포도주는 후발주자인 보르도 포도주에게 그만 특권의 자리를 내주게 되었다.

시작하였다. 자 이제부터 프랑스 3대 포도주 샹파뉴, 부르고뉴, 보르도 포도주를 통해 포도주의 대명사, 포도주 중의 포도주라 칭송받는 프랑스 포도주의 기나긴 변천사를 살펴보기로 한다.

포도주를 마셔라! 너는 이제 영원한 영생을 얻게 되리니. 포도주는 너를 젊어지게 하는 유일한 사랑의 묘약이다. 오, 신성한 장미의 계절이여! 자, 이 덧없는 순간을 즐겨라. 그것이 바로 인생이다. 자, 그리고 포도주를 마셔라! 너는 오랫동안 땅 속에서 친구도 여자도 없이 외로이 잠들게 될지니. 내가 너에게 한 가지 비밀을 가르쳐 주마: "한번 시든 튤립은 다시 꽃이 피지 않는 법이다."
　　　　　　　　　　－ 페르시아 시인·수학자, 오마르 카얌(1048~1122)의 사행시 「포도주」

---

4. 지역별 포도주

우리나라 사람들은 요리 하면 제일 먼저 프랑스 요리를 연상한다. 프랑스 요리는 가히 국민적이라고 칭송을 받을 만하다. 왜냐하면 미술과 문학을 위시한 프랑스의 다른 문화들은 유독 수도인 파리를 중심으로 아기자기하게 꽃을 피우고 있지만, 식문화는 프랑스 전역에 골고루 퍼져 있기 때문이다. 그래서 프랑스 각지의 진귀한 요리명소를 소개하는 미슐랭(Michelin) 관광가이드가 놀라운 성공을 거두었다. 이처럼 식도락을 즐기는 프랑스인의 식탁에서 결코 빼놓을 수 없는 것이 바로 포도주와 치즈의 앙상불이라고 할 수 있다. 포도주와 종종 곁들여 먹는 치즈는 프랑스에서 무려 400여 가지에 이른다고 한다. 붉은 포도주를 한 모금 음미한 다음에 말랑말랑한 치즈의 속살을 베어 호밀빵에

포도주와 치즈의 앙상불

펴 발라 깨물면 갑자기 마음이 행복해진다. 그런데 우리가 프랑스 포도주하면 흔히 떠올리는 것이 바로 '샴페인'이라고 더 잘 알려진 샹파뉴, 부르고뉴, 보르도산(産) 포도주이다. 제일 먼저, 그 유명한 샹파뉴 포도주를 통해 프랑스에서 포도주가 차지하는 의미를 한번 가늠해 보기로 한다.

샹파뉴

출생, 결혼, 생일, 신년, 졸업축하, 축하연, 칵테일파티, 또 연인들이 서로 사랑을 속삭일 때. 영롱한 거품이 반짝이는 샴페인은 프랑스인들의 인생의 위대한 순간마다 충실한 벗이 되어 준다. 프랑스에서 샹파뉴 포도주는 축제와 환희의 동의어이다. 샴페인의 고운 황금색 빛깔, 어느새 마술처럼 새하얗게 이는 거품, 또 하늘을 날 듯이 상쾌한 가벼움 등은 가히 포도주의 제왕이며, 제왕의 포도주라고 칭송받을 만하다. 샴페인을 마시면 귀부인의 마음은 쾌활해지고, 곧 사랑에 빠지게 된다(La champagne égaie l'esprit des dames et les rend amoureuses.).

샹파뉴산 포도주는 원래 거품이 일지 않는(non mousseux) 고급 적포도주를 의미했다. 로마 전성기에 골(이탈리아 어로는 갈리아) 지역을 정복했던 줄리어스 시저는 이미 샹파뉴 포도주의 진가를 인정했다. 그러나 샹파뉴의 위대한 명성은 유서 깊은 랭스(Reims)에 그 기원을 두고 있다. 랭스의 노트르담 성당에서 프랑스의

클로비스의 개종

첫 번째 국왕 클로비스의 유명한 카톨릭 개종이 있었다. 496년 별들이 유난히도 총총한 크리스마스 저녁에 현재 에페르네(Epernay) 근처의 포도밭이 뒤덮인 빌라에 거주하고 있던 랭스의 주교 생 레미(Saint Rémi)가 샹파뉴산 포도주로 국왕의 세례식을 집전하였다.

9세기 말경에 미래 교황이나 황제들은 랭스의 유명한 학교에서 수학하였다. 비교적 발랄한 면학분위기의 풍토에서 이 최고위층 귀족자제들은 그 때까지도 아직 거품이 일지 않는 샹파뉴산 고급 포도주를 음미하였다. 그 후 몇 세기가 지난 후 프랑스에서 가장 잘 생긴 미남왕이라는 별명을 가진 필립 4세(1268~1314)가 당시 11세의 어린 소녀였던 잔 드 나바르와 혼인을 했다

미남왕 필립 4세
(재위: 1286-1384)

(1284). 잔은 결혼 지참금으로 나바르와 샹파뉴 지방을 국왕에게 갖다 바쳤다. 그들 사이에는 7명의 자녀가 탄생하였고 부부 간의 금슬이 매우 좋았다. 그리하여 나중에 갑작스럽게 잔이 먼저 세상을 떠났을 때, 매우 충격을 받았던 국왕 필립은 결코 다시 재혼하지 않았다. 이 세기의 결혼식은 샹파뉴 백령의 운명을 프랑스 국왕의 대관식과 연결시키는 데 결정적인 역할을 했다. 그리하여 18세기까지도 이 랭스에서는 프랑스 국왕의 대관식이 거행되었다.

1561년 샤를 9세의 대관식 때에도, 랭스와 라옹산(産) 포도주만이 다른 지방의 포도주를 모두 제치고 왕가의 식탁 위에 올려지는 영광을 누렸다. 후일 앙리 3세, 또 1610년 루이 13세의 대관식 때에도 여전히 샹파뉴산 포도주는 이러한 특권을 향유했다. 그래서 샹파뉴는 명실공히 귀족의 술이 되었다. 샹파뉴에서 열리는 대정기장(foire) 역시 샹파뉴 포도주의 국제적 명성을 높이는 한 요인이 되었다. 스페인, 이탈리아, 또 네덜란드의 부유한 상인이 모두 이 정기장에 몰려들어 큰 성시를 이루었다. 오늘날에도 샹파뉴 정기장은 각지에서 몰려든 많은 관광객의 눈과 귀, 그리고 혀를 즐겁게 해 준다.

근대적인 샴페인의 아버지 동 페리뇽에게
최대의 경의를 표하는 건배의 샴페인 세트

베네딕트 수도원의 지하창고 담당수사이며 샴페인 제조기술을 발명했던 동 페리뇽은
놀랍게도 앞을 못 보는 장님이었다고 전해지고 있다.

샹파뉴의 역사는 뭐니뭐니 해도, 루이 14세 시대에 오늘날과 유사한 샴페인 제조법을 개발한 베네딕트 수도원의 식료품 담당수사 동 페리뇽(Dom Pérignon, 1638~1715)과 밀접한 관계가 있다. 사람들이 무거운 통 대신에 병을 사용하기 시작하면서부터 (거품이 이는) 샹파뉴 포도주는 새로운 전기를 맞이하게 된다. 동 페리뇽 이전에는 그저 심술궂게 거품이 이는 포도주 밖에는 알지 못했다. 그래서 샹파뉴는 악마의 포도주 내지는 튀어오르는 병마개란 불쾌한 별명을 얻게 되었다. 그러나 동 페리뇽의 위대한 발견 이후부터 샹파뉴는 만인의 찬미대상이 되었다.

첫째, 포도주를 혼합한다. 둘째, 포도주의 빛깔을 맑게 하기 위해 청징제

(淸澄劑)를 섞는다. 셋째, 샴페인 특유의 가벼운 거품을 얻기 위해 설탕으로 처리한다. 넷째, 삼실로 병의 주둥이를 묶는 나무마개 대신에 최신 코르크 마개를 사용한다. 또한 동 페리뇽은 유리잔 속에 든 샴페인의 거품이 최대한으로 가장 아름답게 발현하도록 굽 달린 가늘고 긴 잔(flûte)을 사용할 것을 적극 권장했다. 루이 15세의 아름다운 애첩 퐁파두르(Pompadour)는 샹파뉴

퐁파두르 후작부인

포도주를 매년 200병씩 정기적으로 주문함으로써 샴페인의 명성을 널리 보급시키는 데 지대한 공헌을 했다. 당시에 샴페인은 18세기의 우아한 로코코 정신을 가장 잘 대표하는 술이란 찬사를 받았다. 그러나 병이 자주 깨지는 등 여러 가지 기술상의 제약 때문에 샹파뉴 포도주의 생산은 극히 제한되어 있었다.

1790년 7월 14일, 바스티유 개방 1주년을 기념하여 샹 드 마르스 광장에서 시민연맹의 축제가 성대하게 열렸을 때에도 오직 샴페인만이 혁명가들의 왕성한 기운과 원기를 북돋을 수 있는 유일한 축제의 술로 인정받았다. 그 후 몇 년이 지난 뒤에 빈회의에 모인 유럽의 군주는 1814년 9월부터 1815년 6월까지 샴페인의 편재(遍在)를 이야기했다. "인간의 재기발랄한 정신은 샴페인의 오묘한 거품처럼 탁탁 튄다." 샴페인이야 말로 승리감에 도취한 회의참석자의 유대를 공고하게 이어주는 열락의 매개체요, 지상의 환희였다. 타히티 섬을 오래 지배했던 포마레 왕가의 왕비 역시, 섬에 있는 이교도 신전에 축성을 하기 위해 여러 상자의 샴페인을 주문한 적이 있다.

19세기에 이르러 샹파뉴 포도주의 생산은 비약적인 발전을 이룩하게 된다. 1844년에 700만 병, 그러나 19세기 말인 1899년에는 무려 2800만 병의 샴페인을 생산해냈다. 산업혁명과 더불어 파스퇴르 발효법의 연구성과와 잘 깨지지 않는 병의 발명, 또 수송시설(철도)의 발전은 샴페인의 상업적

인 대성공에 확실한 자리매김을 했다. 최상품 포도주의 상징인 샴페인은 2세기 전부터 성대한 왕실피로연에 항상 빠지지 않는 단골메뉴가 되었다. 1889년, 1990년 브뤼셀과 파리에서 개최된 세계만국박람회를 훌륭한 축제분위기로 물들게 한 것도 바로 샴페인이었다. 일찍이 외교가 탈레이랑이 문명의 포도주라고 했던 샴페인은 현재 세계의 150여 나라로 수출되며, 또 외국에서도 가장 권위 있는 프랑스의 문화사절이란 칭송을 얻고 있다.

비엔나 회의에 대한 풍자화. "회의는 춤춘다. 그러나 진행되지는 않는다."

첫 번째 느끼는 가장 고귀한 미상(美想)

클로비스 이래 샹파뉴의 포도주는 세례식과 연결되어 있다. 즉 사람은 첫 번째 세례의 환희를 샹파뉴 포도주와 함께 공유한다. 세계에서 가장 크고 아름다운 여객선의 첫 운행을 축하할 때도 이 샴페인은 꼭 등장한다. 1960년대 말 기존의 비행기보다 두 배나 빠른 초음속 제트 여객기인 콩코드기나, 영프해협 지하터널을 지나 프랑스와 영국을 이어주는 유로스타(Eurostar)의 첫 개통시에도 샴페인은 결코 없어서는 안 될 귀중한 존재였다. 세계의 지붕 안나푸르나를 최초로 등반한 프랑스 리옹 출신의 산악인 모리스 에르조그(Maurice Herzog)는 정상을 정복한 다음 그의 등반팀과 함께 승리의 샴페인을 터뜨렸다. 또 다른 프랑스 산악인 피에르 마조(Pierre Mazeaud) 역시, 1978년 에베레스트 산의 최정상에서 샴페인을 마셨다. 프랑스 우주비행사 장루 크레티앙(Jean-Loup Chrétien) 역시 소련의 우주캡슐 여행을 성공리에 마친 첫 순간을 샴페인으로 기념했다.

피에르 마조의 에베레스트 78

지구에 다시 발을 디뎠을 때 그는 우주비행사의 전통에 따라 샴페인 술잔을 요구했고, 큰 소리로 기쁨의 건배를 외쳤다.

샴 페 인 제 조 법

샴페인이란 용어는 일반적으로 거품이 이는 포도주를 총칭하는 말이다. 그러나 특히 프랑스 샹파뉴 지방에서 샹파뉴식으로(champenoise) 생산되는 고급 샴페인을 의미하는 경우가 많다. 샴페인과 거품이 이는 다른 포도주와의 차이점은 이미 포도밭에서부터 싹트기 시작한다. 샴페인을 제조하는 포도나무 품종으로는 유일하게 다음 세 가지가 있다. 즉 피노 누아르(Pinot Noir), 거의 같은 품종의 피노 뫼니에(Pinot Meunier), 그리고 샤르도네(Chardon-

차게 식힌 샴페인과 맛있는 가재 요리의 앙상블

nay)만이 선택의 영광을 누린다. 전통적으로 적포도 2/3, 청포도 1/3의 비율로 배합한다. 청포도는 유독 샤르도네만을 고집하는데, 특별히 품종이 더 우수해서가 아니라, 단지 가볍고 섬세하기 때문이다. 잘 여문 포도송이(bouquet)를 따서, 재빨리 포도즙을 짜 버린다. 양조장으로 이동하는 도중에 포도가 타박상을 입거나, 포도의 신선도가 떨어질까 봐 밭에서 그냥 짜는 경우도 있다. 샴페인을 제조하는 집집마다 아직도 자기만의 방식이나 비법을 고수하는 편인데, 일단 포도주의 발효가 시작되면 포도주 통 속에 여러 가지 첨가물을 섞는다. 설탕과 이스트를 적정비율로 혼합한 포도주를 바로 그대로 샴페인 병에 옮겨 담는다. 병은 마개로 봉해지며, 그 밀폐된 공간 속에서 두 번째 발효가 시작된다. 그 후 한 달에서 두 달 정도 시일이 지나면, 이스트가 설탕을 모두 탄산가스와 알코올로 분해시킨다. 밀폐된 공간 속에 저장된 이 탄산가스가 샴페인의 부드러운 거품을 만드는 주범이다. 노쇠한(?) 이스트가 아직도 병 속에서 숨쉬고 살아 있는 상태에서, 샴페인은 더 오랜 기간 숙성을 거친다. 우리가 시중이나 산지에서 직접 구입하는 프랑스 샴페인은 이와 똑같은 병 속에서 두 번 발효를 거친 샴페인이라고 보면 된다. 일반적으로 오래 숙성된 샴페인일수록, 맛이나 향이 좋고 섬세하다고 알려져 있다.

미국 3대 대통령 제퍼슨과 프랑스 포도주

미국의 정치가이며 교육자, 철학자였던 제퍼슨(1743~
1826)은 1801년에 백악관에 입성하였다. 그는 11명의
하인을 두고 있었다. 참고로 제2대 대통령 애덤스는 30명의
하인을 고용했다. 제퍼슨은 파우더를 바른 가발머리 장식도
이제 더 이상 사용하지 않았고, 연회의 횟수도 상당히 줄였다.
공화주의자들의 공격에 따르면, 초대 대통령 워싱턴과 전
대통령 애덤스는 거의 궁정생활에 가까운 호사를 누리고
있었다. 그런데 제퍼슨은 왕조적인 사치를 공화주의적인 심
플함으로 바꾸었다. 그런데도 그는 대통령 관저에 프랑스

공화주의자 제퍼슨

요리사를 고용하였고, 자신이 선택한 특별한 포도주를 늘 애용하였다고 한다. 그의
연봉은 2만 5천 달러였고(그 당시 상당히 많은 액수라고 한다), 지출 역시 이에 못지않았
다. 1801년에 제퍼슨은 식료품 구입에 6500달러, 정복 입은 하인의 봉급으로 2700달
러, 루이스의 봉급으로 500달러, 그리고 포도주 구입비로 무려 3000달러나 지불하였다.

마지막 순간에 음미하는 최상의 넥타르(신의 술)

1793년 차가운 콩시에르주리 감옥에서 필립
오를레앙공은 혁명재판소에 출두하기를 기다
리고 있었다. 그는 자신의 죽음이 임박하자
국왕의 포도주인 샴페인 몇 병을 조용히 음미
하기를 요구했다. 그리고 몇 년이 지난 후 나
폴레옹은 러시아에 대대적인 군사원정을 떠
났다. 초기에 승승장구했던 그는 스몰렌스크

콩시에르주리 감옥

에서 러시아황제의 군대를 보기 좋게 물리쳤다. 그리하여 그 지방의 러시아
귀족들은 비록 프랑스 것이기는 해도(?) 달콤한 샴페인으로 패전으로 인해

상심한 마음을 달랬다.

부르고뉴

부르고뉴(버건디) 지역에는 2000년이 넘는 역사를 가진 포도원이 산재해 있다. 약 300년경, 갈로로마시대에 로마황제의 적극적인 진흥책으로 이 지역의 포도원은 급속히 발전하였다. 부르고뉴 지방의 포도원은 세 지방에 광활하게 펼쳐져 있다. 그 넓이는 무려 2만 2000ha나 된다. 바로 그러한 이유 때문에, 부르고뉴산 포도주는 매우 다양한 성격을 띠고 있다. 기독교의 전파에 따라 많은 수도원이 건립되었고, 포도재배의 후원자인 국왕과 귀족은 앞

부르고뉴 지방의 포도주 지하창고 저장소

다투어 자기 영지에 광활한 포도밭을 소유하고 있었다. 800년경 샤를마뉴 대제 역시 현재 코르통샤를마뉴 지역에 포도밭을 가지고 있었다. 이 지방의 이름 역시 대제의 이름을 딴 것이다.

로마정복기에 이식된 부르고뉴의 포도원은 특히 10세기경 시토 수도회(클뤼니, 시토) 수사의 개발과 보호정책에 힘입어 널리 보급되기 시작했다. 수사들은 당장에 목전의 이익을 추구하기보다는, 포도나무의 품종을 개량하고 보다 완벽한 품종을 만들어 내기 위해 꾸준히 학문적으로 정진하였다. 수사들의 대표적인 업적은 기후(climat)라는 개념의 중요성을 부각시키고, 또한 포도원에 울타리(clos)를 침으로써 부르고뉴 포도원에 위대한 자기 정체성을 부여한 점 등이다. 울타리를 의미하는 클로에 포도밭이라는 의미가 있다. 또한 수도원은 지하저장소(cave)를 지음으로써 비단 복음전도뿐만 아니라, 포도주 전파에도 지대한 역할을 담당하였다.

역대 부르고뉴의 공작은 부르고뉴산 포도주의 질에 특권을 부여했다. 특히 초대 부르고뉴 공작 필리프 드 발루아(Philippe de Valois)는 마그리트 플랑드르와 혼인함으로써 플랑드르 지역까지 인수, 부르고뉴의 면적을 사실상 두 배로 늘려 놓았다. 부르고뉴 공작이 기거하는 궁정의 호사스러움은 부르고뉴 포도주의 명성을 한층 드높이는 데 기여했고, 당시에는 본(Beaune)산 포도주가 가장 유명하였다. 아직도 프랑스 왕권이 그다지 강력하지 못했던 14세기 말부

'용감무쌍한' 필립이라 불리는 초대 부르고뉴 공작

터 15세기 말에 이르기까지, 이 부유하고 강성한 부르고뉴 지방은 독립된 별개의 나라로 프랑스 왕국과 거의 대등한 지위를 누렸다. 이 부르고뉴 지방은 세계에서 가장 유명한 포도주의 요람이었다. 또한 강력한 교황권에 힘입어 부르고뉴 공작들은 이 부르고뉴 포도주를 외교의 도구 내지는 협상의 목적으로 매우 시의 적절하게 사용했다.

이러한 외교적인 성공 덕택에, 부르고뉴 포도주는 결국 후대 프랑스 국왕

의 식탁을 거의 석권하기에 이르렀다. 한편 내륙에 위치한 부르고뉴 지역은 보르도 항구처럼 지리상 외부로 통하는 강이나 편리한 해운시설이 없었다. 그래서 부르고뉴인은 해외수출보다는, 수송비보다 포도주 가격이 훨씬 비쌀 정도로 포도주의 질을 높이는 데 노력을 총동원하였다. 그래서 부르고뉴 공작들은 부르고뉴 포도주의 신비한 비법이 외부에 알려지지 않도록 금지령을 수차례 발포하였다. 부르고뉴 포도주의 명성에 지대한 공헌을 한 수도사 역시, 포도주의 비법이 외부에 새나가지 않도록 꼼꼼한 주의를 기울였다. 그러나 13세기부터 도로사정이 점차로 개선되어 파리와의 포도주 무역이 문전성시를 이루었다. 또한 유럽의 커다란 항구들을 매개로 국제무역이 활성화되었다. 처음에 포도주 무역상은 단순한 중개상에 불과하였다. 그러나 무역체계가 점차로 이루어짐에 따라서, 본지역이나 뉘생조르주(Nuits-Saint-Georges) 지역 등에 무역소가 여러 곳 설치되었다.

앞에서 설명한 대로 부르고뉴는 내륙에 있어, 수출에 어려움이 많았고, 이러한 문제를 해결하기 위해 포도주 중개상이 많이 생기게 되었다. 부르고뉴의 포도주 중개상을 네고시앙(negociant)이라고 한다. 부르고뉴 포도주의 지역적 특성과 함께, 이 네고시앙의 명성이 포도주 등급에 중요한 요소로 작용하였다. 당시 포도주 생산이 늘게 됨에 따라, 지하창고에 차곡차곡 저장된 포도주는 새로운 나무통(fûts neufs)과 옮겨넣기(soutirage), 포도주의 숙성 등 포도주의 장기보관에 필요한 여러 가지 기본적인 설비와 기술을 훌륭하게 갖추게 되었다. 또한 병의 보급(1750)과 병행하여, 가장 오래 묵은 포도주의 소비가 일반화되기 시작하였다.

1789년 프랑스 혁명으로 인해 부르고뉴 포도원은 상당한 타격을 입게되었다. 국가의 명령에 의해 교회재산과 토지가 몰수되어 모두 국유재산으로 경매에 붙여지게 되자 토지가 분할되어 팔려나갔다. 오늘날 부르고뉴 포도원이 세분화된 것은 바로 그러한 이유 때문이다. 19세기(1789~1914)는 부르고뉴 포도주의 역사상 진보와 발전을 상징하는 시대였다. 19세기 전반에 걸쳐 이렇게 부르고뉴 포도주가 발전을 거듭할 수 있었던 근본요인은 수송시설의 발달과 자유교역주의 덕분이었다. 즉 1832년 부르고뉴 운하의 개통, 1851년 수도 파리와 부르고뉴의 중심도시 디종을 잇는 철도의 개설, 그리고 마지막으로 제2 제정 당시 나폴레옹 3세가 독일, 벨기에, 네덜란드, 영국과 체결한 자유통상조약을 들 수 있다. 또한 본지방의 공개적인 포도경매는 부르고뉴 포도주의 위상을 높이는 데 커다란 일익을 담당하였다.

나폴레옹 3세

그런데 1875년에 포도나무 뿌리진디(phylloxéra) 병이 발생하여, 프랑스 포도나무가 거의 전멸할 위기에 처하게 되었다. 그래서 프랑스의 저명한 포도학자들은 진디의 공격에도 끄떡없는 미국산 포도나무 대목(臺木)에 프랑스 토종포도를 접목시키는 기발한 방법을 고안해 냈고, 이 계획은 예상대로 크게 성공을 거두었다. 이러한 자연

본의 포도주 공개경매장

재해에도 불구하고 부르고뉴 포도주는 과거의 명성을 그대로 이어나갔다. 20세기 초에 부르고뉴 포도주는 프랑스는 물론이고, 기타 다른 지역과 치열한 경쟁시대에 돌입하게 되었다. 여기에 대항하기 위해 새로운 법령이 두 차례(1905, 1919)나 통과되었고, 드디어 1935년에 포도주의 양조지 호칭등록(포도주 상표에 인쇄되는 약호: AOC)법이 탄생하였다. 오늘날 부르고뉴산 포도주의 양조지 호칭등록에는 크게 다섯 가지 유형이 있다.

부르고뉴의 포도주를 지역별로 살펴보자. 부르고뉴의 북쪽, 디종(Dijon)의 아래 지역이 바로

포도주의 양조지 호칭등록 (AOC)

보졸레 누보의 상표

부르고뉴 포도원 중에서 가장 유명한 코트 도르 (Côte d'Or) 지역이다. 다시 4개의 소구획으로 나눠 그 중에서 가장 북쪽 마을인 코트 드 뉘 (Côte de Nuits) 역시 유명한 포도주 산지다. 이곳의 적포도주는 부르고뉴 지역에서 최고의 와인등급 그랑 크뤼(Grand Cru)로 평가된다. 코트 드 뉘의 남쪽인 코트 드 본(Côte de Beaune) 지역에서는 적포도주와 백포도주를 모두 동시에 생산한다. 특히 몽트라셰(Montrachet)에서 생산되는 백포도주는 샤르도네라는 포도품종을 이용하는데, 세계 최고의 백포도주로 명성이 자자하다. 끝으로 부르고뉴 남단의 보졸레(Boeaujolais) 지역에서는 가메(Gamay)라는

포도주 병 속에 든 코르크의 역사

코르크는 비대생장을 하는 식물의 줄기나 뿌리의 주변부에 만들어지는 보호조직을 가리키며, 전통적으로 포도주나 기타 술병을 봉하는 마개로 사용되었다. 가장 좋은 코르크 마개는 포르투갈에서 가장 많이 생산되고 있다. 현재는 코르크나무의 부족과 염색된 코르크의 위생문제 때문에 인공마개로 서서히 이동하는 추세이다.

코르크는 인간의 포도주 발명만큼이나 그 역사가 길다. 그리스인은 BC 5세기경 포도주 항아리를 밀봉하기 위해 때때로 코르크 마개를 사용했다고 한다. 로마인 역시 코르크를 병마개로 사용했는데, 병의 주둥이를 단단히 봉하기 위해 송진을 바른 코르크를 이용하기

도 했다. 그러나 고대에는 포도주 항아리나 양손잡이가 달린 단지를 밀봉하기 위해 코르크 마개보다는 송진이나 석고를 사용했다. 또한 포도주 표면에 올리브 오일을 띄워 얇은 막을 생성시켜 포도주 향이 달아나는 것을 방지하였다. (계속)

코르크 나무

(이어서) 한편 중세에는 거의 코르크 마개가 사용되지 않았던 것으로 보인다. 그 당시 그림을 살펴보면, 항아리나 병의 입구를 밀봉하기 위해 천이나 가죽, 밀랍 따위를 사용했음을 알 수 있다. 16세기 말경에 이르면, 코르크 마개의 사용이 일부 계층에 다시 회자되고 있다.

영국의 대문호 셰익스피어는 『뜻대로 하세요』(1598~1600)라는 희극에서 다음과 같이 흥미로운 대사를 적고 있다. "부디 내가 한시라도 빨리 네 소식을 알 수 있도록, 제발 봉해진 네 입 속에서 코르크 마개를 빼내 줘(I pray thee take thy cork out of thy mouth, that I may drink thy tidings.)". 극의 여주인공 로잘린은 그녀의 사촌 시리아에게 이처럼 간청하고 있다. 코르크와 병의 결합은 적어도 섬나라 영국에서는 17세기 초에 가서야 보편화된다. 그 전에는 개인적으로 주문해서 만든 특수한 가루유리 병마개를 사용했다. 1676년에 출판된 『사과술 강론』에서 월리지(Worlidge)는 술을 오래 보관하기 위해 반드시 좋은 코르크를 엄선할 것을 적극 권장하였다. 또한 "코르크 마개 때문에 술이 상하는 경우가 많기 때문에, 이보다 썩지 않는 유리마개를 사용하는 편이 훨씬 좋다"고 조언하고 있다. 당시 병마개는 짐을 꾸리는 노끈으로 병에 단단히 매어 있었다. 1825년에 가서 유리병 마개가 자취를 감추게 되었는데, 그 이유는 병을 깨지 않고는 유리병 마개를 빼낼 수 없는 유감스런 사태가 종종 발생했기 때문이다. 많은 포도주 역사가들은 포도주 병과 코르크 마개의 환상적인 결합이야말로, 포도주의 근대적 국제무역에 필수적인 두 가지 선행조건이었음을 극구 강조하고 있다. 이제 포도주는 더 이상 투박하고 거칠게 만든 질그릇이나 나무통 속에 숨을 필요가 없게 된 것이다.

포도품종으로 포도주를 생산하는데, 이 보졸레 포도주는 오랜 숙성을 거치지 않고 마실 수 있는 특징이 있다. 특히 같은 해에 수확한 포도로 만들어 판매하는 포도주를 보졸레 누보라고 하며, 매년 11월 셋째 주 목요일 0시에 동시에 코르크 마개를 개봉하는 전 세계적인 이벤트를 벌인다.

|재미있는 포도주 상식| 전설에 의하면 프랑스의 유명한 부르고뉴산 백포도주(French White Burgundy) 코르통샤를마뉴(Corton-Charlemmagne)는 샤를마뉴 대제 때문이 아니라, 황후의 현명한 조언 때문에 탄생하였다고 한다. 샤를마뉴 대제가 샤르통 적포도주를 마시다가 자꾸 흘리는 바람에, 하얗고 긴 수염이 몹시 지저분해졌다. 그러자 황후가 그만 옆에서 아무리 적셔도 표시가 안 나는 백포도주를 마시라고 충고하였다. 대제는 당장에 청포도를 심

샤를마뉴 대제

을 것을 명하였고, 그래서 포도주 이름이 '코르통샤를마뉴'가 되었다.

보르도

보르도 태생의 시인 오존

프랑스에서 보르도산 포도주가 알려지기 시작한 것은 중세부터였다. 4세기경에 보르도 태생의 시인 오존(Ausone, 기독교세속문학의 시조로서 갈리아총독과 집정관을 지냄)은 보르도 포도주를 높이 찬양했다. 쾌락주의자였던 그는 미식가이자 애주가였다. 그는 로마의 고관이자 웅변가였던 친구 시마쿠스(Quintus Aurelius Symmachus, 345~405년)에게 보내는 한 서신에서 다음과 같이 기술했다. "이 작품에 내가 얼마나 대단한 긍지를 느끼는지 자네도 곧 알게 될 걸세. 난 막 저녁을 들면서 이 주옥 같은 시를 짓기 시작했다네.

그리고 식사가 끝날 무렵에 다 마쳤지. 말하자면 술을 마시면서, 아니 마시기 전에 시작(詩作)에 몰두하였지. 그러니까 이 시를 제대로 비평을 하려면 주제와 시간을 잘 고려해야 된다네. 물론 자네도 약간의 포도주와 발랄한 취기를 가지고 이 시를 읽어야 할 걸세. 왜냐하면 거나하게 취한 시인은 배고픈 독자(?)를 심판으로 할 수가 없기 때문이지." 그의 작품을 읽어 보면 그 당시에 벌써 보르도 지방 포도주의 명성이 상당했음을 알 수 있다. "내가 가장 소중하고 값지게 생각하는 것은 시저의 식탁 위에 내놓아도 손색없을 만큼 최상의 질을 자랑하는 보르도산 굴이라네. 이 기름지고 하얗고 혀 안에서

중세의 전통적인 포도주 제조현장. 먼저 아낙네들이 딴 신선한 포도송이를 커다란 통 속에 넣고 발로 으깬 다음, 생산된 포도즙을 통속에 넣는 제작과정이 차례대로 소개되고 있다.

부드럽게 살살 녹는 굴은 우리 지방의 포도주만큼이나 최고지." 오존은 지방의 산물과 토속요리를 즐겨했다. "나는 검붉은 포도주를 곁들인 칠성장어 요리를 무척 애호한다." 모젤강을 탄상한 그의 대표작『모셀라』에서, 오존은 다양한 생선을 매우 감칠맛 나게 묘사했다. 그러나 오존은 강가에서 낚은 생선뿐만 아니라 직접 사냥해서 잡은 야생 새요리도 무척 좋아했다. 그는 포도주를 좋아했으나, 절도를 모르는 주정뱅이는 결코 아니었다. 그는 훌륭한 정치적 이력을 가진 인물이었으며, 85세까지 장수했다.

12세기 유익한 결혼(mariage salutaire)

보르도의 포도주가 정작 유명해지기 시작한 것은 바로 백년전쟁(1338~1453) 덕택이었다. 보르도 출신의 알리에노르 다키텐(Alienor d'Aquitaine, 1122~1204)이 그녀의 두 번째 남편 영국왕 헨리 2세에게 결혼지참금으로

보르도 항에 도착한 영국인들의 배

자신의 포도밭과 영지를 전부 바치기 전까지, 영국은 주로 라로셸(La Rochelle) 지방에서 포도주를 몽땅 사들였다. 영국과 프랑스 간의 기나긴 대전은 라로셸 지방과 보르도 지방의 소전쟁으로 다시 겹치게 되었다. 이 소규모의 지역분쟁으로 인해, 라로셸산(産) 포도주는 그만 사양길을 걷게 된다. 그러나 라로셸 지방 사람들은 이에 굴하지 않고 포도주 대신에 다시 코냑으로 승리를 거두었다.

그 당시 영국인은 보르도인의 충성심을 확보하기 위해서 보르도산 포도주를 특별 우대하였다. 1224년에 영국인은 영국 항구에 라로셸산 포도주가 상륙하는 것을 엄격히 금지시켰다. 그들은 식품과 모직물·금속을 수출하는 대신 보르도 포도주를 수입했다. 영국인들은 특히 보르도산 적포도주 클라레(claret)에 매우 대단한 열정을 지니고 있었다. 클라레란 빛깔이 맑고 투명해서(claire) 붙여진 이름이었다. 역사가이자 동시에 지리학자인 로제 디옹(R. Dion)은 그의 유명한 저서 『프랑스 포도와 포도주의 역사(*Histoire de la vigne*

알리에노르 다키텐

15세의 어린 나이에 위그 카페 왕조의 루이 7세(1137~1180)와 혼인을 하였으나, 제2차 십자군 원정에 부부가 동반나들이를 다녀온 후로 사이가 극도로 악화되었다. 소문에 의하면 귀국하는 도중에 국왕부부는 그녀의 삼촌 레몽 드 프아티에 백작이 있는 안티오슈(Antioche)에 들렸는데, 그녀가 삼촌 레몽과 그만 정을 통했다는 것이다. 그리하여 이를 질투한 프랑스 국왕 루이 7세는 결혼을 무효화시켰고, 알리에노르는 다시 영국왕 헨리 2세와 재혼하여 사자왕 리처드 2세를 낳았다.

알리에노르 다키텐

코냑의 발명

코냑은 17세기경에 전설적인 크루와 마롱(Croix Marron)이란 기사가 발명한 것으로 널리 알려져 있다. "포도주를 끓이다가 나는 포도주의 신비한 영혼을 발견하였네." 그는 꿈 속에서 악마로부터 포도주를 두 번 증류시키라는 명을 받고, 포도주 영혼의 정수인 신비한 코냑을 만들었다고 한다. 그러나 문헌에서 코냑이라는 오드비(증류주)가 최초로 언급된 것은 1549년과 1571년의 일이다. 1549년에 라로셀의 한 상인이 "질 좋은 오드비 상품 네 통"을 언급하였다. 1571년의 기록은 오드비를 제조해서 파는 어느 과부의 신상이다. 1514년에 알자스, 보르도, 파리의 증류주 제조인이 동업조합을 결성하였다. 1622년에는 오니에서, 1630년에는 코냑의 본고장인 생통주(Saintonge)에서 증류업이 등장하여 착실하게 발전을 이룩했다.

코냑 도시

코냑의 탄생은 좀 아이러니한 것이었다. 중세에 시달리는 농민들이 예전에 잘 나가던 포도주를 더 이상 팔지 못하는 곤란한 상황에 처하게 되었다. 1636년에 드디어 크로캉(앙리 4세·샤를 13세 시대에 반란을 일으킨 농민)이 반란을 일으켰다. 영세한 농민은 생산비를 뽑기 위해 그들이 애써 만든 포도주를 시세보다 훨씬 낮은 헐값에 팔아넘겨야 하는 상황에 내몰리자, 포도주를 오래 장기 보존할 수 있는 식초나 오드비로 바꿀 수 있는 권리를 당국에 요구하였다. 그러나 70년 후에는 완전히 상황이 역전되었다. 약간 여유 있는 소농조차도 포도주를 가열시킬 만큼 포도주 증류법이 일반화되었다. 상인들은 오드비 장사를 통해 엄청난 이익을 챙겼고, 이 지방 포도주는 그냥 마시는 것보다 오드비를 만들기에 적당하다는 것이 정설이 되었다. 증류법을 일반화시킨 또 다른 요인으로 대중의 입맛이 더욱 까다로워진 점, 또한 유명했던 생통주의 포도주가 외국에서 과거의 명성을 잃었던 것에서 찾을 수가 있다. 18세기 말부터 코냑의 위대성은 비단 프랑스뿐만 아니라 외국에서도 그 진가를 높이 인정받았다. 1751년에 『백과사전』은 코냑이 유명한 오드비라고 소개하였다.

보르도의 최상급 포도주

et du vin en France)』에서 다음과 같이 기술했다. "1224년부터 영국의 성(城)에서 소비되는 포도주의 3/4을 공급하는 지역은 바로 가스코뉴 지방, 즉 보르도였다." 1235년에 영국인은 보르도의 시정관에게 특허장을 부여했다.

보르도산 포도주에 영국인이 보인 열광적인 사례로 다음과 같은 이야기가 전한다. 영국의 에드워드 2세는 질 좋은 최상급 포도주 50통을 매년 그에게 바친다는 조건으로, 새 테미옹의 부르주아에게 시장선출권을 허용했다. 또 포도를 위한 정기장은 보르도에서 매우 중요한 역할을 했다. 1373년에 영국은 보르도의 한 정기장에서 포도주를 구입하려고, 무려 200여 척의 함선을 대동한 적도 있었다. 1308년 전만 해도 영국은 에드워드 2세의 즉위를 축하하기 위해, 겨우 2000여 통 미만의 포도주를 사들였다. 1453년에 가까스로 백년전쟁을 종결시킨 샤를 7세는 보르도 지방을 다시 프랑스 영토로 만드는 데 성공을 거두었다. 그러나 신대륙의 발견과 프랑스 동인도회사의 개발로 인해 신대륙의 차나 초콜릿, 커피가 다량 등장하게 되어, 보르도 포도주의 수출은 커다란 위기를 맞이하게 되었다.

17세기 네덜란드 상인의 공헌

17세기에 새로운 고객들의 출현과 더불어 보르도 포도주 역사의 새로운 상업시대가 열렸다. 그것은 바로 네덜란드인과 독일한자(한자동맹(Der Hansa-bund)이란 중세 북유럽 상업권의 패권을 잡았던 북독일 중심의 도시동맹을 가리킨다. 정식명칭은 독일한자이다. 한자란 원래 '집단'을 뜻하며, 외지에서의 상업권익을 지키기 위해 단결한 무역상인의 조합을 가리키는 말이다.), 브레타뉴인들이다. 영국인의 지배가 끝난 후에도 영국으로의 포도주수출은 계속 이어졌으나, 이 새로운 고객의 취향은 영국인과는 무척 달랐다. 그들은 색이 검은 빛을 띠는 강한 적포도주와 단맛이 적고 연한 백포도주를 즐겨 찾았다. 그리하여 소테른(Sauternes), 생 크루아 뒤 몽(St. Croix du Mont) 같은 포도주가 이 때 탄생하였다. 특히 네덜란드인은 아주 색다른 방식의 무역을 시작했다. 그들은 많은 양의 포도주를 사들인 다음, 그들의 창고에서 이를 증류시켰기 때문이다. 그리하여 보르도사람은 증류에 적합한 전통적인 클라레 포도주와 단맛이 없고, 부드러운 백포도주를 네덜란드에 공급하는 역할을 했다.

18세기 기술의 진보

바로 이 시기에 포도주의 양조과정과 방법, 숙성, 저장의 근대화가 이루어졌다. 포도주를 맑게 하는 콜라주(collage)기법, 포도주보관의 최적조건을 마련해 주는 떡갈나무통의 사용, 유리병의 등장을 들 수 있다. 처음에 병은 금속으로 만들어졌으나, 나중에는 자기, 17세기 말에는 드디어 유리를 사용했다. 마개로 밀봉한 병의 등장은 보르도 포도주 역사의 획을 긋는 중요한 사건이었다. 포도주 보관에 더할 나위 없이 좋은 유리병 덕분에 미국이나 서인도, 프랑스령 안틸(Antilles) 등지에 대대적인 수출판로를 개척했다. 18세기에 보르도는 산토도밍고(도미니카공화국의 수도. 1496년 콜럼부스의 동생 바르톨로메오가 건설한 신대륙 최고의 도시)나 프랑스령 서인도 제도에 많은 양의 포도주를 수출했다. 이 식민지 무역덕분에 보르도는 프랑스대혁명 때까지 유례없는 번영을 구가했다. 당시 영국은 전체 보르도 포도주 수출량의 10%를 넘지 못했다. 그러나 영국에 수출된 포도주는 런던의 상류사회에서 가장 많이 찾는 고급포도주로 명성을 날렸다.

19세기 위기와 번영의 시대

나폴레옹 황제

19세기는 위기와 번영의 시대였다. 나폴레옹의 정복전쟁은 보르도 포도주무역의 쇠퇴를 가져왔다. 보르도 포도주시장이 다시 활성화되고 보르도 포도주가 전유럽을 황홀하게 적시려면 1860년까지 기다려야 했다. 당시 진행되던 산업혁명과 네고시앙과 생산자 간의 자유무역정신 덕분에 보르도 포도주는 다시 번영을 누렸다. 1855년의 유명한 포도주 등급매기기가 이를 입증한다. 나폴레옹 3세의 명에 의해 1855년 이전의 100년 동안 최상 포도주 등급의 위계질서를 매기는 제도가 나왔는데, 이를 1855년의 등급(classement de, 1855)이라 한다. 그러나 이 시기에 포도나무뿌리진디병이 발생하여 전 보르도 포도원에 치명적인 타격을 가했다. 미국에서 수입된 이 전염병은 식물의 뿌리를 가차 없이 공격했다. 보르도의 포도나무는 프랑스 포도묘목(vitis-vinifera)과 미국포도묘목(vitis labrusca)의 접목 덕분에 기적적으로 다시 회생할 수 있었다. 그러나 보르도 포도주 산업이 다시 번영하려면 양차대전을 기다려야 했다.

20세기 규제의 시대

19세기 말과 20세기 초에 포도주 산업은 다시 한번 타격을 받았다. 그 원인은 과잉생산과 밀수입의 횡행으로 포도주 가격이 하락했기 때문이었다. 프랑스나 외국의 포도주 구매자는 이제 더 이상 보르도 포도주에 신뢰를 갖지 못했다. 그리하여 포도주 전문가들은 AOC(양조지 호칭등록)을 관리하는 INAO(양조지 호칭등록 국립기관)를 창설하는 등 제도적인 대책마련에 나섰다.

생산지, 포도묘목의 선정, 알코올의 정도, ha당 산출되는 포도주의 양 등이 선정기준이 되었다.

1929년의 경제위기는 포도주 과잉생산, 가격폭락의 문제를 다시 제기했다. 그리하여 협동 지하저장고 시스템이 발달했다. 이 지하저장고는 보르도 포도주 무역의 질을 보장해 주었고, 1932~1950년에 성황을 이루었다. 나치 점령기에 보르도의 일부 중개상은 보르도 포도주에 열광하는 침략자 독일인을 상대로 계속 수지맞는 장사를 했고, 대전이 종결된 후에는 매우 거북하고 뜨악한 상황을 연출했다. 영광의 1930년대에 보르도 포도주무역은 비약적인 발전을 이룩하여 수출의 역군이 되었고, 이 때 외국자본이 프랑스 포도주 산업에 상당히 많이 유입되었다. 오늘날까지도 보르도산 포도주는 런던을 위시한 앵글로색슨 계통의 국가에게 가장 많이 수출되고 있다.

세 가지 포도주: 적포도주, 백포도주, 로제포도주

가령 고려인삼이 한국의 대표적인 특산물이라면, 포도주는 관광사업과 더불어 프랑스가 명실공히 세계에 자랑할 만한 국민산업이라고 할 수 있다. 프랑스는 1994년에 5460만 hl의 포도주를 생산했다. 이탈리아(5600만 hl)의 뒤를 이어, 프랑스는 가히 세계 제2위의 포도주 생산국이라 하겠다. 세 번째 포도주 생산국은 바로 스페인(2000만 hl)이다.

황금알을 낳는 거위산업인 샴페인의 생산 역시, 1994년에 2억 4100만 병으로 증가했다. 그 중에서 1억 5700만 병은 국내에서 소비되고, 나머지 8400만 병은 외국으로 수출된다. 이른바 팍스 아메리카나시대가 도래하기 전에 세계를 장악했던 것은 바로 유럽대륙이었고, 푸른 도버해협을 경계로 마주한 프랑스와 영국은 항상 자웅을 다투는 경쟁상대였다. 영국을 상대로 한 식민지 경영에서는 비록 열세를 면하지 못했지만, 프랑스인은 신의 음료로까지 극찬을 받았던 포도주를 통해 앵글로색슨족에게 느꼈던 열등감을 어느 정도 만회할 수가 있었다. 정치 망명객의 이상적인 피신처였던 런던에 한동안 거주했던 볼테르 역시, 영국의 고전적 자유를 위시한 모든 것을 찬양했으나 결코 요리만은 탐탁하게 여기지 않았다. 자 이제부터 3대 포도주보다 유명하지는 않지만, 색다른 별미의 멋과 매력을 풍기는 프랑스 포도주 이야기를 좀더 소개하기로 한다.

앙 주

시인 롱사르(1524~1585, 플레이아드 시파의 지도자. 방돔지방 귀족의 막내아들로 태어남)는 프랑스 서부 앙주(Anjou)지방의 포도주를 시로써 높이 찬미했다. "이 신성한 넥타가 앙주지방을 유명하게 하였노라. 앙주토양의 기질을 미세하게 감지하는 포도주가, 맛있는 것만을 갈구하는 미식가의 주둥이를 시종 따라다니기 때문이다." 그러나 앙주산(産) 포도주의 기원은 중세나 르네상스까지 한참 거슬러 올라간다. 필립 오귀스트시대에 앙주의 백작들은 모두 포도주에 조예가 깊은 포도재배자였다.

특히 중세에 앙주지방의 포도주 무역은 번영일로에 있었다. 영국의 플란타

지네트 왕조는 특히 앙주지방의 소뮈르(Saumur) 포도주를
수입했다. 우리는 앙주 포도주의 애호가로 유명한 인물
가운데, 다고베르 국왕을 손꼽을 수가 있다. 전통적인 프랑
스 민요 중에 다고베르 국왕의 어처구니없는 실수를 노래한
것이 있다. "마음씨 좋은 다고베르 국왕이 그만 바지를 거꾸
로 입었네. 그것은 아마도 우리 임금님을 원기왕성하게
해 주는 코토 드 소뮈르(Coteaux de Saumur) 포도주의
농염한 술기운 때문이겠지."

다고베르 국왕

르네상스기의 풍자작가 라블레 역시 "피를 변화시키고 두뇌를 활달하게
만들며, 동물적인 정신을 기쁘게 하고 우리의 식욕을 한층 북돋우며, 미각을
즐겁게 하기에 가장 최상의 음료다"라고 논평하였다. 좋은 르네(René) 국왕
이란 별명을 가진 앙주공(1409~1480)은 스스로 포도를 양조하는 습관이
있었다. 왕은 "나의 지하저장실에는 앙주, 로렌, 프로방스 이 세 종류의 포도
주가 있노라. 그러나 그 중 최상의 포도주는 바로 첫째이니라"라는 운문의
자작시를 짓기도 했다. 필립 오귀스트, 루이 11세, 프랑수아 1세, 루이 14세,
루이 15세 등 모든 프랑스 국왕이 이 앙주산 포도주를 칭송해마지 않았다.
좀더 후일에 정치가 클레망소나 에드워드 7세 같은 이들도 앙주산 포도주의
열렬한 팬이었다.

나폴레옹의 첫 번째 정실이며 미래의 황후
였던 조세핀 역시, 앙주지방의 포도주 중에 쿨
레 드 세랑(Coulée de Serrant) 포도주를 특별히
애호했다. 그녀의 남편이 이탈리아, 이집트 등
으로 눈코 뜰 새 없이 바쁘게 원정을 다니는 사
이, 집정관 시대의 샹소니에(풍자가요작자)들은
다음과 같은 대중시를 유행시켰다. "조세핀 부
인이 기분이 우울할 때 마시는 이 한 잔의 작은

조세핀 황후

술. 그것이 바로 그녀의 취미랍니다. 멋진 앙주의 포도주 덕분에 슬픔이 어느덧 사라지면, 명랑함이 그 빈 자리를 채우지요."

사카뱅(Sacavins)은 중세부터 알려진, 프랑스에서도 가장 오래 된 포도주 동업조합 중의 하나이다. 이 동업조합의 모임은 12세기부터 성인(聖人) 생장(Saint-Jean)을 기리는 병원의 지하저장고에서 거행되었다. 라블레의 초상 앞에서 동업조합회원들은 다음과 같이 합창했다. "나의 포도주 잔이 가득 채워지면 나는 잔을 비운다. 그러나 나의 잔이 비워지면 나는 다시 잔을 가득 채운다."

루아르 골짜기 심장부에 위치한 앙주와 소뮈르 포도원은 다양성과 선별된 포도묘목으로 유명하다. 28개의 AOC가 있는 앙주와 소뮈르 포도원은 포도주 색이나 맛에 완벽한 한 벌의 팔레트처럼 다양성을 자랑한다. 앙제(Angers)에 위치한 앙주포도회관(Maison du Vin de l'Anjou)에서는 앙주포도원 여행길을 마련하여, 많은 포도의 지하저장소와 루아르 골짜기의 아름다운 풍경, 포도주 음미 등 다채로운 관광프로그램을 선보이고 있다.

보졸레

보졸레 포도나무의 기원은 대부분 12세기부터 비롯된다. 그러나 보졸레 포도주는 프랑스에서 가장 늦게 빛을 본 신생 포도주라고 할 수 있다. 특히 리옹 사람들이 그 진가를 높이 인정했음에도 불구하고, 왜 이 보졸레 포도주는 파리를 정복하는 데 그토록 시간이 오래 걸렸을까? 그것은 샹파뉴와 부르고뉴 포도주 간의 오랜 전쟁과 마찬가지로, 파리를 정복하기 위해 마콩(Macon)과 보졸레 포도주 간의 치열한 경쟁과 다툼이 있었기 때문이다.

1642년에 무거운 포도주통의 운반을 원활하게 하는 운하공사가 완성되었다. 마콩의 포도업자들은 이 운하를 독점하기를 원했다. 그들은 마치 눈엣

 | 와인에 담긴 역사와 문화

가시와도 같은 경쟁자인 보졸레 포도업자들을 무슨 트집이라도 잡아 소송을 걸려고 잔뜩 벼르고 있었다. 요컨대 그들의 지론에 따르면 보졸레 포도주는 인체에 무척 해롭다는 것이다. 그러나 보졸레 사람들은 이에 질세라 보복을 단행하였다. 결국 보졸레 상인들은 그들의 경쟁자인 마콩의 상표로 상대를 제압하기에 이르렀다. 1694년에 로렌지방의 상인들은 마콩으로 가는 도중에 우연히 그들의 마음을 홀딱 사로잡는 포도주를 발견하게 되었다. 그것은 아이러니하게도 마콩의 이름으로 팔리는 보졸레 포도주였다. 마콩 포도상인들의 간곡한 만류를 뿌리치고, 로렌상인들은 보졸레 지방으로 한걸음에 달려갔다. 그들은 마콩 포도주의 이름으로 파리에 당도하는 보졸레 포도주통을 서둘러 구입했다. 마콩에서 포도주를 구입하던 파리상인 역시, 보졸레 지방까지 내려가서 보졸레 상인과 직접 거래를 텄다. 혁명기에 통행세 폐지와 새로운 수로의 건설로 인해, 보졸레 포도주의 파리입성은 더욱 원활하게 되었다. 오늘날 누보 보졸레 때문에 더욱 유명해진 보졸레 포도주는 이 때부터 신선한 특유의 미각으로 파리시민의 혼과 육체를 사로잡게 되었다.

보졸레 누보는 보졸레지방의 가장 유명한 문화대사이나, 보졸레 누보의 국제적인 명성에도 불구하고 보졸레 지방에는 짙은 루비색에 붉은 과일·자두·복숭아 향에 미네랄 느낌이 감도는 부루이(Brouilly), 암홍색 석류석 빛깔을 띤 루비색에 꽃과 나무향이 나는 균형 잡힌 맛의 셰나(Chénas) 등 다른 유명한 포도주들이 많이 있음을 상기하자.

보졸레 누보의 1995년 라벨

카오르

이 훌륭한 포도주는 일찍이 로마시인 베르길리우스가 찬양했던 유명한 포도나무에서 유래한 것이다. 요한 22세 같은 아비뇽 교황청의 교황과 클레망 마로(Clément Marot) 같은 시인은 한결같이 입을 모아 이 카오르(Cahors) 포도주를 찬미했다. 영국국왕들도 카오르 포도주의 찬미자들이었지만, 프

프랑수아 1세

랑스 국왕 중 프랑수아 1세는 단연 으뜸이었다. 프랑수아 1세가 이탈리아에서 다소 불미한 애정행각의 추억을 안고 귀국하였을 때의 일이다. 왕의 대시종 갈로 드 주느이악은 왕의 지친 심신을 달래기 위해, "폐하, 저의 성으로 납시어 카오르 포도주나 한 잔 하심이 어떠신지요?"라고 충정어린 권고를 했다. 러시아의 표트르 대제는 궤양을 치료하기 위해 이 카오르 포도주를 음용했다. 카오르 포도주를 마신 호인 앙리 4세 역시, 더할 나위 없이 훌륭한 건강을 유지할 수 있었다. 러시아정교회 신부들의 미

**클레망 마로
(1496~1544)**

사용 포도주이기도 한 이 포도주를 남프랑스 카오르 태생의 유명한 대운압파 시인 클레망 마로(시집 『클레망의 젊은 날』을 출판하여 명성을 떨쳤으나, 『구약성서』 '시편'의 번역이 이단으로 간주되어 네락·베네치아로 피하였다가 1536년 파리로 돌아옴)는 불의 달콤한 포도주라 했다. 1971년에 카오르 포도주는 AOC 포도주가 되었다.

숙성된 지 얼마 안 되어 젊은(?) 카오르 포도주는 약간 떫은 탄닌 맛이 난다. 푸아그라(거위간 요리), 오리나 거위 프리톤, 소스로 간을 맞춘 고기나 소시지·햄 같은 돼지고기제품과 곁들여 마시면 좋다. 오래 된 카오르 포도주는 섬세하고 세련된 향이 포도주 전신에 깊숙이 배어 있기 때문에 송어, 사냥을 해서 잡은 야생짐승이나 새고기 요리, 향긋한 식용

버섯을 곁들인 붉은 고기 등과 궁합이 잘 맞는다. 로(Lot) 지방산 염소치즈와
캉탈 치즈 역시 카오르 포도주를 마실 때 제격이다. 향이
강한 푸른곰팡이 치즈 로크포르는 탄닌 맛이 나고 진미가
있는 젊은 카오르 포도주와 마시면 일품이다. 가볍고 생과일
맛이 나는 젊은 카오르 포도주는 14~15℃의 온도로 마시는
것이 좋다. 그러나 늙은 카오르 포도주는 물병에 (침전물을
없애기 위해) 포도주의 맑은 부분을 떠 옮긴 다음 15~16℃의
온도로 해서 마신다. 카오르 포도주의 질을 제대로 보존하려
면 적어도 5년이 소요되나, 1~15년으로 포도주 숙성의 정
도가 다양한 편이다. 코스(Causse)의 석회질 고원에서 재배
된 카오르 포도주는 로 골짜기의 것보다 더 강하고 탄닌 성분
도 더 많다.

2004년 5월 22일 카오르 포도주
의 축제를 광고하는 포스터

파 리

파리는 인근의 포도밭을 허물면서 건설되었다고 해도 과언이 아니다. "죽어
서는 천당에, 살아서는 파리에 살고 싶다"는 어느 18세기 학자의 간절한
소망처럼, 만인의 선망대상이며 유럽의 꽃이라 칭송되던 수도 파리의 팽창
역사는 이처럼 포도재배업자들을 자꾸만 도심 밖으로 내몰며 이루어졌다.
로마황제 율리아누스(331~363)는 뤼테스(파리의 옛 이름)의 토양에서 싱싱하
게 자라는 포도나무의 찬사를 아끼지 않았다. 중세에 센강 좌안지역에는 포
도밭이 여기저기 산재해 있었다. 특히 생트주느비에브 산(약간의 구릉지대임에
도 불구하고 파리시민들은 이를 과장되게 산이라 했다) 언덕 위에는 짙푸른 녹음의
포도밭이 무성했다고 한다. 파리의 유서 깊은 거리 명칭 중에서 이 포도밭
울타리(clos)와 연관된 것이 많다. 가령 갈랑드(Galande)거리는 옛날 포도밭

의 소유주였던 갈랑드 가문의 이름에서 따온 것이다. 12세기경 학생의 기숙사를 짓는 바람에 이 갈랑드 포도원은 그만 종적을 감추게 되었다. 파리의 수호신 생트주느비에브의 이름을 딴 생트주브비에브의 일대구역은 모두 포도밭을 없애고 세워진 것이다. 루이 11세 치세까지 만 해도 포도수확기에는 많은 포도주 축제가 거행되어, 수도 전체를 흥겨운 축제분위기로 들뜨게 만들었다. 파리의 유명한 포도지역으로 아르장테유(Argenteuil), 오테유(Auteuil), 낭테르(Nanterre), 바뇌(Bagneux), 라쿠르티이(La Courtille), 몽마르트(Montmartre) 쉬레슨(Suresnes) 등을 손꼽을 수가 있다. 바뉴 포도원은 1957년까지 남아 있었고, 아르장테유 포도원은 불과 30년 전에 사라졌다. 쉬레슨 포도원은 오늘날까지도 그 건재함을 과시하고 있다. 프랑스인으로부터 가장 사랑을 받았던 프랑스인의 국왕 앙리 4세는 쉬레슨 포도주를 비교적 높이 평가했다. 그러나 식도락의 달인이었던 브리아사바랭(Brillat-Savarin)은 매우 혹독하기 이를 데 없는 평가를 내렸다. "쉬레슨은 질 나쁜 포도주로 명성이 자자하다. 쉬레슨 포도주를 한 잔 마시려면 적어도 세 사람이 필요하다. 하나는 술 마시는 사람, 나머지 두 패거리는 취기에 비틀거리는

앙리 4세

그를 양 편에서 부축하기 위함이다. 그러나 브리아사바랭의 혹평에도 불구하고 쉬레슨 카바레는 나날이 번창했다. 특히 포도주가 출시되는 때는 각지에서 모여든 손님으로 북새통을 이루었다. 단지 돈 두 푼만 있으면 누구나 양껏 취할 수가 있었다.

몽마르트 포도원은 10세기부터 두각을 나타내기 시작했다. 몽마르트 포도주는 날랜 염소처럼 사람을 뛰어오르게 하는 재주가 있다고 입소문이 자자했다. "몽마르트 포도주 1파인트(액체의 단위, 파리에서는 0.93*l*)를 마시면, 4파인트 가량의

오줌을 누게 된다." 위대한 고전의 17세기에 사람은 흥에 겨워 목청을 돋우었고, 오늘날까지도 이 민요가 민간에 전승되었다. 그러나 오늘날 몽마르트 언덕에는 단 한 곳의 포도원만이 남아 있다. 생 뱅상 거리에 있는 몽마르트 울타리라는 포도원인데, 1933년부터 파리시청의 소유가 되었다.

프로방스

"프랑스에서 가장 오래된 포도주는 필경 좋은 포도주이다. 만일 백포도주라면 뮈스카(muscat, 사향포도주)가 좋다. 사람들은 보통 디저트나 간식을 먹을 때, 이 향기로운 뮈스카를 살짝 곁들인다"라고 나폴레옹 제정기의 사람들은 생각했다. 파리의 사교계에서 재원으로 인정을 받았던 서간 문학가 세비녜 부인 역시, 남프랑스의 감미로운 태양 아래 알알이 영근 프로방스(Provence) 포도주의 천혜의 맛과 멋을 은근히 찬미했다.

프로방스 포도주는 프랑스에서도 가장 오래 된 포도주에 속한다. 프랑스의 마르세유 지방을 식민화한 그리스인들이 최초로 이 곳에 포도나무를 이식하였다. 중세에는 아비뇽 교황들의 비호 덕분에 프로방스 수도원이나 수녀원은 훌륭한 포도원을 자랑했다. 1770년 마르세유 아카데미에서는 다음과 같은 흥미로운 제목의 현상논문을 내걸었다. "과연 어떻게 프로방스

포도 바구니를 등에 진 노인

포도주를 관리할 것인가? 어떻게 해외로 포도주를 수출할 것인가?" 이 현상 공모에서 누가 당당히 일등을 차지하였을까? 그것은 바로 장장 169쪽의 논문을 쓴 로지에 수도원장이었다. 혁명기 이전의 구제도의 프랑스에서 이처럼 포도산업 발전의 일등공신은 성직자이라고 해도 지나친 과언이 아니다.

선홍빛의 로제 포도주는 프로방스 지방의 특산물이다(전체 생산량의 70%). 프로방스의 로제 포도주는 매우 오묘한 풍미가 있고, 생과일 맛이 나며 오색이 영롱한 다채로운 빛깔의 포도주 옷을 입고 있다. 백포도주는 단맛이 없으며, 때때로 반짝 반짝 빛나며 거품이 일기도 한다. 백포도주는 가까운 마르세유 항구에서 잡히는 신선한 해산물과 멋진 궁합을 이룬다. 또한 프로방스의 포도주는 부이야베스(남프랑스식의 생선수프)와 니스식 샐러드에 곁들이면 그야말로 금상첨화이다.

사부아

사부아(Savoie) 포도주 역시 연원이 오래 된 것이다. 일설에 의하면 독재자 술라를 섬긴 로마장군 루쿨루스(Lucullus, BC 110~56)가 이를 마셨다는 이야기가 전해진다. 10세기에 클뤼니 수도원(프랑스 중동부 루아르(Loire)주 클뤼니에 있는 베네딕트회 수도원. 11세기 클뤼니 개혁이라 했던 수도원 개혁의 중심)의 수도승들이 부르제 호수 근처에 포도밭을 크게 일구었다. 그러나 세이셀(Seyssel)이나 토농(Thonon) 같은 백포도주, 쇼타뉴(Chautagne)나 나무딸기의 냄새를 풍기는 토농 적포도주가 유명해진 것은 바로 르네상스 때의 일이다.

사부아 포도주는 백포도주가 제일이다. 단맛이 전혀 없거나 달콤하고 부드러운 백포도주, 또는 약간 단맛 나는 리뢰르성의 백포도주가 있다. 시인이며 의사인 폴 라맹(Paul Ramain)은 백포도주에서 산사나무향이나 제비꽃, 검은 송로버섯향이 난다고 주장하였다. 사보아 포도주는 오랜 기간에 걸쳐 숙성된다. 가장 오래 된 것 중에는 1895년산이 있다고 한다. 신선한 송로버섯과 보리수, 그윽한 산사나무 향을 풍기는 디니(digny) 백포도주는 이제 추억의 기념물이 되었을 정도로 희귀종이 되었다. 세이셀 백포도주는 거품이 일거나 단맛이 없다. 방울새 무리처럼 명랑쾌활하며 젊고 재기발랄하다. 크레피(crépy) 포도주는 맑은 백포도주이다. 거의 초록빛을 띠며 술기운이 머리로 오르는 독주이다. 약간 맵고 쏘는 맛이 있기 때문에 상큼한 굴요리와 함께 먹으면 좋다. 루세트(roussette)는 한 십자군 병사가 키프로스 섬에서 가져온 포도주인데, 술이 향긋하고 진미가 있다.

오늘날 사부아라는 포도원은 2000ha의 면적을 차지하고 있으며, 그 중 1430ha가 AOC의 혜택을 누리고 있다. 사부아에서 생산되는 포도주 3병 중 2병이 백포도주이다. 거품이 일지 않는 조용한(tranquille) 포도주와 거품이 이는(mousseux) 포도주의 두 가지 종류가 있다. 사부아는 매년 다양한 AOC를 가진 백포도주를 7만hl를 생산해내고 있다.

론

부르고뉴 남단, 보졸레 지역으로부터 남쪽으로 내려가면서 지중해에 가까워질수록 기후가 점점 따뜻해진다. 스위스 알프스 산맥에서 발원하는 론 강이 깊게 빚어놓은 론(Rhône) 계곡의 강둑을 따라 형성된 비탈진 계곡 사이사이에 웅장한 포도밭이 형성되어 있다. 론 계곡은 프랑스에서 가장 오래된 포도주 생산지 중의 하나로 이 곳에서 포도주가 생산되기 시작한 것은 BC 600년 전으로 거슬러 올라간다. 론 계곡의 포도주생산지는 리용 남부지방에서 아비뇽까지 140마일 정도에 이른다. 가파른 계곡 사이에 형성된 북부지역과 강의 중하류로 내려오며 비교적 평지를 형성하는 남부 2개 지역으로 나뉘는데, 서로 다른 기후와 토양, 포도품종으로 전혀 다른 종류의 포도주를 생산해

낸다. 프랑스 지역에서 가장 다양한 포도주를 생산해내는 지역으로 첫손을 꼽는 지역이다. 론 계곡의 적포도는 그르나슈(Grenache) 55%, 청포도는 클레트(Clairette)가 35%를 차지하고 있다. 4억 5000만 병의 포도주를 생산해내며, 이는 프랑스 포도주 총생산량의 14%를 차지하고 있다. 코트 뒤 론(Côtes du Rhône)이란 상표는 론의 남부지역에 위치한 4만ha의 포도원에서 생산된 포도주를 총칭하는데, 6개의 도로 나뉜 163개의 코뮌(프랑스의 최소 행정구)이 여기에 속해 있다. 적포도주는 오색이 영롱한(chatoyant) 빛깔에 질이 좋고 맛에 균형이 잡혀 있으며 향이 가득하다. 코트 뒤 론산 적포도주는 젊은 상태에서 마셔도 좋으며, 몇년 동안 그대로 숙성시켜서 늙힌 채 마셔도 좋다. 코트 뒤 론 산 로제포도주는 생과일 맛이 나며 질이 좋다. 백포도주는 매우 드문데, 단맛이 없고 조직화된 맛이 있으며 향기롭고 갈증을 풀어 주는 효과가 있다. 11월 15일 포도주 저장창고(chai)에서 나오는 코트 뒤 론산 속성 포도주(vin de primeur)는 점점 인기가 올라가고 있다. 속성재배 포도주로는 2위를 마크하고 있는데, 혹자의 질타에 의하면 이단(?)에 속한다. 그러나 원조격인 보졸레 누보보다 훨씬 풍부한 진미가 있으며 색도 더 짙고 풍부하다.

루아르

루아르(Loire)강은 프랑스 중앙산악지대인 마시프 상트랄(Massif Central)에서 시작되어 1000km나 되는 긴 거리를 장엄하게 프랑스 중부를 가로질러 흘러 프랑스 서부해안 항구도시인 낭트에서 대서양에 합류하는 프랑스에서 가장 긴 강이다. 루아르 강의 중·하류 양단으로 대단위 포도재배단지가 형성되는데, 이 곳은 포도재배 단지로서 유명할 뿐 아니라, 프랑스의 왕실과 귀족이 거처하던 아름다운 성이 즐비하여 왕의 골짜기라고도 한다. 다양한 포도주가 생산되고 있지만 루아르 지방의 명물은 뭐니뭐니해도 백포도주이다.

루아르 지역의 포도주 명소

푸이(Pouilly)와 상세르(Sancerre): 루아르 계곡의 동부지역에서 가장 많이 이용되는 주요 포도품종은 소비뇽 블랑(Sauvignon Blanc)이다. 이 품종은 보르도지방의 최고 백포도주를 만드는데 역시 이용되고 있다. 달콤하고 드라이한 푸이퓌메(Pouilly-Fumé) 백포도주가 바로 이 지역에서 생산된다. 푸이퓌메는 사람의 넋을 홀리는 향기와 독특한 맛으로 유명하다. 상세르도 역시 강한 향취와 생생하고 순수하며 섬세한 미각으로 식도락가를 유혹하고 있다.

투렌: 루아르 계곡의 중심부에서 서쪽으로 가면 투렌(Touraine)지방이 있다. 이 지방의 주요품종은 슈냉 블랑(Chenin Blanc)이다. 유명한 포도주는 부브레(Vouvray)와 몽루이(Montlouis) 포도주이다. 매우 부드럽고 풋풋한 생과일 맛이 나며 신선함이 그 특징이다. 투렌지방은 또한 루아르지방에서 가장 최상의 적포도주 산지이기도 하다.

앙주소뮈르: 앙주소뮈르(Anjou-Saumur) 지역에서도 슈냉블랑으로 백포도주를 생산하고 있다. 미세한 부드러움을 지닌 드라이하고 매력적인 백포도주이다.

뮈스카데: 뮈스카데(Muscadet)는 루아르 계곡의 극서부에서 생산되는 백포도주이다. 가볍고 드라이하며 약간 수렴성의 신선한 포도주이다. 포도품종 역시 뮈스카데라고 한다. 이 포도주는 신선하고 오래 숙성되지 않았을 때 가장 최고의 맛을 볼 수가 있다.

루아르 포도주와 음식의 궁합

루아르 포도주는 돼지고기, 햄, 닭요리, 생선, 각종 해물류와 잘 어울린다. 종종 장어나 송어요리에 곁들여 먹으며, 대체로 여름요리와 궁합이 맞는다. 뮈스카데는 굴요리와 함께 어울리고, 상세르는 염소치즈와 함께 먹는 것이 좋다. 루아르 계곡에서 생산되는 치즈로는 '샤비슈 드 푸아투(Chabichou du

Poitou), 크로탱 드 샤비뇰(Crottin de Chavignol) 등이 있다.

알자스

알자스(Alsace) 지방은 프랑스에서 가장 아름다운 장소 중 하나이다. 원래 신성로마제국의 영토였다. 1648년에 피비린내 나는 종교전쟁, 30년 전쟁이 끝나면서 프랑스령이 되었다. 그러다가 보프전쟁의 패배로 1870년에는 독일령으로 부속되었다가 1919년에 다시 프랑스령이 되었다. 일련의 역사를 거치면서, 최근까지 알자스산(産) 포도주가 잘 알려지지 못한 것은 어쩌면 당연지사이다. 1919년 이후 예전의 포도밭을 재건하게 되었는데, 이는 알자스 포도제조업자의 선견지명에 따른 것이다. 지리적으로 추운 북쪽에 위치한다는 것은 우선 백포도주를 생산하기에 알맞은 자연조건을 지닌 것을 의미한다. 남쪽 지중해 연안과 같이 따스한 곳은 적포도주를 위한 기후와 같은 이치로 따라서 알자스에서 생산되는 포도주는 온통 백포도주 일색이다(90%). 다만 샹파뉴 지방에서와 마찬가지로 추운 곳에서도 잘 자라는 피노 누아르 포도품종 덕분에 오직 피노 누아르에 의한 단 하나의 적포도주가 있을 뿐이다. 리슬링(Riesling) 포도주는 알자스 포도주 총생산량의 23%를 차지한다. 게부르츠트라미너(Gewurztraminer) 포도주가 18%, 피노 블랑(Pinot Blanc) 20%, 토케 피노 그리(Tokay Pinot Gris) 13%, 실바네르(Sylvaner)가 각각 12%를 차지한다. 거품이 이는 크레망 달자스(Crémant d'Alsace)도 있다. 알자스 지방의 리슬링이나 실바네르, 피노 블랑 등은 생선이나 해산물 요리와 오묘한 조화를 이룬다. 게르부츠트라미너는 디저트용 포도주로, 푸아그라나 독한 치즈 또는 조미가 강한 요리와 함께 먹는 것이 좋다.

자, 이제부터 가히 프랑스 정신(esprit français)을 대표하는 요리의 상징물이라고 할 수 있는 포도주의 의미를 좀더 세분하여 고려해 보기로 하자.

포도주는 성격을 부드럽게 완화시켜 준다. 또한 정신적 근심거리를 어루만지는 역할을 한다. 포도주는 우리의 기쁨을 다시 소생시켜 주며, 빈사상태에 있는 생명의 불꽃을 살리는 기름 같은 존재이다. 우리가 한 모금씩 적당히 마시기만 하면, 포도주는 가장 부드러운 아침이슬처럼 우리 가슴속에 퍼져나갈 것이다.

- 소크라테스

5. 포도주의 등급

레몽 뒤메(Raymon Dumay)는 『포도주, 그리고 꽃과 불꽃(*Vins, Fleurs et Flammes*)』이란 저서에서 BC 30년 전에 이미 이집트에서는 포도주 원산지를 표기했다고 주장하였다. 그리스 시대에도 이를 실시하였고, 중세나 르네상스기에도 이러한 관행을 찾아볼 수가 있다. 그러나 근대적인 포도주 등급제는 1855년에 세계 최초로 시작되었다. 나폴레옹 3세가 당시 파리박람회에서 보르도 포도주를 소개하기 위해 포도주 상인에게 지시함으로써 이루어졌다. 가격을 중심으로 순위를 결정했는데, 당시 가격과 품질은 거의 정확하게 비례하였다. 특급 포도주를 의미하는 '그랑 크뤼 클라세(grand cru classé)'는 100년이 넘는 세월동안 거의 변동 없이 적용되고 있다. 그랑 크뤼 클라세에 속한 전통 있는 샤토(Châteaux: 유명한 포도원에 세워진 저택이나 성은 그들의 명성을 유지하기 위해 고품격 포도주 생산에 전력을 다하고 있다. 1973년에 단 한 번의 순위변동이 일어나는 이변(?)이 발생하였다. 즉 샤토 무통 로실드(Château Mouton Rochild)

1867년의 파리박람회

가 2동급에서 1등급으로 신분상승을 했던 것이다. 무려 50년 동안이나 투쟁해서 얻은 피나는 노력의 결과이다. 이 등급을 라벨에 표시할 때는 다음과 같다. 먼저 1등급인 프르미에 크뤼(Premiers Crus)는 프르미에 그랑 크뤼(Premiers Grand Crus)로 표기하고, 2~5등급에 해당하는 포도주는 그랑 크뤼(Grand Crus) 또는 그랑 크뤼 클라세(Grand Cru Classe)로 표기한다. 물론, 5등급에 해당하는 포도주 역시 AOC(아오세 : 원산지 등록 포도주)급의 훌륭한 포도주이다. 이 원산지 등록통제 포도주는 프랑스 포도주 생산체계의 구심점으로 많은 국가가 부러워하는 체제이다. 포도주 양조산업을 최근에 시작한 국가의 경우, 그처럼 다양하고 심도 있는 포도주 분류방식을 마련할 수가 없기 때문에 단지 포도종에 따른 구분을 할 뿐이다.

AOC(Appellation d'Origine Controllée, 아오세 : 원산지 등록 포도주) : 고급 포도주에 붙일 수 있는 명칭이다. 원산지 명칭의 통제법으로서 이 규격에 적합한 AOC 포도주는 포도재배 지역의 명칭을 삽입하여, Appellation Bordeaux Controllée라고 라벨에 인쇄한다. 좀더 세분화된 지역명이 표시될수록 더 고급 포도주이다. 원산지 등록통제 포도주는 규정에 등록된 한 가지 또는 여러 가지 포도종을 가지고 생산된다. 그러나 알자스 지방을 제외하고는 포도종의 이름은 병 라벨에 표시되지 않게 되어 있다.

VDQS(Vins Delimtés de Qualité Supérieure, 베데퀴에스 : 특정 지역산 고급 포도주) : AOC보다 한 단계 낮은 것으로 이 범위에 속한 포도주는 많지 않다.

Vins de Pays(뱅 드 페) : V.D.Q.S 보다는 한 단계 낮은 범위로 AOC 보다 재배지역, 품종 등에 대해서 융통성이 크다.

Vins de Table(뱅 드 타블) : 가장 낮은 등급이다. 이 테이블 와인은 과거에 일반 포도주 또는 보통 포도주라 했던 것이다. 유럽연합은 포도주의 알코올 농도가 지역에 따라서 적어도 8.5~9%가 되어야 한다고 규정하고 있다. 그러나 지역등급 포도주라는 이 포도주들은 지역적으로 특성을 개별화할 수 있다는 장점을 가지고 있다. 현재 생산지역 포도주는 전체 테이블 와인의 반 정도를 차지하며, 테이블 와인 자체는 전체 포도주의 반 정도를 차지하고 있다. 전통적으로 테이블 와인의 경우는 품종이 어떤 것인지 명시하지 않는 관례가 있는데, 지역등급 포도주의 경우는 산지를 표시할 수 있다. 지역등급 표시 포도주의 경우, 대표로 채택된 원래생산지의 이름을 표기한다. 이런 방식은 전형적인 프랑스식으로 원산지명을 밝힌다는 것은 그 포도주가 생산된 원산지가 포도종(種)보다 더 중요하다는 것을 인정하는 것이다. 그러나 다른 국가에서는 산지보다는 포도종이 포도주의 개별화에 기여한다고 생각하는 추세이다.

포도주의 생산분야에서 포도원의 포도주라는 표시와 성(château)재배 포도주라는 명칭이 있다. 특정 포도원의 생산을 명시한 포도주는 특성이 강한, 아주 우수한 예외적인 포도주에 해당된다. 일반적으로 이런 포도주는 나무술통에서 몇 년의 숙성기간을 거친 후에 병에 담겨져, 최고의 맛을 내는

클로 드 부조 성의 전경

시점까지 보관된다. 특정 포도원 재배의 고급 포도주는 프랑스가 최고급 포도주의 명성을 얻는 데 결정적인 공을 세운 일등공신으로 포도재배산업의 원동력이다. 또한 포도원의 특급 포도주는 그보다 저가품의 포도주를 외부세계에 알리는 데도 기여했다. 그런데 일반적으로 포도주 병에 붙어 있는 포도원 명칭은 지역마다 다른 규정을 따른다. 부르고뉴 지방에서는 특급과 1등급 포도원생산 포도주가 여러 명의 공동생산자에 의해 생산된다. 그 유명한 클로 드 부조(Clos de Vougeot)같은 특급 포도주는 50헥타르에 이르는 포도원을 70명의 재배자가 공동으로 소유하고 있다. 그런가 하면 지롱드 지방에서

특급포도원은 개인의 소유이다. 샤토라피트로트쉴드(Château-Lafite-Rothschild)는 100헥타르에 이르는 최고급의 포도원으로 1명이 전체를 소유한다. 성이란 명칭은 원산지 등록통제 포도주에만 국한되어 있다. 숙성과정에서 공동지하창고를 사용한 경우에는 포도주가 어떤 지역에서 생산되었는지를 증명해야 한다. 이런 사항은 대부분의 지역에서 적용되는 추세이다.

또 하나 포도주를 이야기할 때 많이 언급되는 명칭은 속성포도주(vins primeurs)이다. 가장 유명한 것은 보졸레 누보이다. 이 속성 포도주는 수확이 끝난 몇 주 후에 최고의 맛에 도달하므로, 수확 후 병에 넣어져 몇 주 후에 소비된다. 속성포도주는 수확한 해에 판매가 되기 때문에 병에 넣어 도매상인에게 양도되기 전에 이미 판매가 이루어진다. 보르도산 고급포도주의 경우에도 이런 방식으로 판매된다. 일찍 판매가 이루어짐으로써 포도주 재배자들이 운영자금을 일찍 조달할 수 있다는 장점이 있다. 또 도매상인들은 판촉에 필요한 이윤을 더 많이 남길 수 있다는 이점이 있다.

6. 종교적 의미 – 빵과 포도주의 앙상블

바쿠스제. 고주망태가 된 바쿠스가 주위의 시중을 받고 있다.

그리스와 마찬가지로, 프랑스에서도 포도주는 종교와 밀접한 연관이 있다. 특히 적포도주의 선명한 빛깔은 인간의 피와 생명에 대한 신성성을 그대로 상징한다. 포도주는 종교축제와도 깊은 관계가 있다. 기독교 문화를 설명하기 전에, 우선 포도주 축제의 대명사인 바쿠스제를 알아보기로 한다. 로마시대에 이르러 그리스의 주신 디오니소스는 바쿠스로 바뀌게 된다. 그러나 로마 초기에 바쿠스의 숭배는 풍기문란을 이유로 국가적으로 금지되었다.

늑대 젖을 먹고 자라났다는 레무스와 로물루스의 건국신화에서도 우리가 알 수 있듯이, 로마인의 주요 음료는 사실상 우유였다. 초기 로마인은 술 마시는 것이 금지되어 있었다. 부인이 몰래 음주를 하는 경우 이혼사유가 되거나, 심지어 죽일 수도 있었다. 그러나 로마 초기에도 포도원이 존재하였고, 골 지역에까지 수출을 했던 흔적이 남아 있다. 초기 로마인들의 소박하고 질실강건한 정신이 퇴폐풍조로 바뀌기 시작한 것은 BC 264~146년경이었다. 정복사업으로 식민지의 부와 노예가 로마본국으로 속속 반입되었고, 사람들은 사치와 향락의 나락에 빠져들게 되었다. 그리하여 만취한 상태에서 나신의 남녀들이 쾌락과 난무를 즐기는 현란한 바쿠스제가 다시 도입되었다. 그 당시에는 특히 그리스산 포도주가 그 진가를 높이 인정받았다. 그러나 최후의 만찬에서 그리스도가 열두 제자들과 함께 진지하고 비장한 각오로 함께 나누어 먹었

최후의 만찬. 예수가 그의 열두 제자들과 함께 생명의 빵과 포도주를 나누고 있다.

던 영원한 생명의 음식과 음료도 사실상 빵과 포도주가 아닌가? 중세 기독교 문명은 엄숙하고 경건하기 이를 데 없는 카톨릭 미사집전에 포도주를 사용했다 교회는 포도원을 직접 재배하였고, 사실상 포도주 역사에서 동 페리뇽 같은 수사의 지대한 공헌을 결코 빼놓을 수가 없다.

문화사가 로제 샤르티에(R. Chartier)가 설득력 있게 언급한 대로, 문화란 일종의 수용 내지 점유(appropriation)의 문제이다. 즉 엘리와 민중문화가 일정하게 따로 존재하는 것이 아니라, 문화는 하나의 복합체이다. 어떤 계층이 이를 수용하느냐에 따라 엘리트 문화가 되기도 하고, 민중문화로 정착되

기도 한다. 환언하면 이 포도주라는 문화대상을 아폴론적 인간형[理性]이 택하느냐, 디오니소스적 인간형[感性]이 선택하느냐(input)에 따라, 결과(output)는 이처럼 상이하게 달라지는 것이다. 그러나 외견상 경건하기 이를 데 없는 중세 기독교 사회에서도 바쿠스적 요소가 완전히 종적을 감춘 것은 아니었다. 기독교화되기 이전의 이교적인 민간축제의 전통에 따라, 구제도 당시에도 여전히 바쿠스적인 명맥을 유지하고 있었다.

프랑스인의 포도주 문화를 언급하면서 결코 빼놓을 수 없는 것이 바로 빵이다. 옛날부터 프랑스인은 빵을 좋아하고(panivore), 섬나라 영국인은 육류(carnivore)를 즐겼다. 당시 영국과 함께 유럽을 주도하는 강대국이었던 프랑스에서 산업혁명이 발생하지 않았던 것은 농산자원이 풍부했기 때문이라는 말이 나올 정도로 프랑스의 자연은 그야말로 천혜의 보고이다. 필요는 발명의 어머니라는 말이 있듯이, 영국처럼 굳이 산업혁명을 일으키지 않아도 먹고 살만 했다는 이야기다. 토양이 척박한 영국에서는 그나마 목축업이 적당하고, 비옥하고 평평한 평야지대로 이루어진 프랑스 지역에서는 밀이나 포도농사가 제격이다. 요즘도 자욱한 안개 속에서 우산을 들고 런던거리를 산보하는 영국인의 최대소원은 노년에라도 햇볕이 풍요롭고 따사로운 프랑스 남부지방에 아담한 별장을 갖는 것이다.

프랑스 혁명의 주요 요인 가운데 하나인 빵(즉 빵의 결핍), 특히 오븐에서 갓 구워낸 흰 빵(pain blanc)은 혁명의 진원지였던 파리시민의 자랑이자, 행복의 필수적인 요소였다. 중세에 흰 빵은 거의 의약과 동등한 의미를 지니고 있었다. 이처럼 강한 빵의 애착 때문에 프랑스에서는 감자라는 새로운 식품이 보편화되기에는 비교적 오랜 시일이 걸렸다. 원래 요리에 무신경한 영국인은 자기네가 좋아하는 고기에 뜨거운 감자요리를 살짝 곁들이면 그만이다. 그러나 프랑스의 경우에는 워낙 입맛이 까다롭기로 유명한 프랑스인의 보수적인 기질도 단단히 한 몫 하였지만, 고기와 감자에 비해 빵과 감자의 요리궁합이 아무래도 어색하기 때문이다. 오늘날 프랑스인은 식후에 디저트로 달디단

과일파이나 푸딩, 또는 치즈를 먹는다. 치즈를 먹을 때는 그냥 먹기도 하지만, 대개 프랑스의 명물이라고 할 수 있는 바게트(막대기 빵) 조각이나, 호두나 아몬드를 섞은 호밀빵에 치즈를 발라먹는다. 그리고 식사 전에 주문했던 남은 포도주 병을 모두 비우고 나서, 마지막으로 커피나 차를 주문한다.

빵과 포도주. 프랑스인에게 포도주는 마치 '신이 없는 종교'처럼 성스런 존재이다. 11세기에 보드리 수도원장은 포도주가 '슬픈 영혼에게 기쁨을 주는 음료'라고 극찬해마지 않았다.

크루아상의 발명자는 폴란드인 콜쉬츠키(Kolschitsky)이다. 터키군과의 비엔나 전투에서 혁혁한 전공을 세웠던 그는 이를 기념하는 의미에서 터키 초승달 모양의 빵을 만들었다.

종교적 심성이 남다른 한국의 경우는 물론 예외적인 정상에 속하지만, 산업시대의 일반적인 특징 가운데 하나로 흔히 탈종교화 현상을 꼽는다. 오늘날 유서 깊은 카톨릭 국가인 프랑스를 방문해 보면, 다른 유럽 기독교국가와 마찬가지로 아름다운 교회유적이 많이 있다. 그러나 주일 미사를 보는 젊은이들은 정작 그리 많지 않다. 서유럽문명의 원천인 기독교의 전면적인 침체를 배경으로, 동양의 신비한 종교인 불교에 관심이 서서히 일고 있다. 그래서 프랑스『르몽드 디플로마티크(*le Monde diplomatique*)』지(誌)는 프랑스 중산층 사이에서 유행하는 불교를 한때 특집논문으로 다룬 적도 있다. 그러나 비록 서유럽에서 기독교 문명은 쇠퇴했지만, 인간이 발명한 식품의 대명사이며 또 그리스도의 몸과 피라는 빵과 포도주는 여전히 가톨릭 미사집전에 이용되고 있다. 또한 피임문제로 인해 폴란드 출신의 로마교황과 별로 사이가 좋지 않은 프랑스의 젊은층도 빵과 포도주는 여전히 애용하고 있다.

포도주 애호가는 모두 지옥에 떨어진다는 이야기가 있으나, 그것은 진실이 아니라 새빨간 거짓이라네. 만일 연애와 포도주 애호가가 전부 지옥에 가 있다면, 아마도 천국은 텅 비어 버릴 것일세.
- 오마르 카얌

7. 개인적인 삶의 의미

한국 TV에서 술을 마시는 장면이 지나치게 잦다고 하여 여론의 지탄대상이 된 적도 있지만, 한국인이나 프랑스인이 모두 소문난 애주가라는 것은 이미 공인된 사실이다. 크루아상(croissant)이나 버터와 잼을 바른 바게트 한 쪽, 또는 차나 커피음료로 간단하게 때우는 프랑스식(à la française) 아침식사를 제외하고, 프랑스인은 거의 식사 때마다 포도주를 마신다. 포도주와 요리의 조화로운 관계는 매우 델리킷한 문제이다. 먹는 일 그 자체에 진정한 생의 의미를 부여하는 프랑스인에게 훌륭한 식사의 관건은 바로 양자의 이상적인 조화에 달려 있다.

가령 코트 뒤 론느의 포도주의 예를 들면, 소스를 많이 친 고기를 즐기는 식도락가는 향이 매우 강한 샤토뇌프 뒤 파프(Châteauneuf du Pape) 같은 포도주를 찾는다. 좀더 섬세한 맛과 향미를 풍기는 고급 생선요리인 경우에는 샤토뇌프 뒤 파프 블랑(Châteauneuf du Pape blanc)이나 에르미타주 블랑(Hermitage blanc) 같은 백포도주를 선택한다. 포도주를 음미하는 순서는 백포도주 다음에 적포도주, 또 제조한 지 얼마 안 되는 포도주에서 오래 숙성된 포도주, 알코올 도수가 낮은 포도주에서 탄닌이 들어 있는 적포도주로 서서히 옮겨가야 한다. 포도주는 적포도주와 백포도주, 그리고 분홍빛 로제 포도주로 크게 삼분(三分)된다.

포도주를 과연 어떻게 유리잔에 따를 것인가? 그것은 진정한 삶의 예술과 철학에서 우러나온, 올바르게 마시는 에티켓의 학문이다. 행여 손의 뜨거운 체온이 포도주에 전달되지 않도록 잔은 반드시 긴 굽이 있는 것을 고른다. 또한 포도주의 우아하고 섬세한 프로필에 잘 어울리는 얇고 투명한 유리잔이 좋다. 질 좋은 포도주를 잘 선택하고 보관하는 일도 중요하지만, 술을 마시는 온도도 무척 중요하다. 단맛이 없는 백포도주인 경우에는 8~10℃, 숙성된 지 얼마 안 되는 적포도주의 경우에는 12~14℃, 달콤한 백포도주는 6~

8℃, 오래 숙성되거나 리쾨르성(단맛)의 적포도주
는 15~18℃, 로제 포도주는 10~12℃, 거품이
이는 포도주는 6~8℃이다.

　　포도주의 은은한 향기와 방향(芳香)이 서서히
울려 퍼질 수 있도록 잔은 항상 2/3 정도만 채운다.
포도주의 감정은 눈, 코, 입의 세 가지 단계를 거친
다. 눈은 포도주의 투명성과 광채, 빛깔을 관찰한
다. 코로 맡는 포도주의 향기는 다음 세 가지를 천천
히 가려내야 한다. 싱그러운 태양 아래 잘 익은 포도

코로 음미하는 포도주 향기

나무에서 나오는 첫 번째 향기, 자연적인 발효과정에서 나오는 두 번째 향기,
그리고 잘 숙성된 포도주에서 풍기는 최종적인 향기이다. 마지막으로 포도주
를 입으로 음미하는 과정은 더욱 복잡 미묘하다. 왜냐하면 그것은 여러 가지
단계로 분해되기 때문이다. 첫 번째 포도주와의 감미로운 접촉(attaque),
또 포도주가 입 안에서 서서히 체온으로 데워짐으로써 느껴지는 상이한 미각
과 균형, 조화, 그리고 포도주의 진한 향기가 오래도록 입 안에 촉촉이 스며들
게 된다. 포도주의 신체적 특성, 즉 기본적인 풍미는 시고(acide), 쓰고
(amer), 짜고(salé), 단(sucré) 맛으로 구분된다. 우선 달콤한 맛은 포도주가
입안에 들어가는 순간 혀끝에서 느껴진다. 신맛은 잇몸과 혀 밑에서 감지되
며, 짠맛은 혀의 주변, 그리고 쓴맛은 동굴처럼 혀의 깊숙한 곳에서 우러나온
다. 포도주를 마실 때 전해져 오는 따끔따끔한 느낌(picotement)은 혀끝으로
알 수 있으며, 액체의 농도(consistance)는 혀의 전체로 알 수 있다. 톡 쏘는
수렴성의 맛(astringence)은 역시 혀로 감지하며, 포도주의 은은한 체온은
입천장으로 느낀다. 이처럼 미각의 생리학(physiologie du goût)에 유독 민감
한 프랑스인에게 포도주는 본질적인 개인적 삶의 일부를 이루고 있다. 포도주
는 인간이 희노애락을 표현할 때 좋은 벗이 되어 주고, 불행한 자의 기쁨의
원천이 되며, 또 정신적인 안정과 휴식을 제공한다.

19세기 유복한 부르주아 가정의 결혼피로연에서 모두 건배하는 장면

여름철에 파리를 방문해 보면 거리에서 쉽사리 마주치는 낯익은 풍경이 있다. 그것은 다름이 아니라 현 프랑스 정부당국의 가장 골치 아픈 사회문제, 즉 거리를 배회하는 걸인이다. 걸인문제는 빛의 세기라는 계몽시대 18세기에도 이미 심각한 사회문제였다. 그리하여 이 사회병리적인 현상은 "과연 어떻게 구걸을 퇴치할 것인가?"라는 제목으로, 디종 아카데미의 현상논문이 되기도 했다. 행인이 복작대는 생 미셸 거리에, "나 배고파요 (J'ai faim)!"라는 애교성 멘트가 쓰인 문구를 들고 반나절 씩 웅크리고 있는 고독한 젊은 실업자도 있지만, 삼삼오오 함께 모여 잡담을 나누며, 사교적인 (?) 구걸을 하는 경우도 있다. 그들 앞에는 어김없이 싸구려 포도주 병이 여기저기 뒹굴고 있으며, 꾀죄죄한 개 한 마리가 심드렁하게 누워 있다. 과거에 『퐁네프의 연인들』이란 영화가 개봉되어 프랑스 거지의 생활이 잠시 소개된 적도 있지만, 걸인이 구걸하는 주요 원인은 배고픔의 문제인 빵이라기보다는 이미 그들의 개인적인 삶의 일부를 이루고 있는 포도주를 구입할 돈을 마련하기 위한 경우가 더 많다. 한국을 방문하거나 거주하는 외국인이 한국인의 지나친 음주문화에 간혹 난색을 표시하는 것과 마찬가지로, 알코올은 사회문제를 야기할 소지가 크다.

마르크스가 통렬하게 비판했던 자본주의 사회악이 절정을 이루었던 시대, 즉 19세기에는 노동자들의 빈곤화(paupérisation) 현상이 알코올 소비증가와 정확하게 일치했다. 가령 불경기나 실업, 또는 열악한 임금이 더욱

싸구려 주점에서 압생트 술(쓴 쑥으로 만든 초록빛 술로서 19세기 말에 크게 유행)을 마시는 사람들

하락했을 경우에, 특히 파리 노동자들은 싸구려 포도주나 기타 질 나쁜 알코올 소비에 탐닉하여, 자신의 건강은 물론이고, 가족들의 안녕을 해치는 경우가 다반사였다. 즉 로제 디옹이 언급한 것처럼 17세기 말부터 프랑스에서 서서히 진행되었던 포도주의 이원화 현상, 즉 일부 상류층이 즐기는 고급 포도주와 대다수 하류층이 즐기는 저급 포도주의 격차현상은 인류 빈곤문제의 가장 직접적인 반영이라고 할 수 있다.

포도주여! 나의 병든 가슴이 이 만병통치약을 갈구하노라. 사향 맛이 나는 싱그러운 포도주여! 오 포도주의 고운 장밋빛 색깔이여! 나의 슬픔의 격정을 고요히 잠재우는 포도주여! 포도주와 명주 줄의 류트(아랍인이 들여와 16~18세기에 유행한 현악기)여! 그리고 나의 사랑스런이여!

- 오마르 카얌

가스트로놈과 구르메의 차이점

식도락을 의미하는 프랑스어 '가스트로노미(gatronomie)'는 비교적 최근 용어이다. 19세기 초에, 『식도락(*La Gastronomie ou l'homme des champs*)』의 저자 베르슈(Berchoux)가 양조해 낸 것으로 알려져 있다. 과거에 미식가를 가리키던 구르메(gourmet)는 식도락의 예술이 과학으로 격상되는 시대에는 아무래도 부적합하게 여겨졌다. 구르메가 된다는 것은 단지 식탁의 쾌락을 사랑하는 것에 불과하다. 그러나 가스트로놈(Gastronome)은 맛난 요리, 진귀한 요리에 집착하는 식도락가 그 이상의 것을 의미한다. 즉 가스트로놈은 식도락의 쾌락을 음미할 뿐만 아니라, 그것을 심도 있게 연구하고 구상하며 애써 공들여 만든다. 또한 그것이 더욱 세련된 감각의 진미요리가 될 수 있도록 부단히 노력한다. 그럼으로써 단지 일개인에 불과한 식도락가는 자기의 까다로운 혓바닥뿐만 아니라, 사회 구석구석에 지대한 공헌을 하게 된다. 즉 구르메가 에고이스트라면, 가스트로놈은 모름지기 박애주의자인 셈이다.

8. 사회적인 의미

상퀼로트

프랑스 혁명 당시에, 혁명사상이나 혁명의 폭력성을 잘 대변하던 『페르 뒤셴(Père Duchesne)』지(誌)는 "물을 마시느니, 차라리 죽겠다"라고 푸념해마지 않던 상퀼로트 계층의 집단심리를 옹호한 적이 있다. 그것은 상퀼로트 집단, 즉 귀족이 입는 고급 퀼로트 대신에 허름한 판탈롱 바지를 걸친 파리의 소시민 계층이 과연 얼마나 포도주 소비에 열렬한 집착을 지니고 있는지를 잘 대변해 준다.

우리는 자기의 성(城)에 초대한 회식자에게 한 잔의 물을 대접하는 영주를 도저히 상상하기가 어렵다. 고대, 중세, 심지어 근세 말까지도 포도주를 마시는 일은 이처럼 영주 같은 고위층 신분에게 주어진 일종의 계급적인 특권을 의미했다. 즉 프티 부르주아(petit bourgeois)라는 소시민이나 노동계급이 포도주를 마신다는 것은 일종의 신분상승을 의미했다. "만일 너 자신이 누구인지 잘 모른다면 네가 무엇을 먹는지 말해다오. 그러면 내가 너의 정체를 가르쳐주겠다." 이 희화적인 경구대로, 과거에는 인간이 먹는 기본적인 음식물에서 사회적인 위계질서가 극명하게 드러났다.

최초의 사회주의 혁명이었던 1848년 혁명을 예리하게 관찰했던 알렉시 드 토크빌(Alexis de Toqueville, 1805~1859)의 저 음울한 예언. 영국 공리주의자 제러미 벤담의 최대다수의 최대 행복이라는 구호대로, 현재 민주화의 물결은 시대적인 대세라고 하겠다. 1995년에 지방에서 파리로! 열성분자·조합주의자와 열띤 논쟁을 벌이면서 집단시가행진을 벌였던 프랑스의 실업노동자들도 이제 정부에게 포도주와 빵을 달라고 외치지는 않는다. 그들의 가장 중요한 현안은 5~6주의 여름유급휴가나 기타 의미 있

일자리를 달라고 거리에서 시위하는 노동자들

고, 질적인 인간다운 삶을 보장해주는 일자리와 주택문제의 시급한 해결이다. 엥겔의 생계지수에서도 잘 나타나 있듯이, 소득이 증가하면, 가계에서 차지하는 음식물비의 비중은 자연 감소하게 마련이다.

최종적으로 프랑스 포도주의 사회학(sociologie du vin)을 정리해 보자. 갈로로마시대부터 프랑스 혁명기에 이르기까지, 최상급의 훌륭한 포도원을 소지한 상류 귀족층은 민중의 포도재배를 엄격히 금지하는 법령을 계속 시도해 왔다. 일례로 구제도 말기에 재무총감이었던 튀르고(Turgot)는 원래 밀 경작지였던 땅을 신종 포도밭으로 바꾼 가난한 농민부부를 가차 없이 사형에 처했다. 귀족층의 질 좋은 포도재배와 서민층의 질이 훨씬 떨어지는 포도재배 간의 격차현상은 구제도 당시에 다사다난했던 정치사건과 더불어, 반영구적인 사회적 신분갈등을 여실히 반영하고 있다.

일찍이 로마인은 동양적인 관습에 따라 연회 때 회식자의 신분등급에 따라 좌석, 요리와 술을 배치했다. 가장 고위층은 최상급 포도주(temetum), 평상적인 친구들은 두 번째 등급의 포도주, 가장 최하위층의 회식자는 그냥 보통 포도주(lora)를 마셨다. 줄리어스 시저 시대에 도입되어 로마제정 초기에 보편화되기 시작한 이 기이한 제도는 중세와 르네상스, 또 구제도 말기까지 계속 이어진다. 그러나 자유와 평등이란 미명하에, 구제도의 종언을 선언했던 프랑스 혁명은 보편적인 인간과 평등한 시민에게 많은 권리를 부여했다. 가령, 혁명 전에 귀족의 특권을 상징했던 사냥권의 소멸과, 일상적인 물 대신 서민에게 포도주 마시는 권리를 허용했던 점을 그 일례로 들 수 있다. 특히 알코올음료를 세속적인 의무사항으로 간주하게 될 19세기 대다수의 노동계급에게 그것은 일종의 사회정복 내지는 민주주의의 승리를 의미했다.

노자 간의 갈등이 첨예화되는 산업사회가 본격적으로 진행됨에 따라, 노동계급의 술 소비현상은 급속도로 증가하였다. 임금이 하락하거나 실직하였을 때 불경기의 노동자들은 싸구려 포도주에 탐닉하였다. 그러나 20세기 초에 생활수준이 전반적으로 향상되고, 또 술 마시는 올바른 예법(savoir-

포도를 따는 고대인

boire)이 도입되자 무절제한 술 소비량은 점차로 줄어들게 든다. 그래서 오늘날에는 포도주와의 새로운 교제방식에 따라, 양(量)보다는 질(質)을 우선시하는 바람직한 소비패턴이 이루어졌다. "자 포도주를 드세!"라는 단순한 선전 문구에서도 알 수 있듯이, 이제 포도주는 프랑스 시인 폴 엘뤼아르가 언급한 대로 만인에게 포도주 이상의 것이 된 것이다.

현재 모노프리(monoprix) 같은 파리의 대형 슈퍼마켓에 가보면, 벽의 한 면을 온통 차지하고 있는 거대한 포도주 진열장을 볼 수 있다. 누구나 돈만 있으면 자기 취향대로 마음껏 질 좋은 포도주를 구입할 수가 있다. 집으로 배달해 주는 유료 서비스제도가 상설되어 있기는 하지만 대체로 부자나 가난뱅이나 모두 제 발로 걸어와서 쇼핑을 한다. 그리고 균일화된 비닐백에 각자 장 본 물건을 챙겨 가지고 귀가하는 것이다. 이제 포도주가 과거에 특권계급의

상징물이었다는 흔적을 찾아보려면, 유
명인의 사생활을 다루는 『갈라(*Galla*)』
나 『파리마치(*Paris Match*)』 같은 잡지
를 펼쳐보면 된다. 그들이 여름휴가를
즐기는 호화로운 성이나 별장에는 반드
시 양질의 특급 포도주를 이상적으로 저
장할 수 있는 넓은 지하실이 있다. 프랑스
남부 휴양지의 햇빛과 맑은 공기가 잘

대형 포도주 지하창고

과거 유럽사에 나타난 알코올 "생명의 물"

중세 천년의 시기 만해도 알코올은 분명히 일상생활에서 가장 각광을 받았던 최고음료였
을 뿐만 아니라, 훌륭한 칼로리의 공급원이었다. 비위생적이고 상수도 시설이 제대로
되어 있지 않았던 시절, 우기로 범람된 하천이나 흙탕물이 섞인 우물물 대신에, 이미
소독이 된 알코올 음료는 생명의 물(aqua vitae)이라는 존귀한 칭호를 하사받았다.
또한 알코올을 통한 사회적 교제는 오늘날 현대인의 상상을 초월할 만큼 따뜻하고,
상호친밀감이 넘치는 것이었다.

　1777년, 프러시아의 프리드리히 대제는 커피수입으로 인해 자신의 경제정책이
크게 위협받는 것을 보고 다음과 같이 분통을 터뜨렸다. "나의 백성들이 애용하는 커피
수입량이 해마다 부쩍부쩍 늘어나는 것을 지켜보는 것은 참으로 분통터지는 일이다.
그 결과 엄청난 돈이 국외로 빠져나간다. 요즘 모든 사람들이 너나할 것 없이 커피를
마시고 있다. 나는 이러한 사태를 결코 그대로 좌시할 수는 없다. 소시적부터 나는
맥주를 먹고 자랐고, 우리 조상이나 관료들 역시 모두 맥주로 컸다. 또 많은 전장에서
맥주를 먹은 병사가 혁혁한 승리를 거두지 않았던가? 나는 결코 커피를 마신 군인이
전쟁에서 많은 역경을 이겨내고, 승리할 수 있을 것이라고 기대하지는 않는다". 만일
프리드리히 대제처럼 오늘날 정치지도자나 공화국 대통령이 군대에서 커피보다 알코올을
더 많이 마시라고 종용한다면, 그는 아마도 정신상태를 의심받게 될 것이다.

들어오도록 반쯤 열린 창가의 식탁 위에는 눈이 부시도록 하얀 식탁보 위에 반짝거리는 은제식기, 우아한 접시에 예술적으로 담긴 고급 미식가의 요리, 그리고 질 좋은 최상급 포도주가 종이보다 얇고 투명한 크리스털 유리잔에 담겨 남실남실 춤추고 있다.

오로라의 불꽃에 바쳐진 너희 술잔의 포도주는 봄빛 튤립을 닮았구나! 미소년의 아리따운 미소에 바쳐진 네 술잔의 포도주는 그의 선홍색 입술을 닮았구나! 자 이제는 한 줌의 고통이 너를 곧 무너뜨리게 되리라는 사실을 잊자꾸나.

- 오마르 카얌

---

9. 예술·문학·음악, 그리고 언어적인 의미

"포도주, 그것은 바로 프랑스랍니다." 프랑스 카페나 바의 단골손님에게 한번 프랑스 포도주에 말하고 한다면, 그들의 애국심이 넘치는 사뭇 진지하고 열띤 연설을 들을 수가 있다. 부르고뉴지방의 쇠고기요리인 ① 뵈프 부르기뇽(boeuf bourguignon)과 ② 롱사르의 시, ③ 부르고뉴지방의 유명한 적포도주 로마네콩티(romanée-conti)가 위대한 하나의 삼위일체(요리·시·포도주) 국민문화를 형성하고 있음을 느끼게 된다.

최초로 문학작품에 등장하는 포도주 이야기로는 구약성서의 노아를 인용할 수 있다. 아버지와 동침을 위해 딸들이 아버지 몰래 만취하도록 술을 먹인 이야기나, 아니면 신약성서에서 그리스도 자신의 피를 상징하는 포도주를 중심으로 예수와 그의 12제자가 성체배령을 하는 신성한 장면을 떠올릴 수 있다. 그러나 세속적인 문학은 포도주의 쾌활성(gaieté)을 대표한다. 로마시인 페트로니우스의 고대 악한소설 『트리말키오의 향연』에 나오는 전설적인 부를 축적한 해방노예 트리말키오의 성대한 향연이나 중세우화시(12~13

세기 프랑스의 익살스럽고 풍자스런 이야기), 또는 보카치오의 『데카메론』 등을 열거할 수 있다.

이 경쟁적인 두 문학전통은 르네상스에 포도주를 하나의 완전한 권리를 가진 문학주제로 승화시킨 세 번째 전통 앞에서 그만 빛을 잃게 된다. 이 마지막 전통은 취기를 극도의 엑스터시 내지는 신성한 고양으로 연결시킨 고대 그리스·로마의 바쿠스 전통에서 영감을 받았다. 즉 포도주는 바쿠스 또는 디오니소스라는 자기의 신을 갖고 있다. 디오니소스의 자연의 생생한 마력의 발현과 무질서한 힘은 아폴로가 구현한 질서의 개념과 대립된다. 그리스·로마세계에 심취한 독일 철학자 니체는 그의 처녀작 『비극의 탄생(Die Geburt der Tragödie)』(1872)에서 그리스 연극이 이 상반된 두 개념 속에 깊숙이 자리하고 있음을 잘 보여 주었다. 이는 또한 우리 인간의 심층적인 내면의 여과 없는 비전이기도 하다. 르네상스기의 석학들은 기독교적 인류학에서 해방되어, 오

바쿠스(1594년 작품)

랫동안 잊혀 진 바쿠스의 전통을 재발견했다. 그 동안 포도주와 취기는 서민 문학의 한 귀퉁이를 장식하였으나, 이제 고전 텍스트와 성찰의 중심이 되었다. 또한 중세에 악마적으로 취급받던 취기와 광기가 에라스무스에 의해 재평가를 받기 시작했다. 시의 군주라는 별명을 가진 언어의 마술사 롱사르(1524~1585, 프랑스 시인이며 플레이아드시파의 지도자. 방돔지방 귀족의 막내아들로 태어났다. 이탈리아 전쟁에 종군한 아버지의 영향으로 군인이 될 것을 꿈꾸어 궁정에 들어갔으나, 병으로 난청이 되었으므로 1543년 성직자가 되었다. 시인은 신의 말을 전하는 천직이라고 주장한 그는 유럽 최대의 서정시인으로 추앙받고 있다.) 역시 라틴적 광기를 언급하면서 시적 분노를 노래했다. 악마든 좋은 하나님이든 그것이 무엇이 그리 중요하단 말인가? 중요한 것은 그와 같은 천재인간을 일깨우는 취기, 또는 문학적 영감이었던 것이다. 그러나 정신적 취기에서 육체적 취기

로 넘어가는 데는 그저 단 한 걸음이면 족하다. 그리하여 롱사르를 맹주로 하는 플레이아드시파는 이 경계를 매우 쾌활하게 거뜬히 넘었다. 롱사르와 그의 친구 뒤벨레(프랑스 시인. 1549년 코클레 학원 그룹을 중심으로 생겨난 플레이아드시파의 전신인 부대(brigade)의 선언서『프랑스어의 옹호와 선양』발표)는 술병의 미덕을 찬양했고, 이를 프랑스적 쾌활성(gaieté française)과 연결시켰다. 이러한 포도주의 찬미 속에서, 쾌락과 광기의 터치가 교묘히 혼효된 문화가 발명된 것이다. 만일 이러한 취기의 문화가 없다면 문학도 삶의 기쁨도 지상에 존재하지 않는 것이다.

19세기 삽화가 귀스타브 도레(Gustave Doré)가 그린 라블레의『가르강튀아』(1854년의 작품)

19세기 유명한 삽화가 귀스타브 도레(Gustave Doré)는 라블레의『가르강튀아』(1534)를 삽화로 그린 적이 있다. 라블레(1494?~1553?, 프랑스의 작가 의사. 프랑스 르네상스 최대의 걸작『가르강튀아와 팡타그뤼엘』의 작가)는 이 두 가지 전통의 교차점에 있는 인물이다. 세속적인 민중문학은 결코 포도주를 경멸하거나 무시하지 않았다. 그리고 다시 부활한 르네상스 인문주의는 포도주의 미덕을 재발견하였다. 가르강튀아는 민중적인 편에 서 있는 인물이고, 제3~5권에 나오는 팡타그뤼엘은 석학의 전통에 속하는 인물이다. 포도주는 ① 조야하고 호색적인 쾌활성 내지 사육제의 환희와, ② 계시의 언약이라는 두 가지 이미지를 공유하고 있다. 기독교적 관점에서 볼 때, 이는 파렴치한 언어도단의 행위였다. 왜냐하면 기독교는 복음의 계시 외에 어떤 다른 계시도 결코 용인할 수 없었기 때문이다. 팡타그뤼엘과 그의 친구들은 지혜를 알기 위해, (아폴로가 아니라) 디오니소스의 계시하에 있는 델피신전의 무녀 피티아, 즉 술(dive bouteille)을 찾아 여행을 떠난다. 이 대 여행을 통해 그들은 마침내 그렇게 고대하고 고대하던 신탁을 얻게 된다. 그러나 계시는 trink!, 즉 마시자

(drink)라는 말의 의성어에 불과했다. 쾌락으로의 초대, 그러나 진리는 이 세상에 결코 존재하지 않는다는 증언이기도 하다. 이처럼 포도주의 귀환은 중세 기독교 세계와 질서, 확신성의 종말을 의미했다. 자 그러므로 이제 마실 필요가 있다. 르네상스는 고대 지혜의 샘인 로마시인 호라티우스를 다시 발견했다. 시인이 읊은 대로 쾌락은 불확실성 앞에 대면한 인간의 유일한 지평이요, 미래이다. 그렇다면 이 통속적인 지상의 쾌락과 천민계급을 어떻게 구분할 수 있단 말인가? 프랑스 사회는 엄격한 사회위계질서를 다시 양

멜피신전의 무녀 피티아

조해냈다. 그리하여 17세기부터 마시고 먹는 것(boire et manger)은 고도의 에티켓을 필요로 하는 세련된 상류층의 전유물이 되었다. 문학도 이를 법적으로(?) 인정하여, 코미디에 등장하는 교양 없는 시종의 조잡한 취기를 가차 없이 조롱하고 비난했다. 몰리에르나 알랭 르네 르사주(Alain René Lesage, 1668~1747) 같은 고전주의 극작가는 그들처럼 지체 있고 품위 있는 계층은 절대로 취하지 않는다는 암묵적인 전제하에, 술에 취한 촌뜨기를 해학적이고 적나라하게 묘사했다. 그러나 실상은 이와 판이하게 달랐다. 그들도 물론 술을 마셨던 것이다. 그러나 프랑스의 외설적이고 우아한 연애작가 크레비용(Crébillon, 1707~

프랑스 극작가·배우 몰리에르
(1622~1673)

1777, 프랑스 소설가. 파리 출생. 극작가 크레비용의 아들. 그의 소설의 본령은 인간심리에 숨어 있는 애매함과 허위의 껍데기를 섬세한 문체로 벗겨나가는 데 있다. 유일한 테마는 연애인데, 연애는 정신과 심정의 기만을 조장하기 때문이다.)은 술을 마시면서도 항상 정중성을 잃지 않았다. 19세기 초에 작가 그림이 촌평을 했던 것처럼, 그의 친구들은 질탕한 대향연에서조차도 항상 존엄성과 체면을 잃지 않았던 크레비용의 이러한 처세술과 가식을

놓고 한바탕 싸움을 벌였다. 바로 이 세기에 동 페리뇽이라는 아주 상상력이 풍부한 베네딕트 수도승이 새로운 음료를 발견했다. 이는 사교계에서 선풍적인 인기를 끌었던 샴페인이었다. 오직 우아한 선남선녀에게만 유보된 이 고상하고 매혹적인 음료는 가벼운 취기 밖에 제공하지 않는, 경이로운 귀족의 술의 화신이었다. 또한 19세기까지, 사람은 술을 매우 달게 해서 마셨다는 사실에 주목할 필요가 있다. 오늘날보다 적어도 열 배는 달았다고 한다. 이처럼 샴페인과 더불어, 포도주는 사회적·문화적인 존엄성을 발견했던 것이다.

모든 삼라만상과 마찬가지로 포도주에는 한 가지 비밀이 있다. 그러나 그 비밀은 영영 지켜지지 않는 비밀이다. 왜냐하면 사람이 자꾸 그것을 말하도록 시키기 때문이다. 그냥 단지 포도주를 사랑하는 것만으로 충분하다. 포도주를 마시고 자신의 내면 속에 가만히 놓아두면 제 스스로 이야기하기 때문이다.

- 플랑시 퐁주

보르도 태생의 시인 오존이 보르도포도주의 진가를 발견하고 높이 찬양했던 것처럼, 포도주는 기라성 같은 문인과 작가의 영원한 예술적 영감의 원천이 되었다. 그러나 지면상 이 모든 작가와 예술가를 일일이 다 열거할 수는 없는 노릇이고, 우선 가장 여성적인 술로 정평이 나 있는 샴페인 문학과 포도주의 명소 보르도 문학을 간단히 소개하기로 하자. 맛의 감미로움과 혀 속에서 사르르 녹는 미끈거리는 유성(油性)으로 정평이 나 있는 푸아그라의 색상은 상아색 베이지나 신비한 황토색이 감도는 분홍빛이 주종을 이루고 있다. 세련되고 섬세한 향을 살리기 위해 자연산으로 그대로 준비하거나, 또는 진귀한 송로버섯을 넣기도 한다. 푸아그라는 신선하고 가벼우며, 함상 빛이 나고 순수한 천연의 샴페인과 함께 곁들여 서서히 음미한다.

가히 신의 음료라고까지 칭송받았던 포도주에 예술적인 찬미나 학문적인 담론이 현실적인 상업적 이해관계와 전혀 무관한 것은 아니다. 이미 기술한 대로 루이 14세의 의사인 파공(Fagon)은 국왕에게 샴페인을 멀리하고, 부르고뉴 포도주를 가까이 하라고 충고한 적이 있다. 그것은 부르고뉴 포도주와 샴페인의 오랜 싸움의 전주곡을 알리는 대 사건이었다. 1704년 본 지방의 수석의사는 "샹파뉴산 포도주에 대항한 본산 포도주에 대한 옹호론(Défense des vins de Beaune contre le vin de Champagne)"이라는 논문을 출판

볼테르

했다. 부르고뉴와 샹파뉴 포도주 간의 이 같은 치열한 이권다툼은 1848년까지 계속 이어졌다. 샹파뉴 지방의 사람은 그들의 포도주가 대관식이나 궁정 예식을 기념하는 술로 지정받았기 때문에 어느 정도 위안을 얻을 수가 있었다. 자, 가장 재기발랄하고 명석한 프랑스 정신을 대표하는 사상가인 볼테르의 거품 이는 포도주(샴페인) 찬미가를 한번 들어보기로 하자.

"클로리와 에글은 나에게 섬섬옥수로 아이(Aï) 포도주(샴페인의 일종)를 따라 준다. 병 속에서 압착되었던 거품이 마치 번개처럼 병마개를 번쩍 튀어오르게 한다. 병을 출발한 병마개는 깔깔거리고 막 웃어대다가 천장을 때린다. 신선한 포도주에서 반짝거리는 거품이 흘러나오듯이, 우리 프랑스인에게는 번뜩이는 재치의 이미지가 나온다."

프랑스의 문인 볼테르의 찬미대상이 되었던 샴페인은 섬세한 고급요리의 영원한 상징물이다. 루이즈 빌모랭(Louise Vilmorin)은 일찍이 "문명, 그것은 샴페인 한 병과 바다가재 샐러드 한 접시와 대화, 그리고 벽난로에서 타오르는 불이다"라고 언급한 적이 있다. 가슴속이 시리도록 투명한 샴페인을 곁들인 전원의 가을식사를 한번 상상해 보기로 하자. 샹파뉴 포도나무(pinot meunier)로 만든 샴페인은 풍부한 맛의 미세한 섬유조직과 강렬하고 그윽한 향기

를 사방으로 품어낸다. 잘 익은 농염한 과일과 향료, 들판에서 익어 가는 밀과 달콤한 꿀, 모카, 나무, 가죽, 훈제 등은 사냥할 때나 전원의 삼림 속에서 보내는 일요일의 식사메뉴, 주로 산새나 가금류, 돼지고기 훈제식품으로 구성된 주요리에서 결코 빠질 수 없는 필수적인 데커레이션이다. 또한 햇빛에 반짝이는 영롱한 청포도 알을 입 속에 넣고, 다시 샴페인으로 목을 축이는 것도 별미 중의 별미이다.

자, 이제는 프랑수아 모리악(FranÇois Mauriac, 1885~1970)의 고향을 찾아가 보자. 모리악의 고향은 보르도이다. 그래서 그의 작품은 대부분이 보르도와 그 주변지역을 무대로 삼고 있다. 모리악은 『소설가와 그 작중 인물(*Le Romancier et ses Personnages*)』이라는 책에서, "어떤 드라마도 내가 일상적으로 살아온 장소에 자리잡지 않으면, 나의 마음속에서 삶을 차지하거나 움직이지 않는다"고 토로하였다. "나는 관찰하지도 기록하지도 않는다. 단지 재발견할 뿐이다. 내가 다시 되찾은 세상은 좁고, 얀센주의로 경건하기 이를 데 없었던 나의 신성한 유년시절이다. 저 멀리 뒷걸음쳐 도망가

프랑수아 모리악

버린 나의 고뇌에 가득 찬 유년시절이 흠뻑 젖어 있는 프로방스(지방)이다." (네덜란드의 카톨릭 신학자 코르넬리스 얀세니우스가 주창한 교의(敎義)다. 그 교의를 계승한 아르노와 케넬이 파리 교외의 포르 루와(Port Royal)수도원을 중심으로 전개한 종교운동이다. 17~18세기의 프랑스 교회 내에서 격렬한 논쟁을 일으켜 로마교황으로부터 수차 이단(異端)선고를 받음과 동시에, 교회분열의 위기라는 정치문제로까지 발전하여 루이 14세가 적대시하게 되었다. 당시 인문주의화한 프랑스의 그리스도교를 초대 그리스도 교회의 엄격한 윤리로 되돌아갈 것을 촉구하였고, 또한 인간본성의 비관적인 견해로 하느님의 은혜를 강조하고 인간의 자유의지를 부정하는 학설을 부르짖었다. 특히 예수회(會)에 속한 학자와 격렬한 논쟁을 불러일으켜 파스칼이 얀센주의의 입장에서 시골 친구에게 보내는 편지를 써서 예수회 회원의 도덕론을 공격하였던 일은 유명하다.) 그래서 그의 작품 속에는 보르도 주변의 포도밭이며 랑드 지방의 솔밭에

보르도의 포도원

관한 사건이 많다. 보르도의 말라가(Malagar) 영지에서 묵을 때면, 모리악은 그의 영원한 마음의 안식처인 테라스를 찾아가 오래 된 무언의 땅을 명상하곤 하였다. 가론(Garonne) 골짜기와 소테르네(Sauternais) 포도원, 랑드의 울창한 소나무 숲, 청명한 날씨에는 그 푸르른 자태를 하나도 숨기지 않고 드러내는 피레네산맥. 이 모든 자연의 축복은 모리악이 그의 방문객과 함께 나누는 커다란 기쁨 중 하나였다. 저녁식사를 마친 후에 그는 베르들레(Verdelais)의 예수 수난군상이 있는 언덕의 천사에게 인사하기 위해, 자기 손님을 그리로 자주 인도하였다. 모리악 일행은 별이 총총한 밤하늘을 지붕 삼아 이리저리 산책하다가 실편백이 무성한 전설적인 산책로나 포도원을 지나서, 다시 말라가의 저택으로 돌아오곤 하였다. 그 유명한 프랑수아 모리악의 길(La Route FranÇois Mauriac)은 바로 포도나무의 길이다. 이 곳에서 재배되는 천혜의 포도들은 보르도(Bordeaux), 프르미에 코트 드 보르도 루즈(Premières côtes de Bordeaux rouges), 블랑 모엘외(Blanc moëlleux), 클레레 드 켕삭(Clairet de Quinsac), 루피악(Loupiac), 생트 크루와 뒤 몽(Sainte Croix du Mont) 같은 매우 다양한 품종의 양질의 포도주를 생산해내고 있다.

보들레르(1821~1867)

마지막으로 시인 보들레르 작품 속에 나타난 포도주를 살펴보도록 하자. 비록 포도주가 『악의 꽃』의 시인의 본질적인 테마는 아니었을지라도, 「포도주의 혼」, 「넝마장수들의 포도주」, 「암살자의 포도주」, 「고독자의 포도주」, 「연인들의 포도주」 등 제목이 암시하는 바와 같이 포도주에 그의 몽롱한 시상이 자리하고 있다. 『파리의 우울(Le spleen de Paris)』에서 「취하세요(Enivrez-vous)」 역시, 항상 취할 필요가 있다고 강조하고 있지 않은가? 에세이집 『인위적인 낙원』에서도 「포도주와 하시시(마약)」편에서 포도주를 이야기했다. 또한 『주정뱅이』라는 시나리오를 집필하기도 했다. 보들레르에게 과연 포도주는 무엇을 의미하는가? 첫째는 에로티시즘이다. 포도주는 같은 꿈속에서 연인을 하나로 결합시켜 주는 역할을 한다. 시인에게 포도주는 비쩍 마른 아들린(Adeline)의 방종한 키스보다 나은 것이다(「고독자의 포도주」 속에서). 둘째, 포도주는 반항이다. 넝마장수와 고독자는 기독교가 제시하는 신성성에 의문을 제기한다. 신은 악을 창조했으나, 악을 치유하기 위해 (무성의하게도) 오직 수면만을 제공했던 것이다. "희망, 청춘, 인생, 그리고 오만이여. 이러한 거지근성의 보고(寶庫)야말로 우리를 의기양양하게 하고, 신들과 비슷하게 만들어준다". 셋째, 포도주는 꿈이다. 스스로 왕, 또는 승리한 장군이라 자처하는 넝마주의에게나 같이 애정도피행각을 벌인 연인에게 제각기 다른 꿈을 선사한다. 넷째, 포도주는 「연인의 포도주」, 「여행으로의 초대」에서 볼 수 있는 것과 마찬가지로 여행과 죽음을 의미한다. "오 죽음, 늙은 대장이여. 지금이야 말로 닻을 올릴 때이다. 우리를 지루하게 하는 이 세상. 오 죽음이여. 이제 채비를 합시다!" 마지막으로 포도주는 미덕이다.

　　주옥 같은 포도주 용어를 간단히 소개하기로 하겠다. 원래 언어는 우리 사상의 매개체이다. 프랑스인의 포도주에 대한 열광과 지대한 관심은 자연 언어 쪽에도 세심한 주의를 기울이게 되어, 다음과 같이 섬세한 포도주 어휘가 탄생하였다. 요즘 웰빙(well-being)바람으로 국내에서도 건강에 관심이 급증하고 있다. 문호개방의 열기와 함께, 암의 예방에도 좋다는 영약 포도주의 소비가 급속도로 대중화되고 있다. 한국에서도 포도주의 깊은 맛을 잘 표현해주는 감칠 맛있는 포도주 언어가 함께 개발되었으면 하는 바람이다.

적포도주와 백포도주 잔을 프린트한 판매용 티셔츠

양 상

브리앙: 브리앙(brillant)은 주로 백포도주에 사용되는 어휘이다. 연하고 밝은(claire)색과 수정처럼 맑은(cristallin)색의 중간에 위치하는 포도주의 투명성을 가리킨다. 원래 빛, 보석, 빛깔 따위가 찬연하게 빛나는 모습을 표현하는 브리앙이란 단어는 머리가 명석하고 좋은 사람을 가리키기도 한다. 머리 좋은 포도주(?)하면 아무래도 느낌이 이상하지만, 투명하지도 윤택한 광택도 없는 혼탁한 빛의 포도주에서 지성미를 발견하기는 어려울 것이다.

브르뵈: 브르뵈(bourbeux)는 원래는 더러운 흙탕물을 가리킨다. 비 온 뒤에 흥건히 고인 웅덩이처럼 아직 침전물을 거르지 않고, 숙성되지 않은 포도주의 시야를 어지럽히는 베일 같은 막의 존재를 의미한다.

크레망: 크레망(crémant)은 거품이 적게 나는 샴페인을 의미한다. 즉 저발포성 샴페인을 크레망이라 한다.

랭피드: 랭피드(limpide)는 조금도 현탁(懸濁)한 먼지나 불순물 없이 이상적

으로 투명한 포도주의 청정함을 가리킨다.

라름: 라름(larmes)은 포도주를 따르고 난 후에 병이나 유리잔의 벽 위에 애잔하게 흐르는 맑고 투명한 포도주의 이슬방울을 가리킨다. 원래 라름은 눈물이라는 뜻이다.

페티앙: 페티앙(pétillant) 샴페인의 방식대로 거품이 반짝거리며 이는 포도주를 지칭한다. 샴페인을 제외한 다른 발포성의 포도주와는 달리, 집요한 거품이 생기지는 않는다(cf. mousseux).

코

아니말: 아니말(animal)은 포도주가 사향이나 사슴, 멧돼지 따위의 큰 짐승(venaison), 또 야생새나 모피 같은 냄새를 연상시키는 것을 일컫는다. 포도주에서 동물의 체취를 느껴 본 애주가라면 공감을 느낄 수 있을 것이다.

발사미크: 발사미크(balsamique)는 종교의식에 사용하는 향이나 장뇌, 또 안식향과 유사한 방향(芳香)이 나는 것을 가리킨다. 참고로 방향제는 마음을 진정시키는 효과가 있다.

페미낭: 페미낭(féminen)은 원래 여성성을 지칭하는 형용사이다. 이 단어가 포도주로 옮겨지면, 부드러운 뉘앙스를 지닌 향기의 밸런스를 제공하는 포도주의 감미로움과 유연성을 가리킨다.

플로랄: 플로랄(floral)은 장미, 바이올렛, 자스민, 아카시아, 마편초……. 따위의 꽃향기를 풍기는 포도주를 지칭한다.

퓌메: 퓌메(fumé)는 포도주에서 그을음이나 연기 같은 특이한 냄새가 나는 것을 의미한다. 퓌메는 또한 술기운……. 도취, 흥분을 가리키기도 한다. 갓 따른 포도주 잔에서 발포되는 향과 보일 듯 말 듯 희미한 연기를 상상하면

될 것이다.

색 깔

이 포도주의 로브(옷)는 G단조인가? 아니면 수정처럼 투명한 결정체인가?

푸르프르: 푸르프르(pourpre)는 보랏빛 광채를 내뿜는 짙은 붉은 색, 즉 자주색을 가리킨다. 원래 서양에서 자주색은 왕가나 교황의 지위를 상징하는 고귀한 색깔이다.

로브: 로브(robe)는 포도주의 투명성과 빛깔을 동시에 상징한다. 투명성, 즉 순수함과 선명함에 의해, 포도주 빛깔의 아름다움이 판정된다. 아름다운 드레스를 입은 고운 여성의 자태를 떠올리면, 로브로 상징되는 포도주의 빛깔이 연상될 것이다.

뤼비: 뤼비(rubis)는 아직 채 숙성되지 않은 포도주의 발랄하고 신선한 빛깔을 가리킨다. 뤼비는 루비(홍옥)나 빨강색을 가리킨다. 포도주의 빛깔은 빛의 농도에 따라 색깔이 수시로 변화한다. 아늑한 실내에서는 검붉은 보석처럼 조용하고 차분하지만, 눈부신 햇살을 받으면 빨간 우단처럼 열정적이고 여인네의 볼터치처럼 경쾌한 홍조를 띤다. 대개 루비 색깔이 나는 포도주는 아직 숙성이 되지 않은 처녀 포도주이거나, 로제 포도주인 경우가 많다.

튀일: 튀일(tuile)은 원래는 기와나 기와 대신 쓰는 타일을 가리킨다. 포도주가 너무 오래 숙성되면, 마치 벽돌이나 타일과 비슷한 오렌지 빛깔을 띠는 데서 유래한 것이다.

비에이 오르: 비에이 오르(vieil or)는 오래 숙성된 포도주가 간직하고 있는 심오하고 따뜻한 느낌의 색조를 지칭한다.

미 각

코르세: 코르세(corsé)는 향긋한 진미가 있는 포도주를 가리킨다. 푸짐한 식사를 가리킬 때나 노골적인 이야기를 지칭할 때도 이 코르세라는 형용사를 쓴다. 결국 코르세한 맛을 풍기는 포도주는 알코올 도수가 비교적 높은 독한 술이거나 맛이 진한 포도주를 의미한다. 원래 코르세에는 술을 독하게 하다는 뜻이 있다.

그라: 그라(gras)는 글리세린이 함유된 미끈거리는 포도주를 의미한다. 원래 그라는 살찐, 비만한 지방질의 의미가 있다. 가끔 포도주가 마치 기름이 뜬 것처럼 보일 때가 있는 데, 이런 포도주는 대개 목구멍을 간질이며 넘어간다.

묄뢰: 멜뢰(moelleux)는 포도주의 부드러움 내지는 유연성과 설탕처럼 달콤한 맛을 일컫는다.

롱: 롱(rond)은 양질의 훌륭한 포도주를 지칭한다. 혀의 유두를 일깨우는 향기로운 포도주의 유연성과 감미로움을 간직하고 있다.

베르: 베르(vert)는 덜 익은 포도로 담가서, 약간 시거나 떫은맛이 나는 포도주를 가리킨다. 설익은 생과일을 아삭 씹었을 때, 입 안에 갑자기 느껴지는 떨떠름한 맛을 연상하면 된다. 베르는 녹색을 의미한다.

10. 천사의 몫

매년 6월 21일에 열리는 음악축제(La Fête de la Musique)는 전문가에서 아마추어에 이르기까지 모든 음악애호가가 모여서 모든 종류의 음악을 연주하고 즐기는 행사이다. 축제의 밤 센(Seine) 강변을 산책하면서 맞은편의 노래공연이나 모든 연령층의 남녀가 서로 어우러져 춤추는 모습과 현란한 조명을 바라보면, 마치 딴 세상에 온 것 같은 기분이 들 정도이다. 이 색다른 음악축제는 프랑스 문화장관 자크 랭의 신선한 아이디어로 처음 출발하였다. 이 음악축제는 유로출범 이후, 비단 프랑스뿐만 아니라 유럽전역에 그 열기가 보급되어, 마치 보졸레 누보의 출시일과 마찬가지로 같은 날 같은 시각에 동시에 열리는 범유럽적인 축제가 되었다. 음악축제 당시에 끼 있는 발레 안무가 마르틴 페리아(Martine Périat)는 포도주의 정령(l'Esprit)을 기막힌 춤으로 묘사하였다. 페리아가 표현하는 포도주 정령은 음악과 포도주, 그리고 댄스의 조화와 균형을 동시에 추구한다. 여기서 무용가가 온몸으로 열연하는 천사의 몫(la part des Anges)이란 공연테마는 프랑스 쥐라(Jura)지방의 노란 포도주(vin jaune)를 만드는 제작과정에서 나온 신비한 포도주 용어이다. 그것은 천사의 날개처럼 주변에 하얀 흔적을 남기며 증발해 버리는 알코올 수증기를 가리키는 용어이다. "이 새로운 발레에서 감정(感情)은 술통에 들어 갈 때까지, 연속적으로 서로 엉기며 부둥켜안는다. 그리하여 우리의 감각은 난생처음 유아세례를 받던 시절, 즉 머나먼 과거 속에 묻혀 진 잃어버린 동심 의 세계를 다시 재발견하는 것이다"라고 페리아는 자신의 안무소감을 피력하 였다. 실제로 포도재배자와 수 차례 교우한 끝에 드디어 완성된 이 발레는 무용가와 광대, 곡예사가 함께 공연하며, 다음과 같이 5단계로 나뉜다. 제1막 꽃의 보호(protection de la fleur), 제2막 포도수확기(la vendange), 제3막 술통에 포도주 담기(la mise en futaille), 제4막 포도주의 정령(l'esprit du vin), 그리고 마지막으로 제5막은 취기(ivresse)이다.

참고로 여기서 노란 포도주란 쥐라지방에서 유일하게 생산되는 물 타지 않은 백포도주(vin blanc sec)를 가리키는 용어이다. 그렇다면 어떻게 이 황금 빛으로 찬연히 빛나는 노란색 포도주를 만들 수 있는가? 그 방법은 매우 독창적이며 아직도 신비의 베일 속에 가려져 있다. 쥐라 지방은 면적이 겨우 1850ha 밖에 되지 않는 프랑스에서도 가장 작은 포도경작지 중 하나이다.

쥐라지방의 노란색 포도주　　　샤토샬롱

그럼에도 불구하고 영롱한 루비(rubis) 빛깔의 로제 포도주와 적포도주, 그리고 특히 향이 독특한 백포도주는 그 중에서도 일미로 손꼽힌다. 쥐라산(産) 포도주는 6개의 AOC가 있으며, 노란 포도주로 분류되는 샤토샬롱(Château-Chalon)이 가장 유명하다. 신비의 노란 포도주의 제조방법은 쥐라지방의 전형적인 포도나무 품종인 사바녱(Savagnin) 포도의 양조법에 달려 있다. 여기까지는 작업과정이 투명하며, 그 어떤 특수비법도 적용되지 않는다. 그러나 그 이후에 쥐라지방의 사람들은 이 문제의 포도주를 나무통(fût) 속에 넣고, 6년 3개월 법정기간에 포도주를 숙성시킨다. 이 기나긴 동안에 사람들은 술이 줄어든 술통에 같은 질의 술을 계속 보충해 주는 작업(ouillage)을 전혀 하지 않은 채, 포도주를 그냥 나무통 속에 자연그대로 방치해 둔다. 이 기나긴 산화(oxydation)과정이 이 노란 포도주의 독특한 맛을 형성하는데 결정적인 역할을 한다. 또한 통풍이 잘 되는 나무통의 다공성(多孔性) 때문에, 일정부문의 포도주가 증발해서 사라지게 된다. 그런데 이러한 손실은 원래 양의 40%를 훨씬 능가하는 경우도 있다! 그래서 쥐라지방의 사람은 이제 그 누구도 결코 맛볼 수 없는, 지상에서 영영 사라진 포도주의 이 손실부분을 가리켜, 천사의 몫이라는 부드러운 미사여구를 사용한다. 이 산화과정은 포도주의 표면 위에 생성되는, 마치 머리에 쓰는 두건이나 베일과도 같은 효모장막에 의해 더욱 활성화된다. 이 신기한 효모(Mycoderma vini) 덕분에, 쥐라태생의 미생물학자 파스퇴르(Louis Pasteur)는 박테리아의 활동연구를 성공리에 마칠 수가 있었다.

파스퇴르 부처

2000년도 세계에서 가장 훌륭한 포도주 담당자, 즉 소믈리에(sommelier)로 선정된 올리비에 푸시에(Olivier Poussier)가 나무통에 구멍을 뚫는 의식을 하고 있다.

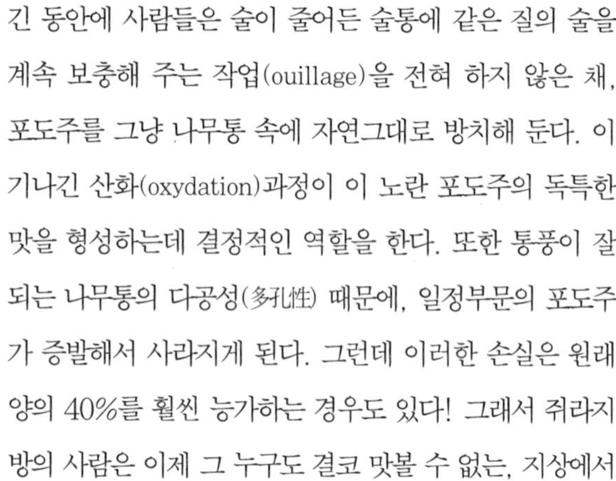

세계에서 이 효모막이 생성되는 곳은 쥐라지방과 헤레스산 백포도주(Xérès)
를 탄생시킨 스페인 지역밖에는 없다. 이 미생물상(Flore)이 생성되는 이유는
기후 때문이라는 설이 가장 유력하지만, 그것만으로는 충분한 사유가 되지
못한다. 쥐라지방의 사람은 매년 2월 9~10일에, 6년 3개월 동안 고이 숙성된

1990년 음악축제 포스터

음악 축제

유월 축제는 태양을 기리는 축제(fête du soleil)이다. 대표적
인 유월축제로는 연중 해가 가장 길다는 하지축제(fête du
soltice)가 있다. 프랑스에서는 다산과 풍요를 기리는 성요한
축일에 불꽃놀이를 하는 오랜 관습이 있다. 고장에 따라서는
성요한의 불이라는 커다란 모닥불을 지핀 마을 앞 광장에서,
청춘남녀가 밤새도록 춤을 추어가며 짝짓기를 한다. 그러나
이 하지 축제는 오늘날 거의 사라져 가는 전통에 속한다.

오늘날 하지에 개최되는 가장 대표적인 축제는 바로 아마추어 음악애호가를 위한
음악축제이다. 전통적인 축제라고 할 수는 없으나, 1982년 자크 랑(Jack Lang)
문화장관에 의해 시작된 이 음악축제는 그 누구도 예기치 못했던 놀라운 성공을 거두었다.
그 이듬해 1983년만해도, 프랑스의 언론이나 대중매체는 이 음악행사를 보도하기를
꺼려했다. 설상가상으로 축제당일에 비까지 추적추적 내리는 바람에 행사주최측은 우려
를 표명했다. 그러나 이 음악축제 역시 성황리에 끝났다. 이처럼 해를 거듭한 성공에
힘입어, 오늘날 음악축제는 다양한 악기가 총동원된 가운데 음악전공자와 음악 애호가,
수백·수천만 명의 관객들을 한 데 집결시키는 거대한 에너지를 가진 연례행사가 되었다.
명실공히 국제적인 축제로 발돋움을 한 것이다. 뉴 밀레니엄 2000년에 열린 음악축제의
구호는 유럽연합의 순조로운 출범을 기리는 차원에서, 이른바 국경 없는 음악이었다.
환희에 바치는 송시라는 근사한 제목하에 아테네, 바르셀로나, 베를린, 브뤼셀, 부다페스
트, 이스탄불, 리버풀, 룩셈부르크, 나폴리와 로마에서 동시에 음악축제가 거행되었다.
파리에서는 마티뇽 호텔, 즉 총리관저에 있는 아담한 정원에서 파리 오케스트라가 새로이
해석한 베토벤 작품을 공연했다. 전세계의 170개국이 동시에 참여했던 이 화려한 음악축
제는 다양한 유럽, 통일된 유럽을 상징하는 뜻깊은 행사가 되었다.

포도주가 든 나무통에 구멍을 내는 연례행사를 한다(La Percée du vin jaune).
2001년 2월에는 무려 3만 명의 군중이 모여들어 이 광경을 참관하였다.

포도주의 음악적인 향기

- "어느 날 저녁, 포도주의 정령이 병 속에서 노래하였네"
  Un soir, l'âme du vin chantait dans les bouteilles.

  　　　　　　　　　－『악의 꽃』 중에서 샤를 보들레르(Charles Baudelaire)

- 빠른 알레그로 템포에는 가벼운 로제 드 타블(Rosé de Tavel)이 잘 어울린다.

- 브람스의 제1교향곡과 잘 어울리는 포도주는 헤레스산 백포도주(Xérès)나 코드 뒤 쥐라 블랑(Côtes du Jura blanc) 같은 포도주이다.

- 모차르트의 플룻과 하프를 위한 콘체르토에는 보졸레 포도주가 어울린다.

- 비 오는 날 라흐마니노프의 우울한 제1교향곡을 들으면서, 보르도산 적포도주를 음미하는 것이 좋다.

- 헨델의 메시아나 경쾌한 왕궁의 불꽃놀이 음악을 들을 때는 축제의 음료 샴페인을 터트린다.

- 웅장한 파이프 오르간 연주나 교향곡을 감상할 때는 보르도, 부르고뉴, 코드 뒤 론(Côtes du Rhône) 같은 포도주가 잘 어울린다.

- 바그너의 탄호이저를 들으면서, 로제 포도주인 타벨을 마시면 기분이 가볍고 경쾌해진다. 바그너의 신의 황혼을 감상하는 경우에는 셍테밀리옹(Saint-Emillion) 특급 포도주가 좋다.

- 카라얀이 지휘하는 베토벤의 제5교향곡을 청취할 때는 코토 덱스 로제(Coteaux d'Aix rosé) 포도주가 좋다.

✎ 바하의 바이올린을 위한 제2조곡(파르티타)에는 질 좋은 부르고뉴산 백포도주가 잘
  어울린다.

✎ 드뷔시의 가라앉은 성당에는 쥐라산 노란 포도주가 좋다.

죽음의 그림자가 내게 길게 드리워질 때, 내 생애는 마치 꽃다발처럼 꽁꽁 동여매 지리니.
오 친애하는 벗이여! 나는 그 때 그대를 부르리니, 나를 데려가시오. 나의 시신이 먼지가
되어 버렸을 때, 나의 재로 술잔을 만들어 주시오. 그대들이 그 술잔에 포도주를 가득 채운다면,
아마도 내가 다시 부활하는 모습을 볼 수 있으리니.   - 오마르 카얌

---

11. 포도주와 음식의 궁합

식탁의 예술가, 미각의 달인으로 알려진 브리아 사바랭(1755~1826)의 조언
에 따르면, 순하고 부드러운 포도주를 먼저 마신 다음에 도수가 높은 포도주
를 마시는 것이 올바른 순서이다. 또한 백포도주는 흰색 고기(즉 연한 송아지
요리나 조류, 또는 생선), 적포도주는 붉은색 고기와 함께 곁들인다. 그리고
디저트와 함께 하는 포도주는 달콤한 것이 좋다. 또한 브리아 사바랭은 저녁
식사를 마친 다음에 샴페인을 음미하는 것이 좋다고 충고한다.

그런데 브리아 사바랭이 살았던 시대보다 훨씬 더 첨단기술도 발달하고
복잡하며, 문화교류가 활발한 현대에는 단지 유행이나 맛의 변화뿐만 아니라
기후적 요건까지 애주가의 고려대상이 된다. 그러나 이처럼 포도주의 선별조
건이 더욱 세분화되고 다양해졌음에도 불구하고, 개인주의적 성향이 강한
현대에는 전통적으로 내려오는 포도주 에티켓이나 규칙이 절대적인 구속력
을 갖지 못한다. 즉 포도주 애용자는 자신의 입맛에 따라, 자유로이 포도주를

선택할 수가 있다. 그래서 저명한 일류 레스토랑에서 진한 소스의 붉은 고기에 가볍고 상쾌한 샴페인이나 훌륭한 백포도주를 주문하는 손님을 보는 것도 그다지 어렵지 않다. 그러나 포도주와 요리 사이에는 예로부터 내려오는 규칙이 존재한다. 이를 간단히 정리하면, 초심자도 알고 있는 단순한 공식, 즉 '적포도주는 고기, 백포도주는 생선'이라는 기본적인 틀에서 그다지 벗어나지 않음을 알 수 있다.

달콤한 디저트. 백포도주와 잘 어울린다. 그러나 디저트를 먹은 후에 진한 엑스프레소 커피를 마시는 경우가 더 많다.

포도주와 요리의 궁합을 좀더 자세히 살펴보면, 단 맛이 없는 백포도주의 경우에는 향이 강한 음식이 좋다. 가령 예를 들어 독특한 풍미의 소시지나 카레, 기름진 중국요리 등과 곁들이면 좋다. 알자스 식당에 가면, 소시지와 돼지 비계를 넣고 푹 삶은 독일식 양배추 절임요리가 있는데, 백포도주와 조화가 잘 어우러진다. 향이 강하면서도 가벼운 백포도주는 아몬드를 넣은 송어요리나, 부드럽고 산뜻한 맛의 게살 요리, 신선한 크림과 후추, 백포도주에는 포도주로 조미한 닭고기 요리와 잘 어울린다. 고급향이 강하면서 빛깔이 연한 음식이 좋다. 달콤한 백포도주는 식후에 즐기는 과일파이나 스펀지 케이크 같은 디저트와 함께 마신다. 특히 서양배를 넣은 샤를로트 (charlotte : 과일, 비스켓, 크림으로 만든 푸딩)와 잘 어울린다.

로제 포도주는 여름철 피크닉 때 적합하다고 하나, 개인의 취향에 따라 달라질 수 있다. 또한 마늘 향이 많이 나는 야채 샐러드와 조화를 이룬다. 독특한 향과 맛이 나는 마늘치즈를 빵에 발라먹는 것도 좋다. 가격이 비교적 저렴한 적포도주는 보통 가정에서 먹는 평범한 요리에 잘 어울린다. 또는 부담 없이 햄버거, 햄, 치즈, 군 고기, 나무딸기 등과 함께 먹으면 제격이다. 질이 좋은 적포주는 육류나 조류를 재료로 한 음식에 적당하다. 냄새가 강한 양고기나, 닭, 메추라기, 꿩고기, 그리고 치즈도 잘 어울린다. 최상급 적포도주의 경우는 야생동물의 바비큐나 맛과 농도가 진한 고급치즈가 좋다.

　돼지고기의 경우는 피노 누아르나 부르고뉴의 적포도주가 적당하며, 양고기는 보르도산 적포도주가 잘 어울린다. 한 가지 참고로 덧붙이면, 만일 부르고뉴 포도주가 여성적이라면 보르도 포도주는 대체로 남성적인 술로 알려져 있다.

포도주와 초콜릿

포도주와 초콜릿? 아니면 초콜릿과 포도주? 사람들은 포도주에 달콤한 초콜릿을 곁들여 먹기보다는, 대개 초콜릿에 어울리는 포도주를 찾기 마련이다. 프랑스인은 샐비어나 계피향신료를 섞어 만든 초콜릿 천연의 맛을 그대로 살리기 위해, 대개 설탕을 넣지 않은 차나 커피와 함께 먹는다. 그러나 만일 초콜릿과 포도주를 마신다면,

부활절에 아이들에게 초콜릿을 갖다주는 부활절 토끼들

전문가들은 부드러운 자연산 르모리(le Maury) 포도주나 백포도주, 또는 포르투갈의 단맛이 나는 포도주 포르토(porto)를 권장한다. 프랑스 식당에서 마지막에 제공되는 쓴맛이 강한 블랙 초콜릿을 한 조각 입에 무는 경우에는, 10~15년 정도 묵은 리브잘트(Rivesaltes)나, 포르토를 적극 추천한다.

오를레앙의 포도식초

포도식초는 식초의 코냑이며, 오를레앙의 식초는 모든 포도식초의 제왕이다. 프랑스의 식초산업은 오를레앙에서 비롯되었다. 중세에 포도주 운송은 대개 루아르강을 통해 이루어졌다. 투렌이나 앙주지방의 포도주는 일단 배를 타고 오를레앙에 도착한 다음, 다시 거기서 육로를 통해 최종 목적지인 파리에 당도하였다. 그러나 운송도중에 나무통 속에 든 포도주가 산화되어 식초로

변화는 불상사가 많았다. 그리하여 중계지역인 오를레앙에서 식초산업이 급속도로 발달하게 되었고, 곧이어 식초업자의 동업조합이 결성되었다. 루아르 지역의 포도주 덕분에 오를레앙 식초는 매우 독특하고 훌륭한 향기로 명성을 날렸다. 오를레앙 식초는 프랑스 국내 식초 생산량의 반을 차지할 뿐만 아니라, 해외수출의 무려 3/4를 담당하고 있다.

12. 에필로그

프랑스 신사학(nouvelle histoire)의 기수인 아날학파가 본격적으로 유행시키기 시작한 물질문화사 내지 물질문명사는 인간과 사물 간의 함수관계를 다루고 있다. 가령 예를 들면 프랑스인과 포도주, 민중과 카바레(선술집), 철학자(계몽주의자)와 카페 또는 현대판 졸부를 한시적으로 나마 양산했던 중동인과 석유문제도 역시, 물질문화사의 좋은 주제가 될 수 있다.

루이 15세 시대의 카바레

파리 포도주 박물관 소장

프랑스인과 포도주의 상관관계를 문화인류학자 클리포드 기어츠(Clifford Geertz)가 주창했던 두꺼운 기술(thick description)의 방식에 따라 심층적으로 분석하지는 못했지만, 포도주의 유래와 기원, 프랑스의 3대 포도주인 샹파뉴, 부르고뉴, 보르도 포도주, 포도주 이야기, 또 포도주의 자본주의적 상품가치(PNB에서 포도주가 차지하는 비율), 종교(제식적인 의미), 개인·사회적 의미(사회적 불평등), 문학·음악·

언어적인 의미 등을 살펴보았다.

지금까지 살펴본 대로, 식탁예절(savoir-vivre)과 식도락 보고(寶庫)의 나라 미식적인 프랑스에는 그 옛날 옛적 갈로로마시대부터 포도주 문명(la civilisation du vin)의 붉은 숨결이 그대로 살아 숨쉬고 있다.

'식탁의 예술가'로 널리 알려진 브리아 사바랭에 의하면, "국가의 운명은 과연 어떻게 먹느냐? 하는 방식에 전적으로 달려 있다". 보르도 출신의 프랑스 극작가인 장 아누이(Jean Anouilh, 1910~1987) 역시, "다미앵씨, 자 식탁으로 갑시다! 프랑스에서 가장 자연스런 귀결은 바로 그것(먹거리)이지요. 결혼식, 세례식, 결투, 장례식, 사기극, 국가업무, 그 모든 것이 바로 그 (유일한) 목적을 위해 존재하는 단지 핑계일 뿐이랍니다." 물론 먹기 위해 산다고 할 정도까지는 아니지만, 프랑스인은

장 아누이

식사와 식사 도중에 나누는 행복한 담소와 토론시간을 매우 귀하게 여긴다. 또 포도주와 요리선택의 무한한 다양성은 소비자에게 영구적인 딜레마를 제공한다. "오늘은 과연 어떤 요리에 어떤 포도주를 선택할 것인가?" 개개인이 이처럼 포도주와 그 날 정식요리의 완벽한 궁합(?)을 위해, 끊임없이 고민하고 연구하는 것이다.

프랑스의 오랜 격언 중에 "포도주는 좋은 피를 만든다"는 것이 있다. 그것은 첫째로 포도주가 신체를 튼튼하게 하고, 또 둘째로 사람의 기분을 좋게 한다는 의미이다(Le bon vin réjouit le coeur de l'homme). 프랑스인에게 포도주는 한국인이 마시는 술과는 본질적으로 다르다. 한국인에게 술이란 일상생활을 떠나 남성적인 사교를 위한 술, 또는 모임이나 연회에서 간혹 인사불성이 될 정도로 만취하기 위해 마시는 음료이다. 그러나 프랑스인에게 포도주란 빵과 고기, 치즈. 생선과 마찬가지로 인간의 피와 살을 만드는 데 필요불가결한 영양소 중의 하나이다. 그래서 버터를 바른 바게트와 카페오레 한 잔으로 간단히 때우는 아침식사를 제외하고, 대개 식사를 하며 포도주를 천천히 음미하며 마시는 것이 프랑스인이 술을 마시는 기본적인 모

습이다.

만일 다음에 기회가 허락된다면, 프랑스 지역별로 포도주와 프랑스인들의 심성, 포도주와 축제 또는 포도주와 지역문화와의 상관관계를 좀더 자세히 살펴보고 싶다. 참고로 본고는 『크세주(*Que sais-je*)』판의 『포도주의 역사(*Histoire du Vin*)』와 장-프랑수아 고티에의 『프랑스 포도주(*Les Vins de France*)』, 그리고 앙드레 카스트로의 『식탁 위의 역사(*L'Histoire A Table*)』, 엘렌느 슈베의 『식사 때마다 포도주(*A Chaque Plat Son Vin*)』, 또 인터넷에서 찾아낸 여러 가지 자료로 구성된 것이다.

포도주를 감정한다는 것은 천천히 바라보고, 느끼고, 음미하는 것이다. 식도락은 미각을 즐겁게 하는 사물의 정열적이고 논리정연하며 습관적인 기호를 의미한다.   -브리아 사바랭

이탈리아 편

포도주와 관련된 이탈리아의 옛 속담에 "수염이 희어지면 여자를 멀리하고 포도주를 가까이하라(Quando la barba fa bianchino, lascia la donna e tienti al vino.)"는 말이 있다. 황혼의 언덕에서 지나온 삶을 회고하는 사람에게 고양이털처럼 부드럽던 여인네의 속살은 끝내 그리움의 풀로 무성한 망각의 저편으로 흘러 가버리지만, 붉은 노을에 고개 숙이는 황혼의 언덕에서 지나온 삶의 흔적을 곱씹는 한 잔의 포도주는 진실(veritas) 그 자체인 것이다.

오늘도 과거처럼 이탈리아의 지성은 항상 주변에 포도주를 동반한다. 함께하면 늘 위로와 위안을 주기 때문이다. 때로는 적색의 열정으로, 때로는 합리적 사고의 밑천으로 인간사의 구석구석을 풍요하게 만든다. 혹자는 망각의 효과를 기대하지만, 그 긴 터널 끝은 항상 현실의 또렷한 인식뿐이다. 그래서 포도주는 초로의 위안이라 한다.

유럽은 발전을 위한 미래보다 과거의 전통을 더욱 소중히 여긴다. 특히 조상의 생활습관을 계승하는 것에 크나큰 자부심을 가진다. 때문에 식전의 포도주 한 잔에 부여하는 의미에도, 식후의 붉은 입가심에도 남다른 애착을 보인다. 또한 육류의 식단에 적포도주가, 생선요리에 백포도주가 없음은, 가난의 변수가 아니라면, 전통에 대한 무지의 소치로 간주한다. 목마른 자가 물을 사정없이 들이키듯이 포도주를 무절제하게 마셔대는 행위도 신성모독으로 간주하는 이탈리아인의 공통된 관념이다.

사실 포도주는 모든 문명권에 존재하며 모든 시대, 모든 만찬의 고품격으로 오감(五感)의 자태를 뽐낸다. 뿐만 아니라 특히 이탈리아의 포도주에 대한 언급은 시대를 초월하여 문학을 비롯한 다양한 분야의 저술에 수없이 등장한다. 이처럼 이탈리아의 포도주는 그 기원에서 오늘날에 이르기까지 최고의 명성을 유지하고 있으며, 과거 이탈리아가 에노트리아(Enotria), 즉 비록 vitis vinifera의 요람이 아르메니아와 메소포타미아라는 사실에도 불구하고, 여전히 포도주의 땅이라는 말을 듣고 있음을 다시금 환기시킨다.

 이탈리아 포도주의 역사와 문화

역사적으로 포도주의 생산은 아득한 과거로 거슬러 올라가는데, 그 시기는 신석기 말기로 자생포도의 열매가 우연한 기회에 발효되었을 것으로 추정된다. 선사시대의 여러 거주지에서는 포도의 씨가 무더기로 발견되었으며, 이것으로 보아 당시의 포도재배는, 과거에 발견된 카우카소(Caucaso)의 유적에서도 알 수 있듯이, 땅에 구멍을 파고 씨앗을 넣어 발아하기를 기다리던 가장 원초적인 수준에 머물고 있었던 것 같다.

포도주의 정확한 흔적은 수메르 문명에서 볼 수 있다. BC 3000년 전 갈가메시(Gilgameš) 시대의 한 기록은 포도주의 존재를 다음과 같이 증언하고 있다. "바다 근처의 포도농원에 한 여인이 살고 있었다. 그녀는 포도주를

빚는다. 시두리(Siduri)는 신도 간절히 원하는 포도주 통과 황금 잔을 벗
삼아 바닷가 한 정원에 앉아 있다." 이 인용문에서 갈가메시와 포도밭 여인의
만남은 매우 상징적이다. 갈가메시는 불멸을 찾아 헤매이다 포도나무와 포도
주에서 그 해답을 찾았다. 결국 수메르인들에게 포도주는 불멸의 상징이었던
것을 의미한다. 반면 이집트의 포도경작은 BC 3000년경으로 이미 여러
포도품종과 다양한 포도주가 있었다. 이 시대에 포도주의 주요 소비계층은
사제와 왕 그리고 그 신하들이었으며, 이 시대의 포도주 문화는 당시의 수많
은 벽화를 통해서 만찬과 술주정하는 사람의 자연스런 모습이었다. 그리스의
포도주 문화는 이미 크레타 문명의 중기에 널리 알려져 있었다. 호머 시대에
최고수준에 도달한 포도주 문화의 면모는 수많은 포도품종과 포도수확 그리
고 포도주를 양조하는 방식의 구체적인 묘사를 통해 엿볼 수 있다.

그럼 이탈리아의 포도주 전통은 어떤 과정을 통해 형성되었을까? 반도에
서 야생포도의 씨앗이 최초로 발견된 것은 청동기시대에 포강과 아펜니노
산맥의 경사면 사이에 있던 호상주거지였다. 반도 남부의 시칠리아에서 포도
주 생산은 크레타 문명시대에 시작된 것으로 보인다. 시라쿠사 근교의 한
무덤의 고고학 발굴에서는 BC 2000년경에 이미 포도주를 위한 항아리가
사용되고 있었음이 확인되었다. 이러한 사실로 미루어 카르타고의 식민지에
도 포도주가 수출되고 있었음을 알 수 있다.

같은 기간 이탈리아 반도 중부지역의 에트루스키인은 남
부 해안지역과의 활발한 무역활동을 통해 그리스세계의 포도
재배기술을 배워 발전시킴으로써 토스카나 지역이 포도의 땅
의 중심에 서는 데 결정적인 역할을 했다. 이와 관련하여 키안
티(Chianti)의 지명은 에트루스키 어원의 클란테(Clante)에
서 유래한 것으로 보이며, 포도주를 의미하는 라틴어 비눔
(vinum)은 그리스어가 아니라, 에트루스키인의 여러 유적에
서 목격할 수 있는 오이노스(oinos)에서 기원한 것으로 보인

말바지아 포도주. 호박색의 포도
주로 안정된 향과 부드러운 맛으
로 유명하다.

다. 캄파니아(Campania) 지역에서 에트루스키인의 중요한 무역거점은 카푸아(Capua)였다. 로마인은 이 곳의 대표적인 포도주인 팔레르노(Falerno)를 가장 선호했다. 그 이외에도 이 지역에는 당시로서는 예외적으로 많은 118개의 주점(에르콜라노에서 실시된 고고학 발굴의 결과에 따르면, Casa di Notturna, Anfitrite, Casa di Argo의 주점이 유명했다고 한다.)이 있었던 것으로 보아, 포도주의 소비가 집중되었다는 사실을 알 수 있다. 또한 포도주 항아리에 기록된 내용은 주변지역의 포도주와 함께 그리스에서 수입된 포도주도 유통되고 있었음을 말해 준다. 이처럼 포도주는 그리스인과 마찬가지로, 에트루스키인에게도 주요 수출품목이었다. 이들의 포도주는 지중해 연안의 지역뿐만 아니라 알프스 이북의 지역에까지 퍼져나갔으며 운송수단이 보다 강화되고 육로 상태가 개선되면서 포도주 운반을 위한 용기도 커지고 완벽해졌다. 아울러 리비우스는 BC 4세기에 켈트족이 에트루리아에 침입한 근본적인 원인이 포도주 무역을 통해 포도주의 맛에 매혹되었기 때문이었다고 증언했다.

그럼에도 이탈리아의 포도주가 전부 그리스에 기원하는 것은 아니다. 지중해 무역을 독점하던 그리스인의 영향이 절대적이었던 것은 분명하지만, 역사적으로 BC 2000년에 이탈리아의 여러 종족이 그리스 포도나무에 비해 키가 작아 이동에 편리했던 토종의 포도나무를 재배하고 그 열매로 포도주를 생산하고 있었기 때문이다. 이들의 포도재배기술은 거의 기초적인 수준에 머물러 있었으나, 기후와 토양만큼은 최적의 조건을 형성했다. 이러한 사실은 반도의 옛 지명으로서 포도주의 땅을 의미하는 에노트리아와 무관하지 않다. 실제로 에노트리(Enotri)는 이탈리아 남부, 특히 바실리카타와 칼라브리아 지역에 정착했던 종족의 이름이었으며, 포도나무의 재배와 포도주 양조기술을 최초로 개발했다.

하지만 이탈리아의 유명한 포도품종 대부분은 그리스에서 도입된 것이 사실이다. 예를 들어 시칠리아에서는 지금까지도 재배되고 있는 품종으로 백포도의 말바지아(Malvasia), 회색과 호박색이 혼합된 듯한 독특한 색상을 자랑하는 그레코(Greco), 그리고 딸기 향으로 유명한 알리아니코(Aglianico)가 그리스 기원의 대표적인 품종이다.

어쨌든 포도주의 역사에서 로마인의 등장은 당시의 원시적 수준에 머물고 있던 포도재배와 양조기술의 수준이 한 차원 높아지는 계기를 마련했다. 특히 포도주 생산과 관련하여 당시에 고안된 몇 가지 기술은 17~18세기까지도 그대로 이용되었다. 또한 로마군대는 정복한 지역에 평화를 정착시키는 전략의 일환으로 포도나무를 옮겨 심고 원주민에게 포도나무의 재배 및 포도주의 생산기술을 전수했다. 그 결과 로마제국의 옛 영토였던 프랑스, 스페인, 독일, 영국 그리고 북아프리카에서도 포도주 생산이 가능해졌으며 특히, 레노강 유역, 모젤, 갈리아, 또는 오늘날의 보르도, 부르고뉴 그리고 샴파뉴 지역은 새로운 포도주의 생산지역으로 급부상했다.

폼페이의 발굴현장에서 발견된 바쿠스의 모습. 술의 신은 포도나무로 뒤덮인 베수비오(Vesuvio) 산을 배경으로, 포도송이의 의상을 입고 서있다.

바쿠스의 향연

로마는 일찍이 정치적·경제적·문화적으로 에트루스키인과의 만남과 충돌을 반복하던 초기 왕정시대에 포도재배기술을 접했다. 라치오를 정복하고 포에니 전쟁에서 승리한 후에는 포도경작의 수준이 급속하게 발전했으며, 이를 계기로 예를 들어, 카도네 일 첸소레(BC 234~149)와 같은 인물은 포도농사에 적합한 농지를 확보하고 포도덩굴을 바로 세우는 데 필요한 버드나무의 얇은 가지를 확보하는 데 온통 관심을 집중했다.

카토와 플리니오 일 조바네(Plinio il Giovane, 61~113)의 시대에 포도재배 및 포도주 양조기술은 한층 발전했는데, 이 덕분에 포도주는 지방의 여러 공공매점에서도 구입이 가능했다. 이와 더불어 수출도 증가하여 당시 오스티아 항구(Porto di Ostia)는 포도주 수출로 호황을 누렸다.

로마 초기의 포도주는 양조기술이 발전하지 못하여 그 맛이 거친 것으로 알려졌다. 때문에 귀족은 자신의 포도주보다는 호머가 오디세이에서 언급한 붉고 달콤한 포도주를 그리스로부터 기꺼이 수입했다. 당시 이탈리아 반도에서는 키오(Chio), 나소(Nasso), 토소(Tosso), 레스보(Lesbo), 로디(Rodi) 그리고 사이프러스(Cipro)에서 생산되는 포도주가 그나마 명성을 얻고 있었다. 그러나 포도의 재배와 양조에 수많은 시행착오를 겪은 후에는 로마인의 기술도 몰라보게 향상되었다. 당시의 위대한 작가도 포도주의 관심을 글로 표현했는데, 이 중심에는 카토, 테렌치우스 바로니스, 베르질리우스가 있었다. 특히 BC 1세기의 콜로멜라는 『*De re rustica*』를 통해 당시의 농업 및 포도

바쿠스의 향연

로마의 찬란한 문화를 배경으로 포도주 양조기술의 발전은 진정한 의미의 연구를 자극했다. 예를 들어, 카토(Cato)는 자신의 『*De Agricoltura*』에서 지난 5세기 동안 로마인이 축적한 지적재산을 기술했으며 베르질리우스는 저서 『*Georgiche*』, 제4권에서 로마인에게 농업활동을 장려했다. 플리니우스(Plinius)는 포도나무의 가지자르기, 거름주기, 병, 그리고 심지어는 포도품종(falerna, atrusca, gallica 등)의 품질에 순위를 정하기도 했다.

로마시대에 포도주의 맛을 시음하여, 그 품질과 등급을 결정하는 기술도 크게 발전했다. 당시에는 오우스토레스(Houstores)라고 했던 소믈리에는 포도주의 품격을 결정하는 여러 요인의 기준을 마련하여 시행하고 있었다. 특히 로마시대의 오우스토레스에게 무엇보다 중요한 것은 포도주 시음에 앞서 강한 향의 음식을 먹지 않는 것과 입 안의 포도주를 절대 삼키지 않는 것이었다.

재배기술의 정점을 기술했으며 카토, 플리니우스와 더불어 고대 로마의 포도 수확 및 포도주의 생산방법을 다음과 같이 설명했다. "낫을 이용해 포도를 수확한 다음, 이것을 바구니에 담아 마차나 짐운반용 가축 또는 노예를 시켜 한 곳에 모은다. 계속해서 포도를 식탁용 또는 최고품질의 포도주 또는 노예에게 제공할 포도주용으로 구분한다. 로마 초기에는 수확한 포도를 지붕만 있는 야외의 천막에 집산하는 경우도 있었으나, 시간이 흐르면서 포도주 생산업자는 수확물을 포도주 생산 공장(calcatorium)에 산적하고 이 곳에 설치된 돌이나 나무로 만든 커다란 대야에 포도를 넣고 즙을 짰다. 포도를 으깨는 첫 번째 공정에서는 릭시비움(lixivium)이라는 신선한 포도과즙을 생산한다. 이 원액은 꿀을 섞은 후에 식전음료로 사용한다. 사실상 포도주를 생산하는 실질적인 작업인 두 번째 공정은 작업과정에서 나무에 몸을 의지한 채, 종종 악기의 리듬에 맞추어 가볍게 뛰면서 즙을 축출하는 포도주 생산기술자(calcator)의 몫이다. 포도과즙인 칼카툼(calcatum)과 릭시비움(lixivium)은 커다란 항아리에 넣지만, 포도찌꺼기는 치르쿰시툼(circumsitum)이라는 저질의 포도주를 만드는 원료로 사용되는 탄닌 포도원액을 뽑아내기 위해 압축기에 모아진다. 그런 다음에는 포도찌꺼기에 물을 섞어 포도주를 만든다."

초기 로마인의 포도주 취향은 오늘날의 그것과 많은 면에서 차이를 드러내는데, 그 중 오래 된 포도주에 대한 열정과 집착은 실로 대단했다고 한다. 당시의 문헌에 의하면 팔레르노는 생산된 지 10년이 지나서야 마실 수 있었으며, 최대 30년까지 최적의 맛을 유지했다. 또한 소렌토의 포도주는 25년이 지난 후에 비로소 좋은 품질의 포도로 인정받았다고 하는데, 이러한 사실을 볼 때, 로마인의 포도주 숙성은 오랜 관행이었다.

포도주의 숙성과 발효

고대 로마인은 포도주 숙성작업을 주로 봄철에 했다. 숙성과정을 필요로 하는 포도주는 아포테카(aphoteca)라는 장소로 옮겨졌다. 일반적으로 아포테카는 건물에서 부엌이나 욕실에 위치했다. 왜냐하면 물을 데우거나 요리를 위해 켜놓은 불의 연기와 뜨거운 기운이 숙성을 촉진하기 때문이었다.

또 다른 숙성방법은 포도주를 담은 항아리를 햇빛에 놓아두는 것이었다. 그리고 이미 숙성이 끝난 포도주는 기온이 선선한 타불라툼(tabulatum)이라는 장소로 옮겼다. 아직 숙성되지 않은 5월의 포도주는 목부분이 얇고 실린더 모양으로 제작된 항아리에 넣은 후에 모래를 파고 수직으로 묻어 놓았다. 30l의 포도주를 담을 수 있었던 항아리에는 콘술(Consul)의 연도, 포도주 명칭 그리고 생산자의 이름을 기록했다. 로마인은 포도주를 숙성시킬 때뿐만 아니라 해상으로 운반할 때에도 항아리를 이용했으며 항아리의 마개로는 코르크 또는 역청을 구어 만든 뚜껑을 이용했다. 보통, 좋은 품질의 팔레르노 포도주는 10년, 그리고 소렌토의 포도주는 25년을 숙성시켰다.

한편, 로마인은 발효되지 않은 포도과즙의 품질을 개선하는 방법으로 대리석 가루를 첨가하여 신맛을 제거하기도 했으며, 때에 따라서는 진흙이나 산양우유 또는 계란의 흰자를 첨가했다. 그리고 포도주의 변질을 막기 위해서는 송진, 역청 이외에도 몰약(향료)을 사용했다. 식탁에 올려지기 직전에는 일종의 금속여과기를 이용하여 다시 한번 포도주를 걸렀다.

포도주 항아리가 식탁에 도착하면 먼저 크라테레(cratere)라는 작은 병에 넣은 후에 품질에 따라 물의 량을 결정하여 희석했다. 그리고 잔에 포도주를 따를 때에는 국자인 심풀룸(simpulum)을 사용했다. 때로는 포도주를 목부분이 깔때기 모양으로 생긴 오이노케(oinocche)라는 병에 먼저 담은 후에 원하는 사람의 잔에 부어주기도 했다. 로마인은 포도주를 마실 때 폭이 넓고 키가 낮은 파테라(patera)나 부케로 도기 또는 하나의 다리와 두 개의 손잡이가 달린 우아한 모양의 칸타로스(kantaros) 잔을 사용했으며 축배를 위해서는 시아투스(cyatus)라는 잔을 이용했다.

포도주에 물을 섞어 마시는 관행

로마의 포도주는 그 농도가 짙고 쓴 맛의 과도한 알코올을 함유하고 있거나 항상 지나치게 숙성된 것이 대부분이었다. 따라서 이 시대에는 신에게 헌주용으로 사용될 포도주를 제외한 일반 소비용 포도주는 물을 섞어 마시는 것이 관행이었다. 이 때 포도주에는 품질에 따라 적당량의 뜨거운 물이나 찬 물 또는 겨울철의 흰 눈을 잔이나 포도주 병에 첨가했다. 당시 포도주에 물을 섞는 것은 로마에 국한된 것이 아니라, 이미 고대 세계의 보편화된 현상이었다. 그리스의 서시시인 세노파네(Senofane)는 "그 어떤 것도 나의 포도주 잔에 넣지 마라 / 오직 포도주 그 자체만을……. 그러나 물은 섞어도 좋으리 / 이제 마음껏 취해 보자"라고 했다.

로마인은 생산지가 다른 두 종류 이상의 포도주를 함께 섞어 마시는 것도 즐겨 했다. 그 대표적인 사례는 사랑스런 맛을 자랑하는 키오의 포도주를 신맛을 내는 팔레르노의 그것과 혼합하는 것이었다. 그러나 로마인은 포도주에 꿀을 섞어 마시는 것을 가장 좋아했는데, 이 시대의 귀족은 만찬에 앞서 전채를 위한 음료로 선호했다.

포도주의 다양한 효과

오늘날처럼 로마시대에도 포도주는 음식을 조리하는 데 매우 긴요했다. 왜냐하면 향이 진하거나 아로마 향을 풍기는 포도주의 경우에는 다른 식재료와 혼합되어 특별한 효과를 냈기 때문이다. 이처럼 포도주의 용도는 매우 다양했다. 의약품으로서의 포도주는 여성의 경우, 임신을 촉진하거나 그 반대로 중절시키는 기능을 했으며, 남성을 성불구로 만들기도 했다. 또한 'vinum murratum'은 사형이 집행되는 순간에 죄인에게 주어 의식을 흐리게 만드는 작용을 했다. 성경의 마태복음과 마가복음에 인용된 담즙을 섞은 포도주나 몰약을 넣은 포도주 그리고 십자가 처형 순간에 예수에게 마시게 했던 시큼한 맛의 포도주(누가복음)는 바로 이러한 부류에 속했다.

포도주는 남성중심적 사회의 상징

로마의 경우 포도주는 전적으로 남성의 음료였다. 조금이나마 여성에게 포도주를 허용했던 그리스 사회와는 달리 로마의 남성중심적 사회는 포도주 잔에 코를 대는 것조차 엄격하게 금지했다. 심지어 이 시대의 입맞춤도 부인이 포도주를 마셨는지를 확인하기 위한 남편의 권리에서 시작되었고, 더 나아가 포도주를 마신 부인을 내쫓기까지 할 수 있었다. 그러나 제국의 풍속이 느슨해지고 농업사회의 소박하고 검소한 풍속이 그리스의 영향으로 급속하게 쇄락하면서 로마의 여성은 비록 처음에는 과도하게 익은 포도주로 제한되기는 했으나 바쿠스의 기쁨을 누릴 수 있었으며, 제국 말기에 가서는 포도주의 온갖 향연을 남성과 경쟁했다.

도미치아누스 황제의 포도경작지 확대금지법

로마제국의 도미치아누스 황제

제국의 시대에 접어들자 포도의 재배면적은 빠른 속도로 증가했다. 그리고 이와 더불어 수출과 내부수요의 증가에 대처하기 위한 노력의 일환으로 보다 기름진 농지의 수요도 함께 높아졌다. 반면 다른 농작물의 경작지가 상대적으로 줄어들었는데, 스베토니우스(Svetonius)의 『*De vita Caesarum*』에서도 알 수 있듯이, 도미치아누스 황제는 92년에 모든 로마속주를 대상으로 새로운 포도경작지의 개간을 금지하고, 기존의 경작지 면적을 절반으로 줄이는 것을 골자로 하는 법안을 재정하기에 이르렀다. 포도경작지의 면적이 이처럼 증가한 데에는 포도주 수요가 급증한 것도 작용했지만, 사실은 이 보다 다른 곡물에 비해 세금이 적고 수익률이 훨씬 높았던 것이 더 크게 작용했다.

포도주 연구: 경작기술과 품종분류

포도재배기술의 발전은 지중해 주변지역의 여러 종족이 축적한 경험과 더불어 당시의 문학에도 그대로 반영되었다. 이 중에서 마르코 포르치오 카토네(Marco Porzio Catone)의 『농업서(*De Agricultura*)』, 마르코 테렌치오 바로네(Marco Terentio Varrone)의 『*Res rusticae*』, 프블리오 비르질리오 마로네(Publio Virgilio Marone)의 『*Georgica*』가 대표적인 전문서로 꼽힌다. 특히 루치오 모데라토 콜루멜라의 『*De re rustica*』는 생물학적 개념과 오늘날에도 유효한 경작기술을 기술하고 있어 당시의 높았던 기술수준을 그대로 반영한다. 뿐만 아니라 그는 당시의 포도품종이 총 58종이었으며, 이중에 12종이 포도주 생산에 이용되고 있었다고 증언했다. 이와 관련하여 플리니우스 베투스(Plinius Vetus)는 자신의 『*Naturalis Historia*』에서 공화국 말기와 제국 초기에 50여 종류의 훌륭한 포도주가 지중해 연안에서 생산되고 있다고 했다.

이 시대에 포도의 가장 단순한 분류는 크게 두 가지의 그룹으로 가능했다. 식탁용 포도(ad mensam, ad edendum, cibariae, suburbanae)와 포도주용 포도(ad bibendum, ad vindemias)가 그것이었다.

오늘날의 캄파니아 지역에서 과거 로마시대에 재배되던 품종은 플리니우스의 『*Historia naturalis*』와 콜루멜라의 『*De re rustica*』에서 상세하게 알 수 있는데, 이들의 견해를 종합하면 캄파니아 지역에서 재배된 포도품종은 크게 다음의 세 가지로 나누어 볼 수 있다.

첫째그룹에는 아미네(Amineae), 노멘타네(Nomentanae)와 같이 가장 유명한 포도주를 생산하는 품종이 속하는데, 플리니우스는 이들을 원시품종과 수입품종으로 다시 세분했다.

둘째 그룹에는 무르젠티나 미노르(Murgentina minor), 아르지티스(Argitis), 그레쿨라(Graecula)와 같이 생산성이 높은 양질의 포도주를 생산하는 품종이 포함된다.

셋째 그룹에는 시르풀라(Scirpula), 호르코니아(Horconia)와 같이 생산성이 매우 높은 반면, 품질이 떨어지는 포도주를 생산하는 품종이 속한다.

사실 2000년 전에 이탈리아 반도에서 재배되었던 포도품종을 대상으로 라틴 농업학자가 기술한 포도주연구의 세부적인 특성이 오늘날 같은 지역의 포도품종과 어떤 관계에 있는가를 상술하는 것은 거의 불가능하거나 그 결과가 상당히 미약한 수준이다. 그럼에도 특히 18세기의 포도주연구가에게 포도품종의 과거와 오늘을 연결하려는 시도는 대부분 명칭의 어원학적인 의미, 재배지역 그리고 포도주의 특성에 기초했다.

포도품종의 어원학적 기원

일반적으로 포도 품종의 라틴어 명칭은 시기적으로 그리스어 이름보다 늦게 형성되었다. 이 때문에 포도재배지역의 명칭은 그 지역에서 생산되는 포도주의 기원을 이해하는 또 하나의 중요한 요인이었다. 예를 들어 시칠리아의 무르젠티나는 폼페이로 옮겨온 후에 폼페이아나(Pompeiana)라고 했다. 종종 포도품종의 명칭은 포도밭을 소유한 가문이나 가장의 이름에서 유래하기도 했다. 그 대표적인 사례로 생산성이 높은 홀코니아(Holconia)는 당시 로마 사회에서 중요한 가문이었던 홀코니(Holconii)에서 기원했다. 포도주의 이름이 생산지역의 명칭에서 유래된 경우는 플리니우스의 저서에서 찾아볼 수 있다. 그의 서술에 따르면 줄리우스 클라우디우스 시대에 나폴리의 트레벨리쿰(Trebellicum), 카푸아의 카울리눔(Caulinum), 생산지 트레불로리움(Trevulorium)과 동명의 포도주가 그것이었다.

아우구스투스 시대의 포도주

아우구스투스 시대를 대표하는 포도주는 소렌토와 베수비오 화산의 경사지역에서 생산된 것으로서 이것은 모두 아미네(Amineae)라는 품종에서 유래한 수렌티움(Surrentinum)과 베수비움(Vesuvium)이었다. 화산의 반대편지역인 사르노(Sarno)와 그 주변지역에서도 다른 품종의 포도나무가 경작되었는데, 이것은 각각 벤누콜라(Vennucola) 또는 누미시아나(Numisiana)로서, 별로 특별하지는 않지만 견고한 맛의 포도주를 빚거나 포도 그 자체로 소비되었다.

포도나무 가지치기

로마시대에 캄파니아의 포도재배는 반도의 다른 지역과 매우 다른 양상으로 발전했다. 이것은 그리스 세계의 북부지역에 살고 있던 주민이 본토와는 달리 포도나무 가지치기를 알지 못하고 있었다는 사실에서 기인했다. 한편 플리니우스 베투스는 당시에 로마인이 가지치기 기술을 알지 못했음을 지적했고, 베르질리오(Virgilio)는 자신의 『Eneide』, 제 7권에서 로마건국 이전인 신화시대에 왕이었던 사비노를 비티 사토르(viti sator), 즉 포도나무를 경작하는 사람이라고 지칭하고 가지치기용 낫을 들고 있는 모습으로 묘사함으로써 플리니우스의 주장을 뒷받침했다. 또한 왕정시대의 누마 폼필리우스는 가지치기를 하지 않은 포도나무의 열매로 담근 포도주를 그 누구에게도 제공하지 말도록 지시했다(imputatae vitis).

　이러한 사실은, 한편으로는 야생포도로 빚은 포도주의 품질이 좋지 못할 뿐만 아니라, 그리스-로마지역을 포함한 라틴지역이 가지치기 기술을 문화와 진보의 척도로 간주하고 있었다는 것을 의미한다. 어쨌든 로마는 포도주 문명의 역사에서 BC 2세기부터 전유럽을 대상으로 시작된 포도주 무역을 뒤늦게 시작한 것은 분명하다.

　한편, 로마시대의 농업학자는 재배된 포도나무의 다양한 품종과 오감으로 느낄 수 있는 특성에 각별한 관심을 가지고 있었다. 따라서 이들의 연구는 포도주 생산지역이외에도 포도나무의 품종에 집중되고 있었다. 베르질리우스의 시대에 포도나무의 품종은 마치 사막의 모래와 같이 많았다고 한다. 또한 콜루멜라는 모든 이름을 기록하는 것이 불가능하다고 전제하면서도 재배지역이 다름에 따라 다양한 이름으로 불리는 동일한 품종이 수없이 많다는 사실을 지적하고 당시에 품종이 급격하게 감소하는 현상을 우려했다.

　3~4세기는 야만족의 침입, 기독교의 성립 등 여러 요인에 의해 제국의 위기가 파국을 향해 치닫고 있던 시기였다. 포도경작의 위기 역시 로마의 이러한 운명을 함께하고 있었다. 대농장제, 노예노동, 통화경제의 위기, 내부투쟁, 야만족의 침입, 정치·행정적 무질서 그리고 공공치안의 부재 등은 특히 농촌에서, 그리고 무엇보다 포도경작에 치명적인 피해를 초래했다. 뿐만 아니라 수많은 포도재배농가는 높은 세금의 압력을 견디지 못하고 포도나무를 뽑아 버리기도 했다. 당시 사태의 심각성은 황제 테오도시우스가 포도나무를 자르거나 뽑는 행위를 불법으로 간주하여(sacrilega falce) 최고 사형으로 다스렸다는 사실을 통해 짐작할 수 있다. 그러나 제국 말기에 접어들자, 도시에 인접한 농지나 무역거래가 비교적 용이한 해안지역을 제외한 다른 모든 지역에서는 경작을 포기하거나 방치하는 현상이 더욱 심화되었다.

납과 포도주

고대 로마인은 납이 포도주를 오래 보존하고 신맛을 방지하는 데 탁월한 효과를 발휘한다는 사실을 알고 있었던 반면, 유해한 작용은 인지하지 못했다. 급기야 17세기에 납중독으로 여러 유해한 증상이 드러나기 시작했으며 19세기 말에 납의 유해성이 확인되었다.

포도주는 주님의 피

로마제국의 몰락에 따른 정치적인 혼란과 야만족의 침입에 무방비상태로 노출되어 있던 농촌은 파괴와 약탈로 피폐해지고, 농민은 자신의 보호를 위해 대대로의 삶을 꾸려오던 고향을 등지고 수도원, 봉건영주 등에게 삶을 위탁했다. 이처럼 중앙권력이 부재한 상황에서 안전을 갈구하는 민중에게 가장 유력한 대안은 교회와 수도원이었다. 그 결과 5~9세기 사이에 유럽에서는 주교, 수도승, 종교단체 그리고 세속신분의 귀족이 포도농원의 여건을

교회와 포도주 (『*Codice di Diritto Canonico*』, 924장)

실제로 포도주는 순수해야 하며 감자나 쌀로 빚은 술 등의 모든 신맛과 혼합하는 것을 금지했다. 성직자는 보관이 가장 손쉬운 포도주로 모스카토(Moscato) 포도로 빚은 백포도주(vini bianchi secchi 또는 amabili: 알코올 농도 11도)를 선택했다. 즉 백포도주는 식탁에서 가장 소비하기 쉬운 것이었으며, 제단 위에 엎질러진 경우에도 그 자국이 가장 미미했다.

미사용 포도주로는 적포도주가 가장 보편적이었다. 적포도주는 유대인의 부활절만찬에 항상 등장했다. 그리고 어떤 의미에서는 1565년 밀라노 종교회의에서 백포도주의 사용이 승인될 때까지 기독교인이 가장 선호하고 있었다고 할 수 있다.

교회에서는 포도주의 사용이 항상 일정하지는 않았다. 반면 이집트 교회는 지나치게 익은 포도의 발효된 즙으로 담근 포도주를 사용했다. 한편, 아르메니아 교회는 순수한 포도주를 선호했는데, 그 이유는 축복된 포도주에 뜨거운 물을 참가하여 사용했기 때문이다. 마르코(Marco)파의 교회는 포도주를 악마의 음료로 간주했기에 빵과 물로만 미사를 거행했다. 그리고 다른 교파 등은 붉은 색소가루를 물에 희석하는 기적의 예식을 고집했다. 후스파는 미사에 빵과 포도주를 사용했다.

교회는 포도주를 물에 희석하는 것을 별로 바람직하지 않게 생각했다. 이는 교회가 미사용 포도주를 확보하기 위해 포도재배의 확산을 장려한 것으로도 충분히 이해할 수 있다.

개선하고 보존하는 데 가장 큰 역할을 했다.

포도주는 '카나의 혼인'과 '최후의 만찬'에서도 알 수 있듯이, 종교예식의 필수적인 요소였다. 이 때부터 포도주는 우리의 영혼을 즐겁게 하고, 치유하며 포도주의 신인 디오니소스의 세계, 즉 광란의 세계로 인도하는 동시에 주님 희생의 상징으로 정착했다. 그러므로 당시의 사람은 포도주를 효모가 첨가되지 않은 빵과 함께 대지의 피, 즉 포도나무의 피로 간주했으며 미사에서는 그리스도의 피와 살로 인정했다. 이처럼 기독교는 숭배의식을 위한 포도주를 필요로 하면서 당시 거의 남아 있지 않던 포도농사의 보존을 위해 노력했으며, 나중에는 포도경작을 확대하는 데 크게 이바지했다. 이처럼 기독교와 포도주의 관계는 이전의 역사에서 드러난 포도주와 종교의 밀접한 관계를 다시 한번 확인한 셈이다.

수도원 주막

당시 수도원은 오직 농사만을 소원하는 농민의 마을공동체 역할을 했다. 이러한 인구집중현상이 가속화되면서 농촌의 모습은 위기의 시대와는 사뭇 달라져 있었고, 수많은 농민이 가족과 함께 성당과 수도원의 주변으로 모여들었다. 그 결과 마을공동체의 규모는 확대되었고 수도원은 도덕적인 측면에서뿐만 아니라 질서와 정의가 지켜지는 시민생활의 거점으로 정착했다. 수도승은 주변의 농민에게 포도나무를 경작하고 포도주를 생산하는 기술을 전수했다. 또한 수도원 내에는 수도원 주막(taberna in monasterium)이 운영되기도 했다. 수도원의 규정이 점차 느슨해지면서 수도승은 모든 종교행사의 와중에

포도주는 종교적, 경제적으로 수도원의 주요 관리품목이었다.

 와인에 담긴 역사와 문화

서도 기꺼이 포도주를 마셨다. 그리고 기도와 노동(ora et labora)의 이념에는 "형제여, 악마가 당신을 술주정으로 몰아가지 않는 한 포도주를 마십시다 (bibite frates ne diabolus vos otiosos inveniat)"라는 표어가 함께 했다. 그러나 정말 악마의 유혹 때문인지는 모르지만, 술주정의 사례가 증가하자, 결국에는 교황이 술을 과도하게 마신 성직자를 파문하는 사례가 발생했다.

봉건 세속사회의 포도재배

이러한 기독교적 포도재배의 개념이 교회를 중심으로 발전했다면, 중세 봉건 세속사회에서는 봉건적 포도재배의 개념이 포도와 포도주의 매력을 자신의 문화적 특권을 가름하는 잣대로 여기던 군주와 봉건영주를 중심으로 성립했다. 롱고바르디 족의 왕, 로타리가 643년에 법전을 선포하여 포도 세송이 이상을 도둑질하거나 피해를 입히는 것을 범죄로 단정하여 처벌한 것도 이러한 사실을 배경으로 했다. 또한 770년과 800년 사이에 샤를르 마뉴는 『Capitulare de villis』를 통해 포도나무와 포도주를 보호하는 조치를 마련했다. 이후 1327년에도 아레초(Arezzo)는 포도수확의 시기를 법적으로 규정하고, 포도밭에서 사냥하는 행위를 금지하고, 포도밭 울타리를 훼손하는 자를 엄벌했으며, 포도가 익어가는 시기에 개를 풀어놓지 못하도록 했다.

중세 말 르네상스 초기에는 수공업과 무역을 통해 부를 축적한 부르주아를 중심으로 부르주아식 포도밭 경영의 개념이 성립했다. 이들이 포도밭에 관심을 가지기 시작한 것은 경제적으로 충분한 이윤을 기대할 수 있었기 때문이다. 당시 이탈리아 반도의 인구는 유럽의 인구증가추세와 비례하여 꾸준히 증가하고 있었는데, 이는 인구의 도시집중과 경제적으로 여유 있는 계층의 저변이 과거에 비해 크게 넓어 졌다는 사실과 더불어 신흥계층의 투자가 확대되는 계기로 작용했다.

토스카나의 포도주

고대 에트루스키인의 땅이었던 토스카나 지방은 이탈리아의 대표적인 포도주 산지이다. 이 곳에서 생산되는 키안티, 모스카티, 부르넬로 디 몬탈치노, 베르나치아, 몬테풀치아노 등은 오늘날까지도 포도주애호가의 극진한 사랑을 받고 있다. 중세에 이 지역에서 지배되던 포도품종은 트레비아노(Trebbiano), 말바지아(Malvasia), 알레아티코(Aleatico), 그리고 산지오베세(Sangiovese)였다. 특히 백포도인 트레비아노 품종은 14세기에 그 명칭이 성립된 이후 다른 수많은 포도주를 혼합하여 만들기 위한 원액으로 활용되고 있다.

반면 알레아티코는 토스카나의 토종품종이지만, 오늘날에는 라치오와 풀리아에도 널리 퍼져 있으며, 마지막 산지오베세는 키안티, 몬탈치노의 부르넬로(Brunello di Montalcino), 산 지미냐노의 베르나치아(Vernaccia di San Gimignano) 그리고 몬테풀치아노(Montepulciano)의 여러 포도주를 생산한다.

토스카나의 키안티는 이미 세계적인 포도주로 인정받고 있지만, 우리나라를 포함한 아시아권 보다는 유럽에서 그 맛과 향을 더 인정받고 있다. 키안티의 대표적인 상징은 이 포도주가 생산되는 지역의 명칭을 그대로 계승한

중세에 포도의 과즙을 짜내는 가장 보편적인 방법은 맨발로 포도를 으깨는 것이었다. 이를 보고 피에르 데 크레션치는 자신의 『농업서(*Trattato dell'agricoltura*)』에서 안전조치의 강구를 지적했는데, 예를 들면 다음과 같다.
① 포도주 통에 들어가기 전에 발을 씻어라. ② 일단 통에 들어가 작업을 시작하면 나가는 것을 삼가라. ③ 다시 들어갈 때에는 양말을 벗어라. ④ 작업도중에는 먹거나 마시는 행위를 하지 마라. ⑤ 작업도중에 흐르는 땀이 포도즙에 섞이는 것을 방지하라.

 와인에 담긴 역사와 문화

갈로 네로(Gallo Nero)이다. 검은 닭을 의미하는 갈로
네로의 기원은 13~14세기에 이 지역에서 국경선의 문
제를 놓고 대립하던 피렌체와 시에나의 분쟁으로 거슬
러 올라간다. 끝없는 전쟁에 지친 두 자치도시는 각각
기사 한 명을 선발한 후에 첫 닭의 울음소리를 신호로
상대방을 향해 출발시켜 서로 만나는 곳을 두 도시의
경계선으로 결정하는 데 합의했다. 시에나는 기사의 아

갈로 네로: 시에나의 갈로네로 레스토랑의 상징이기도 하다.

침을 깨워 줄 자명종으로 흰색의 닭을 선정하고 풍부한 먹이와 안락한 잠자리
로 극진히 돌보았다. 그 결과 이 도시의 닭은 살이 찌고 게을러진 반면, 피렌
체가 선택한 검은 닭은 평소보다 적은 먹이를 먹으면서 여느 가축과 동일한
환경에서 사육되었다. 이윽고 결정의 날 새벽이 밝아오자, 피렌체의 닭은
굶주림 때문이었는지 미처 새벽이 되기도 전에 울음소리를 내었지만, 시에나
의 게을러진 닭은 아쉬운 것이 없었던지 평소보다 더 늦게 새벽을 신고했다.
그 결과 피렌체의 기사는 경쟁도시의 기사보다 훨씬 일찍 출발할 수 있었으며
그 만큼 더 많은 땅을 확보할 수 있었다. 그 이후 피렌체의 키안티 동맹은
자신의 자긍심과 우월함을 갈로 네로의 상징으로 표방했다.

14세기를 전후한 기간에 피렌체에 키안티가 있었다면, 시에나에는 이
도시의 동남부 구릉지역민 발 디 키아나(Val di Chiana)의 적포도주가 있다.
이 포도주의 이름은 옛 전설에 따르면 에트루스키의 왕 라르스 포르센나
(Lars Porsenna)가 세웠다는 몬스 메르쿠리우스(Mons Mercurius)에서 유
래했다. 이후 인접한 도시 키우지(Chiusi)에서 주민이 이주하면서 몬트 폴
리티쿠스(Mont Politicus)를 거쳐 오늘날에는 이탈리아어의 몬테풀치아노
(Montepulciano)라고 한다. 이 도시에 대한 최초의 역사적 증언은 789년으
로 거슬러 올라간다. 이 문서에는 성직자 아르니페르트(Arnipert)가 아미아
타의 란치니아노(Lanziniano)에 위치한 산 실베스트로(또는 산 살바토레)의
교회에 폴리치아노 성 근처의 포도원을 기증한다는 기록이 언급되어 있다.

또한 1350년에는 몬테풀치아노의 포도주에 교역 및 수출조항이 만들어 졌는데, 이러한 일련의 소식은 이미 오래 전부터 포도주가 부의 상징으로 자리잡고 있었음을 보여 준다. 이처럼 중세 전반기부터 몬테풀치아노의 포도원은 최고품격의 포도주를 생산했으며 16세기 중반에는 교황 바울 3세에게 포도주를 공급하던 산테 란체리오(Sante Lancerio)가 이 지역의 포도주를 계절에 관계없이 귀족적인 맛, 향 그리고 시각의 품격을 가진 귀족의 포도주로 극찬했다.

한편 이탈리아 반도에서 해양세력이 등장하던 시기에, 베네치아는 이미 로마시대 이전에 이탈리아반도에 소개된 바 있었던 그리스 포도주(vino greco)를 수입하고 있었다. 이 포도주는 키프로스(Cipro)와 크레타(Creta)섬의 말바지아(Malvasia: 그리스의 백포도주 일종으로서 오늘날에는 스페인과 카나리아 제도에서 생산됨) 또는 모스카토(Moscato) 포도로 빚은 달콤한 맛의 포도주(vino dolce)였다. 이것은 소량의 세련된 맛을 가진 포도주를 갈구하는 고위성직자나 부유한 상인이 즐기던 포도주로서 이탈리아반도에서 생산되는 것과는 매우 달랐다.

16세기의 르네상스는 포도경작을 위한 중요한 세기였으며, 포도주의 이

몬테피아스코네(Montefiascone)의 포도주 Est, Est, Est!, 카스텔리(Castelli)의 포도주, 이스키아(Ischia)의 그레코 디 포실리포(Greco di Posilipo), 토레 델 그레코(Torre del Greco)의 포도주, 라크리마 크리스티(Lacrima Christi), 키아레토(Chiaretto), 트레비아노(Trebbiano), 오르비에토(Orvieto), 몬테풀치아노(Montepulciano)의 포도주, 키안티(Chianti), 피에몬테의 포도주, 마르케의 포도주, 에밀리아의 포도주. 이탈리아에서 생산되는 포도주의 연구는 파리네세 가문 출신으로서 포도주전문가이며 동시에 폭음을 즐겼던 교황 바울로 3세에게 포도주를 공급했던 산테 란체리오(Sante Lancerio)가 수행했다.

념과 인식이 점차 확대되면서 포도재배를 위해 숲을 개간하는 사례도 이전에 비해 증가했다. 또한 자연주의자이며 교황의 주치의였던 보치(A. Bocci)가 자신의 저서인 『*Natura Vinorum Historia*』에서 로마의 포도주를 극찬한 것도 이 시기였다. 문학의 영역에서 1308~1309년에 피에트로 데 크레션지(Pietro del Crescenzi)가 쓴 『*Liber Commodorum Ruralium*』에서 이미 언급된 바 있었던 포도주에 의한 새로운 시대의 새로운 정신은 이후 바치(Bacci), 포르타(Porta), 알라만니(Alamanni), 소데리니(Soderini), 델 리치오(Del Riccio), 미켈레(Micheli)를 통해 더욱 정련되었다. 포도주는 회화와 조각에도 심오한 영감을 제공했다. 루카 델라 롭비아(Luca Della Robbia), 레오나르도(Leonardo), 미켈란젤로(Michelangelo), 라파엘로(Raffaello), 카라바지오(Caravaggio), 조르지오네(Giorgione) 그리고 티치아노(Tiziano)가 새로운 스타일로 로마의 주신 바쿠스를 칭송한 것도 이것의 예술적 보답이었을 것이다.

포도재배와 포도주 양조기술의 과학적 연구에 헌신한 토스카나 출신의 인물 중에는 갈릴레오 갈릴레이도 있었다. 그럼에도 이 분야에서 르네상스와 이탈리아 통일운동기에 가장 영향력 있던 인물은 17세기에 의사로 활동한 프란체스코 레디(Francesco Redi)였다. 그는 자신의 『*Bacco in Toscana*』에서 고향의 포도주들을 극찬하면서, "몬테풀치아노는 모든 포도주의 왕이다"라는 유명한 말을 남겼다.

18세기에 토스카나 지방의 로레나 가문(I Lorena)은 이탈리아 포도주의 등급을 선도했다. 이 지역에서 포도주를 생산하던 주요 산지 중에서 가장 유명한 곳은 키안티로서 생산제한과 더불어 관계당국의 철저한 보호를 받았다. 피에몬테에서는 재배방식과 모스카토의 포도주 생산이 거의 완벽한 수준에 도달했다. 그 이외에도 당시 프리울리의 피콜리트(Picolit)와 시칠리아의 마르살라(Marsala)는 유럽 전역이 기억하고 있었다.

통일 이탈리아의 바롤로

그럼에도 이탈리아 통일운동기에 이탈리아 포도주의 대부분은 유럽에 그 이름이 알려지지 않고 있었다. 생산지역을 선택하는 문제는 물론이고 포도주의 수출을 위한 군소정부의 노력도 거의 미미했기 때문이다. 게다가 반도 내에서 외부세력의 쟁탈전이 매우 빈번했던 것도 부정적인 요인으로 작용했다. 당시 조수아 카르두치(Giosuè Carducci)는 이탈리아어로 포도주를 위한 한 편의 시조차 없는 것을 개탄했다.

이탈리아의 문인 체사레 파베세(Cesare pavese)는 "바롤로의 진가를 알기 위해서는 3개의 코가 필요하다"며 이 포도주의 가치를 극찬했다.

19세기에는 포도주의 양조기술이 혁신적으로 발전했다. 아체르비(G. Acerbi)는 자신의 『Delle viti…』에서 다른 작가의 연구에 대한 기술과 함께 다양한 포도재배방식을 체계적, 과학적으로 분류했다. 프랑스 포도주 재배전문가인 우다르(Oudart)를 초빙한 카부르 백작이나, 팔레티 가문의 후작은 오늘날의 그것과 거의 유사한 바롤로(Barolo)의 생산을 가능하게 했다. 반면 보스케로(Boschero)는 피에몬테 지역에 구요트(guyot)재배방식을 확산시켰다. 토스카나에서 리카솔리 남작이 키안티의 생산을 시작했다면, 카를로 간치아(Carlo Gancia)는 피노(Pinot)의 종자를 이식하여 고전적인 샴페인의 생산을 본격화했다. 사실 포도주는 자신의 매력을 한껏 유지하면서도 다른 한편으로는 수많은 신비를 상실했다. 고대부터 포도주나 발효되지 않는 포도즙에 다른 물질을 첨가하여 투명도를 높이는 합리적인 기술이 개발되고 있었기 때문이었다. 실제로 참가된 물질은 포도주에 포함되어 있는 작은 물질들을 포획하여 밑으로 침전시키는 작용을 했다.

20세기 포도주 산업

19세기 중반은 발효된 포도주를 병에 넣은 후에 숙성시키는 프랑스의 기술이 도입된 해로서 이후 적포도주의 명성이 새로워졌다. 이탈리아 통일정부의 장관인 카밀로 벤소 카부르와 베티노 리카솔리 백작은 포도원을 경영하던 포도주 애찬론자였다. 키안티의 포도주가 본격적으로 유럽의 다른 국가에 알려진 것도 이 당시였다. 몬탈치노에서는 부르넬로가 1888년에 생산된 이후 지금까지 그 명성을 유지하고 있다. 영국 빅토리아 왕조의 통치 하에서 시칠리아의 마르살라 포도주는 포르토 와인(Porto), 세리(Sherry)주와 동급의 명성을 자랑했다. 피에몬테에서는 가티나라(Gatinara)가 그 명성에 있어 바롤로와 경쟁관계에 있었다. 아스티와 카넬리 지역에는 카를로 간치아가 프랑스 샴파뉴 지역에서 먼저 병입한 후에 발효시키는 기술을 도입했으며, 롬바르디아의 발텔리나는 넵비올로 품종의 로제와인을 생산하고 있었다. 그리고 베네토지역은 발폴리첼라 포도주의 명성으로, 베로나는 소아베 포도주로 애호가의 주목을 받았다.

19세기 말에 접어들면서 이탈리아의 포도주 산업은 과거 16~17세기의 전통을 계승하여 포도주 무역 이외에도 기업과 시설에도 막대한 자본을 투자했다. 그 결과 최근에는 포도주관련 다국적 기업이 생겨나면서 이탈리아에서 생산되는 모든 포도주의 대외경쟁력을 크게 향상시켰다. 그럼에도 이탈리아의 포도주는 여전히 외국에서 크나큰 인기를 누리지 못했는데, 그 가장 근본적인 이유는 최고의 품질을 자신들만이 향유하고 독점하려는 이탈리아인의 고유한 성향이었다.

그러나 이 세기의 가장 위대한 발견은 파스퇴르(L. Pasteur)의 효소발효법이었다. 발효는 포도주를 효소와 박테리아의 활동이라는 측면에서 안정된 상태로 유도하는 기능이라 할 수 있다. 이러한 방식은 숙성되지 않은 상태로 짧은 기간에 소비될 포도주의 생산을 충분히 가능하게 했던 반면, 오랜 숙성을 필요로 하는 포도주는 발효의 인위적인 공정을 거치지 않았다.

파스퇴르는 자신의 『포도주 연구(*Etudes sur le vin*)』에서 시기적으로 오이듐균(oidio), 포도나무뿌리진디(filossera)가 포도나무의 생존을 위협하기 이전까지, 근대 포도주 양조기술의 기반을 제공했다. 포도나무에 기생하면서 잎과 열매의 성장을 저해하던 오이듐균은 황과 프랑스의 진흙으로 퇴치되었지만, 포도나무뿌리진디를 제거하는 데는 기존의 모든 포도나무를 제거하고 새로운 나무를 심는 극단적인 해결책이 필요했다.

이러한 기생충은 유럽의 포도나무에 매우 위협적이지만, 미국의 포도종자에게는 아무런 피해를 주지 않았다. 이러한 이유로 19세기와 오늘날까지도 유럽에서는 유럽포도나무의 접목을 위해 미국산 품종을 도입하고 있다. 20세기의 중흥에 앞서 이탈리아의 포도산업도 오이듐균과 포도나무뿌리진디에 의해 심각한 타격을 입었다. 특히 이탈리아에서는 두 번에 걸친 재앙으로 전국의 거의 모든 포도나무가 죽었으며, 그 결과 새로운 품종의 포도나무를 미국과 프랑스에서 전량 수입해야만 했다.

20세기 말 이탈리아에서 포도재배와 포도주 생산에 가장 활동적인 인물 중에는 캄파니아냐의 아벨리노(Avvelino) 근교 아트리팔다(Atripalda)에서 농원을 경영하는 안토니오 마스트로베라르디노(Antonio Mastroberardino)가 있다. 그의 농원은 고대 로마시대 이 지역에서 재배되던 포도품종인 그레코와 알리아니코를 재현하는 데 성공했다. 전자는 그리스에 기원한 품종이었던 반면, 후자는 그리스 헬레니즘 세계를 의미하는 헬레니코가 잘못 와전되어 붙여진 명칭이다. 그레코 품종은 플리니우스가 자신의 저서에서 지적한 아미네아 제미나(Aminea Gemina)와 동일하다. 그러나 알리아니코는 고대의 저서에서 어떤 다른 용어로 지칭되고 있었는지 잘 알 수 없지만, 현재 이탈리아 남부를 대표하는 적포도주로서 다른 어떤 적포도주보다 향이 좋고 색이 강한 타우라시(Taurasi)의 생산에 크기 기여하고 있다. 알리아니코 품종에서는 알리아니코 델 타부르노(Aglianico del Taburno) 포도주가 생산된다. 이 포도주는 적색 루비빛이며 지속적인 향과 끝 맛이 깨끗하며 오래 되면 벨벳의 색을 띤다. 끝으로 알리아니코로부터 얻어지는 포도주에는 오늘날 캄파니아와 라치오의 경계에 위치한 지역에서 생산되는 팔레르노가 있다.

그 이외에도 마스트로베라르디노의 농원에는 벌이 이 포도의 향을 특히 좋아한다고 해서 비투스 아피아나(Vitus Apiana)라는 라틴명으로 불리는 포도품종에서 얻어진 동명의 포도주가 있다. 이 지역을 대표하는 또 다른 포도주는 피아노(Fiano)이다. 역시 포도품종과 동명인 이 포도주는 창백하지만 귀족적인 분위기를 연출하며, 그러면서도 검소한 느낌을 주는 캄파니아 최고의 백포도주이다.

이탈리아 서부 베수비오 화산의 경사면에서는 플리니우스가 알로페치스로 이름붙인 포도가 있는데, 그 의미는 여우의 꼬리라고 한다. 이 여우의 꼬리로 빚은 포도주가 쿠르치오 말라파르테(Curzio Malaparte)에 의해 고대의 신성한 포도주로 칭송된 그리스도의 눈물(Lacryma Christi)이다. 이 포도주는 강하지 않으면서도 섬세한 맛으로 야생풀의 아로마향이 그 특징이다.

금세기에는 포도의 성격이 주변 환경, 즉 온도와 토양의 지질학적인 조건에 크게 의존하는 것이 사실이다. 그럼에도 오늘날의 기술은 자연이 포도의 작은 구슬 속에 감춰 놓은 색과 향기를 포도주 속에 그대로 유지시키는 것을 가능하게 할 정도로 정교해졌다. 이런 의미에서 포도주를 빚는 것은 대지와 향의 신비한 매혹을 오감을 통해 발산시키는 예술이라고 할 것이다.

이탈리아 포도주의 특징

1. 포도주의 주요산지

이탈리아 정부는 지난 1963년 소비자 보호를 위해 포도과즙과 포도주의 원산지 보호를 위한 규정을 마련했다(DPR n. 930, 1963/07/12). 이 법은 원산지의 고유한 포도로 생산된 포도주에 원산지의 명칭을 붙이도록 규정하고 있다. 이는 모든 포도주에 구체적인 생산지와 포도품종을 표시하는 것을 의미한다.

지난 2002년 이탈리아는 한파와 더위, 우박, 가뭄으로 인해, 포도나무가 말라죽고, 덜 익은 포도송이가 떨어지는 심각한 피해를 경험했다. 그러나 포도수확이 급감한 보다 근본적인 원인은 우박과 불볕더위가 아니라, 피에몬테, 롬바르디아, 베네토 그리고 마르케와 같은 주에서 수확량의 급격한 감소를 우려하여 수확시기를 앞당긴 데 있었다. 그 결과 생산량이 줄어든 것은 물론, 최고품질의 포도생산량이 절대적으로 줄어들고 평범한 품질의 포도생산이 상대적으로 급증했다.

생산량을 살펴보면, 2002년도 포도 수확량은 포두주용 포도가 6,090만 퀸탈로 전년도 대비 14%가 감소했으며, 과실용 포도는 1,200만 퀸탈로 전년도에 비해 17.3%가 줄어들었다. 수확된 포도 중에서 5,770만 퀸탈이 포도주 생산에, 270만 퀸탈은 포도과즙용으로 사용되었다. 그리고 나머지는 직접적인 소비를 위해 판매되었다. 같은 해 생산된 포도주의 총량은 4,460만 퀸탈이며 이 중에서 49.8%는 백포도주용으로 그리고 50.2%는 적포도주 및 로제 와인용이었다.

주(州)별 포도주용 포도와 과실용 포도의 생산량은 다음과 같다.

지 역	생산량(1000 퀸탈)
북 부	32
중 부	186
남 부	12,774
이탈리아	12,992

한편 그 이듬해인 2003년에는 포도의 수확량이 예년 수준을 뛰어넘어 과거 1947년의 기념비적인 수확량에 접근했다. 이러한 풍작의 근본적인 원인은 당시 포도의 성숙도가 8월 27일의 견본검사에서도 드러났듯이 전년도의 9월 25일에 해당할 만큼 빠르게 진행되었다는 사실에 있었다. 그 결과 2003년도의 포도수확은 9월 12일에 시작되었다. 당시 바롤로와 바르바레스코의 포도주를 생산하는 넵비올로 품종의 포도는 몇몇의 새로운 포도재배 시설을 제외한다면, 가뭄과 우박에도 불구하고 그 상태가 매우 좋은 편이었으며, 특히 당도가 매우 높았다.

2002년도 주별 포도주용 포도 생산현황(단위 1000 퀸탈)

주 명칭	생산량	주 명칭	생산량
피에몬테	3,346	마르케	1,774
발레 다오스타	22	라치오	3,859
롬바르디아	1,614	아브루초	4,776
티렌티노 A.A.	1,457	몰리세	410
베네토	9,181	캄파이나	2,509
프리울리O.V.G.	1,402	풀리아	7,751
리구리아	134	바실리카타	479
에밀라아로마냐	7,755	칼라브리아	840
토스카나	3,280	시칠리아	8,096
움부리아	1,114	사르데냐	1,147

피에몬테

피에몬테는 전지역이 포도주 산지라 해도 과언이 아니다. 그러나 중요한 것은 이 지역들에서 생산되는 포도주의 양이 아니라, DOC/DOCG의 경우, 이탈리아 평균 15%에 비해 45%의 높은 비율(8개의 DOCG와 44개의 DOC)을 점유하고 있다는 사실이다.

피에몬테의 포도주 산지는 주로 남부의 아스티(Asti)와 쿠네오(Cuneo) 지방의 랑게(Langhe), 로에로(Roero), 몬테페라토(Monteferrato)를 중심으로 형성되어 있으며, 이 지역에서 주요 포도품종은 넵비올로(Nebbiolo), 바르베라(Barbera), 돌체토(Dolcetto)와 같은 높은 품격의 적포도주를 생산한다.

넵비올로는 이 지역에서 생산하는 다양한 적포도주의 원천이며, 오랜 숙성기간을 요구한다. 이 중에서 북부의 비엘라 베르첼리(Biella Vercelli)와 노바라(Novara) 삼각지역에서 생산되는 가티나라(Gattinara)와 겜메(Ghemme) 그리고 남부의 바롤로와 바르바레스코(Barbaresco)는 최고등급인 DOCG에 해당한다. 특히 후자의 포도주는 자치도시 알바의 주변에 위치한 랑게 지역에서 생산되는 피에몬테의 대표적인 포도주로서 외부세계에 더 많이 알려져 있다. 바르바레스코는 바롤로에 비해 알코올 도수가 약하지만 보다 섬세한 맛을 지니는 반면, 후자는 강렬하고 농축된 듯한 맛을 풍긴다. 바르바레스코가 바르바레스코, 트레이소 그리고 네이베의 세 자치도시에서만 생산된다면, 바롤로는 바롤로, 라 모라 카스틸리오네 팔레토, 몬페라토 달바, 세라룽가 달바 등 수많은 지역에서 생산된다.

바르베라는 피에몬테에서 가장 보편화된 포도품종으로 주로 랑게 지역에서 집중적으로 재배되고 있다. 이 품종에서 유래하는 고품격의 DOC 포도주에는 바르베라 달바(Barbera d'Alba)와 바르베라 다스티(Barbera d'Asti)가 가장 잘 알려져 있다. 이 포도주는 산성이 강하지만 탄닌의 함유량은 적은 편이다. 때문에 오랜 숙성에는 적합하지 않다. 피에몬테에서 흔하게 볼 수 있는 또 다른 품종은 돌체토이다. 이 품종의 포도주는 대체로 풍부한 색소물질과 깊은 톤으로 잘 알려져 있으며 향도 매우 향기롭다. 그리고 바르베라 품종에 비해 산성은 약하지만 그만큼 숙성에는 유리하기 때문에 몇 년을 두고 마실 수 있다. 이 품종으로 생산된 돌체토의 종류는 모두 일곱가지로서 한결같이 고품격의 명성을 유지하고 있다(돌체토 알바, 돌체토 다스티, 돌체토 달레 란게 몬레갈레지, 돌체도 디 오바다, 돌체도 디 디아노 달바, 돌체도 다쿠이, 돌체도 디 돌리아니).

피에몬테에서 생산되는 가장 대표적인 백포도주는 가비에서 지배되는 코르테세 품종의 포도로 생산하는 DOCG 등급의 가비(Gavi) 또는 코르테세 디 가비(Cortese di Gavi)이다. 이 포도주는 가볍고 건조한 맛이지만, 적당한 산성을 유지하고 있어 2~3년의 숙성을 마친 후에는 그 맛이 절정에 이른다.

돌체토 품종의 포도밭으로 유명한 아스티에는 모스카토 비앙코 품종의 알코올 농도 7.5%인 DOCG 등급의 아스티(Asti)가 생산된다. 이 샴페인은 발효를 위해 효소와 설탕을 첨가하지 않고 포도 자체의 자연효소와 적당한 온도로 자연발효시킨다.

토스카나

토스카나는 이탈리아의 가장 대표적인 포도주 산지이며, 한 해 약 1200만 병이 생산되는 키안티의 명성을 통해 이미 세계적으로 높은 지명도를 얻고 있다. 키안티 포도주의 핵심품종은 산지오베세(Sangiovese)이다. 그러나 이 품종은 지배지역에 따라 그 이름을 달리하는데, 예를 들어 몬탈치노에서는 브루넬로(Brunello), 스칸사노(Scansano)에서는 모렐리노(Morellino), 몬테풀치아노에서는 프루뇰로 젠틸레(Prugnolo Gentile)라고 한다. 그 밖의 다른 품종으로는 트레비아노 토스카노(Trebbiano Toscano)와 모스카토가 있다.

토스카나에서는 6종류의 DOCG가 생산된다. 각각 나름의 전통을 가지고 있는 데 명칭은 키안티, 키안티 클라시코(Chianti Classico), 카르미냐노

(Carmignano), 베르나치아 디 산 지미냐노(Vernaccia di San Gimignano)
이다.

비노 노빌레 디 몬테풀치아노는 산지오베세 품종의 대표적인 포도주로서
가장 먼저 DOCG 등급으로 선발되었으며, 브루넬로의 숙성기간이 5년인
것에 비해 2년의 비교적 짧은 기간의 숙성기간을 필요로 하는 만큼 가장
먼저 상품화되었다.

브루넬로 디 몬탈치노 역시 산 지오베세 품종에서 유래한다. 몬탈치노는
작은 구릉지역의 정상에 위치한 소도시이기 때문에 이 지역의 포도주는 유래
지역에 따라 매우 다양한 특성을 가진다. 예를 들어 마렘마 방향의 포도밭은
온화하고 건조한 기후의 영향을 받는 반면, 익는 시기는 가장 빠르다. 이
지역의 브루넬로는 부드럽고 덜 신맛을 보이지만 수명이 매우 길다.

키안티는 몬탈치노의 북부에 위치한 가장 드넓은 지역에서 생산된다.
초기에는 오직 하나의 DOCG만이 존재했지만, 이후 키안티 클라시코가 합
류했다.베르나치아 디 산지미냐노는 토스카나에서 생산되는 DOCG 등급의
유일한 백포도주이다.

베네토

베네토 지역은, 양에 비해 품질을 우선하는 이탈리아의 전통과는 달리, 전국
생산량의 1/3에 해당할 정도로 DOC 등급의 포도주를 가장 많이 생산한다.
이 지역의 포도주 산지는 크게 다음의 세 구역에 집중되어 있다.

첫째, 라고 디 가르다(Lago di Garda) 근처의 베로네세(Veronese)

둘째, 비첸차, 파도바 그리고 로비고의 사이에 위치한 소아베(Soave),
콜리 베리치(Colli Berici) 그리고 콜리 에우가네이(Colli Euganei)

셋째, 프리울리 경계의 트레비지아노(Trevigiano)와 피아베(Piave)

가르다 베로네세의 포도주는 호수로 인해 온화한 기후와 풍부한 물, 마치
토스카나와 흡사한 환경에서 생산된다. 또한 베로나를 중심으로 형성된 이

지역의 포도주는 호수를 중심으로 형성된 음식전통과 밀접한 관계를 가지고 있다.

시칠리아

이탈리아 반도의 남부에 위치한 시칠리아는 지중해의 한가운데 있어 기후가 온화하고 여름과 겨울의 기온차가 크지 않다. 이러한 자연환경을 배경으로 최근 이 섬에서 생산되는 포도주의 국내시장 점유율이 급성장하고 있다.

이 지역은 포도재배를 위한 최적의 자연환경을 형성한다. 특히 아그리젠토와 에트나 지역은 고대의 야생포도나무가 서식하던 지역이기도 하다.

역사적으로 지중해에 포도나무를 소개한 것은 페니키아인이었다. 그러나 BC 8세기 그리스인이 진출하면서 이 곳의 포도문화는 커다란 전환기를 맞이했으며 올리브, 밀과 함께 섬의 주요 생산품을 구성했다. 이후 BC 3세기에 로마인은 포도재배를 크게 장려했으며 기독교가 성립한 이후에는 이 곳의 종교적 목적을 위해 포도주의 생산량이 급증했다.

1773년에는 영국인 존 우드하우스의 덕분으로 마르살라의 포도주가 상품으로 수출되면서 진정한 의미의 포도주 붐이 일어났으며, 이후 시칠리아는 포도나무뿌리의 기생충에 의한 심각한 피해가 발생하기 이전까지 급속한 발전을 이룩했다.

20세기 전반기는 시칠리아의 많은 주민이 이탈리아 북부와 신대륙 미국으로 이민을 가면서 심각한 노동력 부족 현상이 발생했다. 그럼에도 해외송금에 의한 절대빈곤의 탈출과 고향의 땅에 남아 있으려는 주민의 피땀 어린 노력으로 오늘날의 포도주 명성에 초석을 마련했다.

얼마 전까지만 해도 시칠리아는, 비록 식사용이기는 했지만, 프랑스 포도주의 진출을 저지할 만큼 양적으로 많은 포도주를 생산했다. 이 섬의 주요 포도재배지역은 네로 다볼라, 프라파토, 카타라토, 인촐리아에 집중되어 있다. 현재 19종류의 DOC급 포도주를 생산하고 있으며 주요 포도주 생산기업으로는 코르보 디 두카 디 살라파루타(Corvo di Duca di Salaparuta)가 있다.

에트나 화산의 경사면을 따라 해안지역으로 내려오면 백포도주와 적포도주 두 종류 모두를 생산하는 고대 전통의 포도밭에 도착한다. 이 곳의 포도주인 에트나(Etna)는 이 섬에서 가장 먼저 DOC급으로 인정받았다. 이 곳의 토양은 베수비오 화산지역의 포도밭과 마찬가지로, 본토에서 심각한 피해를 야기한 포도나무뿌리진드기의 활동에는 적합하지 않았다. 아마도 화산지역의 독특한 토양만이 가지고 있던 고유한 특성 때문이었을 것으로 보인다. 이 지역의 적포도주로는 다양한 종류의 네렐로가 있으며 백포도주의 경우 카리칸테(Caricante)와 카타라토(Catarratto)는 다른 포도주의 생산을 위한 원액으로 활용된다.

에트나 화산에서 남쪽을 향해 경사진 지역에서는 두 종류의 모스카티가 생산된다.

에밀리아-로마냐

에밀리아-로마냐는 이탈리아의 대표적인 포도주 산지로서 생산량은 국내 총생산량의 10%, 즉 700만~1000만hl이다.

이 지역은 거대한 포도밭이라고 할 정도로 거의 전지역에서 포도주를 생산한다. 산지별 포도주와 포도품종은 앞의 표와 같다.

표에서 보듯이, 콜리 피아첼티노는 에밀리아-로마냐에 인접한 몬페라토와 올트레포 파베세에 위치한 포도산지의 연장선에 있다. 또한 파르마, 에밀리아-로마냐 그리고 모데나는 그 유명한 람브루스코 포도주의 고향이다. 지난 1980년대에 미국에 거주하는 마리아니 형제는 배 두 척 분량의 람브루스코를 수입하여 적색 콜라(Red Cola)라는 이름으로 판매하여 많은 수익을 얻었다고 한다.

에밀리아-로마냐 주의 포도주 산지 및 품종

DOCG/DOC	산지	적포도 품종	백포도 품종
콜리 피아첸티니	피아첸차	바르베라, 크로아티나	말바지아 디 칸디아, 트레비아노 로마뇰로
콜리 디 파르마	파르마	바르베라, 크로아티나	말바지아 디 칸디아, 모스카토 비앙코
비앙코 디 스칸디아노	스칸디아노		샤비뇽
람브루스코 살라미노	모데나	람브루스코 마라니, 살라미노, 몬테리코, 마에스트리, 안첼로타	
람브루스코 디 소르바라	모데나	람브루스코 디 소르바라, 살라미노	
람브루스코	모데나	람브루스코 그라스파로싸, 퍼르타나	
몬투니 델 레노	모데나	몬투	
콜리 볼로녜세	모데나, 볼로냐	바르베라, 메를롯, 샤베르 샤비뇽	알바나, 트레비아노 로마뇰로, 새비뇽, 리슬링 이탈리코, 피노 비앙코, 샤도니
보스코 엘리체오	라벤나, 페라라	매를롯, 퍼르타나	트레비아노, 말바지아 디 칸디아, 샤비뇽
파가데비트 디 로마냐	파엔차, 퍼를리, 체세나		봄비노 비앙코
로마냐 알바나	이몰라, 파엔차, 페를리, 체세나		알바나
알바나 디 로마냐	이몰라, 파엔차, 퍼를리, 체세나		알바나
카니 나 디 로마냐	파엔차, 퍼를리, 체세나	테라노	
트레비아노 디 로마냐	이몰라, 파엔차, 퍼를리, 체세나, 리미니		트레비아노 로마뇰로
산조베세 디 로마냐	이몰라, 파엔차, 퍼를리, 체세나	산지오베세	

롬바르디아

롬바르디아는 세계에서 가장 유명한 샴페인의 생산지로서 샴파뉴지역과 어깨를 나란히 한다. 이 주의 프란치아코르타(Franciacorta)와 테레노 콜리나 레는 미네랄 소금의 맛을 내는 포도를 생산하며 야간에도 습도와 열을 포도에 공급하는 최적의 포도산지이다. 이미 오래 전부터 DOCG등급의 포도주를 생산하고 있으며 프란치아코르타에서는 DOC 등급의 샴페인을 생산한다.

이 주의 포도산지는 암벽이 많고 고도가 높아 이곳에서 일하는 사람에게는 거의 영웅적인 용기가 필요할 정도로 노동의 여건이 좋지 않다. 특히 발텔리나 스푸르차(Valtellina Sfruza)에서는 넵비올로 품종의 포도가 재배되는데, 이 곳의 포도는 창고에 저장했다가 겨울철에 포도주를 만드는 것으로 유명하다. 그 이외에도 올트레포 파베세(OltrePo Pavese)는 매우 아름답고 온화한 기후를 자랑하는 지역으로서 크로아티나(Croatina) 품종의 포도를 통해 바나르다(Banarda) 포도주를 생산한다. 또한 루가나 지역의 트레비아노 품종은 롬바르디아에서 가장 유명한 백포도주를 생산한다.

마르케

이탈리아 반도의 동부 해안에 위치한 마르케 주는 아펜니노 산맥의 허리부분에 해당한다. 주로 산악지역이 많아서인지는 모르지만, 산의 경사면을 타고 형성된 포도밭의 토양에는 미네랄이 풍부하여 이 곳에서 생산되는 포도주에도 많은 영향을 주는데, 백포도주의 경우에 그 귀족적인 맛은 보르고뉴의 포도주와 어깨를 나란히 한다. 특히 이 지역의 토양에는 적어도 5개 종류의 클론균이 배양되고 있는데, 이 균이 포도주에 어떤 영향을 미치는지는 아직도 명확하게 밝혀지지 않았다.

적포도주는 아드리아해의 경사면에서 재배되는 몬테풀치아노와 산지오베세 품종으로 생산하는데, 포도주의 명칭에는 후자보다는 전자가 더 많이 사용된다.

움부리아

움부리아는 이탈리아 중부지역에 위치하고 있으며 반도의 포도주 산업분야에서 가장 빠른 속도의 발전을 이룩하고 있다. 몇 년 전에는—최근에 그 이름이 없어진—란가로티(Langarotti)를 중심으로, DOCG 등급의 포도주인 토르지아노 로소 리세르바(Torgiano Rosso Riserva)와 비냐 몬티키오 란가로티(Vigna Monticchio Lungarotti)를 생산하고 있다.

이 지역의 포도주 산업은 예부터 안티노리 가문을 기억하고 있다. 이 가문은 한때 전세계적으로 유명했던 오르비에토(Orvieto)의 곰팡이 재배방식을 도입하여, 이를 움부리아 지역의 토양에 맞게 개량했다. 그러나 지금은 이 방식에 의해 지배된 품종으로 생산된 포도주가 DOC 등급에도 포함되지 못하는 부진함을 면치 못하고 있다.

이 지역의 또 다른 DOCG 등급인 몬테활코의 사그란티노(Sagrantino di Montefalco)는 색소물질과 탄닌의 함유량에서 세계의 유래를 찾기 힘들다. 따라서 다른 그 어떤 포도주에 비해 숙성이 잘 되는 것으로 유명하다.

2. 이탈리아의 포도품종

샤르도네

샤르도네(Chardonnay)는 보르고뉴(Borgogna) 지방의 토종품종으로서 오랫동안 최고등급의 모든 백포도주를 잉태했다. 과거에는 지역의 명칭과 그 이름으로 인해 오직 포도농사에 종사하는 사람에게만 알려져 있었으나, 최근에는 다양한 상표가 소개되면서 생산기업의 대표적인 상품명칭으로 자리잡았다.

생산업자는 규칙적인 성장과 유연성을 가지고 있어서 다양한 포도주생산기술을 적용할 수 있다는 장점 때문에 샤르도네를 각별하게 생각하고 있다. 샤르도네는 비교적 오랫동안 낮은 온도에서 철로 제작된 통에 넣어두거나 떡갈나무 통에서 발효가 가능하다. 또한 품질이 뛰어나 새로운 나무에서도 잘 적응한다. 포도주를 부드럽게 만들기 위해 발효를 원하는 생산자에게도 별다른 어려움을 주지 않는다. 반면에 샤르도네는 수확이 늦어 어느 정도 부패된 상태에서도 품질의 달콤한 포도주를 생산하는 데 제격이다.

이탈리아는 특히 알프스 남부 피에몬테(Pienmonte) 지방에서 샤르도네를 재배한 오랜 역사를 가지고 있다. 그리고 수십 년 동안 화이트 피노와 샤르도네는 크게 구분되지 않았다. 1982년의 포도재배농지 조사에 따르면 샤르도네 품종만이 유일하게 확인되지 않았던 반면, 1990년에는 6000ha 이상의 면적에서 재배되고 있는 것으로 밝혀졌다.

샤르도네가 DOC의 등급으로 공식 인정된 것은 시기적으로 매우 늦었다. 알토 아디제(Alto Adige) 지역의 샤르도네는 1984년에 DOC 등급을 획득한 이후 풀리아(Puglia)주에서 피에몬테주에 이르는 이탈리아 전역에 그 뿌리를 내렸다. 오늘날 이탈리아 샤르도네 포도주의 상당부분이 프리울리와 트렌티노 그리고 비록 제한적이기는 하지만 베네토 지방에서 생산되고 있다. 그리고 적지 않은 양이 샴페인(spumante)으로 생산되고 있다. 이탈리아에서 생산되는 거의 모든 샤르도네에는 나무통이 이용되고 있으며, 가능한 모든 포도주생산기술이 동원되고 있다. 이와 같이 샤르도네 포도품종은 빠른 속도로 토스카나의 드넓은 평원을 정복했고, 산지오베세(Sangiovese)를 재배하는 데 많은 어려움을 겪고 있던 이 곳에서 샤르도네는 시장개척에 많은 문제점을 가지고 있었던 돌체토(Dolcetto) 포도주를 대체했다.

트레비아노

우선 트레비아노의 다양한 변종을 살펴보면 다음과 같다. 트레비아노, 트레비아노 토스카노(Trebbiano Toscano), 트레비아노 잘로(Trebbiano Giallo), 트레비아노 디 로마냐(Trebbiano di Romagna), 트레비아노 다부르초(Trebbiano d'Abruzzo), 트레비아노 디 소아베(Trebbiano di Soave), 트레비아노 디 루가나(Trebbiano di Lugana).

프랑스에서 브랜디를 생산하기 위한 포도주로 알려진 Ugni Blanc 품종은 이탈리아에서 트레비아노의 이름으로 알려져 있다. 이 용어는 대부분의 경우 도수가 약하고 약간의 신맛이 있으며 조금은 매혹적인 백포도주를 의미한다. 황금빛이면서 약간은 호박색을 띤 이 품종은 많은 열매를 맺을 뿐만 아니라, 포도주 최대 생산국가인 프랑스와 이탈리아에서 가장 보편적으로 알려져 있다. 그 이외에도 트레비아노는 가장 다양한 종류의 포도주를 생산하는 품종이기도 하다.

이탈리아에서 가장 많이 재배되는 백포도인 트레비아노는 다양한 변종을 가지고 있는 만큼, 산지오베세에서도 가장 넓은 면적의 포도밭을 차지하고 있다. 또한 다른 그 어떤 품종에 비해서도 가장 많은 80가지의 DOC 등급 포도주를 제공한다. 아마도 이 수치는 이탈리아에서 생산되는 DOC 등급의 백포도주 1/3을 초과할 것이다.

최고품질을 자랑하는 포도주의 경우와 마찬가지로, 이 품종의 포도주도 생산량은 많지 않으며, 특성도 별로 없고 알코올 도수 역시 그리 높지 않으며, 비교적 산성도가 높다. 이 포도품종은 성장이 느린 것이 특징이다. 그러므로 봄철의 냉해를 막아 주는 것이 중요하며, 자연상태에서 보통은 150 hl/ha에 이르기 때문에 포도나무에 기생하는 백색균인 오이듐균과 부패에 쉽게 노출되지 않는다. 그럼에도 밀가루병(peronospora)에는 취약한 면을 보인다.

상대적으로 성장이 늦기 때문에(이탈리아의 경우, 지역에 따라 10월에 수확을 하기도 한다), 자연히 재배에 지역적인 한계가 있으며, 반도의 남부에서는 산성을 높이기 위해 최고의 성장시점에서 수확을 한다.

트레비아노 품종은 이탈리아 대부분의 지역에서 찾아볼 수 있을 만큼,

재배지역이 방대하다. 트레비아노 토스카노와 트레비아노 잘로는 트레비아노의 다른 변종에 비해 조금 일찍 성장한다. 오늘날 트레비아노는 추운 날씨의 북부를 제외한 이탈리아의 거의 모든 지역에서 재배되고 있다. 그러므로 이탈리아에서 생산되는 백포도주의 대부분에는 이 포도에서 생산된 포도주의 일정량을 함유하고 있다. 그러나 산성도를 높이거나 양을 늘리기 위한 경우에는 예외이다. 트레비아노 포도품종이 가장 많이 재배되는 지역은 이탈리아 중부이다. 1990년에 거의 6만ha의 면적으로 차지하고 있던 트레비아노 토스카노는 면적당 재배량에서 3위를 기록했다. 반면 재배면적에서 트레비아노 디 로마냐는 2만ha, 트레비아노 다부르초는 1만 2000ha, 트레비아노 잘로는 5000ha 그리고 트레비아노 소아베는 2000ha를 차지했다.

트레비아노 디 로마냐는 에밀리아-로마냐에서 재배되는 트레비아노 품종의 포도로서 가장 많은 양의 백포도주를 생산하는데, 이러한 사실은 다음의 포도주 이름들을 언급하는 것으로도 알 수 있다. 베르디키오(Verdicchio), 오르비에토(Orvieto), 프라스카티(Frascati), 소아베 다 트레비아노 디 소아베(Soave da Trebbiano di Soave) 그리고 루가나 다 트레비아노 디 루가나(Lugana da Trebbiano di Lugana).

트레비아노의 다양한 변종은 수세기 동안 지역의 고유한 환경에 적응했다. 움부리아주에서 프로카니코(Procanico)라는 이 품종은, 농업학자의 견해에 따르면, 포도알은 작지만 트레비아노에 비해 우성인 것으로 알려져 있다. 그러나 반도의 북동부지역은 이의 변종과 밀접한 관계에 있음에도 불구하고 이 명칭이 알려지지 않은 유일한 지역이다.

트레비아노의 좋지 못한 영향은 20세기 대부분의 기간에 특히 토스카나 중부지역에서 그 정도가 심했다. 즉 이 품종의 재배면적이 확대되면서 처음에는 키안티, 후에는 비노 노빌레 디 몬테풀치아노(Vino Nobile di Montepulciano)의 색과 품질이 저하되고 명성도 추락했다. 오늘날 티레비아노는 일시적으로 재배되는 품종이며 품질을 우선시하는 토스카나의 적포도주생산업자들이 점차 외면하고 있다.

그 동안 토스카나에서 생산된 트레비아노 포도주는 낮은 온도에서 양조된 갈레스트로(Galestro)와 같이 드라이한 백포도주이다. 이탈리아에서 가장 홍미로운 트레비아노는 발렌티니의 트레비아노 다부르초이다. 그러나 이 포도주는 트레비아노의 생산품이 아니라 봄비노 비앙코(Bombino Bianco)의 포도주로 추정된다. 어쨌든 1980년대에 접어들어 트레비아노 다부르초로 알려진 변종의 재배가 증가한 것은 분명하다.

말바지아

말바지아의 변종 품종들 : 말바지아(Malvasia), 말바지아 디 칸디아(Malvasia di Candia), 말바지아 비앙카 디 키안티 또는 말바지아 토스카나(Malvasia Bianca di Chianti o Malvasia Toscana), 말바지아 이스트리아나(Malvasia Istriana), 말바지아 델레 리파리(Malvasia delle Lipari), 말바지아 사르다 (Malvasia Sarda)

말바지아는 높은 도수와 때로는 단맛의 포도주를 생산하는 고대 그리스 품종으로서 이탈리아와 스페인에서 매우 보편화되어 있다. 이 품종의 포도주는 대부분이 백포도주이지만, 예외적으로 맑은 적색포도주를 제공하기도 한다. 말바지아는 이탈리아에서 가장 보편화된 품종으로서 10여가지의 변종이 있다. 사실 말바지아는 중세에 동지중해, 특히 당시에는 칸디아라고 했던 크레타섬의 디저트용 포도주 무역의 중심지였던 그리스 남부의 항구인 모넴바지아(Monemvasia)에서 처음으로 이탈리아인이 개량했다. 따라서 말바지아 디 칸디아는 말바지아의 변종이다. 베네치아 공화국(La Repubblica di Venezia)시대에 이 포도품종은 이 도시의 포도주 상점이 말바지에(Malvasie)라고 하던 매우 중요한 거래품목이었다.

말바지아는 이탈리아에서 가장 폭넓게 재배되고 있다. 1990년대 초반

이 품종은 바실리카타와 피에몬테를 중심으로 5만ha의 포도밭을 차지하고 있었다. 포도주 생산량의 측면에서 보면 라치오와 움부리아 지역에서 생산되는 키안티의 말바지아 비앙카 또는 말비지아 토스카나의 그것과 어깨를 나란히 한다. 다른 한편, 트레비아노는 비록 전통적으로는 다른 포도주와 혼합되는 방식으로 생산되기는 하지만, 생산성에서 생산업자가 가장 선호하고 있다. 일반적으로 말바지아는 약간의 산화과정을 겪는 것이 사실이지만, 빈 산토의 생산과정에서 맛으로는 그 흔적이 전혀 느껴지지 않는다.

말바지아 또는 말바지아 디 칸디아는 트레비아노와 함께 프라스카티 (Frascati), 마리노(Marino) 그리고 에스트, 에스트, 에스트(Est! Est! Est!) 와 같은 중부이탈리아의 고전적이고 다양한 백포도주를 생산하고 있다.

그러나 이러한 포도주는 1970년에 접어들면서 토스카나와 움부리아에서 그 중요도를 상실하고 있었다. 왜냐하면 생산업자가 말바지아와 트레비아노를 다른 국제적인 변종으로 대체했기 때문이다. 말바지아 단품종 (Monovitigno)은 이탈리아 중부에서는 찾아보기 힘들지만, 1990년대 초반에는 카스텔리 로마니(Castelli Romani)의 주변지역에서 약간의 사례를 찾아볼 수 있었다.

말바지아 품종에 기원하는 품질의 드라이한 백포도주는 프리울리에서 생산된다. 모두 DOC 등급인 콜리오(Collio)와 이손초(Isonzo)는 이 지역의 포도주로서 말바지아 이스트리아나(Malvasia Istriana)에 기원한다. 이 포도 품종은 중세에 베네치아 상인이 그리스에서 가져왔다고 한다. 에밀리아의 콜리 피아첸티니(Colli Piacentini)와 다른 지역에서는 약간의 가스를 첨가한 말바지아 포도주를 생산하고 있다.

말린 포도로 만드는 달콤한 맛의 말바지아 비앙카 포도주는 과거에 이탈리아에서 생산되는 최고품질의 디저트용의 포도주로 알려져 있었다. 그러나 이러한 전통적인 포도주의 대부분은 우리의 식탁에서 사라지고 있는 것이 현실이다. 말바지아 델레 리파리(Malvasia delle Ripari) 역시 전통포도주와 같은 운명이었으나 1980년대의 회복세를 지나 오늘날에는 리파리의 화산섬에서 생산된 오렌지 빛 달콤한 향의 포도주를 통해 소비의 저변을 확대하고 있다. 바실리카타는 아글리아니코 델레 불투레 포도주와 생산지역이 동일한 달콤한 맛의 말바지아 천국이다. 이러한 면에서는 반도의 서부에 위치한 사르데냐(Sardegna) 섬에도 말바지아 사르다가 재배, 생산되고 있다.

포도껍질이 암갈색인 말바지아 네라(Malvasia Nera)는 알토 아디제에서 특히 많이 재배되며 보통은 다른 포도들과 함께, 레체(Lecce)와 브린디지(Brindisi) 지방의 네그로아마로(Negroamaro)와 산지오베세의 재료로 활용되고 있다.

피에몬테는 암갈색의 껍질이 특징인 말바지아 포도로 적포도주를 생산하는 이탈리아 유일의 지역으로서 DOC 등급의 말바지아 카소르초 다스티와 말바지아 카스텔누오보 동 보스코를 생산한다. 전자의 포도주가 단맛의 말바지아로서 말바지아 카소르초로 생산된 암적색의 포도주라면 후자인 카스텔누오보는 주로 말바지아 스키에라노로 생산된 드라이 와인이다.

바르베라

바르베라 품종의 포도는 시기적으로 피에몬테의 돌체토(Dolcetto)라는 검은 포도를 수확한 지 2주가 지난 후에 거두어들일 정도로 성장이 매우 늦은 편이다. 그러나 그 유명한 냅비올로(Nebbiolo)보다는 수확시기가 이른 편이다. 이 품종의 주요특성은 자연상태의 잘 익은 상태에서 산성비율이 매우 높다는 사실이다.

피에몬테는 이 품종의 재배에 토양 조건이 매우 적합하여 잘 익은 포도는 탄닌이 적고 산성이 높기 때문에 도수가 낮은 편이다.

이 품종에서 유래된 최고 품질의 포도주들은 알바(Alba)의 북부와 남부, 바르베라 달바(Barbera d'Alba)의 몬포르테 디 알바(Monforte di Alba) 그리고 니차 몬페라토(Nizza Monferrato)에서 빈키오(Vincchio)의 북서부에 이르는 지역, 벨벨리오(Belveglio), 로케타 타나로(Rocchetta Tanaro), 아스티(Asti)의 바르베라(Barbera) 포도원에서 생산된다.

이 품종의 변종은 롬바르디아주에서도 찾아볼 수 있는데, 특히 여러 품질의 톡쏘는 맛의 포도주를 생산하는 파베세(Pavese) 지역이 대표적이다.

람브루스코

람브루스코(Lambrusco) 품종은 에밀리아의 중부지역에 위치한 모데나, 파르마 그리고 레지오 에밀리아에서 주로 재배되고 있다. 뿐만 아니라 포강 너머의 만토바 이외에도 피에몬테의 트렌티노와 바실리카타에서도 찾아 볼 수 있다. 이 품종은 생명력이 강하며 적어도 60여 종의 변종이 있다.

오늘날의 람브루스코는 과실의 향과 톡 쏘는 특징을 가지고 있으며 보통은 적포도주이지만, 숙성시키지 않은 상태로 식탁에 올리는 백포도주 또는 로제와인이 없는 것은 아니다. 람브루스코 디 소르바라(Lambrusco di Sorbara)는 람브루스코의 변종인 람브루스코 디 소르바라로 빚은 포도주이다. 그러나 가장 알려진 람브루스코는 람브루스코 사라미노(이 명칭은 이탈리아의 소세지인 살라메와 비슷하다는 사실에서 유래했다)이다. 람브루스코 그라스파로사 디 카스텔베트로(Lambrusco Grasparossa di Castelvetro)는 동일한 명칭의 람브루스코 변종으로 생산되었을 것으로 추정된다. 또한 람브루스코 레지아노는 람브루스코 마라니와 람브루스코 살라미노에서 유래되었다고 볼 수 있다. 뿐만 아니라 람브루스코 마에스트리와 람브루스코 몬테리코(점차 사라지고 있다) 역시 현재 생산되고 있다. 산타 크로체에서 생산되는 람브루스코 살라미노는 포도원액의 90%가 동일명의 품종에서 유래한다. 람브루스코 레지아노는 1970년대와 1980년대 초반에 미국에서 대성공을 거둔 포도주로서 안첼로타(Ancellotta) 포도의 부분적인 발효작용으로 주로 단맛을 내는

DOC 등급의 포도주이다.

산지오베세 디 로마냐

산지오베세 디 로마냐(Sangiovese di Romagna) 품종은 다양한 품종의 적포
도이며, 이탈리아 전역, 특히 중부지역에서 주로 재배되고 있다. 지난 1990
년 당시 이탈리아 포도재배면적의 10%에 해당하는 10만ha를 차지하고 있
었다. 이 품종으로 생산되는 포도주는 탄닌과 산성이 적당하지만 그 정도가
항상 일정하지 않다.

산지오베세는 피노와 마찬가지로, 변화의 성향을 가지고 있다. 이 품종의
다양한 변종은, 예를 들어 산지오베토, 브루넬로, 프루놀로 젠틸레, 모렐리노
등은 토스카나의 이름있는 적포도주들을 생산한다. 또한 키안티와 접목으로
브루넬로 디 몬탈치노, 비노 노빌레 디 몬테풀치아노 그리고 (가격이 매우
높고 세련된 품질을 자랑하는) 슈퍼토스카나(Supertuscans)에 속하는 여러 포도
주를 생산하고 있다. 또한 움부리아(Umbria)주에서는 토르지아노
(Torgiano) 또는 몬테팔코(Montefalco) 포도주를 생산하는 것으로도 유명하
다. 그리고 마르케(Marche)주에서는 로쏘 피체노(Rosso Piceno)의 주요 원
료이며 로쏘 로네로(Rosso Ronero)의 생산에서 매우 중요하다. 그 이외에도
라치오(Lazio)와 캄파니아(Campania)에서도 재배되고 있다.

이 포도품종은 그 이름에서도 짐작할 수 있듯이(sangue di Giove, 즉 술의
신 지오베의 피를 의미한다) 토스카나에서 기원하는 것으로 보인다. 산지오베세
포도는 800년대 바로네 리카솔리의 키안티 포도주를 위한 주요 원료였다.
산지오베세 품종은 성장이 늦지만, 알코올 농도가 진해 더운 시기에도 수명
이 길지만, 추운지역에서는 산성이 높고 틴닌의 흔적이 강하게 나타난다.
오늘날 토스카나에서는 종종 키안티나의 경우에 일정량의 샤비뇽을 섞기도
한다. 생산량에서 볼 때 이 포도품종은 로마냐에서 매우 큰 의미를 가진다.

왜냐하면 이 주에서 산지오베세 디 로마냐가 에밀리아의 람브루스코에 비해 덜 알려져 있기 때문이다.

베르멘티노

베르멘티노(Vermentino)품종은 부드러운 향으로 유명한 품종으로 사르데냐와 리구리아에서 그리고 부분적으로나마 코르시카에서 재배되고 있다. 코르시카에서는 말바지아 가문에 속하는 말보이시에 데 코르세(Malvoisie de Corse)라고 하며 1980년대 말기까지 대략 400ha의 면적에서 재배되고 있었다.

이탈리아에서 베르멘키노는 거의 4000ha에서 재배되고 있으나 주로 사르데냐(이 섬에서는 포도수확을 비교적 이른 시기에 실시하는데, 그 이유는 포도알에 산의 성분이 충분히 보존되어 있으며, 이로 인해 포도주의 독특한 특성이 유지되기 때문이다)와 포넨테 리구레(Ponente ligure)에 집중되어 있다. 그러나 최근에는 토스카나의 해안지역과 마렘마지역으로도 재배면적으로 확대하고 있다. 또한 이 포도품종은 피가토 리구레(Pigato ligure)라고도 한다.

3. 포도주 등급

이탈리아는 나라 전체가 하나의 거대한 포도밭이라고 해도 과언이 아니다. 면적은 프랑스나 미국의 캘리포니아 보다도 작지만 포도주의 생산량은 세계 최고를 다투고 있으며, 소비량도 인접국가인 프랑스에 이어 두 번째를 기록하고 있다.

이탈리아는 장화모양으로 지중해의 중심을 향해 남으로 길게 뻗은 반도국가로서 전반적으로는 지중해성 기후의 영향권에 속한다. 그러나 내륙으로 들어가 보면 아펜니노 산맥이 반도의 남북을 횡단하고, 북부의 알프스 산맥은 동서로 가로지르면서 유럽과의 통로구실을 하고 있다. 또한 국토의 대부분은 오목조목한 구릉들과 평야로 구성되어 있어, 지역마다의 각기 다른 토양은 물론 다양한 기후조건을 구성한다. 이러한 지형조건은 이 나라에서 생산되는 포도주의 종류와 품격을 그 만큼 다양하게 만드는 데 결정적인 역할을 한다.

포도를 재배하고 포도주를 생산하는 데 가장 중요한 변수로는 인적(人的) 요인 이외에도 기온과 습도 등의 기후조건과 토양상태를 꼽을 수 있다. 이러한 면에서 이탈리아는 다양성의 천국이며 그 만큼 수많은 종류의 맛과 향을 가진 일련의 포도주를 생산하고 있다.

1963년 이탈리아는 국내의 포도주산업을 활성화하고 생산지별 생산기준을 규정하여 품질을 관리하자는 차원에서 프랑스의 AOC(Appellation d'Origine Controlee)와 유사한 DOC 법 즉 포도주의 원산지를 증명하고, 그 고유의 명칭에 관한 법을 제정했다. 이로써 국가는 국내에서 생산되는 모든 포도주의 품질을 관리하고, 당국의 엄격한 통제하에서 숙성, 병입되었다는 사실을 보장할 수 있게 되었다. 생산자는 정부의 공식적인 보증 하에서 국내는 물론 국외의 수많은 소비자에게 포도주의 품질에 신뢰감을 제공한다.

주별 DOCG 및 DOC 등급의 포도주 현황

지역명	DOCG	DOC	지역명	DOCG	DOC
아부르초	1	3	몰리세		3
바실리카타		1	피에몬테	7	43
칼라브리아		12	풀리아		25
캄파니아	1	20	사르데냐	1	19
에밀리아로마냐	1	19	시칠리아		19
프리울리베네치아줄리아	1	9	토스카나	6	13
라치오		25	트렌티노 알토 아디제		7
리구리아		7	움부리아	2	11
롬바르디아	3	14	발레 다오스타		8
마르케		12	베네토	3	22

DOCG(Denominazione di Origine Controllata e Garantita : 원산지증명과 보장)

이탈리아 정부는 DOC 등급에 속하는 포도주 중에서 국가의 보장을 획득한 포도주에 DOCG 등급을 부여한다. 이 등급의 포도주는 병의 목부분에 분홍색의 띠 또는 끈을 둘러 다른 등급의 포도주들과 명확하게 구분된다.

DOC(원산지증명)

포도주 병의 라벨에 언급된 DOC는 포도주의 생산지와 고유명칭의 공식적인 보장을 의미한다. 이는 포도주 생산지역에 따른 고유한 생산규정을 준수하고 국가의 엄격한 통제와 시험을 통과했다는 것을 의미한다. 이 포도주 등급을 획득하기 위해서는 단위면적당 생산량의 한도 내에서 특정지역의 포도로 빚어 정해진 숙성기간을 거친 후에 정부의 검사를 통과해야 한다. 따라서 국내의 모든 포도주 중에서 단지 10% 내외만이 이 등급을 획득한다.

IGT(품질증명)

IGT 등급은 여러 지역에서 다양하게 생산된 식탁용 포도주의 품질인증이다. 따라서 이 등급은 포도주의 지역별 특성을 반영하며 소비자에게 재배지역을 알려 주어 선택의 기회를 제공한다. 그럼에도 포도주 생산업자는 포도나무의 유래지역과 같은 정보는 제공하지 않는다. IGT 등급은 DOC와 DOCG에 비해 품질 면에서 떨어진다. 그러나 테이블용 포도주의 범주에서는 자타가 공인하는 등급에 속한다.

Vino da Tavola(식탁용 포도주)

평범한 식탁에서 가장 보편적으로 소비되고 있는 포도주의 대부분은 이 등급에 속한다.

이 등급에 속하는 포도주의 라벨에는 의무적으로 병에 포도주를 병입한 생산업자의 이름이나 농원의 명칭을 의무적으로 언급하도록 했다. 또한 이 등급의 포도주는 유리, 테라코타, 세라믹 재료의 용기에 담아 판매할 수 있는데, 특히 중요한 것은 병입한 날자, 즉 연, 월, 일을 정확하게 기록하는 것이다.

4. 코르크 마개

1600년 말까지 포도주 기술의 역사에는 중요한 부분이 채워지지 않고 있었다. 그것은 생산이 완료된 포도주를 포도주 병에 넣은 후에 코르크 마개로 막아 입구를 봉하는 기술이었다. 코르크 마개는 이미 16세기 말에 포도주 통의 입구를 한시적으로 막아두는 기능으로 알려져 있었지만, 이것은 단지 통에서 포도주가 새어나오는 것을 막기 위한 단순한 방수기능에 지나지 않았다.

1660년대 접어들어 영국은 케넬 디그비(Kenelm Digby)가 스파클링 샴페인(sparkling Champaigne)에 사용할 목적에서 유리로 제작하여 입구를 코르크로 밀폐하는 무게가 제법 나가는 병을 사용하기 시작했다. 그리고 17세기가 끝나갈 무렵에는 샴페인을 위한 유리병과 코르크 마개는 프랑스에서 그 수요가 더욱 증가했다. 이러한 밀폐방식은 적포도주를 가능한 더 오랫동안 보존하는 데도 매우 유용했다. 1718년에 프랑스에서 쓰여진 한 연구서에 따르면 당시에 코르크가 포도주를 변질 없이 보존하는 충분한 능력을 갖추고 있다는 확신이 보편화되어 있었다고 한다.

당시에 코르크의 사용은 이탈리아에서도 확산되고 있었다. 18세기 초반 사보이아 왕가에 납품할 포도주를 병에 담기 위해 유리병과 코르크 마개를 수입했다. 그 이유는 입구가 잘 밀폐된 유리병 속의 포도주가 통안의 포도주에 비해 그 보존수명이 더 길다는 사실이 확인되었기 때문이다. 뿐만 아니라 코르크를 사용하여 포도주 병의 입구를 밀폐하는 방식은 4~5년 동안 우리의 오감에 전달되는 포도주 특유의 모든 향을 그대로 유지시켜 주었다.

이탈리아의 사보이아 왕가는, 기록에 따르면 1717년에 코르크 마개를 리옹에서 수입했다. 한편 유리병 속에 넣어진 포도주는 품질과 명성의 상징 그 자체였다. 1722년의 기록을 보면 사보이아 왕을 위해 1250개의 백포도주 병을 포장했다고 한다.

5. 라벨

라벨의 역사

포도주를 유리병에 넣는 기술과 더불어 다양한 종류의 포도주가 생산되면서 포도주 그 자체에 대한 원산지와 품질을 확인해야 할 필요성이 등장했다. 아마도 근대의 라벨은 이러한 필요성을 배경으로 성립했을 것이다.

전체가 수작업으로 이루어진 최초의 포도주 라벨은 1700년 피렌체의 식물학자인 미켈리(Micheli)가 자신이 마신 포도주가 베르디키오(Verdicchio)라는 사실을 알게 해 주었다. 그러나 가장 오래 된 라벨은 프랑스의 수도승 삐에르 페리뇽(Pierre Perignon)이 쓴 것이었다. 삐에르는 생산 연도와 원산지 그리고 숙성기간을 필요로 하는 포도주의 품질을 혼돈하지 않기 위해서 양피지에 필요한 정보를 기록한 후에 끈으로 병의 목 부분에 매달았다.

그러나 18세기 대부분의 기간에 포도주의 확인정보는 생산자의 이니셜, 고유마크 또는 단순한 포도송이의 모양 또는 양각으로 인쇄된 화관과 별로 다를 것이 없었다.

17세기 중엽 영국 귀족의 식탁에는 백랍판 장식이나 내용물의 명칭('Claret', 'Whit', 'Renisch', 'Sack')이 새겨진 병에 포도주를 담아 올렸다.

포도주의 신원을 확인하는 이상의 방식에는 적지 않은 비용이 필요했다. 생산자의 마크는 적어도 17세기 중반까지 빠른 속도로, 전체가 수작업으로 이루어진 라벨로 대체되었다. 그 결과 종이를 이용해 흰색바탕에 검은색 글씨로 인쇄하는 방식으로 제작된 단순한 라벨이 등장했다. 이러한 라벨의 대표적인 사례는 딜데이 살 컴퍼니(Dilthey Sahl & Co)가 생산한 포도주인 루데샤이머 베르그(Rudesheimer Berg)와 클로드 모에(Claud Moet)(오늘날의 Moet Chandom) 그리고 세계적으로 유명한 프랑스산 포도주인 샤또라피뜨(Chateau Lafite Rothschild)이다.

그러나 라벨이 혁신적으로 발전하게 된 해는 체코슬로바키아의 알로이스 세네펠더(Alois Senefelder)가 석판인쇄술을 발명한 1798년이었다. 이로써 작은 크기의 포도주 라벨을 대량으로 인쇄하는 길이 열리게 되었다. 이 방식은 돌 위에 생산할 라벨의 그림을 그려놓고 그 위에 잉크가 묻은 롤러를 밀어주는 비교적 단순한 기술로서 짧은 시간에 비교적 저렴한 비용으로 동일한 모양의 라벨을 대량으로 생산할 수 있었다. 그 결과 포도주 생산업자는 자신이 원하는 이미지나 모양 또는 내용의 글을 라벨에 옮겨놓을 수 있었으며, 양적인 측면에서도 원하는 수량을 확보할 수 있었다.

유리산업이 발전하고 이동수단이 증가하면서 병의 수요도 급증했다. 이와 동시에 포도주 병에 라벨을 부착하는 것 역시 궁극적으로는 포도주 산업을 신흥 산업계의 중요한 부문으로 등장시키는 역할을 했다. 이 시기에 인쇄된 대부분의 라벨은 사각형의 흰색종이에 고딕체 또는 알파벳소문자 형태로 단순히 포도주의 종류만을 나타내는 비교적 세련되지 못한 것이었다.

이탈리아에서 가장 오래된 라벨은 사보이아 왕가에 포도주를 제공하던 피에 몬테와 시칠리아의 포도주 생산업자의 것이었다. 물론 예외가 없는 것은 아니다. 예를 들어 엘바섬과 토스카나 대공국의 경우가 그것이다. 1820년 전자의 포도주 생산업자는 자신의 포도주에 'Vin mousseux des Proprietes de Jacques Foresi Lacona a l'Ile d'Elbe'가 기록된 라벨을 부착했다. 그 이외에도 산타 비토리아 달바(Santa Vittoria d'Alba)의 역사기록보존소에 보존되어 있는 친자 노(Cinzano)의 Vermouth에 부착된 라벨(1852)이 유명했다.

19세기의 이탈리아 라벨은 포도주의 품질을 나타내는 것이 아니라 fantasy의 폭넓은 공간을 남기면서 농민들의 삶이나 전원풍경을 배경으로 포도주 생산가문의 전통문장을 표현하는 경향을 반영했다. 이러한 경향은 시간이 흐르면서 포도주 생산업자의 자긍심과 결탁하여 더욱 강화되었다.

금세기가 시작되면서 현대의 포도주의 라벨에는 전원풍경, 회화적 또는 신화적으로 묘사된 인물이 등장했다. 과거를 추상적으로 아름다운 추억과 삶의 흔적으로 간주하는 Belle Epoque의 그리움도 라벨의 장식적인 요소로 등장했다. 그 결과 1950년을 전후하여 현학적·교훈적인 요소가 대거 등장하면서 더 이상 일관된 정의가 불가능한 라벨이 주류를 이루게 되었다.

라벨 읽기

오늘날은 자기를 홍보하는 것이 더 이상 일상의 비정상적인 일탈로 받아들여지지 않는다. 그만큼 세상은 한편으로는 의사소통의 거리가 좁혀지고 있지만, 다른 한편으로는 산업과 기술의 급속한 발전을 배경으로 서로의 무관심과 자기의 지나친 이기심이 커지면서 인간관계의 벽은 그만큼 높아지고 있는 것이 사실이다.

좁아지는 물리적인 세계 속에서 거리감이 더욱 멀어지는 정신의 현실은 비단 인간관계에서만 찾아 볼 수 있는 것은 아니다. 상품세계에서도 생산량의 증가와 종류의 다양성으로 인해 홍보만이 자신을 알리고 존재를 확인하는 유일의 효율적인 수단으로 수용되고 있다.

포도주의 세계에서도 병의 허리부분에 부착된 라벨은 그 포도주의 코르크 마개를 개봉하고 오감의 맛을 보기 전까지 선택의 수많은 갈림길에서 최선의 선택을 위해 고민하는 소비자의 등불이다. 그러므로 라벨을 올바로 읽는 것은 자신이 원하는 맛과 종류 그리고 생산연도 등의 정확한 정보를 얻어내는 유일무이의 선택이다.

〈사례 1〉

① 용량

② 생산자 또는 병입자의 이름

③ 생산연도

④ 와인의 명칭

⑤ 토스카나 남부지방 Montepulciano의 고급 와인

⑥ DOCG

⑦ 포도주의 등급표시

⑧ 포도의 재배지역에서 생산·병입했음을 증명

⑨ 수출용에 표시

⑩ 알코올 농도

〈사례 2〉

① 생산자명: 폰타나프레다(Pontanafredda)

② 생산 지역의 명칭

　 포도주 명칭: 바롤로(Barolo)

③ 등급: DOCG

④ 생산자의 이름과 주소

⑤ 용량: 750ml

⑥ 알코올 도수: 13.5%

⑦ 포도의 생산연도: 1993년

6. 포도주와 음식의 궁합

모든 분야에서 창조성은 개인의 스타일, 능력 그리고 경험과 밀접한 관계를
가지고 있다. 평범한 포도주도 쓰임새에 따라서는 위대한 스승의 손길이 될
수 있다.

그럼 요리에서 포도주는 어떻게 사용되는가 ? 보통 우리는 포도주의 맛을
보고 최고 등급의 포도주에 대해서 말하는데 익숙하지만, 포도주가 가지고
있는 또 다른 특징, 즉 화학적인 커뮤니케이션의 능력은 간과하고 있다. 포도
주와 음식의 궁합은 후자에 보다 세련된 가치 또는 새로운 향을 부여하거나
또는 서로 반목상태의 맛들을 서로 결합하여 어울리게 만드는, 그러면서도
요리 고유의 개성을 그대로 유지하는 포도주만의 고유한 능력에 달려있다.

요리사는 포도주를 요리의 서로 다른 목적을 달성하기 위해 사용한다.
이는 포도주가 전통요리의 중요한 일부이면서 동시에 경험의 중요한 수단이
라는 사실을 의미한다.

잘 선택한 포도주는 요리의 맛을 한층 더해 주지만, 잘못된 선택은 정성스
럽게 준비한 요리의 기쁨과 기대감을 앗아간다. 선택의 기로에서 식탁의 즐
거움과 괴로움의 순간이 교차한다는 말이다. 오랜 기간의 실패와 성공을 토
대로 축적된 경험은 현자의 미덕으로 남아 오늘날 우리에게 그 보편의 아이디
어를 제공한다.

포도주와 음식의 궁합을 모색하는 것은 각자의 특성을 모두 살리면서

수없이 다양한 두 실체의 향기와 맛의 조화를 찾아내는 것을 의미한다.

이들의 이상적인 궁합에 정확한 규정을 마련하기란 여간 어려운 일이 아니다. 왜냐하면 음식처럼 포도주 역시 수없이 다양한 맛과 향의 가능성을 내포하고 있는 복합적인 성격을 가지고 있기 때문이다. 반면 음식의 향은 사용된 식재료와 요리방식에 의해 결정되며(지나치게 익힌 음식은 쓴맛을 내며 지나친 향료의 사용은 다양하고 은근한 다양성의 맛을 저해한다), 오감으로 감지되는 포도주의 특성은 포도품종과 토양, 기호조건은 물론, 생산방식(예를 들면 나무 통에서 포도주를 숙성시키면 부드럽고 질량감 있는 맛을 낸다)에 의해 좌우된다.

따라서 그 음식에 그 포도주를 원하는 사람은 포도주의 선택과 음식의 조화에 대한 전문가의 조언을 구하는 것이 바람직하다.

일반적으로 포도주와 음식의 이상적인 궁합을 위해서는 서로의 정체성을 지배하는 구조를 피하는 것이 중요하다. 즉 상대성 차원에서 맛의 차원이 상대적인 균형을 이루는 것이 바람직하다는 말이다. 그러므로 섬세한 맛의 음식은 가벼운 맛의 포도주에 어울리는 반면, 중후한 맛의 음식은 그 만큼 탄닌의 함유량이 비교적 많은 포도주와 잘 어울리는 것이다.

전채요리

전채요리에는 음식의 재료나 위에 주는 부담 그리고 본 식사에서 포도주가 제공된다는 점을 고려하여 지나치게 중후한 맛의 포도주를 필요로 하지 않는다. 그러므로 가볍게 한잔 한다는 의미에서 백포도주나 샴페인이 어울린다.

쌀 요리 또는 파스타

쌀 또는 밀가루 요리는 중성적인 맛을 대표하기 때문에 식탁의 포도주로는 음식에 사용된 양념을 고려하여 결정하는 것이 바람직하다.

전채요리와 포도주의 궁합

	음식	포도주	적정소비온도
전채(前菜)	젤라틴 류	적당히 드라이한 백포도주	8~12℃
		백포도주	8~12℃
	생선재료	드라이한 백포도주	8~12℃
		드라이한 샴페인	6~8℃
	이탈리아식 전체요리	드라이 한 백포도주	10~12℃
	훈제 햄이나 소시지	드라이한 적포도주 또는 숙성되지 않은 적포도주	13~15℃
	음식	포도주	적정소비온도
수프요리	파스타를 넣은 수프	드라이한 백포도주	10~12℃
	야채 수프	드라이한 백포도주	10~12℃
		로제와인	12~15℃
	파스타와 콩요리	가벼운 적포도주	16~18℃

포도주와 수프의 궁합

	음식	포도주	적정소비온도
수프	생선소스 쌀요리	드라이한 백포도주	10~12℃
	고기와 버섯 쌀요리	로제 와인	13~15℃
		숙성되지 않은 적포도주	17~18℃
	고기소스 파스타 (일명 라구 ragu′)	숙성되지 않은 적포도주	16~18℃
		로제 와인	13~15℃
	생선국물요리	중후한 맛의 드라이한 백포도주	10~12℃
	카추코 수프	적포도주	16~18℃
		로제 와인	13~15℃

만약 양념된 생선요리가 식탁에 오른다면 백포도주가 재격일 것이며 조개 스파게티(스파게티 알 봉골레)나 해물 스파게티에는 중후하지 않고, 가볍게 마실 수 있는 백포도주를 선택하는 것이 좋다. 그러나 고기요리에는 중후함이 지나치지 않은 적포도주가 어울린다.

한편 향이 강한 식재료의 파스타를 주문했다면 포도주도 향이 짙은 것을 선택하는 것이 좋다. 예를 들어 버섯의 일종인 타르투퍼 스파게티는 그 향이 매우 강하기 때문에 후각을 자극하는 짙은 맛과 향의 포도주가 제격이다.

피자와 포도주의 궁합(오늘날에는 피자와 맥주를 함께하는 것이 대중화되고 있다)

	음식	포도주
피자	나폴리 피자	씁쓰레한 맛의 드라이 와인
	마르게리카 피자	드라이 화이트 와인
	치즈 피자	중후한 맛의 적포도주
	리피에나 피자	신성하고 숙성되지 않은 와인

고기요리

고기를 요리하는 방식은 매우 다양하다. 그러므로 맛의 특성에 따라 포도주
에 대한 선택도 달라져야 한다. 일반적으로는 붉은 고기에 적포도주, 흰색의
고기에는 차게 한 적포도주가 좋다고 한다. 그러나 맛이 지나치게 중후하지
않는 백포도주도 전혀 어울리지 않는 것은 아니다.

　만약 어느 요리에 특정한 포도주를 사용했다면 이는 식탁에서도 좋은

포도주와 육류음식의 궁합

	음식	포도주	적정소비온도
육류	소고기, 돼지고기, 흰색의 고기류	도수가 낮은 적포도주	17~18℃
		약간의 가스가 포함되고 도수가 낮은 적포도주	16~18℃
	기름에 튀긴 고기	시큼한 맛의 적포도주	16~18℃
		로제 포도주	14~16℃
	즙이 많은 고기	중후한 맛의 적포도주	18~20℃
	석쇠에 굽거나 사냥한 고기	다소 숙성된 적포도주	20~22℃
닭고기	물에 끓인 고기	백포도주	10~12℃
		도수가 낮고 끝 맛이 상큼한 적포도주	14~16℃
	불에 구은 고기	적포도주	15~17℃

궁합을 구성할 수 있다. 따라서 야생의 육류나 조류를 요리하는 데는 오랫동안 숙성된 적포도주를 사용하듯이 식탁에서도 함께 즐기는 것이 식사를 더욱 즐겁게 해 준다. 같은 맥락에서 육즙이 풍부한 고기국물의 요리에는 탄닌이 많고 알코올 도수가 있는 적포도주가 좋은 궁합을 이룬다.

생선요리

일반적으로 생선은 백포도주와 잘 어울린다. 그러나 예외적으로 기름이 많은 생선의 경우에는 가벼운 적포도주도 입맛을 즐겁게 한다. 조리의 유형은 포도주의 선택에도 영향을 준다. 물에 끓인 생선에는 화덕에 구은 생선에 비해 중후하지 않은 백포도주가 어울리는 반면, 기름에 튀긴 생선에는 일반적으로 모든 튀김요리에 그렇듯이, 산성이 있고 드라이한 백포도주가 조화를 이룬다.

	음식	포도주	적정소비온도
생선요리	흰살 생선	드라이한 백포도주	10~12℃
	소스를 발라 기름에 튀기거나 화덕에 구은 고기	중후한 맛의 드라이한 백포도주	10~12℃
	석쇠에 굽거나 꼬챙이에 끼어 구은 고기	드라이한 맛의 백포도주	10~12℃
		가벼운 맛의 로제 와인	13~15℃

레스토랑에서 새우나 가재 또는 다른 해산물 요리를 주문했다면 신선하고 섬세하며 드라이한 맛의 백포도주를 주문해야 하며 사정이 여의치 않다면 샴페인도 잘 어울린다.

요리에 식초를 사용했다면 보통은 포도주를 마시지 않는 것이 좋다고 하는데, 이것은 포도주와 식초가 서로 좋은 궁합이 아니기 때문이다.

치 즈

치즈와 포도주의 궁합은 매우 복합적이다. 맛의 특성이 매우 다양하기 때문에 궁합을 위한 선택 역시 그 만큼 다양하다. 그러나 대체적으로 부드러운 맛의 치즈를 넣은 파스타에는 중후하지 않은 맛의 포도주가 어울리는데, 이 조건만 충족된다면 백포도주나 적포도주 모두 선택할 수 있다.

디저트

일반적인 관습과는 달리 드라이한 샴페인과 달콤한 과자나 케이크를 함께 먹는 것은 좋지 않다. 제과점의 과자나 케이크에는 달콤한 맛의 포도주가 더 제격이다. 물론 이 경우에 포도주나 과자의 경우 모두 위에 부담을 주지 않는 것이 중요하다. ·

크리스마스 때 온 가족이 함께 먹는 부드러운 케이크인 파네토네(panettone)는 달콤하고 가벼운 맛의 포도주를 필요로 한다. 그러나 과자에 다른 많은 식재료가 첨가되었다면 알코올 도수가 있는 포도주가 조화의 상승작용을 한다.

끝으로 포도주는 초콜릿과 별로 어울리지 않는 것으로 알려져 있다. 그럼에도 포도주가 달콤하고 알코올 도수가 있는 것이라면 시도해 보는 것도 좋다.

독일 편

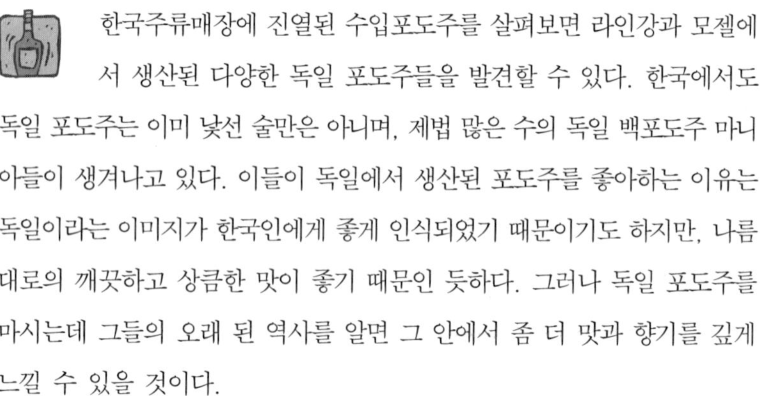

한국주류매장에 진열된 수입포도주를 살펴보면 라인강과 모젤에서 생산된 다양한 독일 포도주들을 발견할 수 있다. 한국에서도 독일 포도주는 이미 낯선 술만은 아니며, 제법 많은 수의 독일 백포도주 마니아들이 생겨나고 있다. 이들이 독일에서 생산된 포도주를 좋아하는 이유는 독일이라는 이미지가 한국인에게 좋게 인식되었기 때문이기도 하지만, 나름대로의 깨끗하고 상큼한 맛이 좋기 때문인 듯하다. 그러나 독일 포도주를 마시는데 그들의 오래 된 역사를 알면 그 안에서 좀 더 맛과 향기를 깊게 느낄 수 있을 것이다.

독일 포도주의 역사는 남부 유럽국가와 비교해서 중세까지 그다지 큰 차이점이 없다. 그러나 근대에 와서 독일 포도주는 나름대로의 기나긴 여정을 떠났으며, 이 여정의 결과 나름대로의 독특한 포도주를 만들어 냈다. 이와 같은 노력으로 인해 현재 우리가 알고 있는 독일 포도주가 탄생하게 되었다. 이런 의미에서 포도주는 독일의 역사와 문화를 또 다른 측면에서 살펴볼 수 있는 좋은 창이다.

　1998년 통계에 의하면 독일은 세계에서 다섯 번째로 많은 양의 포도주를 생산하고 있다. 1인당 연간 소비량은 약 22.4l로 12위를 차지하고 있었는데, 이와 같은 통계자료는 현재도 거의 변화가 없다. 한국인에게 독일은 맥주의 나라로 각인되어 있기 때문에, 이렇게 많은 포도주가 독일에서 생산된다는 사실을 의아하게 여길지 모른다. 전세계 포도주 애호가들이 호평하는 고급포도주가 독일에서도 생산된다는 사실을 듣게 되면 더 더욱 믿기 힘들 것 같다.

　포도재배의 북방 한계점은 북위 50°로 알려져 있다. 독일의 포도재배 지역은, 몽골과 같은 북위 49~51°에 있기 때문에 기후가 그다지 좋지 않다. 그럼에도 불구하고 어떻게 고급 포도주가 생산될까? 부적당한 기후 때문에 독일 포도주의 품질이 독특하고 고급스럽게 되었다면 궤변일까? 그다지 좋지 않은 기후조건에서 고급포도주를 생산해 낼 수 있는 것은 독일인이기 때문에 가능했을는지도 모른다.

　독일 포도주의 특징은 비교적 저렴하면서도 달콤하고 담백한 맛에 있다. 이와 같은 포도주의 특징과 독일인의 기질 사이에서 어떤 공통점을 찾을 수는 없을까? 물론 이와 같은 시도는 대부분 어리석은 견강부회를 낳는다. 왜냐하면 대부분의 독일인 성격은 달콤함과 거리가 멀기 때문이다.

　독일 기후는 앞에서 이야기한 대로 고급포도주를 생산하기에 매우 불리하다. 그래서 대부분의 포도밭은 마지막 태양빛 한 줄기까지 활용할 수 있는 남쪽 경사면에 접해 있다. 또한 상당수의 포도밭은 강가 언덕에 접해 있는데, 이는 강주변의 날씨는 비교적 온화한데다, 강물에 반사되는 햇볕까지도 이용하기 위해서이다. 이렇게 독일인은 불리한 날씨를 극복하고 있다. 기차를 타고 라인강이나 모젤강가를 지나가다 보면 차창 너머로 그림 같은 포도밭이 보인다. 이 포도밭은 거의 대부분 경사가 심한 언덕에 있는데, 가장 가파른 언덕에 위치한 포도밭은 거의 직벽에 가까운 70°의 경사면에 있다.

독일 포도밭의 토질은 주로 현무암이나 점판암으로 이루어져 있는데, 이 토양은 보온성이 뛰어나기 때문에 쌀쌀한 독일 날씨를 상쇄해 주며, 이 곳에서 생산되는 포도주에 독특한 향과 맛도 선사한다.

포도주의 품질을 결정하는 요소 중에서 기후와 토양은 제일 중요하다. 독일산 포도주는 ― 일조량이 많은 이탈리아나 남부 프랑스산 포도주보다 ― 알코올 도수가 약 1/3 정도 낮다(독일 포도주는 7~11°). 또한 독일 포도주는 독특한 기후와 토양으로 인해 맛이 깨끗하고, 담백하다. 독일산 포도주의 이 특징은 향을 음미하면서 즐기기에 가장 이상적인 조건을 마련해 준다고 독일포도주 애호가들은 이야기한다. 앞에서 이야기한 독일 포도주의 특징을 느낄 수 있는 가장 좋은 방법은 모젤산 리슬링(Risling) 포도주와 캘리포니아산 샤르도네(Chardonay)를 같이 마셔보는 것이다. 리슬링 포도주는 향이 매우 잘 정돈된 느낌을 주는 반면에 샤르도네 포도주의 향은 이와 반대로

한국에서의 리슬링 포도

필자의 고향은 경기도 안성이다. 예전에는 이 곳의 몇 몇 포도원에서 미사용 포도주를 만들었는데, 이 덕분에 필자는 어렸을 때 리슬링 또는 마스카트 포도를 많이 먹고 자랐다. 그러나 현재는 거봉이나 캠벨포도에 밀려서 이들의 자취를 찾아보기 힘들게 되었다. 한국에서 이 포도가 인기를 잃은 이유는 참외나 사과 그리고 배와의 경쟁에서 밀렸기 때문이다. 한국에서 포도는 틈새 작물이다. 포도철은 여름 과일인 참외와 수박이 끝나고, 가을 과일인 사과와 배가 출시되기 전까지가 한철인데, 리슬링은 수확 시기가 늦어서 사과나 배와 경쟁을 하게 된다. 이 경쟁에서 포도는 이길 수 없었다. 또한 이 포도품종이 병충해에 약하고, 보관이 어려운 점 역시 농민들이 등을 돌리게 한 또 다른 이유이다. 그러나 잘 익은 리슬링 포도의 맛을 거봉이나 캠벨과 비교하는 사람이 있다면 그는 아마 매우 무모할 정도로 용감하거나 아니면 맛에 대해 매우 무식하다고 보면 거의 틀림없을 것이다.

산만하다. 이 차이를 옷에 비유하면 리슬링이 순수한 실크 스타킹이라면, 샤르도네는 투박한 면양말과 같은 느낌을 준다(실크스타킹과 면양말 중 어떤 것이 우월한지 평가하는 것은 그다지 현명하지 못한 행동인 것 같다. 왜냐하면 목적에 따라 쓰임새가 다르고, 또 개인적인 취향에 따라 선호도가 다르기 때문이다).

독일 포도주의 또 다른 특징은 높지만 조화로운 느낌을 주는 산도(신맛)에 있다. 미국 포도주의 맛이 크고 강하며 과장이 심한 반면에, 독일 포도주의 맛은 정확하고 섬세하다. 이런 이유에서 초보자가 독일 포도주의 잘 정돈된 신맛을 제대로 감상하기란 쉽지 않다. 고급포도주를 생산하는 독일 양조인은 되도록 자연적인 방법만으로 담백하면서도 조화로운 신맛을 내기 위해 노력하고 있다. 그러나 그저 그런 포도주를 생산하는 양조인들은 발효를 빨리 안정적으로 하기 위해 이스트나 효모를 사용하기도 하며, 현대의 화학기술을 이용해 포도즙의 산도를 인위적으로 조작하기도 한다. 그러나 고급 포도주를 생산한다고 자부하는 독일 양조인들은 좋은 품질을 위해 이 모든 대량생산 방법을 기꺼이 포기하고 있다. 또한 이들은 맛과 향을 위해 새로운 오크통에서 포도주를 숙성시키려고 하지도 않으며, 선명하고 맑은 느낌을 주기 위해 현대식 정제기술도 활용하려고 하지 않는다. 왜냐하면 "양조인은 산파의 역할을 넘어서서는 안 되며, 포도주는 오묘한 자연의 법칙에 따라 스스로 만들어져야 한다"라고 이들은 믿고 있기 때문이다(저렴한 비용으로 슈퍼마켓에서 살 수 있는 독일 포도주에 해당되는 이야기는 아니다).

독일의 날씨는 비교적 서늘하기 때문에 6월 중순이나 말이 되어서야 비로소 포도송이가 달리며, 수확은 9월 말 이후에나 가능하다. 포도의 수확시기에 따라 다양한 등급의 포도주가 생산되는데, 대부분의 포도는 11월 말까지 수확이 가능하다. 그러나 몇몇 포도밭에서는 1월 말까지 포도 수확을 미루기도 하는데, 이런 추위에서도 포도는 매우 느린 속도로 숙성한다. 이렇게 수확하는 포도품종은 주로 리슬링인데, 이런 인고의 과정을 거친 포도에서 탄생한 포도주는 고귀한 맛과 향을 지니고 있다.

 # 독일 포도주의 역사와 문화

1. 로마, 야만인 그리고 포도주

로마의 카이사르는 BC 57~51년 갈리아 지역 정복에 나섰는데, 그는 티푸스, 콜레라, 이질 등을 예방하기 위해 병사들에게 매일 일정한 양의 포도주를 마시도록 하였다. 갈리아 지역을 정복한 로마군은 자신들의 영토를 최대한 북쪽으로 넓히려고 하였지만, AD 9년 토이토부르그 숲에서 대패한 후 이들의 확장노력은 중단되었다. 이로 인해 로마인은 라인강과 도나우강을 따라 국경누벽(Limes)을 설치하였고, 이것이 로마의 국경선이 되었다. 이 지역사

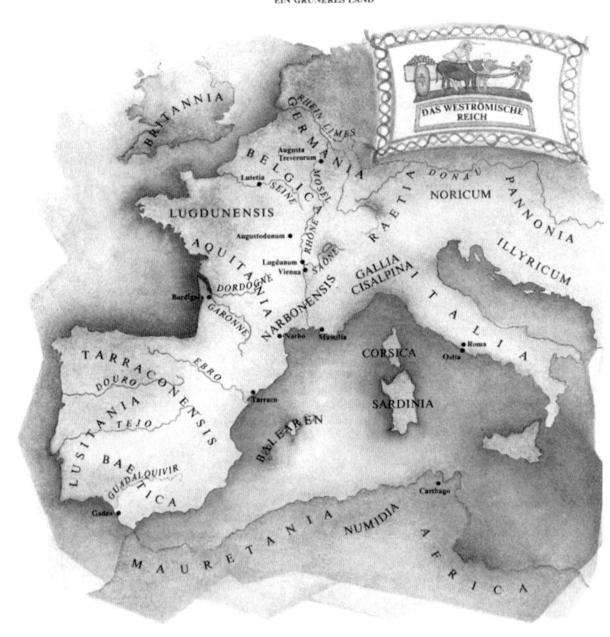

서로마제국 지도

람은 로마인처럼 포도주를 즐겨마시게 되었는데, 쾰른과 마인츠는 식민지를 통치하는 중심지뿐만 아니라 포도주의 중심지가 되었다.

3세기까지 로마 식민지 안에 살고 있던 게르만인은 로마인과 비교적 평화롭게 살았다. 왜냐하면 로마인은 정복민의 삶의 방식을 존중해 주었기 때문이었다. 로마인은 식민지 통치를 위해 로마법을 도입하였지만, 이 법으로 인해 이 지역의 경제적·정신적 생활도 크게 변하지 않았다. 로마인은 복속민을 간접적인 방식으로 천천히 로마화 해나갔다. 갈리아 지역은 강과 육로를 통해 로마와 이어졌고, 이로 인해 로마의 경제권으로 천천히 편입되었다. 로마의 호화로운 선진 문물을 접한 게르만인은 로마인의 생활방식을 적극적으로 받아들이기 시작했는데, 포도재배와 포도주 양조도 이 중의 하나였다.

현재 독일지역에서의 포도주 생산과 관련해서 어떤 구체적인 증거가 있을까? 타키투스(Tacitus, 50~116)가 1998년에 쓴 『게르마니아(*Germania*)』는 이들 생활의 한 단면을 보여 주고 있다. 이에 의하면 게르만인이 일반적으로 즐겨 마시던 술은 맥주와 메트(Met)라던 벌꿀술이었다. 로마 식민지에 살고 있던 당시 게르만인은 이 전통주 이외에 포도주를 사서 마시곤 하였는데, 이 포도주가 게르만 지역에서 생산된 것인지, 아니면 로마제국의 도로를 따라 수입된 것인지의 여부는 정확히 알기 어렵다. 하지만 로마 이주민이 게르만 지역에서 포도주를 생산했을 것으로 추정할 따름이다. 이의 간접적인 증거로는 도미티안 황제의 법(Lex Domitiana)을 들 수 있다. 1990년에 발효된 이 법은 로마 본국 이외의 지역에서 포도재배하는 것을 전면적으로 금지하고 있다. 이와 같은 조치는 로마 본국 이외의 지역에서 포도가 이미 재배되고 있었으며, 로마의 독점적 포도주의 이익이 상당히 위협받고 있었다는 사실을 시사하고 있다.

독일지역에서 포노재배가 처음으로 시작된 곳은 현재 독일, 프랑스 그리고 스위스 국경에 위치한 보덴호수 주변지역이다. 선진문화인의 술이었던 포도주는 이 지역사람에게 특히 인기가 높았다. 타키투스의 책에 의하면 게

독일 편 | 195

르만 사람은 포도주를 사마시기 위해 전재산을 탕진하기도 하였고, 포도주 때문에 노예로 전락하는 일도 벌어졌다고 한다. 당시 게르만인은 술에 대해 남다른 동경과 갈증을 갖고 있었는데, 이 동경과 갈증은 너무나 심해서 한 번 마시기 시작하면 밤낮을 가리지 않았다고 한다. 보덴 호수에서 시작된 포도재배는 독일 전역으로 계속 확대되었다.

로마인에게 포도주는 국민음료였다. 식민지의 로마인이나 로마화된 식민지인은 험난한 육로를 통해 들어온 포도주보다는 자체 생산된 포도주를 선호하였던 것 같다. 왜냐하면 자체 생산된 포도주는 값과 맛 면에서 비교 우위를 갖고 있었기 때문이었다. 포도주를 먼 거리에서 운송해 오면 비용도 많이 들었지만, 원래의 맛과 향을 유지하기도 어려웠다.

포도재배에 가장 적합한 기후와 토양을 갖고 있는 현재 독일지역으로는 모젤과 라인강 유역이 꼽히고 있다. 이 사실은 로마 식민지시대에도 마찬가지였다. 도미티안 황제의 법과 같이 로마 중앙정부가 식민지에서의 포도재배를 금지하였지만, 모젤과 라인강 유역에서는 포도재배가 활발하였다. 왜냐하면 이 지역은 로마에서 멀리 떨어져 있었기 때문에 중앙행정부의 통제가 별달리 실효를 거두지 못했기 때문이었다. 이와 관련된 고고학적 증거는 곳곳에서 발견되고 있는데, 포도를 수확하기 위해 사용하였던 칼과 로마시대의

로마시대 이탈리아 반도로부터 강을 따라 배로 포도주를 수송하는 모습

 와인에 담긴 역사와 문화

나무통 그리고 포도의 압착장치가 그것이다. 이들 분포는 1세기경 라인강과 모젤강 주변뿐만 아니라 다른 강과 무역로 주변에서도 포도재배가 이미 대규모로 이루어졌다는 사실을 보여 주고 있다.

프로부스 황제(Probus, 276~282)시대에 이르러서야 로마 본국 이외의 지역에서 포도재배를 금지하는 도미티안 황제의 법이 폐기되었다. 이로써 게르만지역에서의 포도재배가 합법화되고, 본격적인 궤도에 오르게 되었다. 이 때문에 프로부스 황제는 19세기까지 독일 포도주의 아버지로써 숭상되었다. 그러나 그의 업적은 과대포장된 측면이 있다. 왜냐하면 그의 결정 이전에 포도재배는 이 지역에서 이미 성행하였고, 로마의 중앙정부는 이를 제재할 능력도 없었기 때문이었다. 로마 본국이 포도주를 통해 막대한 독점적 이익을 얻으려는 생각은 당시 사정을 고려하면 실현불가능한 희망사항일 뿐이었다.

233년 게르만인은 난공불락으로 여겨지던 국경누벽을 넘어 로마 식민지를 침략을 하기 시작하였는데, 로마인은 290년경 이 국경누벽을 포기하고, 라인강 남쪽으로 후퇴하였다. 이로 인해 라인강 남쪽 지역에서 로마문화뿐만 아니라 포도주 문화도 다시 활기를 찾게 되었다.

당시 로마문화의 중심지는 트리어(Trier)였다. 15년 아우구스투스황제가 건설한 트리어는 로마가 북부 유럽지역으로 진출하기 위한 중요한 교두보였다. 북부 식민지의 중심이었던 트리어는 4세기 경 로마와 비잔틴에 의해

게르만인이 와인을 마시면서 와인의 발전에 큰 기여를 하였다. 로마인은 토기 항아리에 와인을 담아 지하실에 보관했는데, 알려진 가장 큰 토기 항아리는 600*l* 까지 담을 수 있었다. 게르만인은 메트나 맥주를 나무통에 담아서 마셨는데, 와인도 기존의 습관대로 나무통에 담아서 마셨다. 나무통에서는 외부공기가 작은 나무속의 기포를 통해 순환하기 때문에 와인의 맛과 향이 잘 발달하였고, 고급와인의 생산에는 지금도 나무통이 사용된다.

트리어의 로마시대 유적

세 번째 로마제국의 수도가 되었다. 당시 인구는 7만 명을 헤아렸는데, 이 영향 때문에 트리어는 중세까지 독일지역에서 가장 큰 도시로 남게 되었다. 프랑스 보르도지방 출신의 유명한 시인이며 학자였던 아우소니우스(Decimus Magnus Ausonius)는 모젤지역을 여행하고는 371년 『모젤라(Mosella)』를 저술했다. 그는 포도재배의 시를 남겼는데 내용은 다음과 같다.

> 강가에서 산꼭대기까지 모든 산등성이에는 녹색 포도나무가 심어져 있네.
> 즐겁게 일하는 사람과 바쁘게 포도 따는 사람은 산정상에서 산허리로 거친 환호소리를 경쟁적으로 지르며 재빠르게 달려가네.
> 강가의 길을 걸어가는 방랑자는 이에 화답하고, 거룻배 선원은 태만한 일꾼에게 꾸짖는 소리를 지르네.
> 바위와 살랑대는 숲 그리고 심연의 강도 이에 화답하네.

대도시에서 자란 지식인은 농촌의 목가적인 풍경을 낭만적으로 보는 경향이 심하다. 아우소니우스도 이 점에서 예외는 아닌 듯하다. 그럼에도 불구

　와인에 담긴 역사와 문화

하고 이 시는 모젤강변의 포도밭에서 일하는 사람의 당시 모습을 상상해 볼 수 있는 단서를 제공해 주는 것은 아닐까?

유럽에서 5세기는 민족이동의 시기이다. 이로 인해 수많은 전쟁이 발생하였으며, 서로마제국이 멸망하였고, 독일지역의 로마통치도 완전히 끝났다. 로마통치가 끝날 때까지 로마제국의 경계는 바로 포도재배와 소비의 경계선이었다. 또한 이 경계선은 로마와 게르만 문화를 구분짓는 중요한 역할을 하였다.

2. 칼대제와 포도주

500년경 로마인은 이민족의 침입으로 인해 게르만지역에서 철수하였고, 이후 독일지역의 포도주생산은 일시적으로 커다란 퇴보를 하였다. 그러나 기독

십자가를 지고 가는 예수와 포도주를 만들고 있는 사람을 같이 그린 그림, 예수의 피와 포도주는 중세그림에서 중요한 모티브였다.

교가 확산되면서 포도주 생산은 다시 늘어나기 시작하였다. 성직자들은 포도주생산과 질의 개선에 지대한 영향을 끼쳤는데, 특히 베네딕트회와 시토회가 특히 중요한 역할을 하였다. 이들이 포도주에 남다른 관심을 가진 이유는 미사를 집전하기 위해서는 예수의 피를 상징하는 포도주가 필요했기 때문이었다. 당시 교통과 운송수단은 매우 불편했는데, 원거리에 위치한 양조장에서 포도주를 가져오는 일은 오래 걸리기도 하였고, 비쌌으며, 또한 제 때에 올지 안 올지 불확실했다(포도주가 제 때에 도착하지 않아 포도주 없이 미사를 드려야 한다면 이는 상상도 하기 싫은 일이었을 것이다). 이런 이유에서 교회는 스스로 포도밭을 일구기 시작했다.

서로마제국이 493년 멸망하였지만, 로마의 영향이 이로 인해 독일지역에서 완전히 사라져 버린 것은 아니었다. 로마인이 남긴 포도주 양조 기술은 교회를 통해 계속 이어져 갔다. 포도밭을 확산시키는 데 기여한 성직자의 수는 헤아릴 수 없이 많지만, 마인츠시의 빈프리트 추기경이 대표적인 사람이다. 그는 마인츠에서만 많은 포도밭을 일군 것이 아니라 프랑켄(Franken)지역까지 포도밭을 넓혀나갔다. 그의 노력으로 인해 뷔르츠부르크(Würzburg) 교구가 탄생하게 되었는데, 이 아름다운 도시는 현재도 프랑켄 포도주의 중심지이다. 이 당시 통치자는 수도원에 수많은 포도밭을 하사하였는데, 이를 기록한 문서는 독일포도주 역사뿐만 아니라 당시 사회를 이해하는 데 매우 중요한 사료로 평가받고 있다.

496년 클로드비히(Chlodwig) 왕은 많은 프랑크의 소수부족을 연합해서 프랑크제국을 건설하는 데 초석을 마련하였을 뿐만 아니라, 다음 두 가지 중요한 업적을 남겼다. 첫 번째는 현재 프랑스의 중심지역과 알프스 북쪽지역에서 로마인을 몰아낸 것이며, 두 번째는 자신이 498년 기독교로 개종한 것이다. 왕이 기독교로 개종함으로써 신민도 자연스럽게 이를 따르게 되었다. 프랑크왕국의 역사가이며, 주교였던 투르의 그레고르(Gregor von Tours)는 프랑크왕국의 역사서인 『히스토리아 프랑코룸(*Historia Francorum*)』에서 클로드비히왕이 기독교로 개종하게 된 이유를 다음과 같이 설명하고 있다. 왕은 패배가 목전에 임박한 것을 예감하고는, 만일 자신이 승리를 하게 되면 기독교로 개종하겠다고 신에게 맹세하였다. 그는 승리하였고, 맹세에 따라 기독교로 개종하였다. 이와 비슷한 이유에서 로마의 콘스탄틴 황제도 312년에 기독교로 개종하였다. 콘스탄틴 황제도 결전을 앞두고 신에게 도움을 요청했다. 꿈에서 그는 기독교의 상징인 십자가를 보았으며, 여기에 다음과 같은 글이 새겨져 있었다. "이 글로 인하여 너는 승리할 것이다(In hoc signo vinces)." 그는 전쟁에서 이겼고, 로마제국은 기독교 국가가 되었다. 그는 기독교를 적극적으로 진흥하였으며, 이로 인해 교회는 국가와 긴밀한 관계를 맺게 되었다.

프랑크왕국이 로마제국의 종교와 문화를 수용하면서 독일지역에서의 포도주 전통도 계속 이어져 갔는데, 이에는 다음과 같은 역사적 배경이 있다. 4세기 초반 로마교회에서는 신과 그리스도의 관계에 이견이 분분했다. 이 이견들이 격렬한 논쟁으로 이어지자 황제는 325년 제국 내의 전체 주교를 니케아로 소집했다. 이집트 출신이며 알렉산드리아에서 신학을 가르치던 아리우스(Arius)는 그리스도는 신의 창조물이기 때문에 신과 그리스도는 본질적으로 동일하지 않다고 주장하였다. 하지만 니케아 공의회에서 신과 그리스도는 동일한 것으로 결론을 지었다. 로마제국 내에 살던 사람은 공의회의 결론과 비슷한 생각을 가지고 있었지만, 게르만인은 아리우스교의 영향으로 인해 신을 로마인들과는 다른 생각을 갖고 있었다. 이와 같은 견해 차이 때문에 로마인과 게르만인은 관계가 소원하였다. 그러나 프랑크왕국에 들어서서 이 상황은 변했다. 왜냐하면 클로드비히 왕은 로마카톨릭을 받아들였고, 게르만인은 자연히 로마인과 같은 세계관을 갖게 되었기 때문이었다. 이로 인해 교회는 로마에서와 마찬가지로 국가의 교회로 변했다. 왕은 교회의 수장이며, 주교 임명권을 갖게 되었고, 교회를 보호해야 할 의무를 지니게 되었다.

포도주의 확산에 커다란 영향을 끼친 군주로는 칼대제(샤를마뉴대제,

742~814)를 꼽을 수 있는데, 그는 768년 프랑크왕으로 등극하였다가 800년 황제가 되었다. 그는 이전의 왕과는 달리 예술과 학문뿐만 아니라 포도주 진흥정책을 시행하였다. 그는 새로운 포도품종을 발굴해서 장려하였으며, 포도주 생산과 관련된 일련의 법률을 공표했다. 그는 맨발로 포도송이를 밟아 으깨는 비위생적인 관습을 금지시키고, 압착기 사용을 의무화했다. 이외에도 자기 소유의 포도밭에서 생산된 포도주를 파는 술집은 사람들이 거리에서 잘 알아볼 수 있도록 꽃다발이나 화관을 내거는 것을 허용하였는데, 이 전통은 지금까지도 지켜지고 있다.

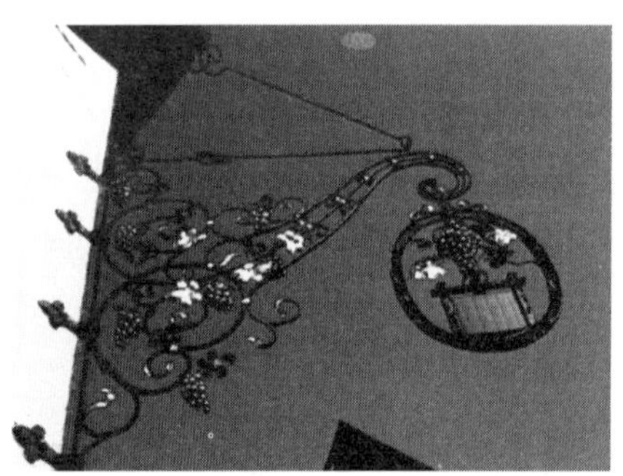
현재도 이어지고 있는 화관의 모습

칼대제 만큼이나 포도주의 확산에 커다란 기여를 한 곳은 수도원이다. 기독교가 북쪽으로 확산되면서 교단이 속속 설립되었는데 이 곳에서도 포도는 예외 없이 재배되었다. 하지만 독일의 북부지역 기후는 포도재배에 적합하지 않았다. 독일 남부 사람들은 이 지역에서 생산된 포도주를 다음과 같이 조롱했다. "마르크 브란덴부르크지역에서 생산된 포도주는 목구멍을 톱과 같이 썰면서 내려간다네." 그러나 앞에서 이야기한 대로 수도원의 입장에서는 포도주를 먼 거리에서 가져오는 것보다는 질이 나쁘더라도 자체 생산하는 것이 더 유리하였기 때문에 이 지역에서도 포도는 계속 재배되었다. 성직자들은 이 열악한 기후조건하서 포도밭을 확대하는 데만 관심을 기울인 것이 아니라, 재배기술을 발전시키는 데도 많은 노력을 기울였다. 이들은 가파른 언덕에 포도밭을 일구었고, 수많은 교배종을 시험재배하였으며, 기둥이나 줄 또는 지붕을 이용해서 효율적으로 포도재배하는 방법을 부단히 개발하였다.

칼대제 재위기간 중 다음 두 가지 포도주 등급이 있었다. 훈족의 포도주와 프랑크 포도주. 프랑크 포도주는 훈족의 포도주보다 고급으로 인정을 받았는

데, 가격은 대략 두 배나 비쌌다. 그러나 수도원에서
포도주가 생산되면서 제3의 포도주인 신학적 포도주가
탄생하였다. 이 포도주는 곧 바로 세인의 선호대상이
되었다. 성직자에게 포도주는 신에게 바치는 공물에서
양보다는 질에 남 다른 신경을 썼기 때문에 질이 좋았
다. 신학적 포도주가 인기를 끌자 성직자는 이것이 주요
한 수입원이 된다는 사실을 깨닫고는, 판매를 목적으로
포도주를 대량 생산하였다. 그러자 수도원의 포도주도
자연히 질이 떨어졌다.

아헨 대성당의 칼대제 상

　　중세 중반까지 독일은 경제적 호황기를 구가했으며, 포도주의 소비도
자연히 증가했다. 소비의 증가는 포도밭의 확대로 다시 이어졌는데, 12세기
에는 독일 북부와 덴마크 지방에서도 포도주가 생산되었다. 그러나 이 곳에
서 생산된 포도주의 질은 매우 보잘 것이 없었다.

3. 수도원과 포도주

초기 수도원은 이집트, 시리아 그리고 소아시아 지역에서 발전했다. 이곳의
엄격한 금욕주의적 태도는 포도주 마시는 것을 허락하지 않았다. 로마 카톨
릭은 325년의 니케아 공의회를 통해 성직자가 포도주 마시는 것을 허용하였
는데, 교부로 숭앙받던 아우구스티누스(354~430)는 일상적으로 포도주를
마시던 성직자에게 토요일과 일요일에만 마실 것을 권하였다.

　　누르시아의 성베네딕트(Saint Benedictus of Nursia, 480~543)는 서방
교회의 수도원 제도를 창시한 사람이었다. 그는 529년 베네딕트 교단과 회칙
을 만들었는데, 무조건적인 헌신을 과도한 금욕주의 보다 더 중요하게 여겼
다. 이와 같은 이유에서 그는 베네딕트의 회칙에 평상적인 날 하루에 1헤미나

(Hemina, 약 0.27*l*), 날이 무더우면 이 보다 약간 더 포도주 마시는 것을
허락하였다. 당시 사람들은 포도주를 환각제가 아니라 갈증을 해소하는 음료
수로 여겼다. 성베네딕트는 포도주의 환각작용이 낳는 부작용을 잘 알고 있
었으며, 이를 마시는 것이 성직자의 이상적인 생활과는 어울리지 않고, 절제
가 모든 수도사의 목적이 되어야 한다는 사실도 함께 강조하였다.

교회의 의미가 사회에서 중요해짐에 따라 수도원의 의미도 같이 커져갔
다. 그렇다면 중세의 성직자는 포도주와 어떤 관련을 갖고 있었을까? 클로드
비히왕이 로마카톨릭으로 개종한 후 교회는 프랑크왕국에서 중요한 권력의
축이 되었으며, 교회조직은 국가건설의 중추적인 역할을 담당하게 되었다.

베네딕트는 동방의 수도원제도가 동트기 시작한 시기에 살았다. 청년시절 로마의 부도덕
함에 충격을 받고 심브루이니아 구릉지대에 있는 엔피데(지금의 아필레)에 은둔했다.
그 후 로마에서 동쪽으로 65km 떨어진 아브루치 산기슭 수비아코에 폐허로 남은 네로의
왕궁 근처 호숫가 바위동굴에서 은거했다. 그는 주변에 있는 한 수도원의 수사인 로마누스
로부터 음식과 수사옷을 공급받으며 그 동굴에서 3년을 지냈다. 그가 경건하다는 소문이
널리 퍼지자 주변의 한 수도원에서 대수도원장이 되어 달라는 부탁을 받았다. 대수도원장
이 되어 개혁을 시도했으나, 그의 열정은 반발을 샀고 그를 독살하려는 시도까지 있었다.
동굴로 돌아왔으나 제자들이 다시 모여들어, 그는 수사 12명을 단위로 하는 수도원
12개를 세우고 직접 그 모든 수도원들을 관장했다. 로마의 귀족과 원로원 의원은 자녀를
그에게 맡겨 수사가 되게 했는데, 이 수사 후보생 중에서 베네딕투스의 가장 유명한
제자 마우루스와 플라치드가 나왔다. 후에 이웃사제의 음모에 시달려 그 곳을 떠났으나,
12개의 수도원은 그대로 남아 있었다. 몇몇 제자는 그를 따라 남쪽으로 왔으며, 그는
로마와 나폴리 중간에 있는 카시노의 가파른 언덕 위에 정착했다. 그 지역주민의 대다수는
그 때까지 이교도이었으나 그의 설교를 듣고 개종했다. 수사는 전통적으로 그가 죽은
날짜로 전해 내려온 3월 21일을 베네딕투스의 축일로 지키며, 유럽의 로마카톨릭 교회는
7월 11일에 지킨다.

교황이 피핀(Pippin) 왕에게 세례를 주면서 왕은 교단의 세속적인 수장으로 인정받게 되었으며, 이를 통해 국가와 교회는 하나의 조직으로 연결되었다. 왕은 교회에 완전한 통제권을 행사하였으며, 국가와 교회의 구분도 거의 사라져 버렸다. 왕은 이의 반대급부로 주교에게 세속적인 권력을 의도적으로 이양하였으며, 주교는 교회와 세속적인 부분에서 권력을 갖게 되었다.

권력을 얻은 주교는 국가로부터 많은 하사품을 받았는데, 이들은 이를 통해 매우 풍요로운 생활을 할 수 있게 되었다. 주교가 세속적인 지도자로서의 역할을 담당하게 됨에 따라 수도원의 역할도 6~7세기에 들어서서 변하게 되었다. 주교의 세속적인 권력이 점차 강해질수록, 수도원의 수도사는 사제 역할을 더욱 더 담당하게 되었다. 이 때문에 수도사는 수도원의 폐쇄적인 담장을 넘어서서 세상일과 대면하게 되었다.

프랑크왕국에서 수도원이 늘어나고, 확장되면서 선교활동도 활기를 띠게 되었다. 선교활동이 자체 예산만으로 충당될 수 없을 정도로 규모가 커지자 수도원은 국가 또는 외부 독지가의 지원에 더욱 더 의존하게 되었다. 국가가 선교에 남다른 관심을 가진 이유는 이를 통해 간접적으로 영토를 팽창할 수 있을 뿐만 아니라, 수도원은 새로운 영토에서 프랑크왕국의 신뢰할 만한 동반자였기 때문이었다.

칼대제 통치시기에 수도원은 국가조직과 매우 유착되어 있어서, 수도원을 세우고 소유하는 것은 왕의 허락이 있어야만 가능하게 되었다. 이런 유착 관계 속에서 수도원은 주교와 마찬가지로 국가로부터 거대한 부를 하사받았다. 안정된 생활을 보장받은 수도사들은 이의 반대급부로 왕의 입맛에 맞도록 자문하거나 관리자로서의 역할을 충직하게 담당하였다. 수도원은 국가 내에서 종교적·문화적·경제적 중심지가 되었다.

중세의 수도원은 가장 중요한 포도주 양조장의 역할을 하게 되었다. 포도주는 기독교에서 예수의 피를 상징하기 때문에 미사에서 중요한 역할을 하였다. 성직자뿐만 아니라 일반신도도 미사를 드릴 때 포도주를 함께 마셨는데,

중세 포도주 저장고(요하니스베르크 수도원)

이로 인해 포도주가 많이 필요했다. 또한 포도주는 일상의 갈증을 없애 주는 음료수의 역할도 담당하였는데, 대부분의 독일지역에서 포도주는 맥주보다 더 많이 소비되었다. 포도주를 생산하기 위해서는 많은 노동력이 필요했기 때문에 고용창출에도 중요한 역할을 담당하였고, 포도주의 안정적인 수요 때문에 포도주 양조는 돈벌이가 되는 사업이었다. 이와 같은 이유로 포도주는 중세의 경제에서 중요한 역할을 하였다.

성직자는 포도재배를 통해 매우 높은 수익을 올렸다. 점차 사업이 확장되면서 자체 노동력만으로 포도주 생산을 할 수 없게 되었고, 수도원은 일반인의 노동력을 필요로 하게 되었다. 보니파티우스(Bonifatius) 주교는 751년 풀다(Fulda) 수도원을 설립하면서 교황에게 다음과 같은 편지를 썼다. "우리의 설교지역이며 신도들이 살고 있는 여기에는 황량하고 고독한 숲만이 있으며, 우리는 수도원을 세우고, 수도사들은 베네딕트 성자의 회칙에 따라 살고 있습니다. 남자들은 고기와 포도주 그리고 맥주를 먹고 마시지 않고 있으며, 손수 노동을 하면서 엄격한 절제 속에서 살고 있습니다." 보니파티우스 주교는 수도사들이 손수 노동을 하면서 검약하게 살고 있다는 사실을 교황에게 강조하고 있지만, 실제로는 8세기 중반 이미 다른 많은 다른 수도원에서는 수도사들만이 포도주를 생산하고 있지는 않았다.

성베네딕트에게 일상의 노동은 금욕의 일부였으며, 살아나가는 데 필요한 것을 충당하는 수단이었다. 그러나 수도원의 경제가 점차 커져감에 따라 수도원의 조직도 변화를 하게 되었는데, 점차 로마시대의 장원과 비슷하게 되어 갔다. 신을 찬양하고 노동하는 것을 주요 일과로 삼았던 수도사들은 초기에 힘든 포도원에서 노동하는 것을 기꺼이 감수하였다. 그러나 점차 포도원의 규모가 커지면서 수도원을 위해 일할 머슴이 필요하게 되었는데, 이 숫자는 포도밭의 확대와 비례했다. 수도원이 국정에 깊이 관여할수록 국가로부터 더 많은 땅과 머슴도 하사받았는데 머슴은 당시 땅에 예속되어 있었다.

수도원의 소유지는 계속 늘어만 갔으며, 가장 이윤이 많이 남는 장사는 포도주 생산이었다. 수도원 소유의 포도원이 늘어가면서 소작인의 수가 늘어났으며, 소작인의 숫자가 수도사를 훨씬 능가하는 사태가 벌어졌고, 운영도 점차 소작인이 주도하는 상황이 도래하였다. 소작인은 포도를 수확해서 압착

중세의 포도주 제조

시설이 있는 수도원으로 가져왔으며, 수도원은 생산된 포도즙의 1/3을 지세로, 1/10을 십일조로 거두어 들였다. 수확기에는 수도원에서 파견된 관리가 소작인을 정기적으로 조사했으며, 만일 소작인의 부정한 행위가 발각되면 손해를 보상하고 소작권도 잃어 버렸다.

수도원은 언제 포도를 수확할 것인지를 소작인에게 통보했으며, 수도원에서 파견된 감시인은 수확과 포도의 압착과정을 감독했다. 만일 인근에서 압착할 수 있는 시설이 없으면 수확한 포도에서 세를 제하는 방식을 택했는데, 이와 같은 변화는 8~11세기 동안 이루어졌다. 성베네딕트는 이런 변화에 어떤 생각을 가졌을까?

일부 성직자와 신도는 11세기 말에 들어서서 베네딕트 수도원의 이와 같은 행태를 강하게 비판하기 시작하였다. 베네딕트회의 본래 취지로 다시 돌아가자는 종교운동이 동시 다발적으로 일어났고, 이를 성공적으로 실행에 옮긴 사람의 모임이 바로 시토회이다. 시토회는 12~13세기에 세를 확장해 나갔는데, 이는 독일포도주 발전에 커다란 영향을 미쳤다.

시토회 사람들은 베네딕트 수도원 사람들의 호사스런 생활방식에 혐오감을 가졌다. 그들은 머슴이나 소작인의 도움 없이 손수 땅을 갈고 씨를 뿌려 수확을 하는 것을 삶의 원칙으로 여겼는데, 이는 바로 성베네딕트의 뜻이기도 하였다. 시토회의 첫 번째 회칙은 "우리 교단의 승려는 스스로 노동과 농업 그리고 목축을 통해 살아야 한다. 또한 자기가 필요한 만큼의 물, 숲, 포도원, 초지, 농지 그리고 가축 등을 소유해야한다"였다. 그러나 다음과 같은 조항도 있었다. "경작을 위해 수도원으로부터 가깝거나 먼 농장을 소유할 수 있으며, 이 농장은 일반인 형제(Konversen)가 감독·운영할 수 있다." 시토회 사람들은 이런 농장을 그랑기엔(Grangien)이라고 했으며, 이 경제시스템은 그랑기엔 경제라고 알려져 있다.

시토회 사람들의 태도는 어느 면에서 보면 이율배반적이다. 이들은 외부 노동력의 도움을 엄격하게 금지하고는 있지만, 또 다른 한편으로는 평신도의 노동력 없이 실현 불가능한 그랑기엔 경제를 용인하고 있기 때문이었다. 비록 도움을 주는 평신도가 수도원 공동체에 속하며, 자유의사에 따라 기꺼이 노동력을 제공하는 것을 전제조건으로 삼고는 있지만……. 그랑기엔 마기스터(Magister Grangiae)는 수도원에서 멀리 떨어진 농장운영을 담당하였는데, 마기스터는 수도원의 부르사(Bursar)에게 사업보고를 하였고, 부르사는 다시 수도원의 전체 경제를 관할하는 셀레라(Cellerar)에게 사업보고를 하였다.

중세의 수도사를 비꼬아서 그린 그림. 수도사에게는 매일 적은 양의 포도주 시음이 허용되었지만, 이 수도사는 큰 대접에 술을 가득 채워서 마시고 있다. 손에 들고 있는 포도주 항아리와 열쇠는 이들의 부와 권위 그리고 포도주의 집착을 보여주고 있다.

이와 같은 변형된 자급자족 경제체제는 그리 오래 지속될 수가 없었다. 왜냐하면 시토회의 신도의 수가 줄어들었기 때문이었다. 새롭게 등장한 탁발 수도회, 도미니크 교단은 신도에게 더 나은 노동조건을 제시하면서 시토회 농장에서 일하던 사람을 대규모로 데리고 갔다. 이 경향은 특히 도시에서 더 심하게 나타났다. 이로 인해 시토회는 심각한 노동력 부족사태에 직면하게 되었는데, 시토회는 이를 극복하기 위해 이전에 자신이 신랄하게 비판했던 베네딕트 교단의 소작농업을 수용하게 되었다.

검약함을 강조하던 시토회는 자신들이 세운 회칙의 일부를 포기한 대가로 큰 경제적 이익을 얻을 수 있었다. 소작농업 중에서 포도주 생산은 큰 부분을 차지하였는데, 특히 라인·모젤·마인강 주변이 중심지역이었다. 포도재배에 적합한 이 지역의 거의 모든 토지는 포도원으로 변했는데, 곳곳에 압착기가 설치되었고 저장고도 만들어졌다. 수도원은 자신의 이익을 독점하기 위해 일반인의 포도주 생산을 적극적으로 통제하는 것도 잊지 않았다.

라인가우 지역의 에버바흐(Eberbach) 수도원은 독일에서 포도주 생산으로 가장 유명했다. 프랑스 시토회 사람들이 라인가우 지역에 정착하면서

요하니스베르크 수도원

1136년에 세운 이 수도원은 프랑스 부르고뉴 지방의 클레보(Clairvaux) 수도원에 속하였다. 이 수도원은 베네딕트 교단의 요하니스베르크(Johanis-berg) 수도원과 함께 이 지역을 포도주의 중심지로 만들었다. 에버바흐 수도원이 포도주 제국을 형성할 수 있었던 데는 라인가우 지역을 통치하던 마인츠 대주교의 역할이 중요했다. 대주교의 도움에 힘입어 이 수도원은 자기 선단을 통해 포도주 유통중심지였던 쾰른시에 무관세로 내다 팔 수 있었는데, 이는 수도원에 엄청난 이윤을 가져다 주었다.

이와 같이 포도주 생산은 엄청난 이윤을 보장해 주었으며, 수요도 안정적인데다 꾸준히 증가하는 추세를 보였다. 이 때문에 독일 북부 지방에 위치한 수도원도 앞다투어 포도원을 새로 일구거나 기존의 포도원을 확대해 나갔다. 시토회 교단은 특히 튀링겐(Türingen)과 작센(Sachsen) 지방에서 포도원 개간에 중요한 역할을 하였는데, 왜냐하면·시토회 사람들은 늪지와 숲을 포도원으로 바꾸는 데 탁월한 능력을 가졌었기 때문이었다. 동진정책의 결과로 유럽 북쪽과 동쪽지역까지 영토를 확장하자 시토회 교단은 이 지역에서도 꾸준히 포도밭을 개간하였다.

4. 중세도시 속의 포도주

수도사는 수도원에서 필요한 물건을 구입하기 위해 돈이 필요했으며, 돈을 벌기 위해서는 자신이 생산한 물건을 시장에다 내다 팔아야 했다. 베네딕트 교단은 잉여물자를 시장에다 내다파는 것을 허용했다. 시토회 역시 잉여물자를 시장에 내다 파는 것을 허용했지만, 이와 관련해서 엄격한 회칙이 하나 있었다. 외부인과의 접촉을 최소화하기 위해 수도사 스스로 시장에 가는 것을 통제하는 것이었다. 그러나 앞에서 살펴본 대로 규모의 경제가 시작되면서 잉여생산물의 양은 급속히 증가하였으며, 이를 시장에 내다 팔기 위해 수도사들이 나설 수밖에 없었다. 수도사가 빈번하게 시장을 드나들면서 시토

프란켄 지역에서의 포도주 거래

회의 귀중한 회칙 중의 하나가 점차 무너지기 시작했다.

중세의 도시생활에서 포도주는 매우 귀한 물품이었다. 당시 도시에서 취수한 물은 마실 수 없을 정도로 오염된 경우가 많았으며, 물 대신 마시던 맥주는 양조와 저장기술이 충분히 발전하지 않았기 때문에 장기 보관이 불가능하였다. 이에 반해 포도주는 나무통을 이용해 손쉽게 운반할 수 있었으며, 비교적 장기간 보관이 가능했다. 이 때문에 포도주는 기본적인 음료수로서 대단한 인기를 누리게 되었고, 포도주의 수요는 커져갔다.

시토회가 운영하던 에버바흐 수도원은 포도주를 대규모로 생산해서 유명했다. 이 수도원에는 지하실에서 가까운 시장까지 포도주를 실어 나를 자체 운송인력도 갖추고 있었으며, 먼 거리 수송을 위해 자체 선단도 운영했으며, 수도원 소속의 관리자는 시장에서 포도주를 직접 팔았다. 당시 포도주를 대규모로 생산하던 수도원은 저장과 판매를 위해 도시에 창고를 지어서 운영하였는데, 이 창고는 수도사에게 도시 속의 궁전역할을 하였다. 시토회 회칙에 의하면 이 창고의 운영은 일반 신도들의 몫이며, 수도사는 이 궁전에서 오랫동안 머무를 수 없었다.

국가는 중세에 수도원에 동산과 부동산을 많이 하사하였으며, 수도원은 이를 기반으로 포도주의 생산과 판매를 늘려서 막대한 이윤을 벌어들였다. 수도원은 이 이윤을 도시에서 동산과 부동산을 사는 데 재투자하였다. 몇몇 수도원은 도시 속의 궁전을 몇 채씩이나 갖고 있었는데, 이 곳에서 도시 내 수도원의 모든 재산이 운영되는 일이 벌어졌다. 시토회가 운영했던 최초의 도시 속 궁전은 1142년 뷔르츠부르크(Würzburg)에 건설되었다. 수도원은 이 궁전을 통해 커다란 경제적 활력을 얻었다. 독일 시토회의 수도원 중에서 중요한 역할을 하였던 에버바흐 수도원도 1163년부터 포도주의 집산지인 쾰른(Köln)에 도시 속의 궁전을 운영하기 시작하였는데, 도시 속의 궁전은 단지 물건을 저장하기 위한 창고의 역할뿐만 아니라 상점의 역할도 하였다. 포도주는 이 곳에서 판매되는 물건 중에서 점차 중요한 위치를 차지하게

되었는데, 이에 따라 도시 속의 궁전
안에 술집이 생기면서 활기차게 운영
되었다.

일반인도 수도사가 포도주 장사를
통해 막대한 부를 축적하고 있다는 사
실을 잘 알고 있었다. 따라서 이들은
시토회 사람들이 도시 속의 궁전을 운
영하는 것을 그리 달가워하지 않았다.
왜냐하면 수도회가 물건을 팔아서 막
대한 이윤을 챙기고는 있지만, 시에는
한 푼의 세금도 내지 않았기 때문이었

뷔르츠부르크의 야경

다. 그래서 이를 놓고 일반인과 수도회 소속 사람 간에 싸움이 종종 벌어지기
도 하였다.

뷔르츠부르크의 예를 들면, 이 도시 안에는 9군데의 도시 속의 궁전이
있었다. 경제난을 겪고 있던 시당국은 1297년 수도원에서 생산된 포도주와
곡물에 세금을 부과해서 구멍이 난 시 재정을 메우려고 하였다. 수도원은
당연히 이 조치를 거부하였고, 이에 성난 시민은 반란을 일으켰다. 시민들은
도시 속의 궁전으로 쳐들어가서 그 곳에 저장 중인 포도주와 곡물을 자기
마음대로 처분해 버렸다. 그러나 당시 종교와 권력이 긴밀하게 유착되어 있
던 상황에서 이들의 분노는 화풀이 정도로 끝날 수밖에 없었다. 도시를 통치
하고 있던 주교는 어느 정도 시민들의 화가 가라앉는 것을 기다렸다, 시토회
가 포도주와 곡물을 면세로 팔 수 있도록 다시 허락했다. 시민들의 화가 다시
가라앉는 데 약 2년의 시간이 걸린 것을 보면 당시 포도주에 따른 수도원의
경제직 이득이 막대했으며, 시민 중에서 특히 포도주 상인은 이에 매우 분노
했음을 추측할 수 있다.

13세기에 들어서서 독일지역의 인구는 800만 명에서 1400만 명으로

급증했다. 이렇게 인구가 급증한 이유로는 농업기술이 발전해서 생산성이 높아진 것을 들 수 있다. 농업의 발달은 상업과 수공업의 발달로 이어졌고, 이는 다시 많은 도시의 탄생으로 이어졌다. 실제로 1220년부터 1세기 동안 독일에서는 약 4,000개의 도시가 생겨났다. 도시가 담당한 가장 중요한 역할은 상품교역이었다. 상품교역과 도시가 급작스럽게 증가한 이유는 통치자들이 세수증대를 위해 이를 인위적으로 진흥하였기 때문이었다. 통치자의 권력기반은 경제력에 있었는데, 경제력은 다시 세수에 기반을 두고 있다. 농업분야에서의 세수는 고정적인 면이 강한 반면에, 상업분야에서의 세수는 지속적으로 확대 가능하였다. 이런 이유에서 통치자는 특히 상인과 상업을 보호했지만, 통치자들은 시장 개설이나 시장개시권을 유지함으로써 이들에게 통제의 끈을 놓지는 않았다.

쾰른대성당과 라인강

 와인에 담긴 역사와 문화

중세의 독일지역에서 포도주 유통 중심지는 라인강가에 위치한 쾰른이었다. 이 도시는 지리적인 위치와 시장개시권(Stapelrecht)을 통해 중심지로 부상할 수 있었다. 쾰른은 북부유럽 지역과 포도주 거래를 하기에는 매우 좋은 입지 조건을 갖추고 있었다. 쾰른을 지나면서 라인강 하류는 수심이 낮아졌고, 네덜란드의 뚱뚱한 포도주 운송선은 여기에서부터 배가 강바닥에 닿았다. 이 때문에 유럽 북부지역으로 수출되는 포도주는 거의 예외 없이 쾰른에서 다른 배에 옮겨 실어야만 했다.

쾰른이 포도주 유통 중심지로 부상한 또 다른 이유는 시장개시권에 있다. 시장개시권이란 해당 도시에 살고 있는 모든 사람에게 일정 기간 시를 통과하는 외부의 모든 화물을 살 수 있도록 보장하는 권리를 의미했다. 시장개시권이 보장하는 기간은 보통 3일 정도였는데, 이 기간에 외부상인들은 통과하려는 도시의 시장에 의무적으로 자신들의 물건을 전시하고, 해당 시민이 요구하면 판매에 응해야 했다. 또한 외부 상인들은 물건을 환적하기 위해서 시소유의 시설을 의무적으로 사용할 수 밖에 없었는데, 이 비용은 결코 싸지 않았다. 쾰른시는 시장개시권을 통해 도시생활에 필요한 물자들을 싼 값에 공급할 수 있었을 뿐만 아니라 시장에 물건이 항상 공급됨으로써 경제를 활성화시킬 수 있었다. 이 도시가 시장개시권을 통해 얼마나 막대한 이익을 얻었는지는 현재도 세계에서 가장 규모가 큰 고딕식 대성당을 건축하려고 시도한 데서도 알 수 있다(파리의 노트르담 성당과 쾰른 대성당의 규모를 비교해 보면 확연히 규모의 차이를 알 수 있을 것이다).

포도주 유통의 중심지 쾰른에서는 포도주가 그다지 많이 생산되지 않았다. 이 도시 인근지역에서 포도주가 주로 생산되었다. 쾰른시의 시장개시권과 자금력 그리고 운송수단의 독점 때문에 이 인근지역 사람들은 포도주를 생산해서 직접 네덜란드 상인들에게 판매할 수 없었고, 꼭 쾰른의 중간상인을 거쳐야만 했다. 쾰른 상인들은 포도주 출하에 앞서 주요한 포도주 생산지역에 자신들의 대리인을 보내 포도주의 양과 질을 조사했다. 쾰른 상인들은

이 정보를 바탕으로 어디로 구매여행을 떠날지 미리 정하였고, 유리한 조건
에서 가격을 협상할 수 있었다. 몇몇 대리인은 포도가 채 익기도 전인 여름에
포도를 입도선매하기도 하였는데, 이럴 경우 상인들은 단지 산지 포도주의
질 검사와 운송에만 신경을 썼다. 쾰른상인과 직접적으로 연결되지 않은 양
조인들은 쾰른까지 자신이 생산한 포도주를 손수 운반해야 했는데, 이 비용
을 개인이 담당하기는 쉽지 않았다. 이 때문에 이들은 인근시장에 자신들이
생산한 물건을 비교적 싼 값에 판매할 수밖에 없었다.

당시 쾰른상인은 포도재배업자들을 최대한 많이 자신들의 영향권 안으로
끌어들이려고 노력하였는데, 이들 간의 물밑 경쟁도 매우 치열하였다. 이들
이 주로 선금이나 입도선매 방식을 통해 포도재배업자들의 환심을 사려고
했는데, 매년 가난의 질곡에 허덕이던 이들이 이 제의를 뿌리치기는 쉽지

15세기부터 독일에서는 공중목욕탕이 생겨났는데, 여기에서도 포도주는 판매되었다.

않았다. 상호 간의 신뢰가 쌓이거나 중간상인의 경쟁이 치열해지면 매우 이 례적인 조건이 제시되기도 했는데, 쾰른상인은 1502년 발달게스하임에서 10년치 포도를 입도선매하기도 하였다.

포도주 생산자들은 쾰른의 중간상인들과 값을 흥정할 경우 개인적인 접 촉을 최대한 피하고 마을단위로 흥정했다. 이를 통해 쾰른 상인에 대한 협상 력이 높아졌는데, 15세기 초부터는 마을회가 포도주 판매를 통제·감시하는 것이 일반화되었다. 마을회는 상인과 생산된 모든 포도주 가격을 일괄적으로 흥정했는데, 이 때문에 질 낮은 포도주도 양질의 포도주와 함께 판매될 수 있었다(이런 판매방식을 가벨룽(Gabelung)이라 하는데, 포크질 정도로 번역될 수 있 다. 포크로 음식을 집으면 — 젓가락과 달리 — 서너 개가 동시에 집힌다. 독일어로 가벨은 포크를 의미함). 쾰른상인들은 마을에서 생산된 포도주를 질과는 상관없이 모 두 다 사야 했기 때문에, 작황이 나쁘거나 열악한 포도밭을 소유한 가난한 농민도 살길이 있었다.

쾰른상인들은 주로 독일 남부와 서부지역에서 포도주를 사들였는데, 특 히 모젤과 라인강 중류지역이 주된 구매처였다. 쾰른상인들은 이 곳에서 사 들인 포도주를 지역별로 구분하지 않고 모두 다 라인포도주 상표로 판매하였 다. 그러나 엘자스산 포도주는 예외적인 대우를 받았다. 일부 엘자스산 포도 주는 쾰른을 통해 유통되기도 하였지만, 대부분 프랑크푸르트를 통해 북쪽지 역으로 수출되었다. 쾰른과 포도주 유통부문에서 경쟁관계에 있던 프랑크푸 르트가 질 좋은 엘자스 포도주를 대규모로 유통시키면서 쾰른의 경제력은 점차 약화되기 시작했다.

엘자스 양조업자들이 프랑크푸르트를 통해 포도주를 유통시키기로 한 것은 프랑스의 정치적인 상황과 관련되어 있다. 프랑스는 백년전쟁을 통해 거의 폐허로 변했다. 알자스 양조인들은 기존의 프랑스 중개상인 대신에 정 치적 안정을 구가하면서 유리한 조건을 제시한 프랑크푸르트 상인을 중개상 으로 선택했다. 스트라스보르크와 프랑크푸르트 사이에 1280년 무관세협정이 맺어졌는데, 이후로 엘자스 포도주는 뤼벡과 에어푸르트 도로를 따라 동부와 북부 유럽으로 판매되었다. 엘자스 지방의 질 좋은 포도주가 프랑크푸르트를 통해 거래되면서 인기는 치솟았고, 중개상은 엄청난 돈을 벌게 되었다. 어느 한 상인은 1366년 포도주 유통으로 30년 동안 너무나 많은 돈을 벌었기 때문에, 시당국은 이 사람에게 특별세를 부과했다. 이와 같이 특별세를 부과한 예는 14세기 독일 역사를 통틀어서 이것이 유일한데, 이를 통해 당시 포도주 산업이 얼마나 큰 산업이며, 얼마나 수익률이 높은 산업이었는지를 알 수 있다. 아마 이 사람은 현재의 빌 게이츠와 비견될 수 있을 것 같다. 당시 포도주를 통해 막대한 경제적 이익을 올리기는 쾰른도 마찬가지였다. 포도주 물품세는 시전체 세수입의 10~13%를 차지하고 있었다.

포도주 관련 세수입이 가져다주는 혜택은 쾰른 시민들에게 빙산의 일각이었다. 포도주로 인한 간접적인 유발효과도 매우 컸는데, 중세 쾰른의 거의 모든 직종은 포도주와 직간접적으로 연관이 있었다고 해도 과언이 아니다.

백 년 전 쟁

14~15세기 유럽에서 프랑스 왕위계승의 정통성과 봉토를 포함한 여러 문제를 놓고 잉글랜드와 프랑스가 벌인 전쟁. 전쟁은 100년 내내 지속되지는 않고 간헐적으로 벌어졌으나 수 세대에 걸친 잉글랜드와 프랑스 왕의 싸움이 되었다. 이 전쟁의 공식적인 시작은 1337년에 시작되어 1453년에 끝난 것으로 되어 있으나 12세기에 이미 그 기원을 찾아볼 수 있다.

역사가들은 백년전쟁에서 서유럽 국민의식이 만들어지는 계기로 간주하고 있다. 수많은 승리와 좌절을 맛본 뒤 결국 잉글랜드는 유럽대륙에 간섭하려는 야망을 버렸고 잉글랜드의 군주들은 국내발전에 더욱 치중하게 되었다. 그리고 힘들게 싸워 마침내 왕위를 지킨 발루아 왕가로 인해 프랑스는 단지 이름뿐인 왕국에만 머물지 않고 유럽 내의 독립 군주국가로서 당당한 위치를 차지하게 되었다.

포도주가 사회에서 차지하는 비중이 매우 컸기 때문에 쾰른시는 1355년 포도주 거래와 술집을 감시하는 라인마이스터(Rheinmeister) 제도를 만들었고, 1378년에는 포도주학교도 설립하였다.

쾰른과 프랑크푸르트의 몇몇 부유한 상인 가문은 중·북부 유럽의 포도주 교역을 철저히 통제하고 있었다. 가문의 우두머리는 쾰른에 거주하면서 전체적인 사항을 조율·통제하였으며, 아들이나 사위는 브뤼헤, 브뤼셀, 앤트워프, 스톡홀름 등지에 거주하면서 포도주 판매를 관장했다. 이들은 귀한 포도주를 취급했기 때문에 언제 어디서나 환영을 받았다. 이들은 포도주 판매를 통해 얻은 이익으로 모피나 곡식 등의 인기품목을 구입해서 고향에서 되팔았고, 이들의 수익은 눈덩이처럼 늘어만 갔다.

북해와 발트해를 중심으로 활동하던 상인들은 12세기에 들어서서 길드 또는 한자(Hansa)라는 동업조합을 결성해서 교역활동 중의 상호 안전을 서로 보장받았다. 도시가 14세기에 들어서서 번영하기 시작하였다. 이 조직은 상거래 중의 안전을 담보해 주던 역할을 넘어서서, 동유럽과 서유럽을 경제적으로 연결해 주는 다리역할을 담당하게 되었다. 한자는 1347년부터 구속력을 가진 조직으로 변모하기 시작했으며, 한자의 구성원은 정기적으로 모여서 상호 협동방안을 논의했다. 쾰른도 한자도시 중의 하나였는데, 이 도시는 독일 포도주를 영국, 네덜란드, 발트해 주변국가들, 스칸디나비아 그리고 러시아에 이르기까지 유통시켰다. 한자의 포도주 주점이라고까지 했던 쾰른은 바다운송수단이 발전하고, 해로를 통해 값싸고 품질 좋은 포르투갈, 스페인 그리고 프랑스산 포도주가 수입되기 시작하면서 쇠퇴의 길을 걷기 시작한다. 쾰른시가 쇠퇴한 또 다른 이유는 독일포도주의 소비감소였다. 독일의 맥주제조에 호프가 사용되기 시작하면서 맛있고 장기보관 가능한 맥주가 탄생했으며, 맥주가 포도주의 대체품목으로 점차 등장하면서 독일 포도주의 어두운 앞날이 시작되었다.

17세기 네덜란드에서의 알코올 문제를 그린 그림. 독일지역에서도 이 문제는 동일했다.

5. 암흑속의 포도주

독일의 술문화에 마르틴 루터는 1534년 시편의 글귀를 인용하면서 당시 다음과 같이 꼬집고 있다. "모든 나라는 나름대로의 악마를 가지고 있다……. 우리 독일 악마는 좋은 포도주 통이며, 마시는 것이라고 한다. 악마는 너무나 목이 마르고, 피로하기 때문에 포도주와 맥주를 진탕 마셔도 해갈되지 않는다. 그리고 이러한 영원한 갈증 그리고 독일의 재앙은 최근까지도 남아 있다."

마르틴 루터가 살았던 당시인 16세기 중반 독일의 포도재배 면적은 가장 넓어서, 현재의 약 4배에 달했던 것으로 추정되고 있다. 포도주 역사학자인 바서만요르단(Bassermann-Jordan)은 15~16세기를 독일 민족의 술시대라고 했는데, 이는 매우 타당한 말이다. 왜냐하면 이 당시 포도주를 마시는 것을 빼고는 독일의 일상생활을 이해할 수 없기 때문이다. 이 당시 사람들은

 와인에 담긴 역사와 문화

기회만 주어지면 술을 진탕 마셔댔다. 일하기 전, 하는 중간 그리고 끝나고 난 후에도 술은 언제나 빠지지 않았고, 만나면 반가워서, 헤어지자니 섭섭해서 사람들은 술을 마셨다. 계약이 성사되면 이를 확인하고 축하하기 위해서도 술을 마셨는데, 이러다 보니 가계소득의 적지 않은 부분이 술값으로 지출되었다.

다양한 기회를 계기로 술을 마시는 것은 놀라운 일은 아니지만, 정작 놀랄 일은 마셨던 술의 양에 있다. 독일 국민 일인당 포도주 연간 소비량은 17세기경 약 150~200*l*에 달했던 것으로 추정되고 있는데, 현재 독일 국민 일인당 연간 포도주 소비량은 30*l*가 채 안 된다. 당시에는 현재보다 맥주나 증류주 소비가 적었으며, 포도주의 알코올 함량은 낮았기 때문에 중세 독일인이 술을 훨씬 더 많이 마셨다고 단순비교하기는 어렵다. 그러나 마시는 행위에서 현재와는 차이가 많았다.

보덴호수 근처의 위베를링엔(Ueberlingen) 병원에서는 1589년 모든 환자에게 몸과 마음의 건강을 위해 하루에 4.5*l*의 포도주를 제공했다는 기록이 있다. 이렇게 환자에게까지 포도주 마시는 것을 권장하는 것이 그 당시에는 그다지 놀랄 일이 아니었다. 당시 거의 모든 의사는 포도주가 건강에 좋기 때문에 마실 것을 적극 추천하였는데, 독일인의 과도한 음주행태를 비판하는 사람은 마르틴 루터처럼 소수였다. 브란덴부르크의 후작 요한 1세는 1540년 술중독과의 전쟁을 선포하였는데, 현재의 눈으로 보면 전쟁으로까지 부르기는 민망하다. 그가 내린 조치 중의 하나는 아이들의 영세식이 끝난 후 대부는 반 말 즉, 약 2.4*l* 이상의 포도주나 맥주를 마셔서는 안 된다는 것이었다.

그림멜스하우젠이라는 마을에 살았던 한스 크리스토퍼(Hans Christopher)는 1668년에 출간된 『단순함(*Simplicissmus*)』이란 책에서 당시 사람의 음주문화를 다음과 같이 묘사하고 있다.

"나는 어느 날 하객이 돼지와 같이 음식을 먹고, 소와 같이 술을 마시면서 당나귀와 같은 짓을 하고, 마침내 개와 같이 토하는 모습을 보았다. 그 귀한 호흐하이머, 바케라흐, 클링겐베르크 포도주를 대야와 같은 잔으로 위장 속으로 쏟아붓자, 효과가 바로 머리까지 나타났다. 이로부터 나는 모든 것이 어떻게 변하는지 보고는 놀랐다. 조금 전까지 멀쩡한 오감을 갖고 있던 사람이 갑자기 바보가 되어 세상에서 가장 멍청한 짓을 하기 시작하였다. 음주와 가장 멍청한 짓은 서로 친구가 되어 시간이 갈수록 더 친해졌는데, 이들은 마치 누가 더 잘났는지 경쟁하는 것 같았다. 마침내 이들은 추잡한 음담패설의 경쟁까지 벌였다."

당시 네덜란드에서의 전형적인 식단. 독일 라인강 지방에서도 거의 동일했다.

당시 사람들은 그럼 왜 이렇게 많은 포도주를 마셨는가? 그 이유야 여러 가지를 들 수 있지만, 당시에 포도주는 오랫동안 물과 함께 음료수로 간주되었던 데서 일차적인 이유를 찾을 수 있다. 중세에는 도시가 급격히 많이 생겨났다. 많은 농촌인구가 도시로 대량 유입되면서 인구의 밀집현상이 발생하였다. 이로 인해 도시의 위생상태는 매우 열악해졌다. 사람과 동물분뇨로 인해 식수오염이 심각해졌는데, 시내의 상당수 우물물은 마시기에 부적합하게 되었다. 물 대신에 포도주나 맥주를 대체 음료수로 마시게 되었는데, 포도주나 맥주에는 알코올이 함유되어 있기 때문에 당연히 많은 사회적 문제가 생겨났다. 독일에서 포도주 생산은 1600년대를 정점으로 줄어들기 시작했다. 이 이유는 앞에서 소개한 대로 영국과 네덜란드와의 무역경쟁에서 한자동맹이 점차 밀려나고, 외국산 포도주가 대량 수입되었기 때문이었다.

아우구스부르크 종교회의가 1555년 끝나자 독일지역에는 수많은 종파를 믿는 소수국가들이 탄생했다. 독일의 각 제후에게는 정치적 자주권이 주어져 있었다. 각 제후는 자신의 이해관계나 기호에 따라 종파를 선택하였고, 신민들은 제후들이 선택한 종파를 무조건 믿어야만 했다. 이 때문에 당시 통치자는 정치적으로 절대권력을 가지고 있었다.

이와 같은 정치적 변화는 포도주에서도 그대로 나타나고 있다. 제후가 개신교로 개종한 많은 지역에서 수도원은 폐쇄되었다. 수도원이 폐쇄되자 포도주 양조 전통의 근간이 심각하게 흔들리게 되었다. 쿠어팔츠 (Kurpfalz), 뷔르템베르크(Wütemberg) 그리고 바덴(Baden) 지역이 이에 해당한다. 이에 반해 제후가 카톨릭을 계속 믿었던 모젤, 라인, 프란켄 지역에서는 수도원도 건재할 수 있었으며, 이 지역은 후에 독일 고급포도주의 산실로 자리매김하게 된다.

포도주 거래도 30년 전쟁으로 인해 심각한 타격을 받게 된다. 영주마다의 다양한 이해관계로 인해 독일지역 내에서의 정책적 통일은 더욱 더 어렵게

30년 전쟁

이 전쟁의 주요무대는 독일 도시와 공국이었으며 이 지역은 심각한 피해를 입었다. 전투에 참가한 대부분의 병사가 용병이었는데, 이 중 다수는 급료를 제대로 지급받지 못했기 때문에 보급품 충당을 위해 시골마을을 약탈했다. 이로 인해 이 전쟁의 특징 중 하나인 이른바 늑대전략이 시작되었다. 쌍방 간의 군대는 모두 진군 중에 약탈을 일삼아 도시와 마을 및 농장을 황폐하게 만들었다.

마침내 열강이 유혈분쟁을 종식시키기 위해 독일의 베스트팔렌에서 회동했을 때 유럽의 세력균형은 근본적으로 변해 있었다. 스페인은 네덜란드를 잃었을 뿐만 아니라, 서유럽에서의 주도적인 입지도 상실했다. 프랑스는 강국으로 부상했으며 스웨덴은 발트해의 지배권을 장악했다. 네덜란드는 독립된 공화국으로 승인받았으며, 신성 로마제국 소속 연방국가에게는 완전한 주권이 주어졌다. 따라서 신성 로마제국은 사실상 붕괴되었다. 또한 주권국가의 공동체라는 근대 유럽의 본질적인 구조가 확립되었다.

되었다. 포도주의 고세율 그리고 계속해서 경쟁적으로 오르기만 하는 관세로 인해 포도주 거래는 심각한 타격을 받게 되었다. 높은 관세가 유지된 배경에는 제후의 이해관계가 숨어 있다. 왜냐하면 제후들은 이를 통해 포도주 생산과 거래를 자기에게 유리하게 통제할 수 있었기 때문이다. 포도작황이 풍년이면 수출관세를 높였으며, 흉년인 경우에도 세수감소를 이유로 수입관세를 높였다. 추산에 의하면 라인강의 일부 구간인 마인츠에서 코블렌츠까지 약 100km를 포도주를 배로 운반할 경우 5곳의 세관을 지나야만 했으며, 포도주 값은 이때 치러야만 하는 관세로 인해 170%나 비싸졌다. 이와 같은 예에서 알 수 있듯이 당시 제후에게 포도주 거래는 황금알을 낳은 거위였다.

높은 관세와 중요한 수도원의 강제폐쇄로 인해 독일 포도주 산업은 오랫동안 위기에 빠지게 되는데, 이와 같은 어려움을 더 가중시킨 것이 바로 30년 전쟁이었다. 이 전쟁은 초기에 종교전쟁의 성격을 띠었지만, 시간이 지나면서 종교적인 색채는 퇴색하고, 권력투쟁으로 변하였고, 카톨릭 국가인 프랑스가 개신교 국가인 스웨덴과 한편이 되어 싸웠다. 프랑스가 이 전쟁에 본격적으로 개입하게 된 것은 1635년이지만, 스웨덴은 이미 1630년에 독일 땅에 진출했다. 개신교는 스웨덴 왕 구스타프 아돌프를 도와 스웨덴의 입지를 강화하고 영토를 확장하는 데 앞장섰다. 스웨덴은 질풍노도와 같이 독일 영토를 점령해 나갔고, 독일 전역은 다국적 군인의 전쟁터로 변했다.

전쟁은 독일 땅에 무엇을 남겼는가? 대부분의 독일 영토는 30년전쟁으로 인해 심각한 타격을 받았다. 군인은 예전의 전쟁에서 찾아보기 힘들 정도로 일반인들을 학대·살해했다. 그림멜스하우젠은 자신의 책에서 스웨덴 군인이 얼마나 잔혹한 행위를 많이 하였는지 다음과 같이 생생하게 전하고 있다.

"그들은 머슴을 묶어서 땅위에 눕히고는, 입속에 나무판을 끼워 넣었다. 그리고는 착유통 가득히 썩은 똥물을 담아서 입에 쏟아 붇고는, 이것이 바로 스웨덴식 음주풍습이라고 말했다."

　스웨덴 군대의 이런 만행은 독일인을 공포의 도가니로 몰아넣었지만, 프란켄 지방 사람은 포도주로 인해 목숨도 건질 수 있었다. 30년전쟁이 발발하기 훨씬 전인 1540년은 이례적으로 매우 날씨가 좋았다. 이미 6월 말에 포도가 익어서 첫 번째 수확을 마쳤고, 가을에 다시 한 번 수확을 할 수 있었다. 당시 날씨가 얼마나 좋았던지 사람들은 식수난에 시달렸는데, 많은 지역에서는 식수값이 포도주값보다 더 비싼 현상이 벌어졌다. 뷔르츠부르크의 제후 겸 주교는 그 해의 포도주를 특별히 보관해 놓을 것을 명했다. 이 명에 따라 포도주는 땅을 파고 묻는 매우 특별한 방식으로 보관되었다. 전쟁 중

30년전쟁 후의 독일지역지도

무차별 약탈을 일삼던 스웨덴 군인도 이 포도주만은 찾아내지 못하였고, 이 지역 사람들은 군대가 퇴각한 후 포도주를 통해 목숨만은 연명할 수 있었다 (유럽에서 전쟁이 나면 점령군은 제일 먼저 포도주를 약탈하였다).

전쟁은 독일 국토뿐만 아니라 포도원도 황폐하게 만들었다. 일부 포도주 전문가들은 독일 포도주 산업의 퇴보의 전적인 원인을 30년 전쟁에서 찾고 있다. 하지만 이들의 주장은 그다지 설득력이 없다. 왜냐하면 폐허가 된 포도밭은 쉽게 다시 복구할 수 있었으며, 이전에도 전후에 복구된 역사가 실제로 남아 있기 때문이다. 독일 포도주 산업의 낙후는 전쟁이 끝난 후 포도주를 마시는 문화가 사람의 머리 속에서 많이 잊혀진데 있다. 이로 인해 독일의 중북부 지역과 구 바이에른 지역에서 포도재배는 거의 자취를 감추어 버렸다.

국토는 30년 전쟁으로 인해 황폐화되었고, 인구는 1/3이나 줄어든 약 1000만~1200만 명 정도가 되었다. 특히 인구가 많이 줄어든 지역은 농촌이었는데, 전체적으로 인구의 40%나 줄었다. 물론 인구감소의 원인을 전적으로 30년전쟁에서 찾을 수는 없다. 왜냐하면 페스트의 창궐도 중요한 역할을 하였기 때문이다. 페스트는 유럽에서 1350~1700년 사이에 창궐하였는데, 페스트에 걸리면 80~90%는 사망을 했다. 전쟁으로 영양상태가 매우 열악해진 사람에게 페스트는 특히 치명적이었다.

독일의 포도주 산업은 전쟁 후 다음과 같이 변했다. 독일 전역이 폐허가 되면서 농업이나 산업분야의 상당수 일자리가 사라졌다. 특히 노동집약적인 포도주 생산분야에서의 일자리 손실은 심각했다. 인구가 감소하고, 일자리마저 없어지고, 구매력도 낮아지면서 포도주 소비는 자연히 감소했다. 수요의 감소는 다시 유통과 판매시장의 축소로 이어졌고, 이는 다시 포도주 생산의 위축으로 이어졌다. 줄어든 수요조차도 충족시키지 못할 정도의 포도주가 30년전쟁 후에 생산되었는데, 17세기 말 인구가 다시 증가하자 포도주 공급은 더욱 더 부족하게 되었다.

6. 귀부병에 걸린 리슬링

독일 포도주의 앞날은 18세기에 들어서서 점차 밝아지는 것 같았다. 하지만 국제적으로 인정받는 포도주를 생산하기 위해서는 앞으로도 힘들고 먼 길을 가야만 했다. 독일의 기후와 토양이 포도재배를 위해 그다지 이상적이지 않은데다, 기후와 토양에 적합한 포도품종이 개발되지도 못했고, 생산기술은 낙후되어 있었다. 게다가 소비자들의 기대치는 높지 않았다. 이와 같은 요인이 복합적으로 작용해서 독일 포도주는 예전에 후진성을 모면하기 어려웠다.

독일 중세에는 포도주의 질에 뚜렷한 기준도 없었고, 소비자는 질에 그다지 신경 쓰지도 않았다. 이 시기에는 같은 경작지 안에서도 다양한 포도품종이 재배되었다. 수확이 끝나면 품종에 상관하지 않고 모두 함께 섞어서 즙을 짰고, 포도주를 담갔다. 또한 당시에는 생산기술이 발전하지 않았기 때문에 자연적인 방법으로 포도주를 발효·숙성시켰다. 이 때문에 포도주의 질은 같은 해에 생산된 것일지라도 달랐다. 사람들은 이렇게 생산된 포도주 중 질이 나쁜 것과 좋은 것을 섞어서 마셨다. 이와 같은 이유에서 당시 농민은 포도의 질과는 상관없이 수확량이 많은 품종을 선호했다.

중세 독일인이 포도주의 질에 갖고 있었던 생각은 현대인과는 달랐다. 중세인은 헝가리 포도주와 프랑켄 포도주의 단지 두 가지로 포도주를 구별했다. 성 힐데가르트(Hildegard, 1098~1179)는 이 두 가지 포도주의 차이점을 다음과 같이 설명하고 있다.

> "프랑켄 포도주는 물로 희석해서 마셔야 하며, 그렇지 않으면 혈액 속에서 폭풍이 발생할 것이다. 이에 반해 헝가리 포도주는 그 자체로 수분성분이 많기 때문에 그냥 마셔도 된다."

프랑켄 또는 헝가리 포도주를 구분하는 데 지금처럼 어떤 포도품종이

19세기 포도의 운송과정

사용되었는지 또는 색이 어떤지는 전혀 중요하지 않았다. 헝가리 포도주가 생산되는 훈족 포도는 질이 나쁜 포도주를 생산하는 품종을 의미했으며, 프란켄 포도는 양질의 포도주가 생산되는 품종이었다. 그렇다면 왜 중세 사람은 포도주의 질에 그다지 신경 쓰지 않았을까?

중세에 포도주는 일상생활에서 필수불가결한 음료수 성격이 강했다. 포도주가 음료수가 된 이유는 앞에서 이야기한 대로 중세의 위생상태와 연관이 있다. 중세에 우물과 변소는 그리 멀리 떨어져 있지 않았으며, 거리는 온통 오물로 가득 차 있었다. 이런 이유에서 식수는 심각하게 오염되었다. 포도주 수요가 음료수로서 많았고, 품질관리 시스템도 작동하지 않았기 때문에 포도주의 품질은 그다지 중요하게 여겨지지 않았다. 품질이 아주 나쁘지만 않다면 포도주는 팔렸고, 비록 질이 낮더라도 오염된 물보다는 더 나았기 때문이었다. 질보다는 양을 중시하는 당시의 기호는 맛을 낼 수 있는 또 다른 가능성이 있었다. 다양한 향료나 꿀을 첨가하면 포도주 자체의 맛이 별로 중요하지 않았다.

포도밭이 30년전쟁으로 인해 많이 파괴되었는데, 이 때문에 포도주를 선호하는 독일의 일부 지역에서는 수요와 공급이 심각하게 왜곡되었다. 이 지역에서는 수요는 많은 데 공급이 부족하였고, 품질에 큰 하자만 없으면 모두 다 판매할 수 있었다. 이로 인해 수확량이 많은 포도품종이 예전보다 더 선호되었다. 포도주 장사는 돈이 되었고, 소비자나 생산자 모두 질보다는 양을 중시하였기 때문에 포도주 생산은 독일의 농업구조를 변형시켰다.

일부 지역에서 포도주 공급이 부족해지면서, 포도주 생산으로 떼돈을 버는 사람들이 생겨났다. 이들이 많은 이윤을 남기자 다수의 농민은 곡물재배나 목축을 포기하고 포도재배로 전업 하였다. 그러나 이런 전업이 항상

중세 라인강 주변의 포도주 생산지역 고지도

성공적이지는 않았다. 왜냐하면 독일은 포도재배에 그다지 이상적인 날씨가 아니었고, 또 포도재배에 적당한 지역에는 이미 포도원이 들어섰기 때문이었다. 라인강 중류에 위치한 바카라흐 마을 사람도 수익성이 높다는 이야기를 듣고는 포도재배로 전업을 하였는데, 이들은 18세기에 들어서서 경제적 위기를 맞는다. 왜냐하면 전국적으로 포도재배로 전업한 마을이 많아져서 포도주 공급이 넘치고, 값도 폭락하였기 때문이었다. 이에 자연재해가 겹치면서 농민들은 기근에 시달리게 되었다.

포도재배로의 전업이 활발한 지역의 위정자들은 이러한 농업구조의 심각한 왜곡에 깊은 우려감을 갖고 있었다. 뷔템베르크의 크리스토프 공작은 1554년 양질의 농지나 숲이 포도밭으로 전용되는 것을 금지하였고, 당국의 허가가 있어야지만 포도재배를 할 수 있도록 규제하였다. 이런 조치에도 불구하고 규제는 그다지 실효성이 없었다. 많은 농지가 포도밭으로 전용되었고, 이로인해 사회적·경제적 문제들은 계속 발생했다. 지역별로 농지의 포도밭 전용을 제한하는 조치가 18세기까지 지속적으로 발표되었지만, 실효는 별달리 없었다.

앞서 독일인은 질에 별다른 관심 없이 포도주를 마셨다고 소개했다. 하지만 모든 계층이 이렇게 포도주를 마셨던 것은 아니었다. 이의 반증은 자신과 신하를 위해 좋은 포도주를 비축한 칼대제에서 찾을 수 있다. 하지만 문화적 상류계층이 고급포도주를 선호하는 경향은 17세기 말에 이르러서야 비로소 생겨났다. 맥주나 차 그리고 후에 커피나 카카오 등이 포도주를 대체하는 음료수로 등장하였고, 특히 맥주는 호프를 사용하면서 맛도 좋고 장기간 보존 가능하게 되었다. 이 때문에 이 음료수들은 포도주를 대체하기 시작했다. 이런 상황변화로 인해 포도주는 생존하기 위해 더 이상 일상적인 음료수가 아니라 기호음료로 변하게 되었다. 기호음료로서의 살아남기 위해서는 무엇보다 질이 중요하게 되었다.

품질의 고급화와 포도품종의 관계는 매우 복잡하다. 때문에 여기서는 리슬링과 클라인베르거의 관계만을 대표적으로 살펴보고자 한다. 엘빙(Elbing)이라고도 하던 클라인베르거는 중세에서 근대 초기에 이르기까지 가장 사랑받던 포도품종이었다. 일반적으로 알려지기로는 로마인들이 이 품종을 독일로 들여왔다고 하지만, 이를 확인하기는 어렵다. 클라인버르거는 수확이 빠른 조생종이며, 다수확 품종이었다. 그러나 포도의 질은 그다지 좋은 편이 아니었고, 여기서 생산된 포도주를 장기보관하기도 어려웠다. 그러나 이 품종은 비록 기후가 나쁘더라도 그럭저럭 수확이 보장된다는 남다른 장점을 갖고 있었다. 품질에 그다지 신경 쓰지 않던 대부분의 독일 사람에게 이 품종은 괜찮은 선택이었다.

독일인의 포도품종으로 알려진 리슬링은 현재 독일에서 가장 많이 재배되고 있는 품종이다. 리슬링의 기원은 정확히 알려진 것이 없지만, 라인지방에 자생하는 원시 포도나무에서 파생된 것으로 추정되고 있다. 백포도주의 귀족으로 알려진 만생종 리슬링은 일조량이 그다지 많지 않고, 기온도 높지 않은 라인과 모젤지역의 기후와 토양에 가장 적합한 포도품종으로 현재 인정받고 있다.

리슬링이란 이름이 처음으로 문서에
등장하는 것은 1435년이지만, 포도원
이 실제로 리슬링을 재배한 기록은
1490년 뷔템베르크의 시토회 수도원인
베벤하우젠(Bebenhausen)에서 발견할
수 있다. 이 수도원은 소작을 주면서

만생종인 리슬링

1/3은 리슬링, 나머지는 다른 품종을 심을 것을 지시한 것이 그것이다. 또한
연금술사 복(Bock)은 1552년 약초를 설명한 자신의 책에서 "리슬링은 모젤,
라인 그리고 보름스가우에서 자라고 있다"라고 쓰고 있다. 이를 통해 리슬링
재배가 당시 어느 정도 확산되어 가고 있다는 사실을 추측할 수 있다. 또한
마인츠 수도원은 1602년 죽은 클라인베르거 포도나무를 뽑아내고 리슬링을
심을 것과 리슬링을 심기 위해 모든 황무지를 4년 이내에 개간하도록 지시하
기도 하였다. 빙겐(Bingen) 마을에서는 생산된 클라인베르거 포도주가 시장
에서 환영을 받지 못하자, 시당국은 클라인버르거를 뽑아 버리고 리슬링을
심을 것을 마을사람에게 명령하였다.

그러나 모젤과 마인지역을 제외하고는 대부분의 독일지역에서 리슬링의
가치는 18세기에 이르기까지 그다지 알려지지 않았다. 몇몇 지역을 제외하
고는 리슬링이 크게 환영을 받지 못한 또 다른 이유는 당시의 포도주 생산방
식과 관련이 있다.

대부분의 포도원 소유주에게 포도주 소작료 받는 것은 가장 중요했다.
소작인은 최대한 적게 내려고 하고, 지주가 파견한 관리인은 최대한 많이
거두려고 하였기 때문에 당시 소작료 징수는 고양이와 쥐의 싸움과 같았다.
당시 소작료는 생산된 포도즙의 양에 따라 징수되었다. 그러나 이 양을 정확
하게 다 밝히기는 어려운 일이었다. 대다수의 지주는 탈루액을 최소화하기
위해 착즙이 시작되면 끊임없이 작업을 진행시켰다. 착즙은 조생종인 클라인

베르거로부터 시작되었는데, 연속해서 착즙을 하면 리슬링의 차례가 맨 마지막에 왔다. 그러나 만생종 리슬링은 이 때에도 제대로 익지 않았다. 소작료의 정확한 징수가 중요한 관리인은 제대로 익지 않은 리슬링을 착즙하도록 하였다. 이 때문에 리슬링의 장점은 부각될 수 없었다. 그러나 18세기에 이런 착즙관행이 변화하면서 리슬링은 재평가되었다.

리슬링이 마지막으로 웃을 수 있게 된 데는 수도원의 공헌이 컸다. 왜냐하면 수도원이 고급포도주 생산의 요람역할을 하였기 때문이었다. 수도원이 포도주의 양보다는 질에 관심을 기울인 것에는 여러 가지 이유가 있지만, 조세가 가장 큰 요인이었다. 수도원은 포도밭을 대규모로 운영하고 있었기 때문에, 이의 조세는 큰 부담이었다. 조세는 생산량에 따라 부과되었고, 이에 따라 수도원은 포도주의 양보다는 질에 더 큰 관심을 갖게 되었다.

지금까지 포도품종을 잘 선택함으로써 포도주의 질을 높이려는 노력을 보았다. 그러나 기술의 발전은 우연한 발견으로 인해 이루어지기도 하는데, 독일포도주의 질이 개선된 것도 역시 우연한 발견 덕분이다. 라인가우에 소재한 요하니스베르크 수도원이 1775년 슈페트레제를 생산한 덕분에 독일포도주는 고급화를 위한 전기를 마련할 수 있었다. 이 지역에서는 원래 시토회의 에버바흐 수도원이 중세 포도주 문화를 주도해 나갔다. 하지만 요하니스베르크 수도원이 1716년 포도주에 남다른 관심을 갖고 있던 풀다(Fulda)교구로 이관되면서 이 지역 포도주는 또 다시 발전의 전기를 맞았다.

당시 수도원장의 주요한 임무는 매년 풀다 교구로부터 착즙허가를 받는 일이었다. 이를 위해 수도원에서는 포도가 적당히 익으면 교구로 전령을 보냈다. 당시 사람은 갈루스의 날인 10월 16일까지 착즙을 마치기 위해 노력했는데, 전령은 예년에 비해 14일이나 늦게 허가를 가지고 다시 나타났다. 그 해 날씨는 유달리 건조하고 더웠는데, 이 때문에 전령이 허가서를 갖고 나타나기 훨씬 전에 대부분의 포도송이는 이미 귀부병에 감염되었다.

이 수도원의 포도가 귀부병에 걸린 또 다른 이유는 귀부병에 취약한 리슬

링 포도품종 때문이었다. 이 수도원에
서 처음으로 리슬링을 재배하기 시작
한 때는 1717년이고, 1719년에는
5ha의 면적에 3만 8500주를 심었다.
리슬링의 작황이 좋자 10년 동안 리슬
링 재배면적을 계속해서 넓혀나갔다.

귀부병에 걸린 리슬링으로 담근
술은 뜻하지 않게 애호가들로부터 극
찬을 받게 되었다. 이를 통해 이 수도

귀부병에 걸린 포도

원 사람들은 고급포도주를 생산하기 위해서는 적합한 포도품종을 선택하는
것 이외에 수확시기도 중요하다는 것을 알게 되었다. 이렇게 탄생한 슈페트
레제 덕분에 리슬링은 클라인베르거를 누르고 독일을 대표하는 포도 품종으
로 등장할 수 있게 되었다. 고급포도주인 슈페트레제가 탄생하였지만 곧바로
확산되지는 않았다. 왜냐하면 갈루스의 날을 지나 포도를 수확하기에는 농부
들은 너무나 많은 위험을 부담해야 했기 때문이었다.

현재 독일 양조업자들은 귀부병에 걸린 포도를 많이 수확하기 위해 노력
하고 있다. 요하니스베르크 수도원은 이 때문에 프레디카드 바인, 슈페트레
제, 베렌아우스레제, 트로켄베렌아우스레제와 같은 독일의 고급 포도주의
산실로 여겨지고 있다. 매우 특별한 포도주인 아이스바인도 1858년의 요하
니스베르크 수도원 문서에서 처음으로 등장하고 있다.

7. 포도주의 과학화

포도주 수요가 18세기에 들어서서 증가하였고, 제후와 성직자가 포도주 산
업을 적극적으로 지원하면서 점차 활기를 다시 띠기 시작한다. 이런 활기에

힘입어 포도주 생산을 좀더 과학적으로 하려는 노력이 있었고, 체계적으로 해충을 방제하고, 좋은 품종을 선택해서 보급하고, 저장기술을 획기적으로 개선하려는 노력이 점차 결실을 맺기 시작했다. 중세 독일에서는 1ha 당 약 40hl 밖에 생산하지 못했지만, 고대 로마시대에는 120hl 까지 생산하였다. 수도원에서는 생산량을 늘리기 위해 로마시대의 기록을 분석하였는데, 이를 통해 지리적인 위치에 따라 수확량과 질이 좌우된다는 사실을 깨닫게 되었다. 또한 과학적인 방법을 활용하면 포도주의 생산량을 늘리면서도 질을 개선할 수 있다는 사실도 발견하였다.

요하니스베르크 수도원은 말라비틀어지고, 귀부병에 걸린 포도송이로 만든 포도주를 1779년 처음으로 카비네트 포도주(Cabinetwein)라는 이름으로 판매했다. 이 포도주로 인해 이 수도원은 독일에서 명성을 얻게 되었다. 나폴레옹이 독일 수도원 소유의 포도밭을 전부 사유화하는 조치를 1802~1803년 시행했음에도 불구하고, 이 수도원은 명성 덕분에 예외적인 대우를 받았다.

왹슬레 계량기

포도주의 질을 개선하기 위한 노력은 19세기에 들어서서도 계속되었다. 포르츠하임 출신의 물리학자인 크리스티안 페르디난트 왹슬레(Chistian Ferdinand Oechsle, 1774~1852)는 포도 알갱이 속의 당분을 정확히 계산해 낼 수 있는 포도즙계량기를 발명했다. 이의 발명으로 인해 포도주를 다양하게 등급화할 수 있게 되었다. 왹슬레 계량기의 1°는 물 1*l* 속에 포함되어 있는 당분 1g을 의미하며, 왹슬레 80°인 1*l* 포도즙은 1*l*의 물보다 80g이 더 무거운 것을 의미한다. 현재까지도 독일포도주의 등급은 이 계량기의 측정치에 의해 결정되고 있다.

유럽에서 포도주는 예전에 찾아볼 수 없는 최고의 인기를 19세기 초에 누렸다. 그러나 이와 같은 인기는 미국에서 들어온 병충해에 의해 커다란 타격을 받게 되었다. 독일도 예외는 아니었는데, 이 병충해 피해가 독일 국경 지역에서 늘어가자 비스마르크 총리는 1873년 2월 외국산 포도품종 수입을 금지시켰다. 이런 조치에도 불구하고 독일 남서부 지방에서 병충해가 1881년 대규모로 발생했으며, 이 피해는 19세기 말까지 계속 걷잡을 수 없이 늘어만 갔다. 일단 피해가 발생하면, 해당 지역의 포도밭을 전부 갈아엎어 버리는 극단의 조치까지 취해졌지만, 피해는 수그러들 기미를 보이지 않았다. 설상가상으로 미국에서 새로운 종류의 질병이 계속 유입되자, 독일 포도주 산업은 완전히 몰락하는 것처럼 보였다. 1870년 15만ha에 이르던 포도밭은 1914년 10만ha로 줄었다. 그러나 질병에 효과적으로 대처할 수 있는 방법이 속속 개발되면서, 독일의 포도주 산업은 회복의 길로 접어들었다. 하지만 완전히 복구하기 위해서는 머나먼 길을 가야만 했다.

포도주 산업 일반에 새로운 전기를 마련한 또 다른 사람은 프랑스인 파스퇴르(1822~1895)였다. 발효에 중요한 역할을 하는 것은 박테리아라는 사실

테오도르 호이스(1884~1963)

독일연방공화국(서독) 초대 대통령, 자유민주당(FDP) 당수

자유민주주의적 입법가로, 전쟁이 끝난 뒤 서독의 새로운 헌법을 기초하는 데 이바지했다. 호이스는 뮌헨대학교에서 정치학 학위(1905)를 받은 뒤, 여러 신문의 편집자와 베를린 정치학교 강사로 일했다. 바이마르 공화국 시절에 독일민주당(DDP) 당원이 된 그는 1924~1928, 1930 ~1933년에 연방 하원의원으로 활동했다. 히틀러가 집권한 뒤 그의 책은 비(非)독일적이라는 이유로 불태워졌다. 제2차 세계대전이 끝난 뒤인 1946년 호이스는 FDP 창당에 이바지했고, 1949년부터 FDP 당수로 일하면서 독일연방공화국 헌법에 기초한 의회위원회에서 활동했다. 1949년 9월 12일 새로운 국가의 대통령으로 선출되었으며, 1959년 은퇴할 때까지 주로 명예직을 맡았다.

을 그가 발견해 냈는데, 이로 인해 포도주의 발효과정은 더 이상 하늘의 뜻에
만 맡기지 않아도 되었다. 독일 포도주의 질은 과학기술의 도입으로 향상되
어 갔다. 하지만 잘 익은 포도를 제대로 발효·숙성시켜 포도주를 만들기보
다는 첨가제로 맛을 낸 싸구려 포도주가 시장에 범람했으며, 이로 인해 독일
포도주의 명성은 금이 가기 시작했다. 이런 포도주의 생산과 유통을 막기
위한 첫번째 독일포도주법이 1892년 발효되었지만, 별다른 실효를 거두지
는 못했다.

사이비 포도주를 시장에서 퇴출시키기 위한 보다 더 강력한 법률이 1901
년에 이르러서야 통과되었다. 이 법의 목적은 인공포도주와 설탕이 과도하게
들어간 포도주의 생산과 유통을 금지시키는 것이다. 후에 독일 대통령이 된
테오도르 호이스(Theodor Heuss)는 자신의 박사학위 논문에서 당시 포도주
문제를 다음과 같이 쓰고 있다. "현재 좋은 술과 나쁜 술을 함께 섞고, 검은
포도와 청포도를 함께 수확하는 것이 상당히 많은 지역에서 일반화된 현상인
데, 이는 나쁜 습관이다……. 왜냐하면 특정한 품종의 개별적 특성이 이로
인해 완전히 사라져 버리기 때문이다."

호이스가 박사학위를 받았을 때 양조업자들도 이런 문제점을 잘 알고
있었다. 또한 독일 포도주 산업뿐만 아니라 자신들의 생존을 위해서도 이
문제를 꼭 해결되어야 한다는 생각도 갖고 있었다. 그러나 정작 이런 포도주
에 법적인 철퇴가 내려진 때는 1930년이었고, 이 문제가 해결된다고 바로
독일포도주가 국제사회에서 고급으로 인정을 받을 수 있을까?

8. 포도주의 고급화

양차대전을 겪으면서 독일 포도주 산업은 또 다시 어려움을 겪었다. 농부가
군인으로 차출되어 노동력이 부족해 졌고, 농약도 부족하게 되었다. 그러나

제2차 세계대전이 끝나고 얼마 지나지 않은 1949년부터 독일포도주 산업은 오랜 잠에서 다시 깨어나기 시작했다. 이 때부터 전체 포도밭의 절반 이상이 경지정리되었고, 포도주의 품질이 개선되었으며, 농부들의 수익도 증가하였다. 현재 약 2,000ha에 이르는 포도밭은 수리시설이 되어 있으며, 수확기술도 현저히 개선되어 기계화가 많이 진행되었다. 포도송이의 당도를 정확히 측정하여 수확시기를 결정하고 있으며, 새로운 포도품종을 개발하려는 노력이 계속되고 있다. 수확량이 높으면서 포도의 질이 좋은 품종이 속속 도입되고 있는데, 현재 리슬링 다음으로 가장 많이 재배되는 뮐러투르가우가 좋은 예이다. 수확량이 많게 된 또 다른 이유는 시비기술의 개선 때문이다. 적당한 종류와 양의 비료를 적당한 시기에 주는 것은 현대 과학기술이 없었다면 불가능하였다.

현재는 30년 전에 비해 수확량이 2~3배 증가해서 ha당 평균 100l 이상이 생산되고 있다. 이와 같은 생산량은 다른 어떤 나라에서도 유례를 찾아보기 힘들다. 현재는 포도즙을 짜고 저장하는 기술에도 커다란 진전이

현재 스위스 지역인 쾨니히슈타인의 거대한 포도주 통. 하이델베르크에 있는 통과는 경쟁 관계에 있었음

있다. 포도껍질이 손상되지 않도록 벗기는 기술, 즙을 짜면서 찌꺼기가 파괴되지 않도록 하는 기술, 상온과 저온 발효기술 그리고 압력탱크에서의 발효기술 등이 속속 도입되고 있다. 이런 기술을 통해 독일 포도주는 알코올 함량이 높아지고, 맛과 향이 더욱 개선되었다.

독일 양조인들은 포도주의 맛을 부드럽게 하기 위해 발효하지 않은 포도즙을 첨가하기도 한다. 상당수 포도주 애호가들은 이를 비판하고 있다. 왜냐하면 이들은 이 때문에 포도주의 원래 맛이 과장되고, 심하게 왜곡된다고 믿고 있기 때문이다. 이렇게 만들어진 포도주에서 단맛은 분명히 두드러진다. 그러나 독일뿐만 아니라 해외의 일부 포도주 애호가들은 이런 맛을 원하기 때문에 계속해서 생산되고 있다. 모든 것이 거의 법제화된 독일에서 포도주의 첨가물에도 포도주법에 규정되어 있다. 첨가물로 인해 포도주의 맛과 향이 왜곡되지 않아야 하며, 허용되는 양은 법적으로 엄격히 규정되어 있다.

게르만인이 포도주 저장용기를 토기에서 나무통으로 바꾸었다고 소개하였다. 그러나 현재 대량생산되는 포도주를 나무통에 넣어서 숙성시키기에는 너무나 양이 많다. 또한 나무통은 다루기도 불편하기 때문에 — 고급 포도주를 생산하는 경우를 제외한다면 — 점차 뒷전으로 밀려나고, 대신에 스테인리스 통이 사용되고 있다. 새로운 재질의 통을 사용하면서 숙성과정도 통제하기 더욱 쉬워졌고, 균일한 맛이 나고 있다. 대량생산과 현대 양조기술의 도입으로 인해 포도주의 가격은 다른 식료품에 비해 일정하게 유지되고 있는데, 국민소득의 증가나 인플레이션을 감안하면 오히려 가격이 하락하고 있다.

다시 이 글의 주제인 독일 포도주의 고급화로 돌아가 보자. 양차대전을 전후한 시기에서 1970년대까지만 해도 독일의 포도주 생산업자나 소비자 모두 달콤한 맛의 포도주 슈페트레제를 선호했다. 이에 편승해서 설탕을 듬뿍 넣어 슈페트레제의 맛을 흉내낸 사이비 제품이 시장에 범람하게 되었고, 이 제품은 날개 돋친 듯이 팔렸다. 그러나 이 사이비 포도주는 귀부병 걸리고 잘 익은 포도송이에서 생산된 진짜 슈페트레제와는 확연히 다른 맛과 향을 지니고 있었다. 슈페트레제는 특히 모젤과 라인가우 지방에서 고급포도주의 상징으로 확고히 자리잡고 있다.

독일의 날씨는 매우 변화무쌍하다. 필자는 로마 여행 중 한 미국여인을 식당에서 만났는데 이 미국인은 한여름에 독일을 여행하였다고 하면서, "어찌 하루에 4계절을 다 경험할 수 있느냐"며 독일의 변덕스런 날씨에 혀를 내둘렀다. 물론 이 여자가 독일을 방문한 날 날씨가 특히 나빴을 수도 있다. 그러나 독일 여름 날씨는 대부분 그다지 좋지 않다, 그래서 독일인들은 가끔 감정의 변화가 심한 여자를 보고 독일 날씨와 같다고 하기도 한다. 이런 날씨에서 높은 당도를 지닌 포도를 재배하기는 어렵다.

슈페트레제를 생산하는 것은 앞에서 이야기한 대로 매우 까다로운 수작업과 위험부담이 따른다. 그러나 슈페트레제는 매우 싼 값에 시장에 범람하고 있는데, 이는 설탕을 가미해서 만들지 않고서는 불가능하다. 아무튼 이런 사이비 포도주가 독일 국내뿐만 아니라 외국시장에까지 대규모로 유통되면서 독일포도주는 설탕으로 맛을 낸 싸구려 포도주라는 인식이 포도주 애호가들의 머리 속에 자리 잡게 되었다.

포도주 시장은 1970년대 중반에 들어서서 큰 변화를 하였다. 우선 배고팠던 전쟁 중의 경험으로 인해 마구잡이로 대량 소비하던 습관이 점차 고급품 선호로 바뀌기 시작하였고, 시장의 자유화로 인해 해외의 고급물건이 자유롭게 수입되기 시작했다. 해외, 특히 알자스 지방에서 생산된 건조한 맛의 포도주가 대량으로 수입되면서, 상당수 독일인은 고급포도주의 진정한 맛이 무엇인지를 알게 되었고, 이의 매력에 점차 빠져들었다. 이런 시장과 소비자 입맛의 변화로 인해 독일 양조업자들은 이 경향에 맞추지 않고서는 시장에서 살아남을 수 없게 되었다. 독일 포도주가 새로운 트렌드인 건조한 맛의 포도주를 생산해서 국제적인 명주의 반열에 오를 수 있을까?

그러나 문제는 신맛이 강한 모젤, 나헤 그리고 라인가우 지방의 포도주는 건조한 맛과 그리 잘 어울리지 않는 데 있었다. 왜냐하면 햇빛을 충분히 받고 숙성된 남부 유럽의 포도주는 단맛이 없어도 맛 그 자체로 조화롭고 마시기 편했지만, 이 지역의 포도주는 신맛이 너무 강해서 맛이 건조하면 마시기 불편했기 때문이었다. 건조한 맛을 흉내만 내서는 외국의 유명한 포도주와 경쟁할 수 없다는 것을 깨달은 독일의 양조업자들은 그들만의 색깔을 가진 포도주를 개발해야 된다는 사실을 곧 깨닫게 되었다. 이들이 독일 포도주의 특징으로 선택한 것이 바로 다양한 맛과 균형감각이었다.

고급으로 새롭게 태어나서 해외로 대량 수출되기 시작한 독일 포도주를 축하하는 모습

해외의 고급포도주의 건조한 맛을 선호하던 독일 소비자들은 — 과거의 습관으로 인해 — 포도주에 어느 정도 당분이 남아 있는 것을 좋아하였다. 그러나 이들이 좋아하는 단맛은 설탕에서 나온 싸구려 단맛이 아니라, 포도가 농익으면서 생겨나는 자연스런 단맛이었다. 독일 양조인들은 이런 맛을 살려서 다양한 고급 포도주들을 생산하기 시작했다. 고급 포도주를 생산하려는 독일인의 노력은 품종을 고급화하려는 데서도 찾을 수 있다. 예전에는 금지되었던 해외의 고급 포도품종을 수입해 재배하기 시작했다. 이런 노력으로 인해 독일 양조장에서 생산되는 포도주는 각자의 다양한 맛을 지니고 있으며, 이 맛의 차이는 지역 간의 차이보다 더 심하다. 고급포도주의 이런 경향과는 별도로 보통 또는 대중적인 포도주의 맛은 제조기술의 기계화로 인해 점차 비슷비슷하게 되어갔다. 대중적인 포도주는 착즙과 멸균과정을 거쳐, 여기에 순수한 효모균을 첨가해서 발효와 숙성과정을 거쳐 생산되고

있다. 이런 과정을 거쳐 생산된 포도주의 맛과 향은 ― 해마다 그리고 양조장마다 달랐던 예전과는 달리 ― 균일화·획일화되었다.

이 모든 노력으로 인해 독일포도주는 한편으론 다양하고, 고급화되었으며, 다른 한편으로는 가격면에서 국제적인 경쟁력을 갖추게 되었다. 서늘한 독일 날씨에서 오랜 숙성과정을 거쳐 수확된 리슬링으로 만들어진 백포도주는 건조하고, 달면서도, 조화로운 맛을 지니고 있는데, 이로 인해 풍부하고 부드러운 맛을 지닌 외국의 적포도주에 필적할 수 있는 단계에 이르게 되었다.

🍶 독일 포도주의 특징

1. 포도주법

독일 포도주법은 1971년부터 발효되었는데, 이 법은 비교적 성공적인 성과를 거두고 있다. 이 법에 따르면 독일에서 생산된 모든 포도주 병에는 라벨이 붙어 있어야 하며, 여기에는 검사번호가 표기되어야 한다. 독일 포도주의 품질등급은 세가지로 나뉘는데, 포도주법은 각 등급 포도주가 갖추어야 할 최소한의 조건을 규정하고 있다. 이에 따르면 당국은 법에 규정된 기준에 따라 병입된 포도주를 검사를 할 의무를 지닌다. 그러나 실제적으로 포도주의 품질검사를 담당하는 기관은 중앙정부의 위임을 받은 주정부이다.

포도주법은 여러 조항으로 이루어져 있는데, 이 중 수확과 관련된 조항은 포도의 숙성도와 압착을 자세히 규정하고 있다. 이에 따르면 양조업자는 수확시기, 지역, 포도품종, 포도즙의 비중, 수확량 등과 같이 품질과 관련된 제원을 모두 기록으로 남겨야 한다. 품질과 관련된 부분에 변화가 있을 경우

이 기록을 자세히 문서로 남겨야 하는데, 예를 들면 다른 곳에서 포도즙을 사서 혼합할 경우가 이에 해당한다.

이와 같은 기록과 함께 병입된 포도주는 공인된 실험실에서 분석시험을 거쳐야 한다. 이 때 총알코올량, 잔존 알코올량, 전체 추출액, 무설탕 추출액, 총당분량, 전체 산도, 총인산량 등이 측정된다. 이와 같은 검사에서 해당 등급에 필요한 최소한의 조건을 충족시키고, 마시는 데 유해한 물질이 포함되지 않았을 경우 해당 품질인증서를 신청할 수 있다. 이를 위해서는 검사결과서와 세 병의 견본 포도주 그리고 관청에서 요구하는 기타 제원을 제시해야 한다. 포도주의 품질검사에 참여하는 사람은 포도주 산업분야에 종사하면서 정규교육도 받고 경험도 많은 사람들, 소비자 단체에서 연구와 교육에 종사하는 사람 그리고 중립적인 포도주 관리 위원회 소속 사람들이다. 공식적인 검사는 검사번호를 발부 받는 것으로 끝난다.

포도주 주산지 구분

독일은 도시와 농촌 간의 경제적 격차가 그리 크지 않다. 농촌에도 많은 마을이 잘 발달되어 있으며, 농민은 도시인만큼이나 경제적으로 윤택한 생활을 하고 있다. 포도원은 대개 마을로부터 그다지 멀지 않은 곳에 있으며, 양조장은 주로 마을 안에 있다. 다른 나라의 포도주 라벨과는 다르게 독일 포도주병에 붙어 있는 라벨에는 양조장, 마을이름 그리고 포도밭의 이름이 표시되어 있다.

예전의 독일 포도주 애호가는 포도주를 선택하는 데 가장 먼저 포도원의 이름을 보고, 그 다음으로 생산자가 누구인지를 고려했다. 포도주의 가격은 주로 포도원의 특성에 따라 결정되는 경향이 강한데, 1971년까지 개인이 운영하는 약 3만 곳 이상의 포도원이 있었다. 1971년의 포도주법에 의해 이 숫자는 약 2,600 곳으로 간소화되었는데, 아직도 포도주 애호가가 포도주를 선택하기에는 놀라울 만큼 많은 숫자이다. 포도주 애호가가 손쉽게 포도주를 기억하고 선택할 수 있도록 분류방식을 새로 만들어 냈는데, 이 내용은 다음과 같다.

1971년에 발효된 서독의 포도주법에 의해 광역의 11개 포도주 산지가 생겨났다. 이 산지는 안바우게비트(Anbaugebiet)라고 하는데, 1989년 통독 후 동독의 2개 지역이 새로 편입되어 현재는 총 13개 안바우게비트가 있다. 안바우게비트는 다시 40여개의 베라이히(Bereich)로 세분화되며, 이 베라이히는 다시 163개의 그로스라게(Gorsslage)로 나뉜다. 그로스라게는 다시 아인첼라게(Einzellage)로 구분되는데, 현재 독일에는 개개 포도원의 집합인 아인첼라게가 약 2500곳이나 있다. 아인첼라게로 지정되기 위해서는 적어도 8ha 이상의 크기와 지리적인 경계를 포함하고 있어야 하며, 생산된 포도주가 동일한 맛을 지니고 있어야 한다(구분하고 분류하는 것을 좋아하며, 이 모든 것을 법제화해야만 직성이 풀리는 독일인 특성이 포도주 법에 잘 나타나고 있다).

13개 안바우게비트 이름	포도재배면적	연평균 생산량(1990년)
Ahr(아르)	520ha	43,690hl
Baden(바덴)	15,761ha	1,195,330hl
Franken(프란켄)	6,062ha	503,420hl
Hessische Bergstrasse(헤시셰 베르크슈트라세)	456ha	37,660hl
Mittelrhein(미텔라인)	601ha	72,830hl
Mosel-Saar-Ruwer(모젤자르루버)	11,785ha	1,520,520hl
Nahe(나헤)	4,612ha	362,520hl
Pfalz(팔츠)	23,506ha	2,420,710hl
Rheingau(라인가우)	3,227ha	246,130hl
Rheinhessen(라인헤센)	26,268ha	2,552,790hl
Saale-Unstrut(자레운슈트루트)	523ha	17,920hl
Sachen(작센)	361ha	13,430hl
Wuettemberg(뷔템베르크)	11,129ha	1,114,050hl
합계	104,811ha	10,101,000hl

포도주 등급

독일인은 법을 만들고 이에 따라 사회가 운영되는 것을 좋아한다. 독일 포도 원도 1971년 제정된 포도주법에 의해 규제를 받고 있는데, 이 법의 근본취지 는 지역마다, 포도원마다 달랐던 품질등급을 통일·간소화하는 데 있다.

독일 포도주는 특정한 속성을 지닌 고급 포도주(Qualitaetwein mit Praedikat; PmP)부터 법의 엄격한 제한을 받고 있다. 이에 따르면 어디에서 포도를 재배해야 하는지, 1ha당 최대수확량은 얼마까지 허용되는지, 첨가물 의 범위와 양은 어떠한지, 허용된 발효방법은 무엇인지, 라벨에는 어떤 정보 들을 표시해야 하는지 등이 규정되어 있다. 그러나 무엇보다 이 법의 핵심은 포도주의 등급을 분류해 놓은 것이다.

독일 포도주의 등급은 — 다른 나라의 포도주 등급과는 달리 — 수확할 당시의 포도 숙성도에 따라서 나뉜다. 독일은 포도재배의 북방한계선에 있기 때문에 포도의 숙성도는 언제 수확하느냐에 따라 매우 다르며, 이에 따라 포도주의 질도 다르다. 평균적인 해의 포도수확을 가정해 보면 정상적인 시 기에 수확한 포도는 햇볕을 충분히 받지 못해서 포도당이 충분히 생기지 못했을 가능성이 높다. 그래서 포도주는 신맛이 강하고 텁텁하다. 그러나 포도원 주인은 날씨가 나빠져서 최악의 경우 포도수확을 포기해야 할 위험을 감수하고라도 충분히 포도에 당분이 형성되기를 기다려서 수확할 수도 있다. 이렇게 몇주 후 포도를 수확해서 포도주를 담그면 더 익었기 때문에 맛과 향이 더 진하고, 풍부한 포도주를 얻을 수 있다. 이 보다 더 오랫동안 포도송 이를 수확하지 않고 놔둘 수도 있는데 이렇게 생산된 포도주는 두 번째 경우 보다 맛과 향에서 뛰어날 것이다. 이와 같은 방식으로 법적으로 규정된 여섯 가지의 다양한 포도주를 생산할 수 있는데, 날씨가 이상적인 경우 한 포도원 에서 이 모든 여섯 가지 포도주를 모두 생산해 낼 수 있다. 언제 수확한 포도로 술을 만들었는지가 독일과 오스트리아에서 생산되는 포도주 라벨에는 항상 표기되어 있다.

사람들은 포도의 수확시기에 의해 독일 포도주의 질이 결정된다고 종종 이야기하지만 이는 정확한 말이 아니다. 포도의 숙성도에 따라 포도주의 맛과 향이 달라지지만 이 차이가 품질의 차이라고 이야기할 수는 없기 때문이다. 포도의 숙성도는 수확할 당시의 과당에 의해 결정되는 것이며, 숙성도가 포도주 안의 당분을 결정하는 것은 아니다. 이와 같은 이유에서 독일 포도주의 대부분은 텁텁한 맛을 지니고 있다. 모든 것을 과학적으로 처리하기 좋아하는 독일인은 어떻게 숙성도를 측정할까?

독일 포도주는 크게 두 가지 범주로 구별할 수 있다. 테이블 와인(Tafelwein)과 고급 와인(Qualitaetswein)이다. 란트바인(Landwein)이라고도 종종 혼용되는, 테이블와인은 저렴하고 특색 없는 포도주이다. 이 포도주의 질은 그다지 좋지 않으며, 와인전문상점에서는 취급하지도 않는다.

독일 포도주 생산량의 95%를 차지하고 있는 고급와인은 법에 의해 두 가지 종류로 규정되어 있다. QbA와 QmP. 특정한 산지에서 생산된 고급와인을 의미하는 QbA(Qualitaetswein bestimmter Anbaugebiete)는 법에 의해 공인된 13곳의 산지에서 생산된 포도주를 의미한다. QbA급 포도주는 독일인이 일상적으로 편하게 마시는 비교적 저렴한 포도주인데, 대개 처음으로

품질 등급	최소 포도즙 함유율	최소 알코올 함유율
Tafelwein(타펠바인)	44~50ΟOe	8.5% vol
Landwein(란트바인)	47~53ΟOe	8.5% vol
QbA(쿠베아)	50~72ΟOe	7.0% vol
Kabinett(카비네트)	67~82ΟOe	7.0% vol
Spaetlese(슈페트레제)	76~90ΟOe	7.0% vol
Auslese(아우스레제)	83~100ΟOe	7.0% vol
Beerenauslese(베렌아우스레제)	110~128ΟOe	5.5% vol
Trockenbeerenauslese(트로켄베렌아우스레제)	150~154ΟOe	5.5% vol
Eiswein(아이스바인)	110~128ΟOe	5.5% vol

수확된 포도를 사용해서 만들어진다. 또한 이 포도주는 알코올 도수를 높이기 위해 발효하지 않은 포도즙에 설탕을 첨가하는 것이 허용되는데, 최대 허용량은 포도주법으로 규정되어 있다.

특정한 속성을 지닌 고급 와인을 의미하는 QmP(Qualitaetswein mit Praedikat)는 독일 포도주 중에서 최상의 질이다. QmP는 포도의 숙성 정도 또는 포도즙의 과당 함유 정도에 따라 6가지 등급으로 다시 나뉜다. 이 등급의 포도주는 자연적인 방식으로만 생산되어야 하며, 알코올 도수를 높이기 위해 설탕을 첨가하는 것도 금지되어 있다. 포도품종에 상관없이 QmP급 포도주를 만드는 것이 가능하지만, 특히 고급으로 여겨지는 BA(베렌아우스레제)나 TBA(트로켄베렌아우스레제)가 주로 생산되는 품종은 리슬링이다. 이에 반해 또 다른 고급포도주인 아이스바인(Eiswein)은 모든 품종에서 생산 가능하지만 특히 리슬링, 쇼이레베, 바이스부르군더 또는 피노 누아에서 주로 생산된다. 숙성도에 따라서 QmP급 여섯 가지 포도주들을 소개하면 다음과 같다.

카비네트

카비네트(Kabinett)는 특정한 산지에서 생산된 고급와인인 QbA와 같거나 약간 늦게 수확된 포도에서 만들어진 포도주이다. 포도의 과당 함유량이 적기 때문에 알코올 도수는 비교적 낮으며, 맛은 일반적으로 건조하다. 이 포도주는 QbA보다 더 기품있는 맛과 향을 지니고 있다고 평가받고 있다. 독일인이 식탁에서 즐겨 마시는 포도주가 바로 카비네트이다. 한국에서 시판되고 있는 마주앙 모젤이 바로 이 카베네트 포도주이다. 마주앙 모젤은 이름 그대로 모젤자르루버 지역에서 생산되었으며, 사용된 포도품종은 리슬링이다. 독일 현지에서 병입되어 수입되고 있는데, 포도주 애호가 중 적지 않은 사람이 이 포도주의 맛과 향에 매료되어 있다. 강하고 진한 남부 유럽이나 미국산 포도주를 마시다 카비네트 포도주를 마시면 싱거운 맛이 난다. 그러나 독일 포도주 애호가는 이 맛을 담백함이라고 표현하는데, 보기 나름인 것 같다.

슈페트레제

늦은 수확이란 의미의 슈페트레제(Spaetlese)는 문자 그대로 카비네트보다 약간 늦게 수확한 포도로 생산한 포도주이다. 카비네트보다 더 강한 맛과 향을 지니고 있다. 슈페트레제도 건조한 맛이 나지만 카비네트에 비해 약간 단맛이 더 난다. 포도주의 산도가 높기 때문에 비록 당도가 높을지라도 단맛이 강하게 느껴지지는 않는다.

아우스레제

선별된 수확이란 의미의 아우스레제(Auslese)는 슈페트레제와 비슷한 시기에 수확된 포도송이 중에서 특별히 포도송이를 선별하고 이 포도송이로부터 농익은 포도만을 다시 골라 담근 포도주이다. 맛과 향이 슈페트레제보다 더 강하다. 이 포도주는 그 해의 날씨가 매우 좋아 충분한 햇살이 있는 경우에만 생산이 가능하다. 포도수확에 많은 수작업이 필요하기 때문에 포도주의 가격은 비싸다. 대부분의 아우스레제는 달콤하다.

베렌아우스레제

포도송이만 선별한 수확이란 의미의 베렌아우스레제(Beerenauslese)는 일일이 손으로 포도알 하나하나를 따서 담그기 때문에 구하기 힘든 술이며, 값도 비싸다. 포도곰팡이균(Botrytis cinerea)의 오묘한 작용 때문에 깊은 단맛이 난다.

트로켄베렌아우스레제

마른 포도만 선별한 수확이란 의미의 트로켄베렌아우스레제(Trockenbeer-enauslese)는 가장 맛과 향이 풍부하지만 매우 달다. 이 포도주는 독일 포도주 중에서 구하기가 가장 힘들며, 가장 비싼 술이기도 하다. 거의 건포도 상태로 말라비틀어진 포도 낱알로부터 만들어지는 이 포도주는 일조량이 풍부하고 늦가을의 날씨가 좋은 예외적인 해에만 생산 가능하다. 이 포도주를 만들기 위해서는 시간과 노력이 많이 드는데, 한 병의 이 포도주를 만들기 위해 필요한 포도를 선별하는 데만 성인 한 사람이 꼬박 하루동안 일해야 한다. 이 포도는 매우 당도가 높기 때문에 발효시키는 데 어려움도 많이 따른다(잼에는 곰팡이가 안 생기지 않는가?). 이와 같은 이유에서 대부분의 트로켄베렌아우스레제는 알코올 도수가 6% 이하이다. 이 포도주는 맛과 향에서 매우 매력적이지만, 가격면에 있어서는 상상을 초월한다.

아이스바인

얼음 포도주란 의미의 아이스바인(Eiswein)은 꽁꽁 얼어붙은 포도에서 생산된 포도주를 의미한다. 제대로 얼어붙은 포도를 수확하기 위해 일꾼은 태양이 뜨기 전에 손전등을 들고 나서는데, 영하의 날씨에 어둠 속에서 가파른 언덕을 기어오르는 모습을 연상하면 이들의 노고를 이해하기 쉽다. 일꾼들은 장갑을 끼고 일하는데, 이는 손의 체온이 포도송이에 전달되는 것을 막기 위해서이다. 얼어붙은 포도를 압착하면 얼음물과 매우 달면서 산도가 높은 포도즙이 함께 나오는데, 얼음물은 따로 분리해 낸다.

이렇게 만들어진 포도주는 매우 당도와 산도가 높으며, 이것을 마시면 천상의 경험을 할 수 있다고 한다. 아이스바인의 포도 숙성도는 베렌아우스레제와 대개 비슷하지만 아이스바인은 자연스럽게 얼어붙은 포도에서 생산되기 때문에 베렌아우스레제와는 다른 독특한 맛과 향이 있다. 오스트리아와 캐나다에서도 독일에서와 마찬가지로 아이스바인이 생산된다. 그러나 몇 몇 나라에서는 포도송이를 냉동고에 인위적으로 얼려서 아이스바인을 만들어서 팔고 있는데, 독일인들은 이렇게 생산된 포도주를 아이스바인으로 인정하려고 하지 않는다.

포도재배의 북방 한계선에 위치한 독일은 그 해의 기후에 따라 매우 다양한 포도주가 생산되고 있다. 일조량이 적은 해에는 포도수확이 일찍 끝나며, 포도주의 맛도 가볍고, 거칠다. 이런 해의 포도주는 주로 QbA 급이나 카비네트 급이 주종을 이룬다. 이에 반해 일조량이 많은 해에는 깊은 맛을 내는 포도주가 양산된다. 이 해에는 슈페트레제나 아우스레제, BA 또는 TBA급의 포도주가 생산된다. 또한 이 해에 생산되는 포도주는 품평대회에서 수상하는 포도주가 많이 나온다. 그러나 일조량이 풍부하지 않은 날씨가 전형적이기 때문에 1980년대에는 고급포도주가 많이 생산되지 않았다. 그러나 이상하게도 1990년대에 들어서서 독일의 여름 날씨가 매우 무더워져서 — 아마 지구 온난화와 깊은 관련이 있는 듯 하다 — 유례를 찾아보기 어려울 정도로 고급 포도주가 양산되었다.

라벨 읽기

① 양조장 이름

② 생산연도

③ 포도품종

④ 고급포도주의 속성등급(슈페트레제, 아우스레제, 베렌아우스레제, 트로켄베렌아우스레제, 아이스바인)

⑤ 맛의 특성

⑥ 라게의 이름

⑦ 포도주 등급

⑧ 산지이름

⑨ 공식적인 검사번호

⑩ 병입자

⑪ 유기농검역소 번호

⑫ 용량

⑬ 양조인협회 로고

⑭ 알코올 도수(0.5에서 반올림)

2. 포도품종

포도주의 맛과 향에 절대적인 영향을 끼치는 것은 당연히 포도품종이다. 독일에서는 화이트와인(백포도주)이 절대적으로 많이 생산된다. 레드와인(적포도주)은 전체 생산량의 약 18%를 넘지 않으며, 소량의 로제(분홍색포도주)도 생산되고 있다. 독일에서는 약 60여 종 이상의 포도품종이 재배되고 있지만, 리슬링은 이 중 귀족대우를 받고 있다.

대부분의 독일' 최고급 포도주는 리슬링에서 만들어지며, 리슬링 포도주는 다른 품종의 포도주와 거의 혼합되는 법이 없다. 프랑스 브르고뉴 지방의 피노 누아(pinot noir)와 마찬가지로 독일 양조인들은 리슬링을 그 자체로 완벽하다고 믿고 있기 때문에 혼합해서 품질과 격을 떨어뜨리는 행동을 할 생각을 하지 않는다.

독일에서 리슬링이 품종 중의 귀족이지만, 포도주가 가장 많이 생산되는 품종은 뮐러투르가우(Mueller-Thurgau)이다. 이 품종의 혈통은 정확히 알려진 것이 없다. 가이센하임(Geisenheim)에 소재하는 연구소에서 1882년 탄생했지만, 혈통이 무엇인지는 의견이 분분하다. 어떤 이는 리슬링과 실바너 사이에서 탄생하였다고 하고, 다른 이는 리슬링의 변종이라고 하고, 또 다른 이는 리슬링과 전혀 상관없는 종이라고 주장하기도 한다. 과즙이 많기 때문에 경제성이 높고 품질도 좋기 때문에 모든 양조인의 사랑을 받고 있다.

독일에서 만들어진 교배종은 이외에도 여러 종이 있는데, 이들은 주로

19세기 말에서 20세기 초에 연구실에서 만들어졌다. 과학자들은 리슬링보다 육질이 단단하고, 수확량도 많고, 일찍 숙성하며, 깊은 향과 맛을 내는 신품종을 만들어 내려고 부단한 노력을 하였는데, 이렇게 탄생한 품종 중 대표적인 것이 케르너(Kerner), 모리오-무스카트(Morio-muskat), 훅셀레베(Huxelrebe), 쇼이레베(Scheurebe) 그리고 리슬라너(Rieslaner) 등이다. 이들의 노력에도 불구하고 리슬링에 비견할 만한 품종을 개발하는 데는 실패하였다.

품종	재배면적	백분율
Riesling(리슬링)	22,631ha	21.8%
Mueller-Thurgau(뮐러투르가우)	21,252ha	20.4%
Spaetburgunder(슈페트부르군더)	8,204ha	7.9%
Silvaner(실바너)	7,018ha	6.8%
Kerner(케르너)	7,011ha	6.7%
Portugieser(포르투기저)	4,718ha	4.5%
Bacchus(바쿠스)	3,316ha	3.3%
Scheurebe(쇼이레베)	3,294ha	3.2%
Dornfelder(도른펠더)	3,218ha	3.1%
Grauburgunder(그라우부르군더)	2,565ha	2.5%
Trollinger(트롤링거)	2,551ha	2.5%
Schwarzriesling(슈바르츠리슬링)	2,228ha	2.1%

백포도주 품종

리슬링(Riesling)

독일인에 의하면 세상에서 가장 우수한 포도품종 중의 하나라고 하며, 재배하기가 무척 까다롭다. 포도송이는 작고, 타원형이며, 포도알은 원형이다. 단맛과 산도가 잘 어우러져 있다. 포도 알갱이는 비교적 작은 편이고, 만생종이라 10월 말이나 11월이 되어야 완전히 익는다. 숙성기간이 길기 때문에 향이 풍부하고, 맛이 깊다. 풍부한 과일향과 산미로 인해 장기 숙성에 적당하다. 생선과 조개류, 송아지 고기, 닭고기 등의 요리에 특히 잘 어울린다.

뮐러 투르가우(Mueller-Thurgau)

현재 독일에서 리슬링과 엇비슷하게 많이 재배되고 있는 품종이다. 리슬링과 실바너의 교배종으로 투르가우 출신의 뮐러박사가 개발한 품종이다. 리슬링보다 부드러운 신맛으로 신선한 느낌을 주며, 꽃 같은 방향이 있다. 숙성 직후에 최고의 맛을 내며, 은은한 향이 나는 요리와 잘 맞는다.

실바너(Silvaner)

독일에서 주로 재배되며 매우 오래 된 품종이다. 포도알의 크기는 중간 정도이며, 과즙농도가 약간 묽은 편이다. 리슬링보다는 조생종이며, 이 때문에 리슬링보다 가볍고 부드러운 느낌을 준다. 약한 부케향이 있고, 가벼운 신맛이 난다. 새 포도주일 때 마시는 것이 좋으며, 돼지고기, 송아지고기, 닭고기 등과 잘 어울린다.

적포도주 품종

슈페트부르군더(Spaetburgunder)

독일판 피노 누와르(Pinot Noir)이다. 프랑스 부르고뉴 지방의 피노 누아르와 마찬가지로 우아하고, 독특한 향기를 가졌다. 포도알은 잘고, 조생종이다. 약한 아몬드향이 나며, 로스트비프 등과 같이 중후한 요리 또는 치즈와 잘 어울린다.

포르투기저(Portugieser)

조생종으로 풍부한 향과 경쾌하고 부드러운 맛을 지니고 있어서 마시기 편한 포도주이다.

트롤링거(Trollinger)

만생종으로 향기가 많고, 맛이 화려하다. 과일의 풍부한 향과 맛이 나며, 신맛은 경쾌하다. 비교적 긴 숙성과정을 거쳐 마시는 것이 좋다.

독일인은 자국에서 생산된 적포도주도 사랑하는데, 가격은 백포도주에 비해 비싼 편이다. 이 포도주는 백포도주와 마찬가지로 피크닉 가서 마시기에 편한 술로 평가받고 있다. 독일 적포도주는 주로 독일판 피노 누아인 슈페트부르군더, 포르투기저 그리고 트롤링거 등에서 생산된다. 맛은 담백하지만 향이 강한 슈페트부르군더를 제외한다면 대부분의 적포도주는 텁텁하고, 가벼운 맛이 난다.

전세계 포도주 생산량에서 독일이 차지하는 비중은 약 4%에 불과하지

재미있는 포도원 이름

일반적으로 독일인은 무뚝뚝하고 유머감각이 없는 것으로 알려져 있다. 영국인이나 프랑스인에 비해 그런 경향이 두드러진다. 하지만 이는 독일인이 유머감각을 싫어한다는 것을 의미하는 것이 아니다. 대부분의 독일인은 유머 감각이 많은 사람을 좋아한다. 다음에 소개되는 유명한 포도밭 이름들은 매우 해악적이다. 한국에서 포도밭 이름을 이런 식으로 짓는다면 반응이 어떨까?

당나귀 피부(Eselshaut)	황금물방울(Goldtroepfchen)
천국(Himmelsreich)	예수회 정원(Jesuitengarten)
송아지(Kalb)	처녀들의 벽(Juffermauer)
고양이 무는 사람(Katzenbeisser)	바보(Lump)
수녀들의 정원(Nonnengarten)	돼지의 위(Saumagen)
달팽이의 집(Schneckenhof)	일곱 처녀들(Sieben Jungfrauen)
거미줄 Spinnennetz	괴물(Ungeheuer)
향료의 지옥(Wuerzhoelle)	회의의 장소(Zweifelberg)

만, 포도주의 생산분야에 종사하는 사람의 수는 약 7만 7000명에 달한다. 고급포도주를 생산하는 독일 양조장의 규모는 다른 나라 양조장 규모에 비해 작은 편이다. 프랑스 보르도의 평균적인 양조장에서 생산되는 포도주의 양은 평균적인 독일 양조장에서 생산하는 양보다 보통 열배 이상이다.

약 100여 년 전까지만 해도 독일 양조장은 세계적인 명성을 누렸지만, 현재 대부분의 유서깊은 양조장은 예전의 명성을 제대로 이어가지 못하고 있는 편이다. 그러나 새로운 양조장이 국제포도주품평회에서 새로운 각광을 받고 있다. 뮐러카투아(Mueller-Catoir), 프리츠 하크(Fritz Haag), 빌리 셰퍼(Willi Schaefer), 링겐펠더(Lingenfelder), 군더를로흐(Gunderloch), 칼스뮐레(Kalsmuehle) 그리고 된호프(Doennhoff) 등이 대표적으로 뜨는 양조장이다.

3. 포도주의 맛과 향

맛

사람들은 독일 포도주가 대부분 달다고 생각하고 있는데, 이는 절반의 사실이다. 실제로 대부분의 독일 포도주는 건조한 맛을 지니고 있거나, 이와 유사한 맛을 지니고 있다. 독일 포도주는 달다는 이야기가 어떻게 해서 탄생했는지 밝히는 일은 복잡하다. 그러나 독일 포도주를 열렬히 옹호하는 사람의 주장에 의하면 이 이야기는 제2차 세계대전 이후에 만들어졌다고 한다.

이 당시 독일에서 생산된 값싼 포도주는 인위적으로 설탕을 첨가해서 달게 만들었는데, 이는 포도주의 맛을 제대로 모르는 독일 주둔 미군과 먹을 것이 변변치 않는 독일인을 대상으로 하였기 때문이라고 한다. 전후 매우 적은 양의 설탕만을 배급받았던 독일인에게 단것은 얼마나 귀한 존재였으며,

또 단 것은 어려운 현실을 쉽게 잊도록 해 주었다. 이 때문에 단 포도주의 판매는 독일뿐만 아니라 해외에서도 급신장세를 보였다. 그렇지만 독일 포도주는 이에 대해 값비싼 대가를 치러야 했다. 왜냐하면 대부분의 포도주 애호가들은 설탕이 가미된 이 포도주를 저질로 여겼고, 독일 고급 포도주도 모두 다 같이 취급하였기 때문이었다.

독일 경제가 기적을 이룩하면서 독일인들은 부정적으로 평가받고 있던 저질스런 맛을 지워 버리고 싶어했다. 독일인은 단맛을 지워버리고, 고급포도주의 대표적인 맛인 건조함과 담백함을 내기 위해 온갖 노력을 기울였는데, 이런 노력이 지나쳐서 1980년대 후반에는 독일 포도주의 맛이 너무나 건조해져서 신맛이 강하게 나타나게 되었다.

포도주에서 신맛이 강한 것도 단맛이 강한 것만큼이나 문제였다. 왜냐하면 이 맛은 포도주 맛의 가장 중요한 요체인 균형을 깨뜨렸기 때문이었다. 현재의 독일 포도주는 이 균형을 유지하기 위해 남다른 신경을 쓰고 있지만

독일 포도주의 숙성

산도는 포도주의 향을 오랫동안 간직하도록 도와 준다. 이와 같은 이유에서 세상에서 가장 강한 산도를 간직하고 있는 독일 포도주는 가장 오랫동안 숙성한다. 또한 설탕이 보존제의 역할을 하듯이 당도가 높은 포도주도 오랜 기간 숙성하도록 도와주는 데 독일 포도주는 산도와 당도가 높기 때문에 오랫동안 숙성한다.

유명한 포도원에서 만들어진 포도주일지라도 만든지 얼마 되지 않는 포도주는 생생함과 부글거리는 맛이 나기 때문에 상당수의 포도주 애호가는 5~10년 숙성된 포도주를 즐겨 마신다. 또한 매우 특별한 질로 여겨지는 포도주는 적어도 20년 이상이 된 것이다.

10~20년의 고급 리슬링 포도주는 맛이 퇴색하는 것이 아니라 오히려 깊어지고 조화롭게 된다. 포도주가 갖고 있는 다양한 향은 더 이상 개별적으로 존재하는 것이 아니라, 하나의 통합체로서 커다란 조화를 이룬다.

모두 다 성공적이지는 않다.

현재 독일의 양조업자는 균형잡힌 맛을 내기 위해 포도주를 완전발효시키지 않고, 약간의 당분을 남겨두거나 쉬스레제르베(Suessreserve)를 첨가하기도 한다(쉬스레제르베는 수확한 포도의 발효하지 않은 즙을 정제한 것으로, 자연의 단맛을 지니고 있다). 어떤 해는 기후가 이상적으로 좋아서 전혀 쉬스레제르베를 첨가하지 않고 포도주를 생산하기도 하는데, 이는 산도, 당도 그리고 알코올 도수가 이상적으로 잘 맞아 떨어지기 때문이다. 독일 포도주의 맛을 표현하는 방식은 다음과 같으며, 포도주 라벨에 표기되어 있다.

트로켄(trocken)

영어로는 very dry 또는 bone-dry라고 번역되는데 떫고 건조한 맛을 의미한다. 독일 포도주법에 의하면 자체 당분이 1l 당 9g(즉 0.9%) 이하로 있는 경우, 트로켄하다는 표현을 사용할 수 있다. 고급포도주의 특성 중 하나이다.

할프트로켄(halbtrocken)

영어로는 half dry 또는 nearly dry라고 번역된다. 독일 포도주는 원래 산도가 높기 때문에 할프트로켄이라고 하면 비교적 떫고 건조한 맛이 난다. 기술적인 정의는 자체 당분이 1l 당 18g(1.8%) 이하인 경우를 의미한다.

이외에 클래식(classic)과 셀렉션(selection)이 있는데, 클래식은 자체 당분이 1.5% 이하이며, 셀렉션은 1.2% 이하의 자체 당분을 함유하고 있는 것을 의미한다.

위와 같은 표시가 없는 포도주는 대개 단맛이 날 확률이 높다. 양조업자가 포도주의 당분을 남기기 위해 발효를 일찍 중단시킬 것인지, 또는 쉬스레제르베를 첨가할 것인지, 아니면 이 두 가지 방법을 다 사용하지 않을 것인지에는 법적으로 규제하지 않고 있으며, 양조인의 자율적인 판단에 맡기고 있다.

향

독일 포도주는 피크닉이나 디저트용으로 적합하다고 많은 사람은 생각하고 있다. 어느 정도 맞는 이야기지만 이렇게만 마신다면 독일 포도주를 너무 평가절하해서 마시는 것이다. 독일 포도주는 산도가 높고, 향이 다양하기 때문에 음식과 가장 잘 어울린다는 평을 받고 있다.

독일 포도주를 마시려면 — 백포도주를 마실 때처럼 — 잔이 큰 것을 택하는 것이 좋다. 전통적인 작고 땅딸막한 포도주잔은 독일 포도주에 전혀 어울리지 않는데, 왜냐하면 향기가 흩어지기 때문이다. 독일 포도주를 개봉하면 약한 효모냄새와 이산화황 냄새가 나는데, 분출되는 이 냄새를 통해 술의 균형상태를 알 수 있다. 약간 역겨운 이 냄새는 건강에 전혀 해롭지 않으며, 술이 상했다는 것을 의미하지도 않는다. 술잔에 따르고 난 후 몇 초 안에 이 냄새는 없어진다. 특히 독일 술에서 이런 냄새가 많이 나는데, 이는 황이 과당과 결합하면서 생긴 것이다(독일 포도주는 과당 함유량이 비교적 높다). 독일 양조업자는 다른 지역의 양조업자와 마찬가지로 술이 상하는 것을 막고 신선도를 유지하기 위해 미량의 황을 첨가하는데, 미량의 황은 포도주의 맛에 별다른 영향을 미치지 않는다.

4. 포도주의 주요 산지

모젤사르루버(Mosel-Saar-Ruwer)

독일의 13곳의 포도주 생산지역 중에서 꼭 하나 만을 꼽으라고 한다면 대부분의 포도주 애호가는 모젤사르루버 지역을 꼽는데, 왜냐하면 이 지역 포도주가 가장 섬세하고, 매혹적인 맛을 지니고 있기 때문이다. 이 지역은 포도주

이외에도 빼어난 풍광으로도 유명하기 때문에 세계 각국에서 몰려든 관광객의 발길이 끊이지 않는다. 뱀처럼 굽이굽이 흐르는 라인강을 따라 깎아지른 듯이 서 있는 산에 위치한 포도원은 고급 달력 그림에서나 찾아볼 수 있는 한 폭의 그림이다. 모젤강은 프랑스와 룩셈부르크를 거쳐 독일 국경으로 흘러 들어오는데, 코블렌츠에서 라인강과 합류한다. 사르와 루버 강은 모젤강의 지천이다.

이 지역은 주로 간단히 모젤이라고 하는데, 이 곳에서 재배되는 주된 포도의 재배품종은 리슬링이다. 이 지역에서 생산되는 포도주의 맛은 종종 차가운 영하의 날씨에 화창한 햇살이 비추는 것에 비유되곤 한다. 원래 독일 포도주의 전반적인 맛은 깨끗하고 산뜻하지만, 모젤 포도주는 이 맛이 특히 두드러진다. 그렇다면 모젤 포도주는 왜 이 맛이 두드러질까?

모젤지방 대부분의 포도원은 세계에서 가장 가파른 언덕배기에 위치해 있다. 특히 가장 가파른 언덕배기에 위치한 포도원은 모젤강가의 엘러(Eller) 마을에 인접해 있는 칼몬트(Calmont)이다(www.calmont-mosel.de). 이 포도원은 독일뿐만 아니라 세계에서 가장 가파른 76°의 경사면에 있는데. 멀리서 이 포도원을 바라보면 포도나무가 직벽에 붙어 있는 느낌을 준다.

이렇게 가파른 언덕배기에 포도원이 위치하게 된 이유는 다음과 같다. 모젤지역은 포도재배의 최북단 한계선에 있다. 달리 이야기하면 평지에서 포도재배를 하면 일조량이 충분하지 않을 수도 있으며, 매년 기후가 다르기 때문에 일기가 불순한 해에는 일조량의 절대량이 부족할 수도 있는 것을 의미한다. 실제로 모젤지역의 일조량은 프랑스 남부 프로방스 지방에 비해 1/3 정도밖에 되지 않는다. 이와 같은 자연환경에서 고급포도주를 생산하려면 가능한 한 햇볕과 열기를 모두 다 활용해야만 했다. 이와 같은 이유에서 모젤지역의 포도밭은 거의 예외 없이 남쪽을 향해 있다. 또한 유명한 포도원은 대개 강가에 있는데, 이는 직사광선뿐만 아니라 강물에 반사된 햇볕까지도 최대한 이용하기 위해서이다.

이와 같은 노력에도 불구하고 매년 포도의 작황이 좋은 것만은 아니며, 경우에 따라서는 포도주를 담그기 위해 이상적인 상태로 포도가 익지 않기도 한다. 아무튼 이 지역산 포도는 남부 유럽 지역산 포도보다 일조량을 절대적으로 적게 받고 자랐기 때문에 당분함량이 적고, 산도는 높은 편이다. 이런 포도로 만든 포도주는 당연히 맛이 떨어질 것이라고 생각하기 쉬운데, 이는 오산이다. 왜냐하면 이와 같은 불리함을 극복하는 두 가지 요인이 있기 때문이다.

첫 번째는 포도 품종이다. 이 지역에서 생산되는 리슬링 포도는 — 다른 포도 품종과는 달리 — 농익지 않아도 포도주를 만들면 매우 세련된 맛을 낸다. 즉 리슬링 포도가 자연적인 조건을 상쇄해 주는 가장 중요한 요인이다. 또 다른 요인은 토양이다. 이 지역의 토양에는 점판암이 많다. 이 암석은 햇볕이나 열을 잘 반사해서 포도숙성을 도와 주기도 하지만, 구멍도 많기 때문에 보온효과도 뛰어나다. 이와 같은 토양특성은 리슬링이 잘 숙성되도록 도와 주고 있다. 점판암의 또 다른 신비한 그 무엇이 이 지역 포도주만의 독특한 특성을 만들어내는데 일조를 하고 있다. 즉 포도주 애호가들이 모젤 포도주만을 고집하는 이유는 점판암의 독특한 광물질이 매우 독특한 맛과 향을 만들기 때문이다.

가파른 절벽 위에 위치한 포도원의 점판암은 이 곳 사람에게는 보물과 마찬가지이며, 또한 이처럼 대접을 받고 있다. 가파른 언덕배기에 있는 점판암은 당연히 잘 미끄러져 내린다. 특히 눈이 오거나 비가 온 후 점판암은 쉽게 미끄러져 내린다. 사람들은 이렇게 미끄러져 내려간 점판암을 다시 조심스럽게 바구니에 담아서 원래 위치에 갖다 놓는데, 이 일이 얼마나 힘든지는 설명할 필요가 없을 것 같다.

전세계적으로 보아도 모젤지역만큼이나 좁은 지역에 다수의 고급 양조장이 밀집해 있는 경우를 찾아보기는 쉽지 않다. 대부분의 양조장은 모젤강 중류에 있는데, 베른카스텔(Bernkastel), 피스포르트(Piesport), 브라운베르크(Braunberg), 벨렌(Wehlen)이 대표적이다. 특히 피스포르트의 황금물방울(Goldtroepfen)이나 베른카스텔의 독토르(Doktor)는 가장 대표적인 이 지역 포도주이다(독일어 독토르는 의사 또는 박사를 의미한다. 포도주의 이름이 의사인 것은 트리어(Trier) 대주교가 이 포도주를 마시고 불치병을 고친 다음에 의사라는 이름을 하사했기 때문이다).

라인가우

독일의 백포도주가 역사적으로 유명하게 된 데는 라인가우의 역할이 크다. 이 지역은 독일에서 가장 오랫동안 고급포도주를 생산한 전통을 가지고 있었다. 그러나 예전의 명성에만 연연해 질을 개선하려는 노력을 게을리 했고, 이로 인해 가인가우 포도주는 모젤과 팔츠 백포도주와 경쟁을 하게 되었다.

길이 30km, 약 3,200ha의 면적을 가진 라인가우 지역은 독일에서 가장 작은 생산지역이지만, 평화롭고 귀족적인 포도주를 생산하는 지역으로 알려져 있다. 재배되는 품종은 80% 이상이 리슬링인데, 이는 독일에서 가장 높은 수치이다. 나머지 품종은 슈페트부르군더와 밀러투르가우이다. 1ha당 포도주 생산량은 90hl로 다른 지역의 100~130hl에 비해 현저히 적은데, 이는 이 지역이 특별히 포도주의 질에 신경을 쓰고 있기 때문이다.

라인강의 오른쪽에 위치한 라인가우지역은 모젤지역보다 남쪽에 있어서 일조량이 더 많으며, 포도원은 거의 예외 없이 라인강 주변의 남쪽을 차지하고 있다. 이 포도원 배후에는 타우누스 산맥이 버티고 서있는데, 이 산맥은 북쪽으로부터 불어오는 찬 바람을 막아 주고 있다. 이로 인해 리슬링 포도를 재배하는 데 이상적인 기후가 형성되고 있다.

라인가우지역은 토양에서도 리슬링을 많이 재배하고 있는 모젤지방과 현저한 차이를 보이고 있다. 모젤지역은 석회석과 점판암이 많지만, 라인가우지역은 토양층이 깊고, 석회성분이 많으며, 모래, 진흙, 자갈 그리고 곳에 따라 사암도 많다. 또한 모젤지역에 비해 일조량이 많기 때문에 이 곳에서 생산되는 포도주는 맛과 향이 더 깊고 풍부하다. 이로 인해 모젤 포도주의 특징인 얼음장과 같은 날카로운 맛과 광물질의 향이 이 곳 포도주에는 없으며, 대신 풍부한 과일맛과 향이 난다. 라인가우 포도주는 제비꽃에서 캐시스, 자두 그리고 꿀에 이르기까지 다양한 향을 지니고 있다. 또한 라인가우에서는 비교적 일조량이 풍부하기 때문에 아우스레제, 베렌아우스레제 그리고 트로켄아우스레제가 생산된다. 이 술들은 거의 전설적인 명성을 갖고 있었는데, 이 포도주는 맛이 너무나 뛰어나기 때문에 포도주 애호가들은 마지막 한 모금을 다 마시고도 못내 섭섭해서 염치불구하고 잔을 핥게 만든다고 한다. 이 술에 비해 비교적 저렴한 카비네트 등급의 포도주도 귀족적으로 평가받고 있다. 투명하고, 풍부하며, 진한 과일맛을 모두 지니고 있기 때문에 권장할 만하다.

앞에서 이야기한대로 얼마 전까지 라인가우 포도주는 명성에 비해 질이 떨어진다는 평을 받았다. 그러나 라인가우 포도주는 1920년대까지만 해도 세계 포도주시장에서 보르도나 샹파뉴 포도주와 어깨를 나란히 하였다. 이런 오명은 20세기 중반에 들어서서 질보다는 양에 중점을 두고 포도주를 생산하면서 얻게 되었는데, 이 지역의 양조인들은 지난 10여 년 동안 질을 개선하기 위해 부단히 노력하였다. 동업조합을 결성하고, 이를 토대로 나름대로의 특색있는 맛과 향을 지닌 포도주를 생산하기 위해 각고의 노력을 하였다.

세계 포도주시장에서 1960~1970년대 달콤한 포도주 수요가 격감하였고, 이의 반작용으로 시큼하면서 건조한 맛의 포도주가 시장을 풍미하였다. 그러나 현재는 약간 건조한 맛을 지닌 포도주를 선호하는 경향이 강한데, 라인가우 양조인들은 이런 맛을 내기 위해 노력하고 있다. 이 곳 양조인들이 결성한 리슬링연합은 자체적으로 엄격하게 품질검사를 하고 있으며, 이를 통과한 포도주만을 자체적으로 고안한 병에 담아 유통시키고 있다. 물론 상표와 병뚜껑도 같은 것을 사용하고 있다.

라인가우 포도주를 명주의 반열에 올려놓기 위해 양조인들은 또 다른 제도를 자체적으로 만들어 냈다. 1999년부터 가장 뛰어난 포도원에 첫물 (Erstes Gewachs)이라는 칭호를 주는 것이 그것이다. 첫물이라는 칭호를 받기 위해서는 매우 엄격하고 다양한 시험을 통과해야 하며, 선정되면 병에 칭호와 로고를 새겨 넣을 수 있는 특권을 누릴 수 있다. 하지만 이 특권이 아직 국제적으로 완전히 인정받지는 못하고 있다.

라인가우 지역에서 가장 유서깊고, 유명한 포도원은 요하니스베르크 (Johanisberg)이다. 이 포도원의 전신은 베네딕트 수도원이 운영하던 수도원인데, 이 수도원으로 인해 라인가우 포도주가 특히 유명하게 되었다. 중세에 지어진 수도원 건물은 너무 낡아서 1716년 헐고 다시 지어졌다. 요하니스베르크 수도원이 독일 포도주사에서 유명한 또 다른 이유는 라인가우지역에서 가장 먼저 포도주 생산하였고, 18세기 초 처음으로 혼합재배를 거부하고 리슬링만을 고집스럽게 재배했기 때문이다. 이 수도원은 19세기 초 나폴레옹 군대가 이 지역을 점령하면서 — 탈세속화 정책에 의해 — 국유화되었으며, 1815년의 빈협정으로 인해 메테르니히 일가에 넘어갔으며, 현재는 외트커콘체른 소유이다. 수도원의 성직자뿐만 아니라 귀족의 노력에 의해 이 곳의 포도주는 발전했는데, 특히 귀족들은 근대적인 포도재배와 압착기술의 도입에 적극적이었다. 요하니스베르크는 슈페트레제의 고향으로도 유명하다. 현재 라인가우지역의 가이젤하임 도시에는 포도주연구소와 국제적으로 유명한 포도주학교가 있다.

라인헤센

라인헤센(Rheinhessen) 지역은 6만 5000에이커로 독일에서 가장 넓은 포도재배 지역이다. 이 지역은 주로 평지이며, 토양은 기름지기 때문에 포도 이외에 아스파라거스와 옥수수 그리고 사탕무 등도 재배되고 있다. 독일의 다른 지역과 다르게 이 지역의 토양은 붉은색을 띤 사암과 점판암으로 이루어져 있다. 이런 이유에서 이 곳에서 자란 리슬링은 수분이 많고 흙내음이 많이 난다. 라인헤센 포도주 종류는 비교적 다양하며, 질은 대체적으로 무난한 편이다.

대표적인 포도주는 리프후라우밀히(Liebfraumilch)인데, 리프후라우밀히는 사랑스런 부인의 우유를 의미한다. 대부분의 리프후라우밀히는 가격이 비교적 저렴하고, 맛도 부드러워 독일 포도주 중 가장 널리 알려져 있고 대중적인 사랑을 받고 있다. 이외에도 이 지역에서는 달콤한 맛의 포도주가 생산되고 있는데, 주된 포도 품종은 뮐러투르가우, 케르너 또는 모리오마스카트 등의 교배종이다. 이 포도주는 주로 병입되지 않고 식당으로 팔려 나간다.

라인헤센에서 생산되는 포도주 중 가장 고급은 — 비록 이 지역 전체 포도주 생산량의 10% 정도밖에 안 되지만 — 역시 리슬링에서 탄생하고 있다. 대부분의 리슬링 포도주는 라인강 서편의 보덴하임(Bodenheim)에서 메텐하임(Mettenheim) 사이의 포도원에서 생산된다. 이 지역의 또 다른 포도주 명소는 라인테라스라고 알려져 있는데, 이 안에는 나켄하임(Nacken-heim), 오펜하임(Openheim) 그리고 니어슈타인(Nierstein) 등의 마을이 있다.

라인헤센지역의 유명한 양조장으로는 군더를로흐(Gunderloch), 요트와 하 아 슈트룹(J. und H. A. Strub) 그리고 헤른스하임의 남작 하일(Freiherr Heyl zu Herrnsheim) 등이 있다. 라인헤센지역 포도주에서 자주 발견할 수 있는 이름은 니어슈타인이다. 니어슈타인은 원래 마을 이름이며, 니어슈타인너 히핑(Niersteiner Hipping)이란 상표는 니어슈타인 마을의 히핑 포도원에서 생산된 고급포도주의 상표이다. 그러나 1971년 발효된 포도주법에 의하면 니어슈타인은 베라이히 이름이기도 하다. 따라서 니어슈타인 베라이히 안에 소재하는 양조장들은 누구나 다 이 이름을 상표로 사용할 수도 있다. 실제로 많은 양조장들이 니어슈타인 이름을 합법적으로 사용하고 있는데,

가장 좋은 예는 니어슈타이너 구테스 돔탈(Niersteiner Gutes Domtal)이다. 이 포도주의 질은 그저 그렇지만 니어슈타이너 히핑의 명성이 원래 높기 때문에 동반효과를 톡톡히 누리고 있다.

팔 츠

독일 포도주 생산 지역 가운데 팔츠(Pfalz)는 가장 활력 있고, 창의적인 지역으로 알려져 있으며, 이 곳 사람들은 지칠 줄 모르는 도전정신과 비범한 방식으로 일을 처리하는 것으로 유명하다. 팔츠에서는 포도주 생산에서 개성과 창의성이 특별히 존중되고 있는데, 이는 독일인의 원칙을 중시하는 꽉 막힌 모습과는 거리가 있다. 이와 같은 이유에서 팔츠에서는 다양한 품종으로부터 훌륭한 포도주들이 생산되고 있다.

팔츠는 다른 지역과는 달리 라인강의 직접적인 도움을 못 받고 있지만, 하르트(Haardt) 산의 덕을 크게 보고 있다. 이 산 덕분에 팔츠의 양조장은 비교적 풍부한 일조량과 건조한 날씨의 혜택을 받고 있다. 또한 팔츠는 다른 포도주 재배지역에 비해 남쪽에 있기 때문에 날씨가 나빠 포도주가 익지 않을는지도 모른다는 시름을 한결 덜 하고 산다. 이 곳에서 생산되는 포도주는 비교적 따뜻한 날씨로 인해 과일 맛과 향이 많이 나며, 맛은 강한 편이다. 다른 지역에서 생산되는 독일 포도주와 마찬가지로 팔츠 포도주도 신맛이 나는데, 팔츠의 포도주 신 맛에는 날카롭고 강한 면이 없다. 또한 고급 팔츠 포도주에는 팽팽한 긴장감을 느끼게 만드는 맛이 있는데, 이것도 다른 포도주에서는 찾아보기 힘들다. 이 곳의 날씨 덕분에 아우스레제, 베렌아우스레제, 트로켄베렌아우스레제 포도주가 비교적 많이 생산된다.

팔츠 지역에서도 리슬링이 많이 재배되고 있지만, 이 곳에서 생산된 리슬링은 — 모젤과 달리 — 특이하고 변화무쌍한 맛을 지니고 있다. 어떤 포도주는 크림맛이 나기도 하고, 다른 포도주는 바닐라맛이나 밀감 맛, 또 다른 포도주는 열대과일맛이 난다. 이외에도 생강과 후추 맛이 나는 포도주가 여기에서 생산된다. 이와 같이 포도주에서 다양한 맛이 나는 이유는 토양이 다양하기 때문이다. 이 곳에는 점판암 성분이 적고, 대신에 석회암이나 황토 그리고 배수성이 좋은 고운 모래성분이 많다.

팔츠에서는 리슬링 이외에도 바이스부르군더나 루렌더, 또는 슈페트부르군더와 같은 포도주가 생산되고 있는데, 실바너와, 뮐러투르가우, 케르너, 모리오마스카트 등이 주로 재배되는 포도 품종이다. 이외에도 쇼이레베 품종도 매우 특이한 포도주맛을 내고 있는데, 이 품종에서 생산된 포도주는 맛이 매우 특이하다. 그래서 사람들은 이 맛을 아주 좋아하거나 아니면 아주 싫어하는 경향이 강하다. 쇼이레베종을 이용해서 포도주를 만드는 대표적인 양조장은 뮐러카투아이다. 이 양조장에서 생산되는 포도주는 희귀한 맛 때문에 세계적으로 유명하다. 예찬론자들은 다음과 같은 말로 이 술의 매력을 이야기하고 있다. "만일 당신이 이 술을 맛본다면 당신은 이 술에 사로잡혀 혼동을 겪을 것이고, 당신의 몸과 마음은 완전히 통제력을 잃게 될 것이다." 이와 같은 찬사는 이 포도주의 정확한 표현과는 거리가 있을는지 모른다. 어쩌면 시퍼렇게 날카로운 칼날에 강한 햇살이 반사하는 느낌이나, 따사로운 햇살이 고드름에 반사되어 반짝거리는 것과 같은 느낌을 가질는지도 모른다.

앞에서 이야기한 대로 팔츠 지방으로의 포도주 여행은 무한한 가능성으로의 여행이다. 왜냐하면 새로운 것을 계속 발견할 수 있고, 특이한 맛도 끝없이 경험할 수 있기 때문이다. 이 지역을 관통하는 독일 포도주 가도는 특히 많은 볼거리와 먹거리를 제공한다. 이 가도는 중세풍의 포석도로와 집들이 가득하며, 특히 유서깊은 선술집과 여관 그리고 식당이 즐비하다. 여기에서 즐기는 독일 전통음식과 포도주는 팔츠 여행의 진수가 아닐까?

5. 독일 음식과 포도주

상당수의 요리전문가는 독일의 음식이 이탈리아나 프랑스에 비해 그다지 떨어진다는 평가를 하고 있지는 않지만, 일반인에게 독일 요리는 프랑스나 이탈리아 요리에 비해 덜 알려져 있다. 아마도 마지막 남은 독일의 비밀은 요리가 아닐까?

독일에는 두 가지 두드러진 요리문화 있다. 전통적인 요리를 첫 번째로 꼽을 수 있는데, 소시지, 아이스바인이라는 돼지 허벅지살 요리, 경단, 감자 샐러드, 슈페첼 빵, 사우어 크라우트, 그리고 흑빵이 이 범주에 속한다. 이 요리는 독일의 춥고, 습한 날씨를 견디게 만들어 준다. 또 다른 범주는 현재의 음식이다. 독일에는 가금류, 버섯, 민물고기, 달콤한 버찌, 온갖 열매, 딸기, 녹색야채, 다닥냉이, 콩류, 양상추가 풍부한데, 이 풍부함은 세상 어느 나라에서도 찾아보기 어렵다. 정확함을 좋아하는 독일인의 성격은 요리에서도 그대로 반영되고 있다.

독일의 대표적인 빵. 스톨렌과 브리첼

전통과 현대가 공존하는 독일의 음식은 매우 훌륭하다. 빵을 예로 들면 매우 전통적이다. 하지만 유럽의 어느 나라에서도 독일 빵보다 더 훌륭한 것을 찾아보기는 어려울 것이다. 이 훌륭한 빵을 맛보면 유럽인이 어떻게 오직 빵만으로 그렇게 오랫동안 잘 살 수 있었는지 이해하게 될 것이다. 검고 무겁지만 씹는 맛이 일품이고, 영양가도 많은데다 향기도 뛰어난 이 빵은 그 자체로 하나의 식단이다. 만일 이에 의심을 가지고 있다면 한번 맛보기 바란다. 특히 약간 신맛과 향이 나는 묵직한 검은 호밀빵은 천연효모와 오랜 숙성과정과 약한 불에서 장시간 구워짐으로써 탄생한다. 가장 향수를 불러일으키는 빵은 너트가 들어간 스톨렌이다. 크리스마스에 많이 먹었던 이 빵 반죽은 이스트로 발효를 시키고, 다량의 너트와 설탕에 절인 과일이 들어가 영양덩어리이고 독특한 풍미를 갖는다. 독일의 모든 지역은 각기 고유한 스톨렌 제조법이 있는데, 가장 인상적인 것은 양귀비씨가 들어 있는 바이에른지역의 몬쿠헌이다.

독일 음식 중 빵 만큼이나 유명한 것은 수프이다. 널리 알려진 것으로는 감자 수프(Kartoffelsuppe)를 들 수 있으며, 이외에도 다양한 야채와 고기가 들어간 수프가 있다(렌즈콩 수프, 꿩 수프, 굴라쉬수프(Gulaschsuppe) 등) 그러나 가장 독특한 스프는 함부르크지방의 장어수프(Aalsuppe)이다.

독일하면 일반적으로 맥주와 소시지의 나라로 알려져 있다. 이렇기 때문에 채식주의자들은 이 지역에서 배고픔의 고통을 인내할 수밖에 없다고 생각하였다면 이는 오산이다. 독일인은 야채와 과일에 편집적인 집착을 보인다. 야채 중 양배추(Kraut) 또는 배추(Kohl), 아스파라거스를 많이 먹는다. 독일인에게 사우어크라우트(Sauerkraut)는 한국인에게 김치와도 같다. 만드는데 많은 시간과 노력이 필요한 이 음식은 우선 양배추를 채 썰어서 소금에 절인 다음, 후추, 식초, 설탕과 같은 양념을 넣어 달콤하면서 시큼한 맛일 날 때까지 2~3일간 발효시킨 것이다. 이외에도 붉은양배추에 양파와 사과를 넣고 포도주 소스와 함께 약한 불에 살짝 튀긴 다음 끓인 요리, 버터를 발라 구운 버섯요리 등이 많이 먹는 음식이다. 아스파라거스 수확이 절정기인 5월에 독일 식당의 상당수는 수십 가지 아스파라거스 요리를 특선으로 제공하고 있다.

독일인에게 건강식이 있다면 이는 바로 감자이다. 한국에서의 무처럼 독일에서는 이 감자를 가지고 셀 수 없이 다양한 음식을 만들고 있다. 다양한 감자전과 감자경단이 있는데, 특히 감자경단은 독일을 대표하는 음식 중의 하나인 사우어브라텐(Sauerbraten)과 함께 먹는다. 사우어브라텐은 말 그대로 시큼한 맛이 나는 구운 소고기인데, 거의 나흘 동안 붉은포도주에 담갔다가 약한 불에 천천히 익혀낸 음식이다. 이외에 또 다른 감자음식은 감자 팬케익인 카토펠푸퍼른(Kartoffelpuppern)과 감자샐러드(Kartoffelsalad)가 있다. 감자샐러드는 따끈따끈하게 나오는데, 주로 베이컨과 함께 먹는다. 주식 요리에 감자가 같이 나오지 않았다면, 거의 대부분 슈페츨레(Spaetzle)가 이를 대신해 나왔을 것이다. 이탈리아 뇨키(gnocchi)의 독일판인 슈페츨레는 달걀과 밀가루를 틀에 넣어서 찍어 만든 것인데, 파스타와 같이 짧은 시간에 익히며, 소스를 묻혀서 먹기에 가장 이상적이다.

독일의 고기음식에는 거의 예외 없이 소스가 뿌려져 있다. 독일 음식의 진정한 가치는 소스에 있다고 할 정도로 독일은 소스가 발전해 있다. 단순한 돼지고기와 소고기 또는 소시지를 완전히 새로운 품격으로 승화시켜 주는 것이 이 소스이다. 슈퍼마켓에 가면 크노르(Knorr)나 마기(Magie) 사의 다양한 인스턴트 소스를 살 수 있다. 독일 음식에서 어찌 소시지를 빼놓을 수 있을까? 독일인은 소시지에 남다른 애정을 갖고 있는데, 독일에서의 소시지 위치를 프랑스에서의 치즈의 위치와 동일하게 보면 큰 무리가 없다. 프랑스에 지방마다 고유한 치즈가 있듯이 독일에도 지방마다 다양한 소시지가 있다. 대표적인 것으로는 프랑크푸르트 소시지를 들 수 있는데, 순돼지 허벅지살로 만들며, 겨자와 함께 먹는다. 돼지나 소의 간을 주재료로 사용해 만든 간소시지(Leberwurst)도 일품인데, 주로 빵에 발라서 먹는다. 돼지고기를 주원료로 해서 만든 구은 소시지(Bratwurst)를 빵에 끼워서 먹으면 아주 훌륭한 한 끼 식사가 된다. 살찌는 것에 그다지 신경 쓰지 않는 사람이라면 맥주와 함께 먹어도 좋다.

독일의 철학과 음악은 숲에서 나왔다고 하던가? 독일에는 잘 조림된 숲이 많으며, 이 숲에는 야생동물이 많다. 중세에 야생동물 요리는 귀족의 전유물이었지만, 이제는 돈 많은 사람의 호사스런 음식이다. 토끼와 꿩요리도 특색 있는 음식 중의 하나이다.

후식(디저트)의 종류와 가지수 역시 매우 다양하다. 거리곳곳에서 빵집과 케이크점을 손쉽게 찾아볼 수 있는데, 대부분의 후식은 복숭아, 귤, 사과와 다양한 체리종류가 얹혀져 있는데, 딱딱하고 무거운 맛이 나는 주식용 빵과는 달리 매우 달콤한 맛이 난다. 전통적인 후식으로는 사과를 이용한 아펠슈트루델(Apfelstrudel)과 아펠판쿠헨(Apfelpfannkuchen)이 있는데, 전자는 사과를 밀가루 반죽으로 얇게 싸서 구운 것이며, 후자는 사과팬케이크이다. 이외에도 자두케익도 즐겨 먹는 후식 중의 하나이다.

한국 사람은 달콤한 요구르트를 즐겨 먹지만, 독일인들은 아무 것도 가미하지 않은 시큼한 요구르트, 크박(Quark)을 빵에 바르거나 그냥 즐겨 먹는다. 빵에 크박을 발라 먹을 수 있는 것은 크박이 치즈보다 묽은 유동성 고체의 형태를 띠고 있기 때문이다. 여기에 체리나 복숭아 등의 과일과 설탕이 가미된 크박도 시중에서 많이 팔리고 있다. 독일에서 태어나고, 자란 아이들이 한국에 와서 가장 진한 향수를 느끼는 음식 중의 하나가 바로 그 시큼하고 별다른 맛이 없는 크박이다.

후식으로 가장 자주 사용되며 또한 가장 사랑받는 과일은 다양한 체리종류 즉 버찌이다. 라인강 주변지역에서 주로 생산되는 이 과일은 앞에서 이야기한 대로 후식 음식의 첨가재료로 사용되기도 하지만, 체리브랜디로 가공되기도 한다. 식후 소화제로 즐겨 애음되는 체리물(Kirschwasser)은 초콜릿과 묘한 조화를 이루어서 사랑받고 있다(둥근 초콜릿 덩어리 안에 체리물이 들어 있는 몽셰리(Moncherry)가 한국에도 수입·판매되고 있다). 독일인이 체리를 이용해 만드는 음식종류는 과자에서 푸딩 그리고 팬케이크에 이르기까지 끝이 없다.

스페인 편

스페인 사람은 "포도주를 양조한다"는 의미를 표현하는 데 양조에 해당하는 동사로 제조하다(fabricar)가 아니라 정성들여 만들다(elaborar)를 사용하고 있다. 왜냐하면 포도주 양조는 오랫동안 창조를 위한 정성이 요구되기 때문이다.

스페인 포도주의 최대 특징은 포도주가 오크 통 속에서 오랜 기간 숙성되면서 생겨나는 고유한 향기이다. 예전에는 세계 그 어떤 나라의 포도주보다 오크 통 속에서 오래 숙성되었다는 점 때문에 스페인의 적포도주나 백포도주는 유명했다. 1900년대까지만 하더라도 25년 이상 통 속에서 숙성된 포도주가 흔했지만, 요즘에는 20년 이상 숙성된 포도주를 찾는 것조차 쉽지 않다. 현대인의 미각은 많이 변화했기 때문에 근래에는 포도주 애호가가 신선하고 상쾌하면서도 강한 과일향을 지닌 포도주를 높이 평가하고 있다.

스페인은 유럽에서 가장 넓은 포도 경작지를 보유한 나라이다. 이 면적은 단연 세계 1위인 85만ha에 달하며, 단위면적당 연평균 생산량은 이탈리아와 프랑스에 이어 제3위인 3만 3589hl에 달한다. 연평균 생산량이 이탈리아나 프랑스에 뒤지는 이유는 매우 건조한 기후와 척박한 토양 그리고 수령이 오래 된 포도나무에서 찾을 수 있다. 스페인 사람은 연간 일인당 약 150*l*의 포도주를 마시며, 이는 세계 제9위에 해당한다. 스페인 사람이 포도주를 많이 마시기 때문에, 스페인 양조업자는 최근까지도 생산한 포도주를 수출하기보다는 주로 국내 시장에서 판매하였다. 국내에서 재배되는 포도품종만 해도 600종 이상이나 되지만, 전체 포도주 생산량의 80% 이상이 상위 20여 개 품종에서 생산된다.

가장 널리 재배되는 적포도주 품종으로는 화이트 아이렌(White Airén)이 꼽히고 있는데, 이 품종의 고향은 돈키호테의 고장으로 알려진 라만차이다. 타는 듯한 햇볕이 내리쬐는 중앙평원에서 잘 자라는 이 품종은 주로 바에서 소비되는 보통 병입 포도주를 만드는 데 사용되고 있다. 스페인의 최정상급 포도주 양조에 사용되는 품종은 알바리뇨(Albariño)와 파레야다(Parellada) 인데, 이 포도품종에는 리아스바이샤스(Rías Baixas)와 페네데스(Penedès) 지역의 특색이 강하게 나타나고 있다. 그러나 스페인에서 가장 사랑 받는 품종은 단연 템프라니요(Tempranillo)이다. 이 품종에서 전설적인 포도주 리오하(Rioja)와 리베라 델 두에로(Ribera del Duero)의 질좋은 포도주가 생산되고 있는데, 이 품종은 스페인 전역에서 가장 사랑받고 있다. 템프라니요 는 카베르네 소비뇽(Cabernet Sauvignon)이 보르도(Bordeaux)산 포도주에서 매우 중요하고, 산지오베세(Sangiovese)가 이탈리아 포도주 하면 떠오르듯이 스페인과 깊은 인연을 맺고 있는 것이다.

스페인의 5대 포도주 산지는 리오하, 리베라 델 두에로, 헤레스(Jerez), 페네데스와 리아스 바이샤스이다. 이외에 프리오라토(Prirato)도 유명한 산지 인데, 이 지역에서 생산되는 적포도주는 질과 양의 모든 면에서 타지역의 추종을 불허하고 있다는 평을 받고 있다. 이 곳에서 생산되는 포도주는 질적 인 면에서 종종 프랑스나 이탈리아산과 비교되곤 하는데, 이 포도주의 가장 큰 장점은 저렴한 가격에 있다.

스페인 포도주의 역사와 문화

1. 페니키아

수천 년 전부터 지중해를 대표해 온 아몬드, 올리브, 포도, 이 세 가지 과일을 모르고는 스페인 경제와 문화를 논할 수 없다고 한다. 이베리아반도의 주민은 이미 청동기시대부터 포도를 재배하고, 포도주를 양조하였다. 이베리아반도에서 포도를 재배하고 양조하게 된 것은 전적으로 페니키아인들 덕택이었다. BC 12세기 페니키아인은 공업발전에 필요한 광물을 찾기 위해 반도에 들어왔다. 그들은 과달키비르강 유역에서 구리를 찾았고, 여기에서 청동의 제조원료인 주석을 찾아 반도 서부의 카시데르테스로 다시 떠났다.

청동기시대의 주역인 페니키아인은 금속교역을 원활하게 하기 위해 오늘날 스페인 땅에 소재하는 카디스와 말라가에 거류지를 확보하고 이를 거점으로 지중해 교역을 활성화시켰다. 그 당시 교역물품 중에는 포도주와 연관된 것이 많았다. 고고학자는 그라나다에서 발견된 페니키아인의 청동기시대 무덤에서 포도씨앗과 포도주 항아리를 발견했다.

스페인의 포도주 역사는 반도 남부에 거주하고 있던 타르테시오(Tartesio)인이 BC 2200년 페니키아 상인으로부터 재배법과 생산기술을 전수받고, 현지 토양에 적합한 품종을 들여와 양조하면서 시작되었다. 최근에는 이 당시 무덤으로부터 봉인된 포도주 항아리가 발견되었는데, 포도품종과 생산자의 이름이 여기에 기록되어 있다. 이베리아반도는 그 토양이나 기후조건이 포도재배에 최적지였다. 이 때문에 당시 모든 구릉지대들은 기원전부터 포도덩굴로 뒤덮였고, 여기에서 생산된 포도주와 건포도는 멀리 스칸디나비아 반도에서 중동에 이르기까지 수출되었다.

BC 1세기 그리스 지리학자 에스트라본(Estrabon)은 1100년 전 페니키아인이 오늘날 전세계적으로 명성을 날리는 스페인산 헤레스 포도주를 창시하였다고 주장하고 있다. 이를 반증하듯 최근에는 헤레스에서 4km 떨어진 카스티요 데 도냐 블랑카에서 페니키아 인이 운영하던 BC 4세기경의 광산이 발견되었는데, 여기에서 포도 착즙시설인 라르가르(Largar)가 발견되었다. 이를 통해 오늘날의 카디스시 창건자인 페니키아 인이 포도를 경작하고, 포

페 니 키 아 인

정치적으로 통일된 적은 없고, 우가리트(라스샴라)·비블로스·베리토스(베이루트)·시돈(사이다)·티루스(티레) 등의 항구도시를 중심으로 한 도시연맹의 형태를 취하여 일찍부터 해상무역을 하였다. 페니키아인(人)은 헤브라이인·아랍인과 함께 셈인의 가나안계(系)에 속하나 오래 전에 혼혈이 이루어졌다. 지리적으로는 메소포타미아와 이집트의 접점(接點)에 있으며, 크레타문명의 영향도 받았다. BC 3000년에는 이집트와의 통상이 활발하였으나, BC 2000년에 들어서면서 민족이동의 영향으로 혼란이 생기고, 중간기에는 아리아계(系)·후르리계·가나안계의 소도시국가군(群)이 분립(分立)하였다. 최고(最古)의 알파벳이 성립된 것도 이 무렵이다. BC 15~13세기에는 우가리트가 번영하였다.

이집트와 히타이트의 세력 아래 놓인 시기도 있었으나, 강국 사이에서 건재하였다. BC 13세기에 바다의 민족에 의해 모든 도시가 파괴되었을 때도 티레를 중심으로 재빨리 부흥하여 각지에 식민도시를 설치·번영을 회복하였다. 특히 서부 지중해를 향한 진출은 중요하여, 아프리카 북안(北岸)에 우티카·카르타고와 에스파냐의 가데스 등에 식민시를 건설하였다. 그러나 BC 9세기경부터 아시리아가 강대해지면서 페니키아의 모든 도시는 점점 세력을 잃고, 아시리아·이집트·페르시아의 지배를 받다가 마침내 로마의 속주(屬州)가 되었다.

페니키아인은 목재·올리브·포도·건어(乾魚) 등을 수출하였는데, 특히 미술 공예에도 뛰어나, 금은·보석·상아·유리로 만든 공예품과 염색제품 등을 무역 루트를 통하여 오리엔트와 지중해 연안 각지에 널리 퍼뜨렸다.

도주를 양조하였음이 고고학적으로 입증되었다.

페니키아인이 세라(Xera)라고 했던 헤레스 포도주는 지중해 전역, 그 중에서도 특히 로마에 많이 공급되었다. 당시 이베리아반도는 지정학적 특수성 때문에 여러 민족이 지중해의 지배권을 둘러싸고 각축을 벌였던 지역이었다. 페니키아인에 이어 이베리아반도에 정착한 그리스와 카르타고인은 포도재배와 양조기술을 한 층 더 발전시켰다. 그리스 문헌에 의하면 로데(Rhode)인이 BC 8세기경 이베리아반도의 크레이우스곶 근처에 식민지를 건설하고, 이 지역주민과 교역을 시작하였는데, 특히 타르테시오인과 교역이 가장 활발하였다고 한다.

2. 그리스와 로마

그리스인은 BC 7세기경 반도 남부에 정착하여 구리와 주석의 교역로를 지배하기 위해 말라가 인근에 식민지인 마이니케(Mainique)를 세워 활동영역을 확대해 나갔다. 길렌 노블레스는 『말라가의 역사와 지방(*Historia de Malaga y su Provincia*)』라는 책에서 "그리스인이 말라가에 정착하여 원주민에게 포

알프스를 넘어 진군하는 한니발

언어도 이베리아어(語)를 대신해 라틴어가 공용어로 되어 오늘날 스페인의 근간을 이루었다. 종교적으로는 성(聖)바울과 그 제자가 그리스도교의 포교를 시작하였고, 그들은 박해를 받으면서도 2,3세기에는 신도의 조직체를 만들었다. 게르만 민족의 대이동은 스페인에도 영향을 미쳤다. 409년의 제1차 침입에 이어 414년에 침입한 서(西)고트족은 5세기 중엽에 이르러 에우리크의 지휘 아래 로마군과 먼저 온 게르만족들을 격파하여 서고트왕국을 확립, 6세기 아타나길드왕 때 전성기를 맞이하였다.

도나무 전지법을 가르쳤다"라고 적고 있다. 포도주 양조의 기록도 있는데, 최초의 흔적은 카르타마(Cartama)에서 발견된 저장고에서 확인되었다. 이것은 BC 600년 전의 유물로 추정되며, 마이니케 창건시기와도 일치하고 있다.

페니키아인이 BC 9세기 아프리카에 설립한 카르타고는 서부 지중해에서 경제적 번영을 구가하면서, 그리스인을 몰아내고 스페인 연안의 교역로를 통제하였다. 그들은 자연스럽게 교역 독점권을 장악하였으며, 카르타헤나시를 세워 경제적·군사적 중심으로뿐만 아니라 지중해 전략의 거점항구로 발전시켜 나갔다. 이들 역시 스페인산 포도주를 지중해 교역의 주요상품으로 발전시켜 나갔다.

카르타고의 명장 한니발이 포에니전쟁에서 로마의 강력한 공격을 견디지 못하고 참패하면서 카르타고는 BC 205년부터 로마군에 쫓기기 시작했다. BC 201년 기존의 카르타고 지배지역은 로마의 수중에 들어갔다. 카르타고의 지배를 받고 있었던 이베리아반도가 로마에 귀속되면서 이 지역은 이탈리아반도에서 부족한 금속, 곡물, 포도주 이외에 많은 노예 노동력을 제공하는 기지역할을 담당하게 되었다.

로마의 이베리아반도 통치와 더불어 포도주 교역은 더욱 번창하였다. 한때 엄청난 양의 스페인산 포도주가 로마에 유입되자 디오클레시아노(Diocleciano) 황제는 자국의 포도주 산업이 붕괴하는 것을 막기 위해 수입

스페인은 BC 219년 로마의 동맹시(同盟市) 사군툼(현재의 사군토이며 발렌시아 지방)이 한니발이 거느리는 카르타고군(軍)의 공격을 받아, 지중해 무역권을 다투는 제2차 포에니전쟁(BC 218~BC 201)이 일어났다. 로마는 소(小)스키피오의 지휘하에 BC 209년 카르타고 세력을 몰아내고 스페인의 새 지배자가 되었으며, 로마의 지배와 수탈 그리고 도시생활의 도입에 따라 부족국가의 오랜 정치·사회제도는 해체되고 말았다.

억제책을 강구하기도 했다. 스페인산 포도주는 로마 지식인의 연구욕도 고취시켰는데, 콜루멜라(Columela)로부터 아우렐리오 푸르덴시오(Aurelio Prudencio)에 이르는 일군의 지식인이 바로 그들이다. 스페인 포도주는 베티카, 타라고나, 발렌시아 또는 발레아레스를 통해 수출되었는데, 로마에서 발견된 BC31년산 비눔 디지타눔(Vinum Digitanum) 역시 이베리아반도에서 생산된 것이었다. 당시 생산된 포도주의 품질은 조악했기 때문에 재, 점토, 대리석 분말, 송진, 피치를 사용한 정제과정을 거쳐, 진흙 항아리에 담고, 코르크나 석고로 입구를 봉한 다음 10년 정도 숙성시켰다. 때로는 원시적인 훈제과정을 거치기도 하였는데, 굴뚝이 지나가는 다락방 옆에 항아리를 보관하는 방법이 그것이다.

스페인의 로마유적

로마 제국으로 포도주를 안전하게 수송하기 위해서는 포도주 용기가 문제였다. 안포라(Anfora)라는 항아리가 개발되었지만 포도주를 따르고, 마시고, 혼합하기 위해서는 세라믹 산업의 발전이 절실히 필요하였다. 로마로 수출되는 포도주는 반도 남부의 베티카나 북부의 지중해 연안 산이었는데, 로마 당국은 본국의 포도주 산업을 보호하기 위해 타지역에서 포도주 생산하는 것을 금지하기도 하였지만, 큰 효과를 거두지는 못했다.

BC138년 에스키피온 에밀리아노가 베티카를 평정하면서, 로마의 지배가 본격화되었고, 본국과 이 지역 생산품 간의 교역 역시 본격적으로 시작되었다. 카디스인은 로마에 올리브기름, 세레트(Ceret) 포도주와 소금에 절인 생선인 가룸(Garum)을 수출하였다. 이 때부터 세레트 포도주, 즉 비눔 세레텐시스(Vinum Ceretensis)는 로마땅에서도 명성을 떨쳤다. 로마에서 발굴된 수많은 포도주 항아리의 기록에서도 이 사실은 확인되고 있다.

당시 스페인 포도주를 담은 항아리는 거의 매일 로마에 도착했고, 버려진 항아리는 동산을 이루었다. 로마의 여덟 번째 언덕인 몬테 테스타치오(Monte

Testaccio)에서는 아직도 수많은 도자기 파편이 발굴되고 있는데, 이 중에는 스페인산 포도주 항아리의 봉인이 붙어 있는 것도 있다. 이 봉인에는 산지, 생산연도와 양조자의 이름까지 정확히 기록되어 있어서 당시 스페인의 포도주 생산지와 수출상황을 비교적 정확히 알 수 있다.

몬테 테스타치오의 포도주 도자기 파편들

이베리아반도의 로마 지배력이 약화되고, 이를 기해 게르만 부족의 일파인 서고트족이 침입하고 정착하면서 서고트 왕국(415~711)이 탄생했다. 이들이 침공했을 때 이미 로마화된 이베리아반도 주민인 히스파노 로마인의 수는 700만 명 정도였던 것으로 추정된다. 당시 정복민이었던 서고트인은 30만 명 정도밖에 되지 않았기 때문에 이 지역의 인구증가에는 별다른 영향을 끼치지 못했다. 게르만은 반도를 침입하면서 포도밭을 파괴하고 포도주 생산을 위협했으나, 농업 이외에는 다른 주요 경제활동이나 생산기술이 없던 관계로 로마시대의 농경활동은 계속 이어져 갈 수 있었다. 이들도 포도주를 많이 마셨기 때문에 곧 포도경작을 확대하는 정책을 펼쳤다. 제로니모(Jeronimo) 성자는 이들의 무절제한 음주습관을 우려한 나머지 "젊음의 열기로 지나치게 마시고 나태하지 않으려면 포도주를 독과 같이 피해야 한다"라고 충고하였다.

3. 이슬람

서고트왕국의 붕괴는 끊임없는 내적 갈등과 종교적 이유에 있었다. 왕국의 붕괴 후 이베리아반도는 북아프리카계 아랍인과 베르베르 족의 침공으로 711년 이슬람 지배에 놓이게 되었고, 이슬람 지배는 1492년 그라나다의 나사리 왕국이 멸망할 때까지 계속되었다.

이슬람 문화의 영향은 매우 컸다. 반도에 정착한 아랍 주민은 대토지를 소유했으며, 수리관계 시설을 확충하였고, 토양과 기후조건에 맞춰 레몬, 감자 뿐 만 아니라 세비야에서는 목화, 동부 지역에서는 쌀 그리고 말라가에서는 사탕수수를 재배했다. 이슬람의 지배자 칼리프 알하켄 2세(Calif Alhaken II)는 966년 종교적인 이유에서 헤레스 포도 경작지를 초토화시켰

스페인 지역의 서고트왕국은 서유럽 봉건제도의 확립을 위한 과도기에 종교·왕위계승문제를 에워싼 혼란을 극복하지 못한 채, 711년 이슬람 옴미아드 왕조의 침입을 받아 붕괴하였다. 이슬람 세력은 피레네를 넘어 프랑크왕국도 노렸으나 732년의 푸아티에 싸움에서 패배하여 이베리아반도로 물러났으며, 그 후부터 8세기 동안 이베리아반도를 지배하였다.

이슬람이 지배하는 동안 산업은 발전하였으며 농업에서는 관개시설의 건설, 공동체수리법(共同體水利法)이 제정되고, 목화·복숭아·사탕수수 등의 새 작물이 재배되었다. 수공업은 톨레도·그라나다·알메리아·코르도바에서 발달하였고 코르도바·세비야는 시장·수출항으로서 번창하였다.

이슬람의 문화·기술수준이 당시의 서유럽을 능가하였다는 것은, 이미 10세기에 코르도바 도서관이 60만 권의 서적을 소장하여 그리스 철학을 연구하고 있었다는 점, 11세기에 제지(製紙)가 시작되어 있었다는 점 등으로도 알 수 있다. 또한 이슬람 정복의 수평적 성격을 스페인에서도 찾아볼 수 있는데, 공납·부역·인두세를 거두고 이를 가능하게 하는 이슬람군(軍) 조직을 유지하는 데 역점이 두어졌을 뿐 피정복민족 고유의 사회·정치·종교 체계에 강제적 파괴와 재편은 이루어지지 않았다.

이슬람교로 개종하는 사람은 그리스도교도가 배교자(背敎者)라 했으나 자유민의 신분을 얻고 조세도 경감되었기 때문에 서고트시대의 노예가 많이 개종하였다. 그리스도교도는 모사라베스(Mozarabes)라 했으며, 공조(貢租) 등의 부담을 교환조건으로 하여 종전까지의 토지지배권, 교회의 유지, 서고트 관습법으로 운영되는 특별자치구의 형성을 승인받았다.

는데, 그는 코르도바 궁전에 40만권의 장서를 소장하고 있는 도서관을 세운 교양있는 군주로 알려져 있다. 그는 이미 10세기에 알 안달루스 지역의 모든 어린이들을 위해 의무교육 정책도 실행하였다. 후에 그는 포도밭 파괴 지시 는 자신이 한 것이 아니고 그의 신하 알만소르(Almanzor)가 취한 행동이라고 변명하며 군주에 대한 비난을 축소시 켰다.

당시 포도밭을 파괴하라는 통보를 받은 헤레스 주민은 성전에 출정하는 군인의 영양원으로 건포도를 만드는 데 필요하다는 점을 역설하여 전체 경 작면적의 1/3만을 감축시키는 데 성 공했다. 후에 술 취한 사람에게 사형 선고까지 내렸던 가혹한 박해는 벌금 형인 가미아로 대체되었고, 포도주 판매자에게는 가발라라는 세금이 징수되 었다.

알만소르

아랍인 지리학자 알 이드리시는 1150년 시칠리아의 로저 2세를 위해 지도를 작성하였는데, 이는 현재 옥스퍼드대학의 보들레이안 도서관에 소장 되어 있다. 여기에는 헤레스 시가 세리스(Seris)라고 표기되어 있는데, 영국 인은 이를 셰리(Sherry), 이는 다시 카스티야어로 세레스(Xeres)가 되었다.

코란에는 포도주의 생산과 소비가 금지되고 있다. 하지만 알 안달루스 시대의 코르도바(Cordova) 칼리프는 포도주의 생산과 음주습관을 크게 나무 라지 않았다. 이슬람은 포도주를 샤랍(Xarab)이라 했는데, 당시 유명한 샤랍 알 말라히(Xarab al Malagi)는 말라가의 포도주를 의미했으며, 엘 셰리시(el Sherish)는 헤레스 포도주를 일컫는 표현이었다. 어쨌든 이 시대에는 코란의 금지에도 불구하고 스페인의 포도주가 동양에까지 소개되었고, 건포도의 생 산과 의학용 알코올 제조는 포도 경작과 양조를 지속해 나가기 위한 좋은 평계가 되었다.

이슬람 왕조 알모아데조는 12세기 중반 반도에 들어와서 알모라비데조를 굴복시켰고, 이틈을 타서 북부의 기독교 왕국은 재정복전쟁을 감행했다. 당시 반도 북부 아스투리아 산악지대에는 서고트, 루지타니아 그리고 수에보족 출신의 잔병, 귀족, 성직자들가모여서 기독교 소왕국을 형성하고 있었다. 이 중 레온-카스티야 왕국은 1230년 재정복 전쟁을 대대적으로 전개하여, 1236년에는 코르도바, 1248년에는 세비야를 재탈환하였다.

현자(El Sabio) 알퐁소 10세는 1264년 그라나다 왕국과 국경을 면한 헤레스지역을 정복하고는 포도주의 질을 획기적으로 변화시키는 조치를 하였다. 그는 자신의 포도원을 소유하고 몸소 이를 관리하는 모범을 보였다. 이런 국왕의 관심 덕분에 헤레스 포도주는 12세기부터 영국에 수출되어 높은 평판을 얻었다. 헨리 1세가 영국 양모의 교역대상물로 셰리시라고 알려진 이 포도주를 선정하면서 이에 영국인들의 사랑은 더욱 더 커졌다. 헤레스는 왕국의 부의 원천이 되었는데, 이로 인해 카스티야의 엔리케 3세는 1402년 왕령으로 포도밭을 파괴하는 행위와 양봉업도 금지시켰다. 왜냐하면 꿀벌이 포도열매를 손상시켰기 때문이었다.

영국, 프랑스 그리고 플라멩고(Flamengo) 상인은 헤레스 포도주의 수요가 증가하자 시의회를 통해 1483년 최초로 원산지 명칭의 표기규정을 제정하였다. 이로써 포도주를 담는 용기에는 산지, 수확시기, 통의 특성, 숙성 정도 등이 자세히 표기되었다.

중세의 프랑스 수도사는 스페인 북부의 도시와 빈번한 왕래를 했다. 그들은 주로 시스터(Cister)와 클뤼니(Cluny) 수도원의 순례자로 산티아고의 길(Camino de Santiago)로 알려진 도로를 따라 스페인 성지의 순례여행을 왔다.

오늘날 스페인 최고의 포도품종으로 알려진 템프라니요는 프랑스의 피노 누와(Pinot Noir)와 매우 밀접한 관계가

산티아고의 길 유적지

 | **와인에 담긴 역사와 문화**

있으며, 이로부터 생산된 말라가 포도주는 그 달콤한 맛 덕분에 유럽 전역에서 애호가들의 사랑을 독차지하고 있다. 프랑스 국왕 펠리프 오귀스토(Felipe Augusto)는 역사상 가장 먼저 포도주를 분류하는 시도를 하였다. 그는 프랑스, 중유럽 포도주 그리고 지중해 포도주를 열심히 비교·분석했는데, 이를 위해 한 영국인 사제가 포도주를 시음하고 품질을 평가하도록 했다. 이 사제는 성직계급에 따라서 포도주 질의 등급을 확립하였는데, 쉬프레(Chipre)산 포도주는 교황(Papa), 말라가산 포도주는 추기경 등급을 받았다.

스페인 전역에서 1791년에는 116종의 포도품종이 재배되었지만, 필록셰라 전염병이 돌기 이전인 19세기에는 500여 종이나 되었다. 당시 기사단과 수도원은 포도경작과 양조에서 가장 두드러진 활약을 보였다. 클뤼니의 베네딕트파 수도사와 리베라 델 도우루의 레온 수도원 수도사는 그 중 가장 괄목할 만한 성과를 보였다. 이 때문에 많은 양조장이 교회 인근에 세워졌고, 여기에서 생산된 포도주는 성체성사를 통해 신에게 봉헌되었다. 당시 포도주를 양조하는 것은 매우 신성한 일이었다. 이 때문에 로그로뇨 마을의 촌장은 포도주 숙성을 방해한다는 이유로 시내 중심에서의 마차운행을 금지시키기까지 하였다.

카스티야는 포르투갈과는 달리 아랍인으로부터 국토가 회복되는 시점을 전후해서 상업입국으로 부상하였고, 이에 따라 해외의 영토확장에 큰 관심을 가졌다. 콜룸부스가 1492년 서인도 제도를 발견한 후 신대륙의 실체가 서서히 드러나기 시작했고, 포르투갈 출신 항해가 마젤란은 1519년 세계일주 항해를 통해 태평양 및 극동에서의 스페인 패권을 확고히 장악했다.

4. 신대륙과 영국

아메리카의 발견은 새로운 시장확대를 의미했다. 이리하여 포도주의 교역도 이사벨의 후원으로 이루어진 콜롬부스의 신대륙 발견(1492)으로 스페인은 남북 아메리카의 정복과 식민지 건설을 독점하게 되었다. 16세기에는 멕시코와 페루에서 은광이 발견되었으며, 원주민의 강제노동으로 생산된 값싼 은이 대량으로 스페인으로 유입되었다. 뿐만 아니라 아메리카 식민지는 공업제품, 특히 모직물의 수출시장이 되었으므로, 16세기 중엽에는 카스티야를 중심으로 모직물공업이 번창하였다.

1516년 페르난도·이사벨 두 왕을 외조부모로 하는 합스부르크가(家)의 카를로스 1세(독일 황제로는 카를 5세)가 즉위하였으며, 그의 통치하에서 스페인 본국, 식민지, 독일의 합스부르크령(領), 네덜란드, 이탈리아령이 통괄되어 태양이 지지 않는 스페인 제국이 출현하였다. 카를로스 1세는 코르테스를 억압하였으며, 공동체적 권리유지를 주장하고 왕권과 도시 상층부에 반대하는 시민반란을 1521년 진압하여 절대주의를 완성시켰다.

그 후 1556년부터 시작된 펠리페 2세 시대의 스페인은 황금시대를 맞이했으나 동시에 몰락의 원인을 잉태한 시기이기도 했다. 스페인의 위세는 신대륙(서인도) 무역의 독점 위에 구축되었고, 그 무역의 기초는 모직물에 있었는데, 국내 모직물 공업이 특권무역상 (特權貿易商) 길드의 지배하에 있었기 때문에 독립된 산업으로서의 발전이 억제되었다. 따라서 근세 농촌의 자유생산체제에서 발전한 네덜란드·영국산 모직물에 상권을 빼앗기게 된 것이다.

스페인은 식민지의 은이 북류(北流)하는 단순한 경유지로 전락함에 따라 국내산업은 침체하기 시작하였다. 스페인은 이를 만회하기 위하여 부(富)가 집중되어 있는 네덜란드를 통제와 징세(徵稅)로써 강화하였으나 오히려 네덜란드 독립전쟁을 초래하게 되었다. 스페인의 독주에 도전하는 엘리자베스 왕조의 영국이 네덜란드를 원조하였다. 1588년에는 영국을 공격하기 위해 펠리페가 파견한 무적함대가 영국 해군에 격파되어 스페인의 몰락과 영국의 해상권 상승을 상징하는 사건이 되었다.

그 후 30년 전쟁(1618~1648), 부르봉 왕조의 스페인 지배에 따른 스페인 계승전쟁 (1701~1714) 등으로 신흥 해상국가인 영국과 네덜란드는 크게 번성하였고 스페인은 몰락의 길을 걷게 되었다. 그러나 이러한 국가적 쇠퇴기에 문화적으로는 오히려 황금시대를 맞았는데 16세기 말부터는 세르반테스, 로페 데 베가 등의 문학자, 엘 그레코, 벨라스케스, 무리요 등의 화가가 활약하였다.

활성화되었고 그 범위도 매우 큰 폭으로 확대되었다. 마젤란은 세계일주 항해를 떠나면서 헤레스 포도주 253통을 구입했다. 이를 통해 스페인산 포도주가 신대륙에 첫 선을 보이게 되었다. 이것은 전세계에 스페인산 포도주가 최초로 모습을 드러낸 사건이었다. 이후 신대륙 교역에서 포도주는 아메리카와 교역을 하는 화물선 선적물의 1/3을 차지했다. 신대륙 교역의 세비야항 독점권이 1680년 사라지면서 함대의 입출항지는 카디스로 바뀌었다.

헤레스 포도주의 신대륙 판매는 영국과 연결된 해적활동으로 주춤하게 되었다. 가장 큰 약탈사건은 1587년 카디스 항구를 공격하여 300통의 헤레스를 강탈한 프란시스 드레이크 함대의 만행이었다. 이 약탈품이 런던에 도착하자 헤레스의 인기는 영국 왕실에서 급상승했다. 이사벨 1세 여왕 자신이 에섹스의 백작에게 가장 이상적인 포도주로 추천한 술도 헤레스였다.

스페인의 모스크바 주재 대사 갈베스는 1791년 러시아 카타리나 2세에게 말라가 포도주 몇 상자를 바쳤는데, 여왕은 이 맛을 보고는 감탄을 금치 못하며 말라가 포도주에 면세조치를 취하기도 하였다. 영국에서 인기 높았던 헤레스 포도주는 셰익스피어의 작품에도 많은 영감을 주었다. 그는 친구 벤 존슨과 함께 베어 헤드 태번(Bear Head Tavern)에서 매일 상당량의 헤레스를 마셨다고 한다. 그의 작품 리처드 3세, 헨리 6세, 라스 노체스 데 에피파니아(Las Noches de Efifania), 라스 알레그레스 코마드레스 데 윈저(Las Alegres Comadres de Winsor), 헨리 4세 등에서 헤레스 포도주가 자주 등장하는 것도 바로 그런 연유에서였다. 영국에서 헤레스의 수요는 꾸준히 증가했고, 영국인은 헤레스를 더욱 많이 확보하고 싶어했다. 윔블던경은 1625년 카디스 항구를 다시 공격하였지만 실패로 그쳤다. 이후 영국인들은 헤레스를 정상적인 교역을 통해 공급받는 길을 택했다. 그 결과 영국에서의 헤레스 판매량은 1825~1840년에 4배나 증가하였다.

5. 포도주의 현대화

스페인에서 생산된 18세기 말의 포도주는 오늘날 우리가 마시는 품질과는 매우 달랐다. 그 당시 생산자와 상인 간의 알력은 포도주의 질을 향상시키는 데 별다른 도움이 되지 못했다. 포도판매 길드는 포도주의 오랜 숙성을 금지했기 때문에 수출되는 포도주는 항상 미숙성 상태였고, 장거리 운송 중 변질을 막기 위해 첨가물을 사용하기도 했는데, 이에 상인들이 소송을 벌이기도 했다. 포도주 판매 길드가 1775년 폐지되면서 스페인의 포도주 산업에는 새로운 변화가 일어났다.

현대 스페인 포도주의 역사는 19세기 중엽에 시작되었다고 할 수 있다. 마르케스 데 무리에타(Marqués de Murrieta)와 마르케스 데 리스칼(Marqués de Riscal)은 프랑스에서 수년 동안 유배생활을 하면서 프랑스 포도주 제조법의 많은 것을 배웠다. 이들은 귀국해서 나름대로 리오하 지역에서 보르도 타입의 포도주를 만들기 위해 노력했다. 당시에는 스페인 사람이 마시는 일반적인 포도주는 미숙성된 상태에서 소비자에게 판매되었다. 그러나 두 후작은 오크 통에서 포도주를 숙성시켰고, 아메리카 식민지로 향하는 장거리 항해에서도 변질되지 않게 처리했다. 이렇게 리오하 포도주는 탄생했다. 가장 고가의 포도주로 수년 동안 확고하게 자리잡고 있는 베가 시실리아(Vega Sicilia)를 제외하면, 스페인 포도주시장은 리오하의 독무대나 마찬가지였다. 그러나 1970~1980년대에 들어서서 약간의 변화가 있었다. 카탈로니아의 미구엘 토레스와 같이 개인 양조업자가 최상급의 리오하를 넘어서는 포도주를 생산하기 시작한 것이다.

스페인 포도주는 최근에 들어서서 유럽연합시장에서 특별한 관심의 대상이 되었다. 포도주 수출은 증가일로에 있는데, 스페인 포도주가 오늘날 여기까지 오게 된 것은 제조기술의 혁신 때문이었다. 특히 온도를 인위적으로 조절하는 발효공법이 기존의 양조업체에까지 도입되면서 스페인 포도주는 새롭게 태어날 수 있었다. 리오하, 헤레스, 말라가 그리고 몬티야의 4개 지역만이 1932년에는 원산지 통제명칭을 사용할 수 있었다. 하지만 오늘날에는 50개 이상의 지역이 이 명칭을 사용하고 있다. 최근 포도주 생산으로 가장 두각을 나타내는 지역은 루에다(Rueda)이다. 고급 백포도주가 이 곳에

18세기 후반에 들어와 스페인은 국가체제의 재건을 꾀하였다. 1759년에 즉위한 카를로스 3세 때 플로리다블랑카 백작을 비롯한 개화한 정치가가 계몽전제주의적 관념에 따라 개혁을 단행하였다. 그리하여 중상주의(重商主義) 대신 경제자유주의가 추진되고, 공업원료의 수입세가 철폐됨으로써 카탈루냐 지방에 미국산 원면(原綿)을 사용한 면직물 공업이 발달하였다. 그러나 농업은 귀족·교회에 의한 대토지소유제와 영세한 소작경영이 특징이었으며, 대부분의 농민이 빈농(貧農)으로 토지를 소유하지 못한 채 조세(租稅)·봉건적 지대(地代) 등의 압박에 시달려 면직물 공업의 국내시장 확대를 저해하는 요인이 되었다.

따라서 공업발전과 시민계급의 성장은 일정한 한계 내에 머물 수밖에 없었다. 1807년부터 시작된 나폴레옹의 스페인 지배와 이에 협력한 귀족의 저항은 독립전쟁으로 발전하였는데, 이는 국토의 회복과 동시에 반(反)봉건투쟁의 성격을 띤 것이었다. 1820년의 혁명은 리에고 대위의 반란선언으로 일어난 군대반란에서 비롯된다. 반란은 각지 농민의 반봉건 투쟁과 결합, 1821년 봉건적 권리 폐지법안의 채택으로 시민혁명이 실현되는 것처럼 보였으나, 국왕이 법안비준을 거부하고 부르주아 계층이 합법적 개혁을 주장하며, 농민운동에서 떨어져나감으로써 좌절되었다.

그 후 1830년대부터는 귀족과 부르주아 계층을 기반으로 한 입헌군주제가 채택되었다. 19세기 중엽부터 카탈루냐의 공업노동자에게 바쿠닌의 아나키즘(무정부주의)이 소개되어 대토지 소유제 아래의 농민과 노동자의 정치적 의식을 자극, 1869년 카탈루냐·안달루시아에서 공화주의자가 반란을 일으킨 데 이어 1873년에는 최초의 공화국이 성립되었다. 그러나 노동자·농민의 운동은 공화주의의 테두리를 벗어나 공장·토지점거로 확대되었다. 혁명진압을 위해 부르주아지는 부득이 봉건세력과 동맹하게 되어 1875년에 알폰소 12세의 왕정복고가 실현되었다.

서 생산되고 있는데, 이와 더불어 리베라 델 도우루 지역 역시 카바(Cava) 포도주로 그 명성이 널리 알려져 미국에서까지 큰 인기를 끌고 있다.

 스페인 포도주의 특징

1. 포도주법

스페인산 포도주는 일반적으로 원산지 통제명칭(Denominación de Origen), 약어로 DO규정을 따른다. 이 법은 1932년 제정되었고, 1970년 수정을 거쳤는데, 특정지역의 포도주를 한정하고 보호하는 취지는 프랑스의 AOC(Appellation d`Origine Contrôlée)와 유사하다. 스페인에는 포도주 생산지임을 공식적으로 인정하고 지리적으로 범위를 규정하는 54개의 DO가 있다. 이 지역은 포도주 생산총량의 약 50%를 생산하며 병입 수출량의 90%를 책임지고 있다. 그러나 리오하만은 유일하게 권한이 부여된 원산지 통제명칭(Denominación de Origen Calificada, DOC)의 자격을 가진 지역이다. DO 또는 DOC 자격을 얻으려면 매우 까다로운 요구조건을 갖추어야 한다. 이러한 조건은 1970년 설립된 국립 원산지 명칭협회(O Instituto Nacional de Denominación de Origen, INDO)가 정한다. 그러나 DO와 DOC지역도 그들 자신의 조절심의회(Consejo Regulador)가 있고, 여기서 생산을 통제한다. 이 심의회는 INDO의 통제를 받는데, 규정의 준수 외에도 공인된 포도품종의 확인, 헥타르당 생산량, 양조법, 참나무통과 병에서의 숙성과정 등을 철저하게 감독하기 위해 연구소와 심사원단을 유지한다. 그리고 생산된 포도주에 이상이 없을 때는 산지마다 특색 있는 인지(seal)를 받아 병에 부착한다. 만일 한 양조장에서 5만 병이 생산되면 5만 장의 인지를 받게 되는 것이다. INDO는 인지뿐만 아니라 포도주병의 라벨에 기록되는 내용도 규정을 정한다. 주요한 내용은 생산자명, 원산지, 알코올 도수, 색깔, 당도 그리고 숙성과정과 기간에 따른 포도주의 분류 등이다. 스페인산 포도주의 당도는 1l당 5g의 당분이 함유된 쌉쌀한 맛(dry), 15~30g의 약간 쌉쌀한 맛(semi-dry), 50g 이상의 단맛(sweet) 그리고 30~50g의 약간 단맛(semi-sweet)의 네 가지 종류로 분류된다.

스페인의 소비자는 원산지 다음으로 참나무 통 숙성도 면밀히 관찰하고 큰 관심을 보인다. 그래서 크리안사(Crianza), 레세르바(Reserva) 그리고 그란 레세르바(Gran Reserva)라는 포도주의 3등급은 소비자에게 매우 중요하다. 우선 포도주 병의 라벨에 크리안사라는 표시가 있으면 이미 이 포도주가 산지에서 일정 기간 숙성되었음을 의미한다. 그러나 분명한 것은 다른 두 등급에 비해 질적으로 떨어진다는 점이다. 지역마다 이 등급의 포도주에 나름대로의 규정을 정하고 있다. 레세르바와 그란 레세르바는 공식적으로 그 질이 인정되는 포도주로서 적포도주인 레세르바 틴투(Reserva Tinto)는 최소한 지하저장고에 3년 보관되고 1년은 참나무통에서 숙성되어야 한다. 백포도주 레세르바 브란꼬(Reserva Branco)는 2년 지하저장고 보관에, 6개월은 참나무통 숙성이 요구된다. 또한 적포도주 그란 레세르바 틴투(Gran Reserva Tinto)는 최소한 2년 참나무통 숙성에, 병입된 후 3년 보관된다. 백포도주 그란 레세르바 브란코(Gran Reserva Branco) 역시 2년 지하저장고 보관과 6개월 참나무통 숙성을 거쳐야 한다.

2. 포도주의 주요산지

리오하

리오하(Rioja)는 1세기가 넘도록 스페인에서 가장 뛰어난 포도주 산지로 명성을 유지하고 있다. 에브로(Ebro)강 양 어귀의 언덕을 따라 120km에 이어지는 포도재배 단지는 북부 스페인 내륙지역의 5만ha를 차지한다. 이 지역의 뒤쪽에는 암벽 투성이의 산맥인 칸타브리카(Cantábrica)와 세라 데 라 데만다(Serra de La Demanda)가 있다. 이 곳은 적·백포도주와 로제(Rose) 포도주도 생산하지만 전설적인 명성을 얻게 해 준 것은 적포도주이고, 주된 포도품종은 템프라니요(Tempranillo)이다. 리오하는 종종 스페인의 보르도라고도 하지만, 부드럽고 순박한 포도주의 향취는 오히려 프랑스의 브르고뉴산 포도주와 가깝다.

여하튼 리오하는 프랑스와 연관이 깊다. 중세 초반기에 프랑스 도로라는 의미의 카미노 프란세스(Camino Frances)가 이 지역을 거쳐서 독실한 프랑스의 카톨릭 신자를 산티아고 데 콤포스텔라(Santiago de Compostela)에 있

리오하 양조장의 오크통들

는 야고보 성당으로 인도했기 때문이다. 오크 통에 오랜 기간 숙성시키는 리오하 포도주의 특징은 프랑스 전통에서 비롯되었다. 1780년 리오하의 양조 기술자인 마누엘 킨타노(Manuel Quintano)는 보르도식 숙성방법으로 자신의 포도주를 성공적으로 숙성시켰다. 그러나 적은 통을 사용하는 프랑스와는 달리 킨타노는 커다란 통을 사용했다. 1850년대에는 리오하 최고의 양조업자인 마르케스 데 무리에타(Marqués de Murrieta)와 마르케스 데 리스칼(Marqués de Riscal)이 프랑스식으로 작은 참나무통을 사용하기 시작했다.

프랑스 양조업자에게 1850~1860년대는 매우 어려운 시기였다. 그러나 리오하와 페네데스 지역 양조업자들은 프랑스의 침체를 호기로 이용해 커다란 이익을 챙길 수 있었다. 첫 번째로 오디움(Odium)이 프랑스 포도농원을 공격했고, 뒤이어 포도나무뿌리진디인 필록세라가 막대한 피해를 입혔다. 프랑스의 코미시오나도(Comisionado)라는 상인이 자국에 포도주를 공급

리오하라의 유래

에브로 강의 7개 지류 중 하나인 리오 오하(Rio Oja)에서 리오하라는 이름이 파생되었다는 설이 가장 수긍할 만하다. 그러나 그 이름이 로마정복 이전에 이 지역에 거주했던 루코네스(Ruccones)부족에서 나왔다는 주장과 스페인어로 붉은색을 의미하는 로하(Roja)에서 발전되었다는 설도 있다. 또 다른 이론은 이 지역이 풍요로운 곡물 산지였기 때문에 빵의 땅이라는 의미의 바스크 어 에리아 오지아(Ería Ogia)와 연관시킨다.

하기 위해 리오하로 몰려들었고, 이 지역은 포도주 수출로 호황을 누렸으며, 생산면적도 1만 6000ha로 증가했다.

프랑스인은 단순구입 외에도 이 곳에 양조장을 개설하였다. 그들은 전통적인 방식으로 작은 참나무통에 포도주를 숙성시켰다. 그들은 가능한 한 프랑스 포도주의 풍미에 가까운 술을 제조하려고 노력했다. 리오하의 하로(Haro)와 북부 해안의 빌바오(Bilbao) 사이에 1880년 철로가 개설되자 리오하 포도주가 프랑스로 쉽게 운송될 수 있었다. 그러나 1901년 스페인에도 필록세라가 번지기 시작했고, 리오하는 70%의 포도원이 초토화되었다. 해독제는 항독성을 지닌 아메리카산 포도나무뿌리에 유럽산 포도 줄기를 접목하는 것이었다. 이로써 프랑스 포도재배지는 빠르게 회복되었고, 리오하의 프랑스인은 귀국했으며 리오하 시장은 순식간에 불황을 맞아야만 했다. 이후 제1차 세계대전, 스페인 내전 그리고 2차 세계대전을 겪으면서 포도산업 관계자들은 재정적인 어려움으로 생산을 포기하였고, 스페인 정부가 기아극복을 위해 포도재배지를 밀밭으로 바꾸는 정책을 추진하면서 사양화의 길을 걸었다. 1970년에 리오하가 최고의 포도수확을 이루면서 이를 계기 스페인 포도주 산업은 전환점을 맞이했다. 또한 스페인의 재정적 안정으로 투자가도 리오하에서 생산되는 최고품질의 포도주에 눈길을 돌렸다. 새로운 양조장이 개설되고 낡은 업체는 현대화를 추구했다.

리오하의 양조장

리오하는 작은 오크 통 숙성공정을 1세기 이상 실행하고 있었다. 사용되는 통은 항상 오크 나무였지만 양조장 마다 어떤 통을 선택하는가는 자유로웠다. 19세기에 재정적 위기에 처했을 때 많은 양조업체는 프랑스 오크 통을 구입하는 것보다 아메리카 산 오크를 구입하여 자신이 직접 통을 제작하는 것이 훨씬 경제적임을 알게 되었다. 그런 이유로 오늘날 리오하에서 사용되는 통의 대부분은 아메리카산으로서 리오하 포도 고유의 향에 아메리카 오크의 바닐라 향이 깃든 완벽한 포도주의 향미를 제공한다. 리오하는 세계에서 가장 포도주의 숙성기간이 긴 포도주를 생산한다. 적포도주는 보통 4~10년 숙성된다. 이것은 프랑스 포도주 중 최고 품질이 2~3년 숙성기간을 거치는 것과 비교하면 그 질적 수준을 알 수 있다. 이것도 과거에 비하면 매우 짧아진 것이다. 예전에는 소비자의 손에 들어가기 전에 15~20년의 숙성을 거치는 경우가 허다했다. 예를 들어 무리에타 양조장은 1942년 담근 그란 레세르바를 1983년에 출고함으로써 41년의 기나긴 숙성기간을 기록했다. 이리하여 오늘날 리오하에서는 오랫동안 잘 숙성되고 바닐라향과 약간의 소박한 흙내음이 간직된 포도주와 참신하고 딸기류의 과육 맛을 내는 새로운 유형의 포도주 같은 두 가지 종류의 포도주가 생산되고 있다.

앞에서 언급한 바처럼 리오하는 스페인 유일의 DOC 칭호를 지닌 포도주 생산지이다. 1988년 DOC 자격을 취득한 리오하에 적용되는 가장 중요한 규칙은 포도주를 양조하기 위해 사용되는 포도의 가격이 국내 양조용 포도 평균가격의 200%를 넘어야 한다는 것이다. 이것은 최고 품질의 포도만이 최고급 포도주를 창조해 낼 수 있다는 리오하 사람의 자부심을 잘 설명해 주고 있다.

리오하 지역과 생산등급

비록 비스케이(Biscay)만과 산세바스티안(San Sebastián) 그리고 빌바오 해안도시에서 100km 남쪽에 있지만 리오하는 해양성 기후의 영향을 받지 않는다. 작고 수많은 산맥과 칸타브리아 산맥이 바다의 영향을 막아 주고, 특히 강한 북풍으로부터 보호해 주기 때문이다. 457m 이상의 고도에 위치한 광활한 고원지대 리오하는 크게 리오하 알타(Rioja Alta), 리오하 알베사(Rioja Alvesa) 그리고 리오하 바하(Rioja Baja)의 세 지역으로 구분된다. 최상의 포도는 지대가 더 높고 대서양을 향한 북쪽과 서쪽의 리오하 알타와 리오하 알베사에서 생산된다. 반면 리오하 바하산 포도주는 다른 두 지역품질에 비해 산도가 낮고 알코올 도수가 높은 특성을 지닌다.

이 지역의 토양은 석회석과 사암이 섞인 진흙, 철분이 많이 함유된 진흙 그리고 에브로강의 침니가 섞인 롬(Loam)이라는 비옥한 흙토의 세 종류가 있다. 이 중 최고의 재배지는 리오하 알베사와 리오하 알타의 진흙, 석회석과 사암으로 된 토양이다. 40년 이상 된 포도나무는 생산성은 높지 않지만 이러한 토양에서 농축된 향미를 지닌 매우 질 좋은 포도를 생산하고 있다.

포도품종을 살펴보면 적포도주 양조에는 템프라니요가 최고의 품질이다. 향미에서 리오하에서 자란 템프라니요는 종종 프랑스의 피노 누아와 이탈리아의 산지오베세에 비교된다. 이 품종은 다른 것보다 일찍 열매가 익는 특징이 있고, 이 때문에 그 명칭도 영어의 early에 해당하는 템프라노(temprano)에서 비롯되었다. 그러나 실제로는 이 품종도 산티아고 데 콤포스텔라의 야고보 무덤을 찾아 순례길에 올랐던 브르고뉴 수도승이 옮겨온 피노 누아의 변종이다. 그 밖에도 스페인 원산의 적포도주 품종으로 가르나차, 마수엘로(Mazuelo) 그리고 그라시아노(Graciano)가 알려져 있다.

리오하 포도주 등급

리오하 포도주 역시 규정에 따라 크리안사, 레세르바 그리고 그란 레세르바로 분류된다. 이 밖에도 비노스 호벤스(Vinos Jovens) 또는 신 크리안사스(Sin Crianzas)로 알려진 크리안사보다 덜 숙성된 질이 낮은 포도로 양조된

리오하 포도주에 관한 간단한 상식

역사적으로 스페인 최대의 포도주 생산지로 간주되는 리오하는 템프라니요 품종으로 만드는 적포도주가 특히 유명하다. 이곳의 적포도주는 세계에서 가장 오래 숙성된 후 출고된다. 리오하 포도주는 그 유명도에서는 흔히 프랑스의 보르도 포도주에 비교되지만 맛과 질은 부르고뉴 산과 더 비슷하다.

포도주가 있다. 리오하산 적포도주 크리안사는 순박한 흙내음, 짜릿한맛, 체리의 달콤함 그리고 바닐라의 품위 있는 향기가 어우러진 마시기 쉬운 포도주로서 일반적으로 좋은 품종이지만 크게 주목받지 않는 포도원의 포도로 양조된 술이다. 일급 포도원에서 수확한 최상의 포도로 담근 레세르바는 단순한 과육향만을 지닌 술이 아니다. 이 술은 특별한 수확기에만 생산되며 크리안사보다 훨씬 농도가 짙고 은은한 향취를 풍긴다. 그란 레세르바는 역시 특별한 수확기에만 양조되는데, 원료는 최상의 포도원에서 생산된 최고의 포도품종이다. 적포도주 그란 레세르바는 가장 우아하고 부드러우며 세련미 넘치는 술이고 특히 백포도주 그란 레세르바는 매우 희귀하다.

비록 리오하 적포도주의 경우 성숙기간이 4년 또는 그 이상되지만 그 기간은 많은 논란이 제기된다. 최근 들어 리오하 포도주가 포도향을 잃을 만큼 오래 숙성된다고 비판하는 목소리가 높다. 그러나 전통 고수자는 오랜 숙성으로 리오하 고유의 순박하고 복잡미묘한 맛이 우러나온다고 믿고 있다. 리오하 포도주의 숙성기간은 등급에 따라 차이가 난다. 크리안사의 경우 적

상그리아

상그리아(Sangria)는 대중적인 희석 포도주로서 적포도주에 탄산수, 얼음, 설탕, 오렌지나 레몬 등을 넣어 만들며 가볍게 즐길 수 있는 음료이다. 스페인 최초의 병입 상그리아는 더운 남부지역이 아니고 리오하 지역의 산물이다. 1960년대 리오하 산티아고(Rioja Santiago) 양조장이 이 술을 병입 출고했다. 이전까지만 해도 상그리아는 가정에서 먹다 남은 적포도주에 감귤류의 주스를 혼합해 마셨던 일종의 펀치(Punch)였다. 산티아고 상그리아(Santiago Sangria)에서 파생된 산트그리아(Santgria)라는 새로운 음료가 뉴욕 시장에 등장하자 마침 펩시콜라의 자회사인(Monsieur Henri Wines) 수입상의 관심을 끌게 되었다. 이아고 산트그리아(Yago Sant'gria)라는 이름으로 명명된 이 혼합주는 펩시콜라사가 리오하 산티아고 양조장을 사들이면서 크게 성공했다.

포도주는 적어도 2년 숙성되어야 하며 1년은 반드시 오크 통에 머물러야한다. 백포도는 6개월 오크통에 저장된다. 레세르바 는 적포도주의 경우 3년숙성되며, 이 중 1년은 오크 통에서 보관된다. 백포도주는 3년 숙성 중 반년은 오크통에 머문다. 그란 레세르바는 적포도주가 5년 중 2년은 오크 통에서숙성되고 나머지 3년은 병입 보관된다. 백포도주는 4년 숙성에 6개월은 오크통 신세를 진다.

리오하의 음식

리오하는 음식의 기본재료가 풍부한 지역이다. 향료나 양념사용이 절제된비교적 간단한 음식은 이 곳의 잘 익은 과일향이 강한 포도주와 조화를 이룬다. 에브로강 유역의 비옥한 땅은 채소류나 과일의 생산이 많은 곳이고, 목초지도 잘 조성되어 있어 염소, 양, 토끼와 메추라기의 고장이라 할 수 있다.그래서 이 곳의 명물로는 염소치즈가 있다. 대표적인 음식으로는 구운 양고기 요리인 출레타스 알 사르미엔토(Chuletas al Sarmiento), 야채볶음밥의일종인 메네스트라 데 베르두라스(Menestra de Verduras), 향료를 넣은 소시지를 곁들여 고기국물로 조리한 감자 요리 파타타스 아 라 리오하나(Patatas a la Riojana), 흰콩, 소시지, 후추 그리고 토마토와 때로는 메추라기를 이용한 스튜의 일종인 포차스 아 라 리오하나(Pochas a la Riojana) 등이 잘 알려진것들이다.

헤레스

일반적으로 영어로 셰리(Sherry)로 잘 알려진 헤레스(Jerez) 포도주는 스페인의 영광스러운 산물이다. 이 주정강화 포도주(Fortified Wine)는 남부 스페인 남성의 사내다운 면모(Machismo), 투우사랑 그리고 시가를 즐기는 분위기에서 탄생하였다.

헤레스는 15.5~22%의 알
코올 농도를 지닌다. 안달루시
아 지방이 있는 스페인 서남부
해안의 바다를 따라 난 작은 쐐
기모양의 땅이 헤레스 포도주의
본고장이다. 이 곳은 콜룸부스
가 아메리카 대륙을 향해 서쪽으

헤레스의 포도 수확

로 항해해 간 곳으로도 유명하지만 플라멩코와 투우의 고장으로 잘 알려진
곳이다. 또한 빨간 기와지붕에 하얀 석회벽의 지중해풍 집이 해변에 옹기종
기 모여 있는 모습은 많은 관광객을 끌어들이고 특히 이 곳의 맛깔스러운
조개는 유럽에서 명성이 높다.

포도 재배지는 헤레스 데 라 프로테라(Jerez de la Frotera)시로부터 카디
스(Cádiz)만에 있는 푸에르토 데 산타 마리아(Puerto de Santa Maria)시와
과달키비르(Guadalquivir)강 하구의 대서양 해안에 있는 산루카르 데 바라메
다(Sanlúcar de Barrameda)에 이르는 삼각지대에 펼쳐 있다. 이 곳의 포도주
를 통제하는 콘세호 레굴라도르(Consejo Regulador)에 의해 최고의 품질로

헤 레 스 포 도 주 의 상 식

프랑스의 샴페인, 포르투갈의 포르투 포도주와 함께 헤레스는 가장 복잡한 공정으로
생산되는 노동집약적인 산물이다. 양조 공정의 어려움과 사람의 손으로 직접 빚는 이
수제 포도주는 맛과 향취 그리고 고귀함으로 세계에서 가장 사랑받는 술이다. 헤레스는
매우 단맛부터 매우 쌉쌀한 맛 까지 다양한 종류가 있는데, 일반적으로 스페인인은
쌉쌀한 맛을 선호한다. 그리고 마개를 따면 며칠 내에 마셔야 한다. 포르투 포도주
처럼 오래 보관할 수 없다. 타파의 본고장 헤레스에서 대화를 즐기는 스페인인에게
한 잔의 헤레스는 일상생활의 활력소이며, 삶의 의미이다.

인정받는 헤레스 수페리오르(Jerez Superior)를 생산하는 곳은 바로 이 삼각지대의 한 중앙이다.

헤레스지역의 토양은 이회토(Albariza), 비옥한 진흙의 일종인 바로(Barro) 그리고 모래(Arena)가 대표적인데, 특히 이회토는 포도나무 줄기에 햇빛을 반사하여 포도열매가 고루고루 익을 수 있게 도움을 준다. 헤레스지역에서 가장 많이 재배되는 포도품종은 팔로미노(Palomino)로서 헤레스 주의 95%가 이 품종에서 나온다. 병충해에 강하기 때문에 이 품종은 많은 사랑을 받는데, 이 이름은 알폰소 10세(Alfonso X)때 기사 페르난 이아네스 팔로미노(Fernán Yanes Palomino)에서 비롯되었다. 최근 까지도 팔로미노 가문은 헤레스주를 생산하고 있다. 이 포도주는 매우 쌉쌀한 맛에서 이가 아플 정도로 단 맛에 이르는 다양한 맛을 내며 백포도주의 경우는 병마개를 따면 수일 내에 마셔야 한다.

헤레스주는 주로 백포도품종으로 양조되며, 다양한 맛을 내는 팔로미노 외에도 모스카텔(Moscatel)품종과 페드로 시메네스(Pedro Ximénez)로 당도 높은 술을 만든다.

헤레스 포도주는 크게 두 부류로 나뉜다. 비교적 쌉쌀하고 순한 맛의 피노 타입(Fino-Type) 헤레스와 진하고 달콤하며 견과 맛을 내는 올로로주 타입(Oloroso-Type)인데 전자에는 만자니야, 피노, 아몬틸라도, 팔로 코르따도(Palo Cortado)가 있고 후자의 범주에는 올로로주, 크림(Cream), 페드로 시메네스가 해당된다.

비록 아랍인의 수도 코르도바(Córdoba)가 있어서 코란의 엄격한 규제가 있었을 것으로 생각되지만 안달루시아 지방에는 무슬림, 유태인 그리고 기독교인이 조화를 이루며 살고 있었고, 자유분방한 분위기였다. 그런 이유에서인지 지배계층인 무슬림은 음주를 규제한 규율을 무시했고, 헤레스 포도주는 그 명맥을 유지할 수 있었다. 헤레스주는 솔레라(Solera)라는 오래 된 참나무통에서 만들어진다. 우선 백포도 품종인 팔로미노를 으깨어 그 액을 스테인리스나 시멘트 탱크 안에서 발효시킨다. 여기 까지는 백포도주 양조 공정과 다를 바가 없다. 그러나 이 시점에서 브랜디 종류의 술로 가볍게 강화시킨다. 이 혼합주는 다시 참나무통에 1년 또는 그 이상 보존된다. 이 포도주가 아냐다(Añada)인데 다음 단계로 솔레라(Solera)에 들어간다. 거기서 헤레스주로 거듭나기까지 점진적으로 강화되고 숙성된다.

솔레라

헤레스와 음식

스페인 사람은 음식이나 음료를 함께 즐김으로써 사회적 교류를 이룬다. 그들이 대화를 즐기며, 가볍게 먹는 간식거리로 타파(Tapa)라는 음식이 있다.

헤 레 스 식 초

헤레스 식초는 주로 헤레스 지역의 양조장에서 생산되는데, 약간 달콤하면서 견과의 맛이 나며, 식초 중의 으뜸으로 평가된다. 이 식초는 이탈리아의 발삼향 식초와 비슷하며, 가장 값이 비싸다. 헤레스 식초는 5~25년 숙성되는데, 오래 될수록 그 향이 더욱 복합적이고 뛰어나서 최고급 음식의 조미에 사용된다.

일반적으로 선술집을 타파라고 하는데, 음식 연구가들은 이 헤레스 지역에서 더운 여름밤에 사람들이 동네 어귀의 선술집에 모여 가벼운 한 잔의 헤레스주에 곁들여 먹었던 음식에서 기원했다고 한다. 타파는 치즈, 달걀 등의 간단한 것에서 제법 다양한 재료로 만드는 요리에 이르기까지 많은 종류가 있다. 스페인인은 서서 대화를 즐기며 손가락으로 타파를 집어 먹는다.

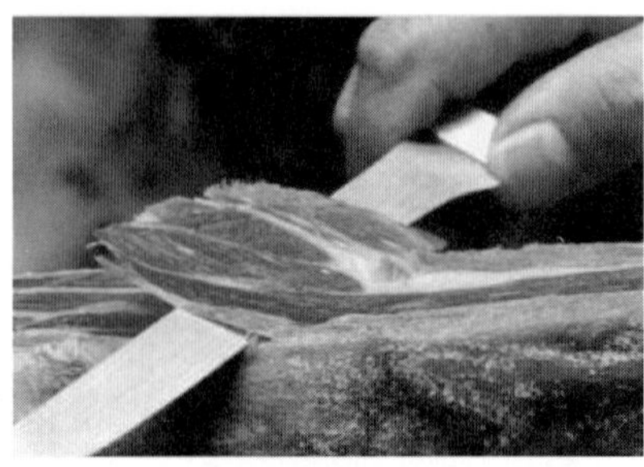

하몬

헤레스 주민은 쌉쌀한 헤레스주 한 잔에 세라노(Serrano) 햄이나 하부구의 하몬(Jamón de Jabugo) 한 조각에 견줄 맛은 없다고 단언한다. 또한 만자니야 한 잔에, 새우에 마늘양념을 한 감바스 알로히요(Gambas Alojillo) 요리도 이 곳 주민이 즐겨 먹는 최고의 먹거리이다.

페네데스

페네데스의 포도원

페네데스(Penedés)는 카탈로니아(Catalonia) 지방에 있다. 이 곳 주민은 카탈란어가 첫째요, 스페인 어는 두 번째라고 생각할 정도로 자긍심이 강하다. 더욱이 여기는 피카소, 미로, 달리의 고향이고 호세 카레라스와 가우디, 파블로 카잘스가 태어난 곳으로, 한 마디로 짙은 예술성이 풍기는 곳이라

아니할 수 없다. 바르셀로나에서 서남쪽으로 내려가다 보면 소나무 숲과 과수원이 눈에 띄기 시작한다. 해안의 따뜻한 지역에서 내륙으로 경사면을 따라 올라가면 기후도 서늘해지고 고지대에 푸른 포도밭이 끝없이 펼쳐진다.

페네데스 지역의 면적은 2만 5000ha로 작은 편이지만, 포도재배에 적합

한 다양한 기후조건과 토양을 갖추고 있다. 연평균 120만hl를 생산하는데, 거의 반은 거품이 이는 스파클링 포도주 카바(Cava)이다.

이 지역의 포도주는 매우 오랜 역사를 지니고 있다. 포도주 항아리와 이집트 포도주 용기가 발견되는 것으로 보아 페니키아인이 7세기 전부터 포도주를 보급한 것으로 여겨진다. 카탈로니아는 1868~1886년에 스페인 일반 포도주의 절반 정도를 공급했다. 또한 이곳의 포도주는 라틴아메리카와 유럽 각지에 수출되었다. 이 곳 역시 오디움과 필록세라로 프랑스 포도주 산업이 곤경에 처했을 때 프랑스인의 갈증을 채워 주는 역할을 했다.

이 곳의 주생산품인 카바는 1872년 최초로 생산되었다. 포도의 품종은 샤르도네(Chardonnay), 마카베오(Macabeo), 파레야다(Parellada) 등이 백포도주에 사용되며 적포도주에는 카베르네 소비뇽과 메를로 등이 쓰인다. 카바는 코도르니우(Codorníu) 양조장의 돈 호세 라벤토스(Don José Raventós)의 창의적 소산이다. 그가 1860년대에 포도주를 팔기 위해 유럽을 여행할 때 샴페인 지방에서 스파클링 포도주의 매력에 빠져들어 제조설비를

카바의 상식

해마다 2억 2000만 병 이상의 카바가 소비된다. 4000병 정도를 생산하는 소규모 업체가 있는가 하면, 프레이세네트처럼 5300만 병을 생산하는 대규모 양조업체도 있다. 그러나 오늘날 이들은 미국의 캘리포니아와 경쟁관계에 있다.

프랑스인이 샴페인을 마실 때 철갑상어 알 캐비어(Caviar)를 먹는 것처럼 카탈로니아인은 토마토를 곁들인 빵(Pan con Tomate)를 즐긴다. 따끈하게 구운 이 지역 특유의 빵에 올리브와 토마토를 곁들이면 이보다 더 카바와 어울릴 수가 없다.

주로 중산층이 즐겨 마시는 카바는 구운 양고기와도 잘 어울린다. 카탈로니아 주민은 주말에 카바와 구운 양고기를 즐기기 위해 산트 산드루니(Sant Sandruní)로 드라이브를 한다.

카바주

들여와 연구를 거듭한 끝에 만들어 낸 것이 바로 발포성 포도주 카바였다.

　페네데스에는 대략 175개 카바주 양조장이 있다. 이 중 세계적인 명성을 얻고 있는 코도르니우와 프레이세네트(Freixenet) 두 양조장은 매년 각기 4400만 병과 5300만 병의 카바를 생산하는 경쟁업체이다. 또한 전자는 캘리포니아에도 아르테사 양조장(Artesa Winery)을 소유하고 있고, 후자도 그로리아 페레르(Gloria Ferrer) 양조장에서 스파클링 포도주를 생산하고 있다.

리아스 바이샤스

리아스 바이샤스(Rías Baixas)는 갈리시아(Galicia) 지방에 있다. 고대 켈트족의 원주민은 스페인의 다른 지역과 교통문제로 최근까지도 고립되어 있었다. 갈레고(Galego)인은 스페인에서 가장 포도주를 즐기는데, 그 이유는 대서양 해안에 접하고 있어서 해산물이 풍요롭기 때문이다.

　이 곳은 로마시대에 문화적·언어적으로 포르투갈과 가까웠고, 바스크

투우소의 고기

투우소인 토로(Toro)는 안달루시아 특선요리이다. 특히 투우소의 허리살, 꼬리 그리고 고환은 매우 인기있는 부위이다. 역사적으로 볼 때 가난한 서민층에서는 특별히 힘있는 투우소의 고기를 먹는 것은 그 소의 힘, 용맹성과 강한 정력을 흡수하는 것으로 믿었다. 발렌시아의 투우장 주변에는 항상 많은 푸줏간이 있게 마련이다. 이 곳에서는 한번 싸운 경험이 있는 투우소의 고기가 비싼 가격에 팔린다. 그러나 싸운 경험이 없는 투우소는 값이 싸지만 스트레스를 받지 않아서 육질이 보다 부드럽다.

족이나 카탈란인처럼 분리주의와 개인주의적 성향이 매우 강하다. 카바와 헤레스주로 명성을 얻은 스페인은 이 곳의 백포도주로 다시 한번 세계인의 이목을 끌었다. 스페인 북서부에 위치한 이 곳은 1990년대부터 각광을 받기 시작했다. 갈리시아 북부의 칸타브리아 해안과 서부의 대서양 연안은 피오르드 식 해안이 형성되어 있어서 유럽에서 가장 풍요로운 해산물을 접할 수 있는 곳이다.

리아스 바이샤스의 백포도주는 알바리뇨(Albariño) 품종으로 만드는데, 해물요리와 가장 잘 어울리는 포도주이다. 예전에는 단지 그 지역 포도주로만 알려졌지만 발효시 온도를 잘 조절할 수 있는 스테인리스 탱크를 사용하는 현대적 양조기술이 보급되면서 질적인 개선이 이루어지고 애호가들의 사랑을 받게 되었다. 알바리뇨 품종은 포르투갈의 유명한 포도주 빈뉴 베르드(Vinho Verde)를 만드는 알바린뉴(Alvarinho)품종과 동일하다. 이것은 이 지역이 포르투갈 북부와 국경으로 접하고 있고 기후나 토양 조건이 같기

알바리뇨 포도원

때문에 가능했다. 그런 이유로 알바리뇨는 이 지역을 제외하고는 스페인의 어떤 지역에서도 재배되지 않는다. 원래 이 품종은 백포도주로 유명한 독일이 원산지로서 12세기경 시토 수도회(Cistercian)의 수사가 성지순례차 산티아고 데 콤포스텔라를 왕래하면서 옮겨 심은 것으로 추정된다. 갈리시아 서해안은 비가 많은 곳이다. 매년 1260mm 이상의 비가 오지만 포도주 생산을 위해서는 다행스러운 것이 겨울에 주로 대부분의 비가 내린다. 그래서 수확기인 가을에는 비가 오지 않지만 습기는 항상 골칫거리이다. 흰가루병과 곰팡이로 인한 병의 위협이 매우 커서 포도재배를 위해서는 2.5~3m 높이의 화강암 지주를 세우고 덮개를 올려 그 위에 포도줄기를 뻗게 한다.

갈레고인의 음식

마드리드를 비롯한 이베리아반도 내지의 사람은 싱싱한 해산물을 찾아 리아스 바이샤스로 몰려든다. 피오르드식 해안에는 가리비, 홍합, 참새우, 대합조개, 새우, 바다가재, 대하, 게, 바다 고동, 굴뿐만 아니라 심해에서는 대구, 정어리, 가자미, 넙치 그리고 아귀 같은 생선류도 풍요롭다.

이 곳의 명물로는 구운 문어요리가 대표적이다. 일요일 미사 후 사람들은 바닷가의 선술집으로 몰려간다. 이 때 차갑게 식힌 알바리뇨 한 잔은 필수적이다. 또 하나의 특선요리에는 엠파나다(Empanada)가 있다. 이 요리는 파이의 일종으로 장어, 감자, 정어리, 참치, 가리비 그리고 돼지고기가 주 재료이고 양념으로는 올리브 오일, 후추, 토마토, 양파와 마늘이 들어간다. 파이의 껍질은 밀가루와 옥수수 가루가 사용된다. 이 요리는 고대 켈트인의 유산이라 할 수 있다. 또 하나의 켈트인에서 유래한 요리로는 칼도 가예고(Calldo Gallego)가 있다. 감자, 케일, 돼지 꼬리나 귀, 양념된 소시지와 때로는 송아지고기나 닭고기가 첨가되는 이 지역 최고의 스튜이다. 모든 갈레고인은 마치 우리의 된장국처럼 항상 어머니가 손수 만들어 주신 이 음식을 잊지 못한다고 한다.

프리오라토

프리오라토(Priorato)는 카탈로니아의 타라고나(Tarragona) 서부지역에 위치하는 스페인에서 가장 떠오르는 신생 포도주 산지이다. 최근 이 곳에서 생산된 소량의 적포도주 가격이 가장 명성 있는 리오하 산 포도주를 네 배나 넘게 책정되었다. 이 곳이 신생지역이라 하지만 사실은 납과 은광 개발을 위해 로마인이 몰려왔을 때부터 이미 포도가 재배되었다. 전래하는 이야기에 의하면 중세 때 한 마을 사람이 하늘로부터 내려온 계단을 천사가 오르내리는 것을 보았다고 한다. 아라곤(Aragon)왕 알폰소 2세(Alfonso II)는 1116년 그 장소에 수도원을 세웠는데, 그 이름이 하느님의 계단이라는 의미의 스칼라 데이(Scala Dei)이다. 그런 이유로 이 지역의 명칭은 수도원을 뜻하는 스페인어의 프리오라토가 되었다. 그리고 이 수도원에는 스칼라 데이 양조장이 소속되어 있다.

이 지역의 포도재배지는 914m 이상의 산악경사지에 있다. 프리오라토 포도주는 가르나차와 카리녜나(Cariñena)라는 두 원산 품종이 대표적이다. 그러나 밤이 춥고 낮은 무더운 이 곳의 메마른 토양에서는 카베르네 소비뇽, 메를로 그리고 시라(Syrah) 같은 품종도 소규모로 재배된다.

프리오라토는 스페인의 다른 지역처럼 포도주를 3등급으로 구분하지 않는다. 그리고 미국산 오크 통이 아닌 새로운 프랑스산 오크 통을 이용한다. 또한 이 지역을 대표하는 포도주는 모두가 적포도주이다. 이곳의 적포도주는 색깔이 잉크빛을 띠고 스페인에서 가장 짙은 것으로도 유명하다. 알코올과 탄닌 성분이 강한 프리오라토 포도주는 잘 익은 검은 딸기, 초콜릿 그리고 감초향이 일품이다.

1990년 이전까지 이 지역에는 소수의 양조장이 있었고, 포도재배도 소

포도주와 함께 자란 어린시절

지중해 연안의 다른 국가에서처럼 스페인에서도 포도주는 술이 아닌 음식으로 취급되었다. 그래서 포도주는 생활의 일부나 다름없었다. 어린이는 적절한 양의 포도주를 음미하며 그 향을 느끼고 이를 식별하는 방법을 배웠다.

많은 스페인인은 어린 시절 포도주에 적셔 설탕을 뿌린 빵 스낵을 와삭와삭 먹었던 기억을 되살린다. 오늘날 다른 패스트푸드의 등장으로 이 스낵을 즐기는 아이들은 줄어들었지만 여전히 포도주는 스페인 문화에 깊이 뿌리내리고 있어서 어린이에게 종종 식사시간에 소량의 포도주가 허용된다.

규모여서 조합이 포도를 모아 양조장에 공급하는 형편이었다. 그러나 최근에는 재배자와 양조업체가 과감한 투자와 기술개선을 통해 질 좋은 포도와 포도주를 생산하기 시작했고, 그 결과 코스테르스 델 시우라나(Costers del Siurana)와 알바로 팔라시오스(Alvaro Palacios) 같은 양조장은 가르나차 와 카리녜나 품종으로 과일향이 강한 클로스 데 로박(Clos de L`Obac) 과 초고가의 적포도주 에르미타(L`Ermita)를 생산하고 있다.

페스케라의 산지 부르고스

리베라 델 두에로

마드리드에서 북쪽으로 약 130km 떨어진 곳에 위치한 리베라 델 두에로(Ribera del Duero)는 포르투갈의 유명한 포르투 포도주가 생산되는 두에로강의 상류 지역이다. 중세 때 이 지역이 있는 카스티아(Castilla)는 이교도인 무어인 세력과 카톨릭왕이 싸웠던 전쟁터였다. 이 곳이 재정복된 15세기에 이르러서야 비로소 포도주 생산을 할 수 있었다. 리베라 델 두에로는 거의 절대적인 적포도주 생산지로서 고품질의 보르도산 포도주와 비교되는 베가 시실리아 우니꼬(Vega Sicilia Unico)와 페스케라(Pesquera)는 스페인뿐만 아니라 세계무대에서도 그 우수한 품질이 인정되고 있다.

베 가 시 실 리 아

베가 시실리아라는 이름은 수세기 이전부터 전해온다. 비록 그 어원은 확실하지 않지만 베가(Vega)는 강뚝의 초록지대를 의미하고, 시실리아(Sicilia)는 많은 사람이 이탈리아의 시실리섬과 연관지으려 하지만 성 세실리아(St. Cecilia)에서 진화되었다. 그러나 이 두 단어가 왜 포도주 이름이 되었는지는 정확히 밝혀지지 않고 있다.

 | 와인에 담긴 역사와 문화

이 곳 포도주 역시 리오하처럼 오크 통에서 숙성되는데, 통의 대부분은 아메리카산이다. 이 지역의 포도재배지 면적은 약 1만 2000ha이고 카스티아와 레온(León) 지방에는 부르고스(Burgos), 소리아(Soria), 세고비아(Segovia), 바야돌리드(Valladolid)의 4개 DO 포도주 생산지가 있다. 리베라델 두에로의 포도주 역시 세 등급의 규정을 따르는데 크리안사는 최소한 2년 숙성, 레세르바는 3년 그리고 그란 레세르바는 최고의 포도원에서 생산된 최고 품질로 5년 숙성시킨 후 출고된다.

리베라 델 두에로에는 약 100여 개의 포도재배지와 수많은 협동조합이 있다. 주된 포도품종은 틴투 피노(Tinto Fino)로서 템프라니요의 유전학적 변종이다. 이 품종은 춥고 긴 겨울의 거친 이 곳 기후에 적응하여 리오하 지역의 템프라니요보다 더 소박한 향을 지닌다. 여름에는 37℃가 넘을 정도로 덥고 겨울은 영하의 기온인 이 곳에서는 포도가 익는 시기에도 한낮은 뜨거울 정도로 덥고 밤은 매우 춥다. 틴투 피노는 이러한 스트레스를 받으면서도 잘 자라는 품종이다. 20세기 초부터 1980년대까지 이 곳은 값싸고 탁한 맛의 보잘 것 없는 포도주 생산지였다. 1970년대까지도 찌꺼기를 거르지 않아 상업성도 없는 포도주를 소비자는 양조장에서 직접 재활용 용기에 필요한 만큼 구입해 가는 실정이었다.

베가 시실리아와 페스케라

오늘날 스페인의 어린아이들도 그 이름을 익히 아는 베가 시실리아는 카스티야 라 비에하(Castilla la Vieja)에 있는 바야돌리드 근처에 있다. 이 지역 대부분의 양조장들이 1950~1970년대까지 신통치 않은 포도주를 만드는 동안 베가 시실리아는 최고의 상품을 만들어 내려고 노력했다. 이 회사는 1864년 보르도에서 수학했던 양조기술자 돈 엘로이 레칸다(Don Eloy Lecanda)가 카베르네 소비뇽, 메를로, 말벡(Malbec) 품종을 들여와 이들과 틴투 피노를 혼합하여 뛰어난 베가 시실리아 포도주를 탄생시켰다. 오늘날 이 회사 소유 100ha 넓이 포도원의 25%는 카베르네 소비뇽을 재배하고 나머지는 틴투 피노이다.

베가 시실리아는 발부에나(Valbuena), 우니코(Unico) 그리고 레세르바 에스페시알(Reserva Especial)의 세 가지 포도주를 제조한다. 발부에나 5년 산(Valbuena del Duero 5 Ano)은 좋은 품질의 리오하산이나 칠레산 최고급에 비유되며 단지 숙성기간이 우니코에 못 미칠 뿐이다. 우니코는 오크 통이나 병에서 숙성되는데, 그 기간은 보통 10년 정도이다. 그러나 양조자는 그것이 완벽하게 마실 준비가 되어 있다고 느낄 때 출고한다고 한다. 놀랍게도 1982 년산과 1968년산 우니코는 1991년에 함께 출고된 기록이 있다. 숙성에 들어간 지 각각 9년 후와 23년 후에 두 포도주가 동시에 출고된 것이다. 레세르바 에스페시알은 30년까지 숙성되며 매년 500상자 정도 출고되는 매우 희귀한 술이다.

1970년대에는 페스케라 양조회사가 등장했다. 이 회사는 이 지역이 세계 최고의 포도주 생산지로서의 가능성을 지니고 있다고 판단한 알레한드로 페르난데스(Alejandro Fernández)가 세웠다. 그는 이른바 masculine이라는 힘있는 포도주를 만들기 시작했다. 그는 1982년까지 오래 된 나무 압착기

리 베 라 델 두 에 로 의 상 식

이 곳은 울퉁불퉁한 황토색 암석지대로서 스페인 최고의 작가 세르반테스의 돈키호테의 모험지이다. 이 소설의 배경이 된 황토 빛 평원에서는 30~50년 수령의 늙은 포도나무가 혹독한 기후를 견뎌 내면서 농축된 향을 지닌 질 좋은 포도를 생산한다. 척박한 토양에서 수분이 부족하기 때문에 포도나무는 다른 지역에 비해 그루 당 간격을 넓게 잡아 심는데 보통 1ha당 1000~1500그루이고, 특히 지주, 포도재배용 격자(Trellis)나 줄기가 뻗어나갈 줄 등을 사용하지 않는다.

를 이용해 포도즙을 짜서 즉시 오크 통에 넣은 다음 여과과정을 거치지 않고 숙성에 들어갔다. 그는 "포도주를 여과하는 것은 뚱보를 열쇠구멍에 밀어 넣는 것과 같다"고 주장한다. 몸체가 반드시 손상을 입는다는 것이다. 이와 같은 공정을 거쳐 만든 페스케라는 베가 시실리아처럼 높은 평판을 얻게 되었고 여기에 고무된 투자가의 쇄도로 리베라 델 두에로는 새롭게 태어나기 시작했다.

포르투갈 편

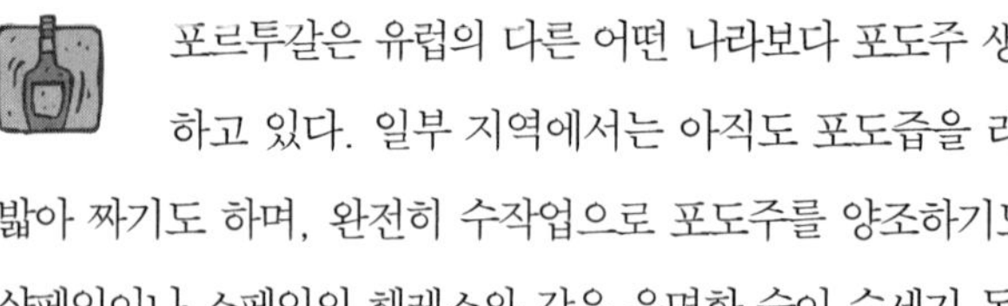

포르투갈은 유럽의 다른 어떤 나라보다 포도주 생산에 전통을 고수하고 있다. 일부 지역에서는 아직도 포도즙을 라르가르에서 발로 밟아 짜기도 하며, 완전히 수작업으로 포도주를 양조하기도 한다. 프랑스의 샴페인이나 스페인의 헤레스와 같은 유명한 술이 수세기 동안의 꼼꼼한 수작업을 통해 명성을 쌓아 왔듯이 세계적인 포르투갈 포르투(Porto) 포도주의 명성을 유지하기 위해서 이처럼 전통을 고집하고 있다고 한다. 주정강화 포도주인 포르투는 포르투갈을 세계적인 포도주 생산국으로 알리는 데 크게 기여했다. 하지만 일반 테이블 와인의 품질 역시 매우 뛰어나다.

오늘날 포르투갈의 민뉴(Minho)에서 최남단의 알가르브(Algarve) 지방뿐만 아니라, 대서양의 아소레스(Açores)와 마데이라(Madeira)군도에 이르기까지 포도주가 생산되지 않는 곳은 없다. 포르투갈은 포도재배면적이 40만ha에 달하며, 연간 약 1000만hl의 포도주가 생산되는 세계 6위의 포도주 생산국이다.

포도압착기

연간 일인당 포도주 소비량은 1985년 87*l*에 달해 세계최고를 기록했지만, 1988년에는 프랑스, 이탈리아, 룩셈부르크, 아르헨티나에 뒤졌다. 이러한 감소현상은 포르투갈 사회의 도시화 현상, 다양한 음료의 출현, 절주캠페인 그리고 포도주 가격상승에 기인하고 있다.

주로 소규모 가족단위로 포도원이 운영되고 있는데, 포르투갈 내에 산재한 18만 개의 포도원 중에서 87%가 100hl 이하를 생산하고 있고, 또한 포도원 전체의 96%가 250ha 이하의 생산지이다. 포도경작지는 국토 가용 면적의 8%를 차지하고 있으며, 여기에서는 약 23만 5000명이 일하고 있다. 포르투갈에서 포도주는 가장 중요한 수출상품이며, 소그라프(Sogrape)사의 마테우스 호세(Mateus Rosé)는 전체 포도주 수출량의 40%를 차지하고 있으며, 포르투 포도주는 대표적인 고급 수출상품이다. 포르투갈 포도주는 동 페르난두(D. Fernando)왕 통치기인 1367년 수출의 길이 처음으로 열렸다. 포르투갈은 16세기 해양 개척시대에 인도와 브라질에서 향료와 설탕을 독점 교역하였다. 리스본은 당시에 유럽 상업의 중심지였는데, 대다수의 유럽 국가는 이 곳에 자국 상인과 금융인을 상주시키고, 동양과 신세계의 각종 진귀한 상품을 구입해갔다. 또한 리스본에 장기체류하였던 외국상인은 포르투갈 포도주 맛에 매료되어 귀국할 때 많은 양을 가지고 갔다.

영국도 16세기 후반부터 동방항로를 개척하면서 산지와 직접교역을 할 수 있게 되었다. 영국 상인은 포르투갈에서 구입할 상품으로 제일 먼저 포도주를 선택했다. 백년전쟁 이후 영국과 프랑스의 관계는 견원지간이 되었는데, 영국인은 전후 질적인 면에서 프랑스산에 전혀 뒤지지 않는 포르투갈 포도주를 선택하였다. 민뉴 지방의 몬사웅(Monção)에서 생산된 포도주를

마데이라 해안의 포도 경작지

영국인은 선호했다. 그러나 도우루강 유역 포도주의 질이 획기적으로 개선되자 영국인은 자신들의 수입선을 바꾸어 버렸다. 포도주의 경제적 가치뿐만 아니라 포도재배의 사회적·문화적 중요성이 인식되면서 1756년에는 생산 지한정정책이 시행되었다. 질 좋은 포도품종과 기후, 토양 그리고 전통적 양조기술 덕분에 포르투갈은 고급 포도주를 생산할 수 있었다. 세계 최고급 포르투갈 포도주는 유리한 자연조건에 생산자의 정성과 자부심 그리고 무엇보다 책임감이 합쳐져서 만들어진 결과이다.

포르투갈 포도주의 역사와 문화

1. 타르테소

이베리아반도에서 포도가 재배되기 시작한 것은 BC 2000년경으로 추정된다. 당시 이 곳에 거주하였던 부족 중에서 타르테소(Tartesso)인은 상당한 수준의 문화를 향유하고 있었는데, 이들이 테주(Tejo)와 사두(Sado)강 유역에서 처음으로 포도경작을 하였다고 한다.

구약성서와 그리스인의 자료에 따르면 타르테소인은 이베리아반에서 최초의 국가를 형성했고, 페니키아인과 그리스인사이에서 주석광물 중개업을 하였다. 이들의 활동무대는 과달키비르강이 흘러내리는 대서양과 지중해 및 아프리카 연안이었는데, 농업과 목축 및 금속 수출이 주된 경제원이었고, 포도주는 다른 지역과의 교역에서 화폐 대용으로 사용하였다. 이베리아반도는 청동기시대부터 풍부한 구리와 주석으로 인해 많은 외세의 침략에 시달렸다. 남부연안에 최초로 침투해 들어온 이민족은 페니키아인이었다. 이들은 아프리카 북부의 지중해 연안을 따라 항해하며, BC 1200년경 반도의 남쪽

끝에 도착해서 카디스시를 건설하였다. 항해술이 뛰어난 이들은 교역로를 개척해서 타르테소인으로부터 금속을 구입했으나, BC 10세기 경부터는 반도의 교역권을 완전히 장악했다. 그들은 포도주에 남다른 관심을 보였다. 이 때문에 동지중해로부터 다양한 포도나무 품종이 유입되어 포도주 산업이 활성화됐다.

BC 7세기에는 터키지역의 그리스계 페르시아인이 타르테소인과 교역을 하면서 이베리아반도 남부에 정착했다. 그들은 포도주 양조에 특별한 관심을 보였는데, 그리스인이 물과 포도주를 희석시키는 데 사용하였던 항아리의 일종인 크라테라 유물이 알카세르 두 살의 대규모 공동묘지에서 발견되고 있다.

리스본시를 건설한 장본인으로 추정되는 유리시스는 장거리 항해 중 많은 축하행사를 열었는데, 이 때 포도주는 필수품이었다. 또한 BC 6세기 유럽 북부에서 이베리아반도에

석기시대의 유적지 발굴

카 디 스

인구는 13만 3363명(2001)이다. 남쪽에서 카디스만(灣)을 둘러싼 듯이 대서양으로 돌출한 반도 끝에 위치하며, 반도가 시작되는 곳에는 염전이 펼쳐져 있어 거의 섬처럼 보인다. BC 11세기경 페니키아인이 건설, 로마가 지배하였고, 4세기에 서(西)고트, 8세기에 아랍인이 지배하였다. 1262년 카스티야의 알폰소 10세가 이 도시를 탈환하여 재건한 후에는 신대륙과의 교역으로 번창하였다. 그들의 재산을 노린 해적의 습격을 받기도 하여 영국이나 프랑스에서 군대를 파견하였다. 높은 성벽은 당시의 흔적으로, 에스파냐 해군의 사령부가 설치되어 있다. 이 곳에서는 포도주나 광산물을 실어내며 조선업도 활발하다. 또한 흰 빛깔의 거리, 격자(格子) 무늬의 창이 아름다운 해변휴양지이다.

진출해 들어온 켈트인은 다양한 포도품종과 포도주 통 제조기술을 갖고 왔다. 이후 켈트족과 이베로인은 셀티베로 민족을 형성하였고, 여기에서 BC 4세기경 포르투갈의 시조국이라 할 수 있는 루시타니아가 탄생했다.

2. 로마와 게르만

BC 2세기부터 4세기까지 로마인과 게르만의 침략이 있었다. 로마 사람은 이베리아반도에서 BC 194년 루지타니아인과 처음으로 접촉을 하였다. 이베리아반도에서 가장 강력한 부족국가 중 하나였던 루지타니아는 켈트인의 문화적 영향을 가장 크게 받았다. 이 국가는 반도의 서부에 위치하였고, 테주 강과 칸타브리아 만 사이에서 50여 부족이 주축을 이루고 있었다.

포에니전쟁에서 카르타고를 물리친 로마인은 이베리아반도에 BC 218년 들어왔다. 그들은 안달루시아 전역에 세력을 확장하고 스페인땅을 에브로 강 계곡과 베티스 계곡으로 양분하고, 루지타니아 침략을 준비했다. 이후 로마는 약 2세기에 걸친 정복전쟁의 결과로 BC 15년 루지타니아 전역을 차지했다. 로마인은 이 기나긴 동안 이베리아반도에 많은 유산을 남겼다. 반도인은 정복자의 생활방식을 쉽게 받아들이면서 점차 로마화되었다. 포도

켈트계 이베리아인 원주민은 선사시대에 이베리아반도에 이주하여 온 여러 종족의 혼혈로 형성된 종족인데 BC 12세기에 페니키아인, BC 8세기에는 그리스인의 영향을 받았다. BC 2세기부터 로마의 속주(屬州)가 된 뒤 로마화가 시작되어 루시타니아라고 했으며, 로마문화의 영향이 매우 커서 농경양식, 도시의 건설, 언어, 생활양식 등 여러 면에서 지금도 로마시대의 양식이 남아 있다. 그 후 고트족 등 게르만계 부족의 침입을 받았으며, 그리스도교도 널리 전파되었다.

주 없이 살지 못하던 로마 군인은 전쟁시에도 포도나무를 가져다 야영지 주변에 심었다. 이러한 관습은 이베리아반도 침략시에도 지켜졌고, 이로 인해 테주강 하구에서 본격적인 포도재배가 시작되었다. 포르투갈 포도주는 로마 문화의 유산이라고 할 수 있다.

이베리아반도가 로마화되면서 포도경작도 현대화되었다. 새로운 포도품종이 유입되었고, 전정과 같은 재배기술도 소개되었다. 이 당시 포도경작은 괄목할 만한 발전을 이루었고, 이렇게 생산된 포도주는 로마로 흘러들어갔다. 이 포도주의 소비가 날로 증가하자 공급이 수요를 충족시키지 못하는 상황이 벌어졌다. 이후 반도는 서로마제국의 세력이 약화되고 동쪽으로부터 흉노가 침공해 오면서 게르만의 대이동이 시작되었다. 루지타니아는 다시 게르만 부족 수에보와 서고트의 침공으로 어려움을 겪었다. 서로마제국이 476년 멸망하자 두 개의 게르만 왕국은 각기 독립된 왕국을 설립하였다. 수에보는 루지타니아 지역을, 서고트는 이베리아반도의 나머지 땅을 점령하였다. 그러나 얼마 지나지 않아서 서고트가 반도를 평정하면서 새로운 주인이 되었다. 이 과정에서 이교도였던 게르만이 카톨릭으로 개종했다. 브라가는 이베리아반도의 로마라고 할 정도로 발전했는데, 이 곳에서는 교황청에 예속된 주교들이 참여하는 종교회의도 소집되었다.

기독교가 6~7세기에 이베리아반도에서 크게 확산되자, 포도주는 성찬식에서 필요불가결한 존재였는데, 당시의 카톨릭 자료에서는 미사에서 진짜 포도주의 사용을 의무화하는 기록을 찾아볼 수 있다. 로마의 문화와 종교에 동화된 게르만 부족은 포도주를 문명화된 민족의 고귀한 음료로서 간주하고 매우 사랑했다. 그러나 포도주를 좋아했음에도 불구하고 이들이 지배하였던 기간에 포도주 생산과 관련된 새로운 기술혁신은 없었다.

3. 이슬람

또 다른 침입자의 물결이 8세기 초 이베리아반도에 이어졌다. 북아프리카의
이슬람 세력은 지브롤터해협을 건너 반도를 침공하고, 서고트의 마지막 왕을
물리쳤다. 이들은 스페인 남부지역을 굴복시키고, 이후 반도 전역을 급속도
로 장악하였다. 이들이 지배하는 동안 반도는 문화적으로 커다란 영향을 받
았다. 코르도바 칼리파도시대에 쌀, 면화, 사탕수수, 레몬, 오렌지 경작법이
알려졌고, 저수지, 수차, 수로 등의 시설이 축조되어 농업발전에 크게 기여했
다. 아랍인은 반도의 포도재배 및 포도주 양조에도 커다란 영향을 끼쳤다.
쿠란은 발효음료의 소비를 금지했는데, 발효음료에는 포도주도 포함되었다.
그러나 루지타니아를 다스렸던 코르도바의 에미르(Emir)는 기독교인에게
관용을 보였기 때문에 포도재배나 포도주 양조를 금지시키지 않았다. 왜냐하
면 아랍인에게 농업은 절대적으로 중요했기 때문이었다. 이들은 농촌 일에
몰두하는 농민이 최상의 이익을 얻도록 하는 정책을 시행했다. 포르투갈의
남단 알가르브에서는 5세기 동안 아랍인의 지배가 계속되었는데, 이 기간에
도 포도주는 끊임없이 생산되었다. 이들은 건포도 생산을 위해서는 포도재배
가 필요하다며 포도주 생산을 간접적으로 용인해 주었다. 이 때문에 리스본은
포도주 수출항의 지위를 계속 유지할 수 있었다.

　알모라비다와 알모아다 조의 통치 시기인 11~12세기에 코란의 강령은
더욱 엄격해졌다. 이 때문에 한 때 포도 경작이 위축되기도 하였지만 포도주
는 12~13세기에도 여전히 가장 중요한 수출상품이었다. 이베리아반도의
거의 대부분은 12세기에 이슬람 세력하에 있었지만, 서고트, 루지타니아
그리고 수에부 족의 일부는 아랍인의 지배를 피해 북부 산악지대인 아스투리
아로 들어가서 재정복의 기회를 노리고 있었다. 이 재정복전쟁의 과정에서
오늘날 포르투갈의 전신인 콘다두 포르투갈렌스(Condado Portugalense)가
탄생하였고, 아퐁소 엔리케스가 이로부터 1143년 포르투갈 왕국을 창건하

였다. 엔리케스 국왕은 교황청의 호의적인 반응을 얻기 위해 재정복한 땅에 많은 수도원을 건립하였다. 이와 같은 노력으로 인해 엔리케스는 교황청으로부터 1179년 독립된 왕국의 왕으로 인정받았다.

무어인으로부터 포르투갈 영토를 완전수복한 포르투갈 왕국은 1249년 많은 기사단을 설립하였는데 이 중 템플, 자선, 산티아구 그리고 칼라트라바 기사단이 가장 유명했다. 이들은 광활한 영토를 토대로 개발에 착수하였다. 이들은 폐허가 된 마을을 재건하고 황폐한 농토를 개간하였으며, 흩어진 유민을 다시 모아들이는 역할도 수행했다. 당시 농업은 경제의 중추적인 역할을 하였는데, 농업 중에서 포도재배가 차지하는 위치는 단연 으뜸이었다. 포르투갈에서 포도경작은 국왕의 보호 하에 실행되었다. 포르투갈 국왕이 정복전쟁을 통해 아랍인으로부터 되찾은 영토는 포도재배에 이상적인 기후와 토양조건을 갖추고 있었다. 새로운 땅에 정착한 이주민은 교회, 기사단 그리고 수도원과 함께 포도밭을 개간하였는데, 이 모두는 포도주의 질적 향상에 지대한 관심을 보였다. 기록에 의하면 십자군전쟁시 성지로 향하던 군인뿐만 아니라 상인이 포르투갈 항구에서 정박 중 이 지역 포도주를 맛보고 칭찬을 아끼지 않았다고 한다.

8세기에는 이슬람 세력의 침입으로 국토의 대부분이 그들의 지배에 들어갔으나, 그리스도교도에 의한 국토회복운동(레콩키스타) 과정에서 포르투갈 왕국이 성립되었다. 1095년 프랑스 왕족 앙리 드 부르고뉴가 포르투갈 백작에 봉해지고 그의 아들 아퐁소 엔리케스가 테주강 북쪽을 평정하여 카스티야로부터 독립하고 1143년 포르투갈왕(王)이 되었다.

국토회복운동은 1249년에 완료되어 현재의 영역이 정해졌다. 남부의 실지회복운동은 종교기사단(宗敎騎士團)에 의해 이루어졌으므로, 남부에는 봉건적 귀족령이 형성되었으나, 북부에는 일찍부터 자유농민에 의하여 집약적인 농업경영이 이루어졌다. 14세기의 주앙 1세(재위 1385~1433) 때부터 왕권은 리스본의 부르주아 상인계급과 결탁, 절대주의화하였으며 영국과의 동맹이 시작되었다.

4. 신대륙

포도주는 중세 포르투갈인의 섭생에서 매우 중요한 부분을 차지하고 있었으며, 영주에게는 소득의 가장 큰 부분을 보장해 주었다. 이 시기에도 포도주는 종교의식과 행사에서 역할이 매우 중요했다. 이로 인해 교회, 수도원 그리고 기사단은 앞다투어 포도경작에 전념했으며, 이로 인해 포르투갈 포도주는 유럽 북부지역에까지 유명하게 되었다. 동 주앙 1세는 카스티야를 상대로 전쟁을 일으켰는데, 이 때 포르투갈을 돕기 위해 영국에서 랭카스터 공작이 갈리자 해안으로 왔다. 그는 이 곳에서 히바다비아(Rivadavia)라는 포르투갈 산 포도주의 강하고 타오르는 듯한 맛에 매료되었다고 한다. 포르투갈의 포도주 생산은 14세기 중엽에 들어서서도 질도 좋아지고 양도 증가하면서,

주앙 1세의 아들 엔리케는 항해왕자라고도 했으며, 아프리카 서해안을 비롯한 신항로의 발견을 위한 기반을 닦았다. 이후 희망봉을 우회하는 항로개척에 성공하고, 인도항로와 브라질을 발견(1500)함으로써 포르투갈은 해양왕국으로서의 지위를 확립하였다.

당시 포르투갈의 식민지경영은 사금과 노예의 획득, 향료를 비롯한 몇 가지 농산물의 수입에 주력했으며, 수도 리스본은 각지로부터 유입되는 부(富)로 크게 번창하였다. 그러나 부는 왕실과 귀족에게만 집중되었으며, 이들의 낭비와 경제정책의 실패로 귀금속을 비롯한 부가 국외로 유출되어 국가발전에는 도움이 되지 못했다. 포르투갈의 해외진출은 군사력을 배경으로 한 무역과 함께 카톨릭 선교활동이 수반되었다. 이런 움직임 가운데 국내에서는 반동종교 개혁세력 중심으로 카톨릭교회의 세력이 강화되었다.

또 문화적 측면에서는 이슬람·인도·고딕풍(風)이 뒤섞여 조화를 이룬 마누엘 양식이 확립되는 등 독자적 르네상스 문화가 개화하였다. 『우스 루지아다스』로 유명한 국민시인 카몽이스가 출현한 것도 이 시기였다. 1572년에 출판된 이 불후의 명작은 포르투갈 문학 최고의 걸작으로, 그리스의 「호메로스」에 비견되는 웅장한 국민적 서사시이며, 그 주제는 바스코 다 가마의 항로발견 등 포르투갈 역사를 다룬 것이다.

수출 주력상품이 되었다.

　포르투갈은 15세기에 들어서면서 그 어떤 나라보다 앞서서 해외영토 확장에 나섰는데, 이는 당시 유럽 세계를 새로운 역사의 장으로 이끈 위대한 과업이었다. 해외팽창 시기인 15~16세기에 포르투갈에서 인도로 떠나는 선박에는 어김없이 많은 양의 포도주가 선적되었는데, 이 당시 교역상품 중에서 가장 많은 무게를 차지하였던 것은 포도주였다. 통속에 담긴 포도주는 배 밑창에 실려 운송되었는데, 파도에 이리저리 쏠리고, 햇빛에 노출되거나 때로는 바닷물에 침수된 채 6개월 이상 걸리는 여행을 견뎌야만 했다. 이와 같은 시련은 포도주의 맛을 더욱 좋게 만들었다. 값비싼 오크 통 속에서 적어도 두 번 적도를 통과하면서 생겨난 배 밑창의 열기에 의해 포도주는 매우 부드럽게 잘 숙성되었기 때문에 맛도 좋았고, 고가에 팔려 나갔다. 이 포도주를 빈뉴 드 호다 또는 빈뉴 드 토르나 비아젱이라 했는데 후에 새로운 숙성기술의 기원이 되었다.

오크통 속에 담겨 운송되는 포도주

　리스본은 16세기 중엽 포르투갈 해상제국에 포도주를 공급하는 최대중심지였다. 포르투갈에서의 포도 재배와 양조뿐만 아니라 포도주의 명성, 소비량 그리고 수출량 등은 17세기에 저술된 많은 해양여행이나 지리를 기술한 책에서 자세히 전하고 있다.

　포르투갈과 영국은 1703년 양국 교역활동을 촉진시키기 위해 메투엔조약을 체결하였다. 이를 계기로 양국 간의 교역이 확대되었으며, 포도주는 영국과의 교역에서 가장 중요한 수출품목이었다. 영국은 자국산 양모와 포도주의 구상무역을 실시하였는데, 당시 포르투갈 당국은 포르투 포도주를 수출 주력 상품으로 선택했다. 관세상의 특혜 덕분에 고급포도주를 저렴한 가격에 맞볼 수 있게 된 영국인은 포도주라면 포르투라고 생각하게 되었다. 이런 영향으로 인해 프랑스산 포도주에 비해 값이 저렴한 포르투갈 포도주는 영국뿐만 아니라 서북부 유럽에서도 인기가 급상승했다.

퐁발 후작

5. 포도주의 고급화

퐁발 후작의 강한 개성은 18세기의 국가적 사안뿐만 아니라 포도재배와 양조에도 큰 영향을 끼쳤다. 국왕 동 주세가 재상으로 임명한 퐁발 후작은 동료 귀족들마저도 달갑

18세기 후반에는 퐁발이 예수회(Jesuit會)의 해산 등 국내개혁을 시도하였으나, 그의 정책은 너무 서두른 나머지 봉건세력의 저항을 불러일으켜 실패로 끝났다. 19세기 초에는 나폴레옹 군대가 침입하여 왕실 일족은 브라질로 망명하였으며, 당시 포르투갈을 지원했던 영국·포르투갈 연합군과 프랑스의 전투가 계속되었다. 나폴레옹 몰락 후에는 영국 장군이 섭정(攝政)으로 부임, 포르투갈을 실질적으로 지배하였으나 1820년에 에스파냐 내란에 호응하여 반영국(反英國) 입헌파(立憲派)의 혁명이 일어나 국왕이 복귀하여 입헌군주제가 채택되었다.

1822년에는 최대의 식민지인 브라질이 독립을 선언한 뒤부터 포르투갈의 국력은 쇠퇴해 갔다. 프랑스 혁명사상과 산업혁명의 영향으로 포르투갈도 근대화를 겨냥한 여러 가지 움직임이 일어났다. 그러나 국내의 산업기반이 취약하여 중산층의 성장이 어려웠으므로, 중앙은행의 설립 등을 제외하고는 두드러진 성과가 없었으며, 반대로 19세기에는 사회적·정치적 혼란이 계속되었다. 이러한 정치적 항쟁의 와중에서 1908년 국왕 카를로스 1세와 그의 왕자가 암살되었고 1910년 총선거 후 공화파(共和派)의 혁명이 일어나 마누엘 2세가 퇴위하고 공화제가 성립하였다. 그러나 그후에도 쿠데타가 되풀이되고 노동운동도 격화하였다.

지 않게 여길 정도로 강인한 개성과 외모를 지니고 있었다. 알투 도우루지역과 이 지역산 포도주인 포르투 포도주는 퐁발 후작 시대에 가장 큰 혜택을 누렸다. 이로 인해 이 포도주는 전통적인 수입국 영국 이외에 다른 유럽 국가에서도 수요가 급증했다. 특히 도나 마리아 1세(1734~1816) 통치시기에 바이하다산 포르투 포도주는 북미, 프랑스, 영국 그리고 브라질에서 높은 인기를 얻었다. 포르투 포도주의 인기가 높아지고 수요도 많아지자 생산자들은 더 많은 양의 포도주를 수출하기 위해 질은 등한시하기 시작했다. 이러한 사태를 개선하기 위해 퐁발은 왕의 칙령으로 1756년 9월 알투 도우루 포도경작총회사를 창설하였다. 이 회사는 포도주의 생산과 교역, 정확한 생산지역의 구분과 관리를 목적으로 설립되었다. 이 조치는 포도재배와 양조에 지역제한을 적용시킨 세계 최초의 사례였다.

메투엔조약 이후 포르투갈 포도주의 가격이 일시적으로 상승하였지만, 생산이 증가하면서 품질이 저하하고 영국 상인의 투기가 겹치면서 17세기 초에 1통에 6만 헤이스하던 포도주 가격이 1731년에는 4만 8000헤이스, 1755년에는 6000헤이스로 폭락하였다. 이와 같은 값의 폭락사태를 극복하기 위해 포도주 품질 등급제도와 가격 안정정책이 시행되었다.

프랑스의 나폴레옹이 1808~1810년 이베리아반도를 침공하자 포르투갈 왕실은 브라질의 리우로 수도를 옮겼다. 이 당시 부셀라(Bucela) 포도주는 국제적 명성을 얻었다. 포르투갈을 돕기 위해 파견된 영국군 장군 웰링턴(Wellington)은 이 포도주 맛에 반하여 본국의 조지 3세에게 선물했다. 이를 계기로 영국 왕실은 부셀라 포도주를 왕실 접대용 술로 공식 지정했다. 이 포도주는 17세기 셰익스피어시대에도 리스본의 백포도주(Lisbon Hock)로 알려져 있었다.

마데이라는 대서양에 있는 포르투갈령 군도로서, 유럽의 많은 왕실이 이 곳에서 생산된 포도주에 매료되었다. 왕실의 귀부인은 이 포도주를 손수건에 뿌리는 향수로 사용할 정도였다. 영국 왕실에서는 이 포도주를 포르투 포도주와 동등하게 취급 했으며, 셰익스피어도 「헨리 4세」에서 이 포도주를 고귀한 향유라고 극찬했다.

　　에드워드 4세의 동생 클라렌스 공작은 모반죄로 사형선고를 받았는데, 그는 마데이라의 말바시아 포도주 통 속에서 익사당하는 형을 선택했다는 일화가 남아 있다. 이 포도주의 인기는 프랑스, 플랑드르 그리고 미국에서 높았으며, 포르투갈의 중요한 수출품목이었다. 프랑수아 1세는 이 포도주 마시는 것을 매우 자랑스럽게 생각했으며, 모든 유럽 포도주 중 가장 풍요롭고 감미로운 술이라고 극찬하였다. 미국의 보스턴, 찰스턴, 뉴욕 그리고 필라델피아 출신 주요 인사 역시 이 포도주를 애호했던 것으로 전해지고 있다. 대서양에 있는 포르투갈령 또 하나의 군도 아소레스산 피코 포도주는 북유럽과 러시아에서 인기를 끌었는데, 1917년의 러시아 혁명 후 빈뉴 베르델류두 피코가 차르의 저장고에서 발견되었다는 기록도 있다.

　　포도재배와 양조에서 19세기는 암흑기였다. 도우루지역에서 1865년 처음 발생한 필록세라 병충해는 급속히 전국적으로 퍼져 나갔으며, 포도의 경작지는 이로 인해 대부분 황폐화되었다. 모래땅이었던 콜라레스에서는 병충해가 번식을 제대로 하지 못했기 때문에 포르투갈에서 유일하게 피해를 면한 지역이었다. 이 재난을 극복하기 위해 안토니우 아우구스토 드 아기아르는 1866년 주앙 이나시우 페레이라 라파와 빌라 마이오르 후작과 함께 국내 포도재배와 양조지의 상황을 정밀조사하고 복구하는 책임을 맡았다. 안토니우는 1874년 런던에서 개최된 포도주 박람회에 포르투갈측 대표로도

포르투 포도주 운송(19세기)

　와인에 담긴 역사와 문화

활약했고, 유럽의 새로운 과학적 양조기술을 도입하는 데 크게 기여했다.

파리 세계 포도주 박람회가 20세기가 시작되는 1900년에 개최되었는데, 여기에서 포르투갈의 재배기술은 다른 나라의 관심의 대상이 되었으며, 신시나토 다 코스타는 르 포르투갈 비니콜(Le Portugal Vinicole)이라는 주제로 포르투갈 포도주의 현황을 소개했다. 포르투갈 포도주의 원산지 명칭이 공식적으로 채용된 것은 1907~1908년의 일이었다. 포르투와 도우루 지역 이외에 마데이라, 모스카텔 드 세투발, 카르카벨로스, 다웅, 콜라레스 그리고 빈뉴 베르드가 새로 여기에 포함되었다.

포르투갈의 장기독재체제가 신국가체제(Estado Novo)라는 이름으로 진행되었던 살라자르(Salazar) 집권기(1926~1974)에는 포도주와 관련된 많은 조직과 기구가 새로 설립되었는데, 대표적인 것으로는 1937년에 설립된 포르투갈국립포도주협회를 들 수 있다. 이 기구는 포도주의 수요와 공급예측, 품질관리와 잉여분의 보관과 관리 그리고 재난시의 보상 등을 담당하고 있다. 이 협회는 1986년 포도재배와 포도양조연구소(IVV)로 대체되었는데, 포르투갈이 유럽연합에 가입하면서 새로운 시장개척을 위한 정책마련에 고심하고 있다. 오늘날 포르투갈에는 33개의 원산지명칭통제지역과 8개의 준통제지역이 존재하고 있다.

 포르투갈 포도주의 특징

1. 포도주법

포르투갈의 포도주산업은 1986년 이 나라가 유럽연합에 가입하면서 현대화되었다. 도우루 지역은 1756년에 이미 생산지 한정을 법규화했지만 오늘날에는 DO와 DOC 지역으로 39개가 등록되어 있다. 포르투갈의 원산지통제 명칭(Denominação de Origem Controlada)은 프랑스와 매우 유사하다. 우선 DOC규정을 적용받는 포도주는 포도재배지와 포도주협회(Instituto da Vinha e do Vinho)가 정한 엄격한 요구조건을 준수해야 한다. 그리고 포르투와 마데이라 포도주의 경우는 또 다른 정부의 통제규정이 가해진다.

포르투갈 포도주 원산지 통제의 명칭은 다른 주요 생산국의 경우처럼 공인된 포도품종으로 권장되는 공정과 기술로 만들어진 포도주의 생산지를 라벨에 명기하게 되어 있다. 포르투갈의 원산지 통제를 받는 지역 중 일반 포도주 생산지로는 다웅(Dão), 도우루(Douro), 바이하다(Bairrada), 부셀라스(Bucela), 베르데스(Verdes)와 콜라레스(Colares)가 있고 주정 강화 포도주 생산지로는 포르투, 모스카텔 드 세투발(Moscatel de Setúbal), 카르카벨로스(Carcavelos)와 마데이라가 있다.

이 외에도 최근에는 특산지로 지정된 31개의 IPR(Indicação de

포르투갈 포도주 상식

대표적인 포도주

    알렌테주 적포도주

    바이하다 적포도주

    다웅   적포도주

    도우루   적포도주

    마데이라 백포도주(주정강화주) dry와 sweet

    포르투   적포도주(주정강화주) sweet

    빈뉴 베르드 백포도주

주목할 만한 포도주

    세뚜발   백포도주(주정강화주) sweet

   와인에 담긴 역사와 문화

Proveniencia Regulamentador)지역이 있다. 1986년 제정된 법으로 IPR 즉, 규정된 원산지 지적 포도주가 생산되고 있는데 이러한 범주에 속하는 포도주는 라벨에 반드시 V.Q.P.R.D.라는 표시를 해야 한다. 이 규정은 EU 소속 타 국가의 DOC와 비슷하다. 이 약자는 확정된 지역에서 생산된 품질의 포도주(Vinho de Qualidade Produzido em Região Determinada)라는 의미로서 이미 포르투갈 포도주 라벨에 표시되고 있다. IPR 포도주는 헤겡고스(Reguengos)나 카르탁수(Cartaxo)처럼 높은 평판을 얻고 있는 것도 있지만 대부분은 질이 아직은 들쑥날쑥하다. 오늘날 포르투갈 일반 포도주의 53.2%와 생산되는 모든 포도주의 43.5%가 DOC와 IPR급에 해당한다. 그러나 아하비다(Arrábida) 반도산 포도주인 페리키타(Periquita), 카마라트(Camarate), 킨타 드 바칼료아(Quinta de Bacalhoa), 파스마도스(Pasmados) 그리고 코바드 우루사(Cova da Urusa) 같은 종류는 비록 이러한 범주에 속하지는 않지만 질적으로 매우 높은 평판을 얻고 있다.

앞에서 언급한 원산지 통제 외에도 라벨에 헤세르바(Reserva)와 가하페이라(Garrafeira)라는 표시가 있는 포도주가 있는데, 이것은 품질의 정도를 나타낸다. 헤세르바는 매우 뛰어난 질의 포도주이다. 이것은 일반 포도주보다 알코올 농도가 0.5% 더 높아야 하고, 지하저장고인 아데가(Adega)에서 일정기간 숙성되어야 한다. 실제로 양조장은 헤세르바로 팔기 위해 질이 좋은 포도주의 일부를 분리해서 더 오래 숙성시킨다. 예를 들어 바이하다 헤세르바(Bairrada Reserva)는 동일 회사 제품인 바이하다보다 질이 더 뛰어나다. 가하페이라는 최근에 규정화된 명칭으로 지하저장고에서 최소 3년 숙성되어야 하는 최고급 포도주를 지칭한다. 다웅, 바이하다 그리고 도우루와 같이 생산지가 한정된 가하페이라도 있지만, 한정된 생산지가 아닌 곳에서 생산되는 것도 많다. 이런 종류는 원산지를 숨기는 경우가 많은데, 포도주협회는 DOC와 IPR 지역만이 라벨에 가하페이라라는 명칭을 사용할 수 있다고 규정하고 있다.

2. 포도주의 주요산지와 분류

주정강화 포도주(Vinho Generoso) 생산지

포르투

포르투와 영국인

만일 포르투갈이 포르투 포도주의 어머니라면 영국은 분명히 아버지이다. 유명한 포르투 포도주 양조회사의 이름은 대부분 영국식이다. 예를 들면 샌드먼(Sandeman), 크로프트(Croft), 그레이엄(Graham), 콕번(Cockburn), 다우(Dow) 그리고 웨어(Warre) 등이 있다. 영국인은 사실상 포르투 포도주의 창시자이고, 가장 열렬한 옹호자이기도 하다.

생일선물

영국의 부유한 상류계급은 갓 태어난 어린애의 1년째 되는 생일날 대략 일생 동안 마실 수 있는 양인 포르투 포도주 한 통(약 61상자분)을 선물한다. 빈티지 포르투와 같은 최고급 포도주가 영국 상인들이 통으로 실어 와서 지하저장고에 보관되다가 어린애가 자라서 포도주를 마실 나이가 되면 포도주도 완전히 숙성되어 마실 수 있게 되는 것이다.

오늘날 세계 최고로 인정받고 있는 포르투 포도주는 포르투갈 중북부를 가로지르며 스페인에서 대서양으로 흘러내리는 도우루강 유역의 산물이다. 도우루강 유역의 기후는 여름은 고온이고, 겨울은 혹한의 날씨이다. 이 곳의 토양은 손으로 부스러뜨릴 수 있는 편암(Schist)으로 척박하지만 배수가 잘 되어 포도재배에는 최상의 조건이다.

포르투 포도주는 정치, 경제, 사회적 위기를 견뎌내고, 포도뿌리 진디와 오디움 같은 병충해의 피해를 이겨내며 그 명성을 어렵사리 유지해 왔다. 한마디로 단언하기는 힘들지만 이 포도주 하나에 포르투갈 경제가 의존할 때가 있었을 만큼 포르투는 중요성을 지닌다.

영국인은 포르투가 그들 자신의 창조물이라고 한다. 장기간 운송으로 포도주가 변질되는 것을 막기 위해 영

국인은 포도주에 브랜디를 가미하는
기술을 개발했는데 이 베네피시우
(Beneficio)라는 공정은 오늘날도 사
용되고 있다. 18세기경 오 포르투시
에 체류하던 영국 무역상은 영국인의
미각을 만족시킬 수 있도록 포르투 포
도주의 개량에 관심을 기울였고 이것
이 성공하여 양국은 교역을 더욱 활성
화할 수 있었다.

초기에 쌉쌀하고 껄껄했던 포르
투는 꾸준한 개량을 통해 단맛, 밀도,
알코올 농도(19~20°)가 짙은 포도주

로 변모했고, 영국에서 선풍적인 인기를 끌었다. 1756년 당시 재상이었던
퐁발 후작의 적극적인 노력의 결과로 오늘날 빌라 레알(Vila Real), 브라간사
(Bragança), 비제우(Viseu), 과르다(Guarda)지역의 약 25만ha에 9만 곳의
포도원이 산재해 있다. 현재도 포도주의 질과 생산량 통제와 관리는 카사
두 도우루(Casa do Douro)와 포르투 포도주협회(Instituto do Vinho do Porto)

가 하고 있다.

포르투는 매우 신중한 혼합(blending)과 숙성(ageing)의 산물이라 할 수 있다. 최상의 품질로는 빈티지(Vintage)와 LBV(Late Bottled Vintage)가 있다. 둘 다 최고의 술이지만 빈티지는 질 좋은 포도가 수확되는 해에만 생산된

다양한 포르투 와인

다. 3년 동안 오크 통에서 숙성된 이 포도주는 병에 옮겨져 보관하며 10~12년이 지난 후에 마실 수 있다. 폰세카(Fonseca), 페레이라(Ferreira) 등이 최고급 빈티지로서 그 생산량은 매우 적다. LBV는 역시 4~6년간 숙성된 후 병에 옮겨진다. 그러나 매년 생산되기 때문에 생산량도 빈티지보다 많고 질은 약간 뒤진다. 또 다른 종류로는 콜레이타(Colheita)가 있는데 이것은 7년 후에 마실 수 있다. 황갈색을 띤 토니(Tawny)는 10, 20, 30, 40년 단위로 숙성시켜 병에 옮겨 담는 포도주

포르투 포도주의 개봉 후 보관가능기간

포르투 포도주는 주정으로 강화되고 당도가 높기 때문에 일반 포도주보다 개봉 후 오래 보관할 수 있다.

포도주의 종류	보관기간
포르투 백포도주	냉장 보관시 수주일~수개월
루비와 숙성기간이 짧은 토니	2주~3개월
수성기간이 긴 토니	1개월~1년
콜레이타	1개월~6개월
빈티지 캐릭터(Vintage Character)	2주~4개월
LBV	1주~2개월
전통 LBV	하루~2주
빈티지와 가하페이라	숙성도에 따르지만 하루~2주

이다. 그리고 포르투 포도주에도 백포도주가 있다. 이것은 주로 반주(apertif)로 널리 애용되며 차게 해서 마신다.

하루 전에 코르크 마개를 열어 두었다가 전부 마셔야 하는 빈티지를 제외하고 다른 종류는 마개를 딴 후 최대 8개월까지 보관하며 마실 수 있다. 포르투는 다른 포도주와는 달리 포도를 으깬 다음 발효통에 넣어 과피에서 효모가 발효되게 한다. 그리고 포도당이 완전히 발효되었을 때 술의 당도를 높이기 위해 포르투갈산 브랜디인 아구아르덴트(Aguardente)를 혼합해서 맛을 조절한다. 따라서 이 포도주는 매우 단맛부터 매우 쌉쌀한 맛까지 다양하다.

마데이라산 포도주의 종류

벌크 마데이라(Bulk Madeira): 가장 저급 포도주로서 틴타 네그라 몰 품종으로 만드는데 가열 처리를 빨리 하기 때문에 포도주의 색깔도 자연색이 아니다.

3년 숙성 마데이라: 역시 틴타 네그라 몰로 만들고 3년 동안 저장탱크에서 숙성시킨 후 출고한다.

5년 숙성 마데이라: 85% 이상이 부알과 세르시알 품종으로 양조되며 5년 숙성 포도주이다.

10년 숙성 마데이라: 레세르바 에스페시알(Reservs Especial)이라고도 하며 고품질의 품종으로 빚은 고급술이다.

15년 숙성 마데이라: 엑스트라 레세르바(Extra Reserva)라 하며 최고급에 속한다.

솔레라 마데이라(Solera Madeira): 더 이상 생산되지 않지만 헤레스처럼 혼합(blending)시 복잡한 과정을 거친다.

빈티지 마데이라(Vintage Madeira): 최고 품질의 포도수확기에 생산되며, 에스푸마젱 후 20년 이상 숙성시키고 병 속에 2년 저장되는 가장 귀한 술이다. 사용되는 포도품종은 세르시알, 부알, 베르델류 또는 맘시이다.

오늘날 세계적인 포도주 생산국 간에 자국산이 최고라는 맹목적 애국주의가 팽배해 있지만 포르투 포도주만큼은 이러한 편견을 불식시키고 여전히 전세계 포도주 애호가의 사랑을 받고 있다.

마데이라 포도주

미국 독립선언의 축하를 위해 마신 포도주는 마데이라산이었다. 18세기에 미국은 이 곳에서 생산되는 양의 1/4를 수입해 갔다. 당시 미국에서는 어떤 포도주도 마데이라산의 명성을 따를 수 없었다. 화산섬으로 이루어진 마데이라 군도는 오늘날 포르투갈의 한 지방으로 편입되어 있지만, 지리적으로는 모로코 해안에서 서쪽으로 약 600km 떨어진 곳에 있고 아프리카의 일부이다.

포르투처럼 마데이라 포도주도 17~20%의 알코올 농도를 지닌 주정강화 포도주이다. 마데이라는 포르투갈의 해양개척시에 동양, 아프리카 그리고 남아메리카로 향하는 선박의 중간 기항지로서 교통의 요지였다. 그래서 1500년대에는 이 지역으로 많은 테이블 와인을 수출했다. 그러나 빈번히 오랜 항해 중에 포도주가 변질되자 17세기부터는 브랜디를 첨가하는 방법으로 개량을 거듭한 끝에 오늘날의 주정강화 포도주를 탄생시켰다.

마데이라는 음료로서보다 요리에 사용하는 하급 포도주로부터 손으로 손수 빚은 최상급에 이르기까지 다양한 포도주를 생산한다. 주정강화주를 만들기 위해서는 포도주가 완전히 발효하기 전에 브랜디를 첨가해야 한다. 마데이라 포도주가 담갈색 캐러멜 같은 특색을 지닌 이유는 3~6개월 동안 주정 강화된 포도주에 40°C로 열을 가한 결과이다. 이 공정을 에스푸마젬(Esfumagem)이라고 한다. 그러

마데이라 전경

나 3% 정도의 최고급품 생산을 위해서는 인위적이 아닌 자연적인 가열방법을 사용하고 있다. 마데이라 포도주의 포도품종은 적포도주의 경우 틴타 네그라 몰(Tinta Negra Mole)이 사용된다. 그러나 최상급을 만드는 데는 지방정부가 규정한 부알(Bual), 맘시(Malmsey), 세르시알(Sercial)과 베르델류(Verdelho)를 이용한다.

세투발

세뚜발(Setúbal)반도는 리스본 근교로서 달콤한 주정강화 포도주의 산지이다. 이 곳에서 생산되는 DOC급 포도주인 모스카텔 드 세투발(Moscatel de Setúbal)은 매우 뛰어난 품질로 알려지고 있다. 이 지역은 일반 포도주로는 DOC급이 생산되지 않지만 팔멜라(Palmela)와 아하비다(Arrábida)에서 IPR급 포도주가 양조된다.

이 곳을 대표하는 명성 높은 두 양조회사가 있는데, 주앙 마리아 폰세카(João Maria Fonseca)와 주앙 피레스(João Pires) 양조회사이다. 이들은 가톨릭 총사교였던 폰세카가 창립한 회사를 모체로 설립되었다. 전자에서 생산되는 페리키타는 포르투에 버금가는 포도주로 알려져 있고, 그 밖에도 파스마두TM, BSE, 카마라트(Camarate)가 생산된다. 주앙 피레스사는 현대적인 양조술로 프랑스산 포도품종을 교배하여 백포도주 주앙 피레스, 포르투갈의 보졸레라는 킨타 드 산투 아마루(Quinta de Santo Amaro)와 최상급 백포도주인 코바 다 우루사를 생산한다.

포르투갈의 일반 포도주(Vinho Consumo)

BC 7세기경 페니키아인이 포르투갈에 정착했을 때부터 생산된 일반 포도주는 거의 23여 품종에 달하는 포도의 혼합으로 이루어졌다. 가장 보편적인 것은 자엔(Jaén), 알프로셰이루 푸레투(Alfrocheiro preto), 퍼리키타, 바가

(Baga) 등이지만 카베르네 소비뇽, 메를로, 샤르도네와 같은 외래품종도 새롭게 재배되고 있다. 포르투갈에는 55개의 포도주 생산지가 있다. 일부 품목을 제외하고는 영세성을 면치 못했고 기술적으로도 낙후되어 있었지만, 유럽연합 가입 이후 최상의 포도주를 생산하는 몇몇 국가의 대열에 들어선 것으로 생각된다. 대표적인 일반 포도주 산지로는 다음과 같은 지역들이 있다.

빈뉴 베르드

이 포도주는 다른 어떤 포도주 생산국에서도 찾아볼 수 없는 가장 포르투갈적인 술이다. 애호가들은 이 술의 명칭이 영어로 그린 와인(Green Wine)이기 때문에 색깔이 초록빛일 것이라고 착각하기도 한다. 이미 1549년에 사용된 기록이 있지만 빈뉴 베르드(Vinho Verde)라는 명칭은 1973년 제네바에 있는 지적 소유권 등기사무소에 등록되어 그 누구도 이것을 사용할 수 없다. 이 명칭에는 많은 논란이 있는데, 분명한 것은 이 포도주가 초록색도 아니고 익지 않은 포도로 양조되지도 않았다는 것이다. 혹자는 이 명칭이 겨울에도 항시 아름다운 초록빛을 간직하는 민뉴지방의 자연 환경적 특성에서 나왔다고 주장한다. 그러나 전문가에 의하면 이 곳의 포도는 완전히 익어도 알코올 성분이 낮고 높은 산도를 지닌다고 한다. 이런 이유와 이 포도주의 명칭이 연관된다고 생각된다. 로마군인은 옛 포르투갈의 조상국가인 루지타니아를 지배할 때 이 지방 포도주를 즐겨 마셨다고 한다. 그리고 플리니우(Plínio)와 세네카가 이곳의 포도주를 언급한 자료도 전해 온다.

포르투갈 북서부의 한정된 지역에서 생산되는 이 포도주는 높은 산도와 낮은 알코올 농도(8~11.5%)로 약간의 발포성을 지니고 있어 출고된 지 1년 안에 소비되어야 하는 보관이 힘든 특성을 지닌다. 일반적으로 백포도주의 질이 훨씬 뛰어나고 포르투갈의 기후조건에 알맞은 식욕촉진술이다. 백포도주는 해산물 요리와 양념이 강하지 않은 생선요리와 잘 어울린다. 반면에 적포도주는 이에 미치지 못한다. 질에 비해 가격은 저렴하지만 오래 되어서 변질된 포도주를 구입하는 위험도 따른다.

빈뉴 베르드의 생산지역은 아베이루(Aveiro), 브라가(Braga), 포르투, 비아나 두 가스텔루(Viana do Castelo), 빌라 헤알(Vila Real)과 비세우 지역이며 2만 4000ha의 면적을 차지한다. 이 지역은 북쪽으로는 스페인과 접경한 민뉴강, 남쪽으로는 도우루강 그리고 서쪽으로는 대서양에 접해 있다. 포도는 주로 소규모 포도원에서 생산되고, 농장주가 직접 양조하는 경우도 있지만, 주로 협동조합을 통해 대규모 양조회사가 양조한다. 이 포도는 높은 시렁 위에서 무성한

빈뉴 베르드 백포도주 품종

잎에 덮여 자라기 때문에 열매가 태양 빛을 충분히 받지 못해서 당도가 낮다. 양조과정은 약간 특이하다. 다른 포도주와 마찬가지로 포도원액의 설탕성분이 알코올로 변한 후 유산발효과정을 거치고 거의 모든 능금산을 부드러운 유산으로 변모시킨다.

그러나 항상 포도주에는 약간의 가스성분이 남아야 한다. 이 같은 공정은 일반 포도주에게는 결함이 될 수 있지만 빈뉴 베르드에는 매우 바람직한 현상이다. 포도의 품종으로는 적포도주의 경우 아잘 틴타(Azal Tinta), 보하살(Borraçal), 파데이루(Padeiro) 그리고 빈냐웅(Vinhão)이 사용되고, 백포도주는 아잘 브랑카(Azal Branca), 에스가노주(Esganoso), 로우레이루(Loureiro), 파데이루, 페데르나(Pedernã) 그리고 트라자두라(Trajadura)로 양조된다.

도우루 지방

도우루 지역은 포르투 포도주의 산지로 유명하지만 일반 포도주의 생산지로도 잘 알려진 곳이다. 포도주 전문가들은 이 곳이 알코올 농도 11~12%인 쌉쌀한 맛의 최고급 일반 포도주 산지라고 평가한다. 일반적으로 적포도주가 백포도주에 비해 생산량도 많고 질도 우수하다. 적포도주 중에서 바르카 벨랴(Barca Velha)는 매우 질이 뛰어나다.

도우루의 포도생산은 도우루강 계곡에서 이루어지고 그 면적은 30만ha를 넘지만, DOC 통제를 받고 포도를 재배하는 실제면적은 약 10%에 해당하는 3만ha이다. 이 곳의 기후는 겨울에 혹독하게 춥고 바람이 매서우며 여름은 매우 덥다. 물이 부족한 이 곳은 토양도 포르투 생산지처럼 편암지대이다. 이와 같이 열악한 환경에서 포도재배는 매우 힘들다. 다른 지역과 달리 이 곳에서는 농부들이 거대한 쇠스랑과 곡괭이로 바위를 부수고 포도를 식재한다. 포도나무도 척박한 땅 속에서 양분을 섭취하기 위해 뿌리를 수 미터 깊이로 내리지 않을 수 없다.

도우루의 포도주는 최상급이 되기 위해서는 8~10년의 숙성기간을 필요로 하지만 평균적으로는 5~6년 후에 출고된다. 바르카 벨라는 최상급으로 평가되고 덜 숙성되었을 때는 향을 숨기지만 10~12년 후 적절하게 숙성되면 포르투갈 최고의 품질로 인정된다. 값 또한 동일수준의 이탈리아산과 프랑스산에 비해 훨씬 저렴하다.

도우루 포도주를 생산하는 포도품종으로는 토우리가 나시오날(Touriga Nacional), 바호카웅(Barrocão), 토우리가 프랑세사(Touriga Francesa), 호리스(Roriz), 틴타 바호카(Tinta Barroca), 틴투 카웅(Tinto Cão), 말바시아 프레타(Malvásia Preta) 그리고 모우리스카(Mourisca)가 있다.

다웅

다웅(Dão)은 도우루강 남쪽으로 50km 떨어진 곳에 있다. 이 곳은 1980년대

도우루강 계곡

말부터 매우 뛰어난 품질의 포도주를 생산하면서 향후 포르투갈 일반 포도주를 주도할 가능성을 보인다. 특히 루비빛을 띤 적포도주는 4~6년 숙성되어 출고되는데, 좋은 평판을 얻고 있다. 이 지역은 삼면이 산으로 에워싸여 있어서 대서양의 차갑고 습기찬 기후를 막아 주기 때문에 지중해성 기후와 비슷하다. 면적은 약 2만ha

도우루강 유역의 포도밭 전경

이고 연평균 45만 5000hl를 생산하는데, 17만hl가 DOC급으로 판매된다.

토양은 경작하기 매우 힘든 화강암 지대이다. 이 지역을 에워싼 이스트렐라산맥(Serra de Estrela)은 세계 정상급의 염소치즈를 생산한다. 최근 다웅은 프랑스의 보르도나 부르고뉴 지역처럼 소지역으로 나누는 것을 계획하고 있다. 이러한 방법은 생산지를 세분화하여 경쟁을 유발하고 신뢰를 주며 질

포르투갈의 민족음식 바칼료아다(Bacalhoada)

염장한 말린 대구 바칼라우(Bacalhau)는 포르투갈인이 가장 사랑하는 음식의 재료이다. 유럽 많은 나라에서도 이 고기를 즐기지만 포르투갈처럼은 아닐 것이다. 사람들은 대구요리도 1년에 매일 한가지씩 먹을 수 있는 365가지는 될 것이라고 한다. 단백질의 40%를 생선에서 얻는 포르투갈인은 대구를 "우리의 가장 충실한 친구"라고 한다. 콜룸부스가 아메리카 대륙으로 항해할 때 포르투갈인은 뉴펀들랜드 근해에서 이 고기를 잡고 있었다. 어부들은 잡은 대구를 소금에 절여서 회색크림 빛이 돌 때까지 말린다. 걸어두거나 선반에 차곡차곡 쌓아두는 습관은 오늘날도 여전하다.

대구는 포장과 저장에 주의를 기울여야만 한다. 강한 냄새가 나기 때문에 건조한 찬장의 통풍이 잘 되고 다른 음식과 떨어진 곳에 보관하는 것이 좋다. 염장대구는 물을 갈아 가면서 하루 내지 이틀 불렸다가 요리하면 부피는 2배로 커지고 영양가도 풍부하다.

가장 보편적인 요리법은 얇게 썬 감자와 양파, 완숙으로 삶은 달걀과 검은 올리브 열매로 고명을 얹어 찜냄비에 요리하는 방법이다.

적 향상에 도움이 될 것이다.

이 지역 역시 적포도주가 80%를 차지하는데, 일반적으로 송진향이 느껴진다. 떫은 맛도 또 다른 특징이다. 포도품종으로는 반드시 20%의 토우리가 나시오날을 사용해야 하지만, 최근 많은 양조업자가 이 비율을 15%로 줄이고 있다. 그 밖에도 알프로세이루 프레투(Alfroxeiro Preto), 틴타 호리스, 자엔, 틴투카웅 등의 품종이 사용된다. 다웅 적포도주는 나무통이나 병에서 18개월 숙성되어야 한다. 또한 헤세르바 적포도주는 18개월의 숙성 외에도 12~12.5%의 알코올 농도를 지켜야 한다. 가하페이라 적포도주는 2년 나무통에서 숙성 후 1년의 병입 숙성기간을 지켜야 한다.

포도으깨기

다웅에서 가장 알려진 양조회사로는 다웅계곡양조회사(Companhia Vinícola do Vale do Dão)가 있다. 현대적인 시설을 갖춘 이 양조업체는 생산능력이 500만*l*이고 그랑 바스코(Grão Vasco)라는 훌륭한 술을 만든다. 이 회사는 100ha의 포도원도 운영하고 있어서 생산량을 조절할 수 있는 이점이 있다. 또한 히바테주(Ribatejo)에는 카르발류 히베이루 이 페헤이라(Carvalho Ribeiro e Ferreira)사가 10ha의 포도원에서 다웅 콜리브리(Dão Colibri)라는 좋은 포도주를 생산하고 있다.

바이하다

바이하다(Bairrada)라는 명칭은 바호(Barro) 즉 포르투갈어의 진흙이란 의미에서 파생되었다. 이 지역의 토양은 진흙이 대부분을 차지하고 있으며 다웅의 서쪽에 위치한다. 대서양 연안의 베이라 리토랄(Beira Litoral)에 속한 바이하다는 포르투시와 대학도시 코임브라(Coimbra)의 사이에 있는 지역으로 기억하는 것이 쉽다. 1만 8000ha의 포도원에서는 연간 48만hl의 적포도주와 2만 2000hl의 백포도주가 생산된다.

1979년 공식적으로 생산지 한정지역으로 편입된 이 곳은 과즙이 많고 신맛이 강한 바가 품종이 50% 이상 사용하도록 법으로 규정되어 있고 카스텔라웅(Castelão)과 틴타 핑헤이라(Tinta Pinheira)도 권장되는 품목이다. 바이하다 포도주는 12%의 알코올 농도를 지니며, 최소한 18개월 지하저장고에 보관되어야 한다.

이 포도주 역시 다웅처럼 일반 포도주, 헤세르바 그리고 가하페이라 사이에는 현격한 차이가 있다. 대표적인 양조업체로는 카베스 알리안사(Caves Aliança), 메시아스(Messias) 그리고 임페리우(Império)가 있다. 포르투갈에서 가장 많이 팔리는 알리안사 벨류(Aliança Velho)는 바이하다 최고의 적포도주로 평가되며, 1985년산 임페리우와 메시아 사의 헤세르바 포도주 보를리두(Borlido), 몬트 크라스토(Monte Crasto) 그리고 사웅 도밍구(São Domingo)도 매우 품격있는 술로 평가된다. 바이하다 최고의 포도수확기는 1980년과 1983년이었고 1985년도 훌륭한 해였다.

알렌테주

알렌테주(Alentejo) 지역은 광활한 평원에 포도재배지가 드문드문 산재해 있다. 뜨겁고 메마른 평원은 포도 외에도 올리브, 곡류뿐만 아니라 세계 코르

도 살 의 계 절

포르투갈에서 돼지고기는 육류의 왕이다. 포르투갈 돼지는 방목되어 떡갈나무 열매, 버섯, 밤 등을 먹고 자라기 때문에 비할 데 없이 부드럽고 맛있다. 로마인은 이베리아반도에서 육류의 맛이 변질되는 것을 막기 위해 소금과 향료를 이용한 저장법을 발전시켰다. 그 전통으로 인해 포르투갈 북부에서는 겨울의 추위가 시작될 무렵 우리의 김장준비처럼 가축을 도살한다. 포르투갈 남자는 "돼지는 일년생, 염소새끼는 한달 생, 그리고 여자는 23세까지가 남자에게 있어 가장 큰 세 가지 즐거움이다"라고 한다.

알렌테주의 코르크 나무

크 생산량의 절반을 공급하고 있다.

이 곳의 토양은 화강암, 편암, 백악계의 이회질로서 포르탈 레그르(Portalegre), 보르바(Borba), 헤돈두(Redondo), 헤겡구스 그리고 비디게이라(Vidigueira)와 같은 IPR 등급의 포도주를 생산하고 있다.

1974년 포르투갈 군부혁명인 카네이션혁명(A Revolução dos Cravos)이 성공을 거둔 후 알렌테주는 커다란 변화를 경험했다. 대토지 소유자의 광활한 농토가 농민을 위해서 분배되었다. 이 정책은 성공적이지 못했다. 그러나 소규모 포도재배자는 협동조합체제를 강화하고 양질의 포도주를 생산하기 시작했다.

이곳의 겨울은 살을 베는 듯 춥고 여름은 찌는 듯 덥다. 포도재배를 위해 적절치 못한 기후지만 주세 마리아 다 폰세카 사의 양조기술자 도밍구 소아레스 프랑코(Domingo Soares Franco)는 더위를 이길 수 있는 포도품종을 찾았다. 적포도주 품종으로는 카스텔라웅 프란세사, 모레투(Moreto), 아라고네사(Aragonesa), 알리칸트(Alicante) 그리고 트링카데이라(Trincadeira)와 백포도주 품종은 아린투(Arinto), 부아이스(Buais), 타마레스(Tamarez) 등이 대표적이다. 이 곳 포도주는 특히 리스본에서 많이 소비된다. 대표적인 것으로는 5~6년 병입 숙성되는 적포도주 벨류 호사두 페르난데스(Velho Rosado Fernandes)가 있고, 아메리카산 오크 통에서 숙성되는 적포도주 에르다드 두 에스포라웅(Herdade do Esporão), 헤겡구스 드 몽사라스(Reguengos de Monsaraz)도 품질이 매우 뛰어나다.

미국 편

포도주와 미국은 어쩐지 좀 잘 안 어울리는 컴비네이션 같다고 누군가가 말해도 별로 반박할 말이 없을 것 같다. 그러나 현재 미국은 세계의 포도주시장을 석권하려고 그 종주국인 유럽국가를 넘보고 있으며, 그 기운은 점점 더 확대되어 가고 있는 추세이다. 미국에서는 전통적으로 다른 주류에 비해 포도주의 생산과 소비가 별로 크지 않았던 것이 사실이다. 그러나 지난 30년간 포도주의 새로운 가치를 인식하고 중산층 손님의 디너 테이블에 올려놓아도 부끄럽지 않을 대중적인 고급포도주 생산에 주력하는 추세가 나타났고, 이제 미국의 포도주는 세계에서 애호가 사이에 퍼져나가고 있다.

현대문화의 주류인 포스트모던적 취향은 바로 이 대중감각의 고급화에 기반 두고 있다. 이제는 계급적 사회도 사라졌고, 고급문화와 저급문화가 상향과 하향, 모든 방향으로 뒤섞이고 어우러져 새로 이루어내는 애매모호하고도 참신한 분위기에서 모든 사람은 누구나 귀족이 되었다고 할까? 열심히 일하여 한 주나 한 달의 피로를 품위 있는 포도주 한 잔으로 마음 맞는 사람과 나누며 씻어 내린다면, 그 누가 옛날의 귀족을 부러워할 것인가? "열심히 일한 당신, 자 떠나라!" 이런 분위기에 딱맞는 포도주가, 그 질에서는 귀족의 품위를 지키지만, 평범한 샐러리맨이 마음놓고 고를 때도 호주머니를 전혀 걱정 안 해도 되게 하는, 미국의 포도주다. 그리고 이런 고급 포도주의 대중화라는 미국의 포도주시장의 기본전략은 먹혀 들어가서, 미국은 현재 세계에서 제 4위의 포도주 생산 대국이 되었다. 포도주의 자존심을 지키던 프랑스인이 깊은 우려를 나타낼 수밖에 없는 것이 현실이다.

그러면 무엇이 한 세대 전만 해도 싸구려 시장에나 등장해서 미국 대중으로부터도 눈길을 끌지 못했던 미국산 포도주를 그렇게 높은 지위로 끌어올렸을까? 거기에는 물론 포도주를 새로운 기업으로 다시 태어나게 한 기업전략이 있었다. 1960~1970년대에 미국에서 새롭게 포도주 산업에 뛰어든 이들은 그저 포도주를 좋아할 뿐, 그러나 포도주 양조는 전혀 모르던 매니아들이었으며, 그들의 직업도 의사, 시인, 교수, 법률가, 기업인, 금융인 등 다양했다. 이들은 캘리포니아라는 곳은 유럽의 지중해와 비슷한 기후로 광대하고 비옥한 토양을 갖고 있어서 포도주용 포도를 재배하는 데 적격이라는 생각을 가지게 되었다. 그런데 그들은 포도주를 양조할 수 있는 노하우가 없었다. 그러나 이 문제를 막대한 자본력이라는 현대 미국의 믿고도 무시할 수 없는 막강한 힘으로 간단히 해결했다. 프랑스에서 최고의 포도주 양조기술자를 칙사대접하듯이 스카우트해 가면서 미국의 포도주를 그 맛과 질에 서 프랑스 포도주와 비슷하게 만들었다. 생산품 개발을 위한 외국으로부터의 스카우트 작전은 미국의 포도주 양조가 처음이 아니다. 영국이 산업혁명의 서막을 열 때도, 처음에는 네덜란드로부터 양모의 직조기술자를 고액의 프리미엄을 주고 모셔 왔던 앵글로 색슨의 전례가 있었다. 게다가 미국에서는 스카우트에서만 그치지 않고 아메리칸 특유의 모험정신과 진취적 기상을 발휘하여, 이 포도 저 포도를 심어 보고, 섞어 보고 이렇게 저렇게 만들어 보면서 점점 더 좋고 매력 있는 포도주를 생산해내기 시작했다. 시행착오를 결코 무서워

하지 않는 트라이얼 앤드 에러(trial and error)라는 미국 특유의 실용주의적
정신이 포도주 양조에도 어김없이 작용했던 것이다.

유럽산 포도주는 그 해 기후에 따라 포도주의 품질이 확연하게 달라진다.
포도를 추수할 시기에 비가 오는 정도와 일조량 등에 따라 포도의 품질이
달라지기 때문이다. 그러나 미국 포도주의 90%를 산출하는 캘리포니아는
수확기에 거의 비가 오지 않아서 기후의 영향을 적게 받는다. 따라서 포도주
의 품질이 고르다는 데 그 장점이 있다. 그래서 호사가의 복잡하고 예리한
취향을 다 만족시킬 수는 없어도 미국산 포도주는 어느 것이든 평균점수는
되는 안정감이 있다. 미국의 포도주는 다른 미국적 문화와 비슷하게 대중적
이고 편안한 중산층의 감각을 반영한다. 캘리포니아 외에도 미국에서는 뉴
욕, 워싱턴주, 오레곤과 텍사스 버지니아에서 포도주가 생산된다.

유럽에서보다 미국에서 포도주를 덜 마셔 왔던 데에는 미국 특유의 풍토
적·역사적 배경이 있다. 첫째, 북미대륙은 유럽같이 석회질 암반이 땅 속에
널리 깔려 있지 않고 아직도 수질이 별로 오염되지 않아서 미국 전역에서
자연이 제공하는 수돗물을 그냥 먹어도 대체로 괜찮다. 그래서 미국에서는
생수산업이 발달되지 않았다. 에그조틱한 멋을 즐기는 멋쟁이들이 유럽산
미네랄 워터나 소다수를 맛으로 즐겨먹는 정도이다.

미국에서 가장 잘 팔리는 주류는 물론 위스키나 옥수수로 만든 버본이다.
그리고 유럽이 포도주를 물 대신 마신다면, 미국인은, 요즈음 탄산음료수의
우려가 시작되었지만 아직은, 소프트 드링크를 물 대신 잘 마시고, 그 밖에
커피, 우유를 포함한 모든 음료를 잘 마신다. 미국의 이브닝 파티는 칵테일
파티라고 할 만큼, 위스키, 보드카, 럼, 데킬라 등의 고농도 알코올의 하드
리쿼를 얼음이나 소프트 드링크로 믹스하여 마시는 칵테일이 주종이다. 거기
에 포도주는 양념 정도로 낀다고 할까, 포도주가 비비고 들어갈 자리는 별로
없다. 그러나 품위 있는 저녁식사에는, 이를테면 로맨틱한 캔들 라이트 디너
는 물론, 비즈니스 만찬이나, 아내가 맛있는 별식을 만들어 줄 때마저도 미국

인이라면 꼭 없어서는 안 될 것이 포도주다. 그뿐 아니라 대학가의 젊은 학생 사이에서는 드링크 파티라면 맥주와 포도주가 주종이다. 복잡한 칵테일 도구를 갖추지 않아도 마실 수 있고, 독하지 않은 술로 기분 좋아질 수 있는 편리함 때문인 것 같다.

젊은이가 주말에 모일 때 버드와이저나 하이네켄 등의 식스팩과 더불어 한 병씩 잘 들고가는 것은 주로 캘리포니아산 포도주이다. 이럴 경우 세계에서 가장 큰 포도주 프로듀서인 갤로(Gallo)의 카베르네 소비뇽이나 샤르도네로 정착되기 쉽다. 아니면 포르투갈산 메튜스나 독일의 블루넌도 애용된다. 과일향이 많이 나는 약한 술 같은 것을 즐기려는 초심자는 캘리포니아산 화이트 진펀델이나, 비교적 저렴한 이탈리아산 람부르스코나, 프랑스산 보졸레로부터 포도주 마시기를 시작한다. 그러다가 점점 포도주에 맛을 들이면 보다 깊은 맛이 나는 버건디나 보르도로 나아가고, 졸업 후 직장을 갖고 주말 한때를 좋아하는 포도주와 함께할 수 있는 여유가 생기면, 이런저런 종류의 포도주와 이 나라 저 나라 제품을 시음하면서 자신이 좋아하는 품종 몇 개를 마치 노래방 애창곡 레퍼토리처럼 차곡차곡 쌓아 가게 된다.

 미국 포도주의 역사와 문화

1. 미션 포도주의 유래

캘리포니아 포도주의 역사는 식민시대로 더 거슬러 올라간다. 스페인 제국의 신대륙 경영은 남아메리카가 중심이었다. 그러나 북아메리카로도 태평양을 따라 캘리포니아에, 또 리오그란데 강을 따라 현재 텍사스와 뉴멕시코 지역으

로 세력을 확대했다. 스페인 사
람은 아메리카 원주민을 정복하
여 여기저기 미션(mission)이라
는 마을을 세우고 원주민을 가두
어 정착시키면서 기독교를 전파
했다. 바로 이 미션이 현재 샌프
란시스코나 샌디에이고 또는 산
타바바라, 산타페 등 산(san-)
또는 산타(santa-)라는 접두어
가 붙어 시작되는 도시로 발전하
여 캘리포니아와 미국의 서남부
에 즐비하게 늘어서 있다.

미션의 가톨릭교회에서는
미사에 쓰는 포도주가 필요했
으며, 처음에는 그것을 멕시코
에서 조달하였다. 그러나 뉴스
페인 제국 내 멕시코 지역의 행

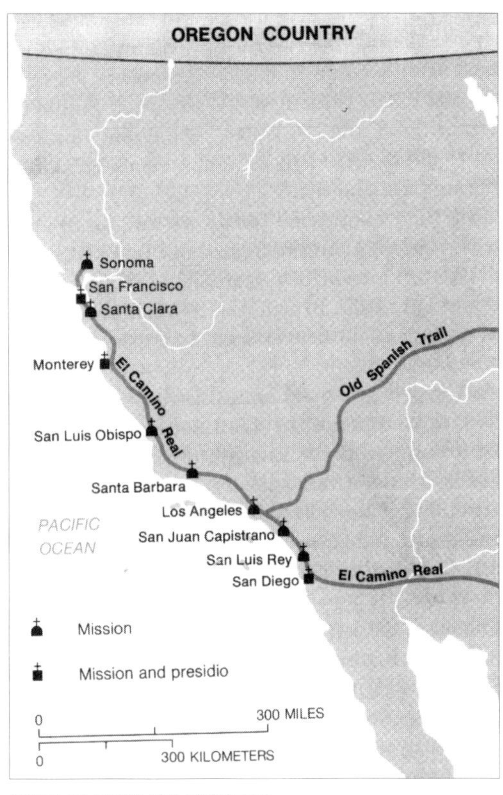

캘리포니아 해안을 따라 세워진 미션

정수도였던 멕시코시티는 캘리포니아와는 멀리 떨어져 있었고, 이에 따라
포도주 공급이 원활하지 않았다. 그러자 캘리포니아 남부에서 미션을 다스
리던 프란체스코파 신부들은 멕시코에서 포도뿌리를 갖고 와서 그들 자신의
포도원을 개발하기로 마음먹었다. 이 뿌리는 코르테스가 멕시코를 정복할
때 신대륙으로 챙겨 가지고 온 것이니까 포도주는 이미 그 시기 이전에 가톨
릭 문화권에서는 없어서는 안 될 필수품이 되었다고 하겠다. 이 이베리아반
도에서 신대륙으로 들어온 포도나무 품종은 거칠고 포도알을 많이 맺는 붉
은포도로서 미션이라는 품종이름으로 불렸다. 당시 칠레나 아르헨티나에도
동일한 종류의 포도나무가 옮겨 심어져서 각각 파이스(pais), 크리올라

1771년에 수립된 몬터리(Monterey) 미션

(criolla)라는 품종이 되었다.

이런 포도가 언제 캘리포니아에 처음 심어졌는지는 알려지지 않았으나, 미션에서 산출된 가장 오래 된 포도주 기록은 1779년 남부 캘리포니아의 산환 카피스트라노(San Juan Capistrano) 미션에서 생산된 포도주이다. 점점 미션품종을 심은 작은 규모의 포도원이 캘리포니아 북쪽으로 퍼져가면서, 샌프란시스코를 넘어 소노마 카운티까지 들어서게 되었다. 이런 미션포도는 1870년대까지 캘리포니아 포도주의 대부분을 차지했으며, 대부분 산호킨(San Joaquin) 계곡에서 재배되었고, 1990년대 중반에는 매년 약 5000t이 포도주 양조에 사용되었으나 주로 저품질의 포도주를 생산할 뿐이었다.

미국 최초의 포도주 전문가

미국의 제3대 대통령이었던 토머스 제퍼슨(Thomas Jefferson)은 41세가 되었을 때 주 프랑스 대사로 임명되어 파리에 머물렀다. 거기에서 그는 프랑스인의 식사와 포도주 문화에 깊에 매료되었다. 그는 조리법을 스스로 적기도 하고 그의 노예 제임스 헤밍스(James Hemings)에게 요리강습을 받도록 했다. 그는 제임스가 미국에 귀국하여 그의 몬티첼로 농장에 있는 다른 노예에게 프랑스식 요리법을 가르쳐 준다면 그를 해방시켜 주겠다고 약속했다

제3대 대통령 토머스 제퍼슨

이와 더불어 그가 가졌던 프랑스 포도주의 호기심은 더욱 심화되어서 1787년과 그 이듬해에 걸쳐 그는 프랑스, 독일, 북이탈리아에 있는 유럽의 포도재배지역을 두루 방문하였다. 그는 유명한 포도주 양조가를 만나고, 빈티지 연도를 적기도 하고, 그가 미국으로 돌아가면 유럽종 포도를 길러 보리라는 기대감으로 자세한 사항을 기록하여 두었다. 1789년에 귀국할 때 제퍼슨의 86개의 짐짝 속에는 유럽의 유명한 포도원에서 생산된 와인이 포함되어 있었다. 그는 또한 와인을 적당히 마시면 건강에 좋다고 믿고 있었다.

제임스 헤밍스

제임스 헤밍스는 사실 제퍼슨과 그의 노예 셀리 헤밍스 사이에서 태어난 아이였다. 그는 아버지가 자기를 귀여워하여 당시 국무장관이던 제임스 메디슨의 이름을 따서 제임스라고 이름지어 주었다고 했다. 귀국이 임박하자 헤밍스는 제퍼슨이 그들의 아이 4명을 모두 해방시키기 않으면 미국으로 돌아가지 않겠다고 우겨서 약속을 받아냈고 아이들은 점차 다 해방되었다. 살결이 검던 제임스는 목수가 되었고 아버지가 좋은 분이었다고 회고했다. 살결이 흰 두 명의 아이들은 백인과 결혼하여 백인사회에 녹아들었다.

그가 백악관에 들어가자 그 곳의 와인셀러는 항상 그득하게 포도주로 저장되어 있었다. 한 역사가가 추정한 바에 의하면, 제퍼슨이 대통령으로 재임하던 8년 동안 그는 약 1만 달러를 포도주에 소비했었는데, 그의 대통령 연봉은 1800년대의 가치로 2만 5000달러였다. 제퍼슨은 또한 그의 재임 전후를 통해 백악관의 와인셀러를 운영하는 데 큰 역할을 했다. 워싱턴에서 시작해서 몬로 대통령에 이르기까지 제퍼슨은 그 자신을 대통령의 비공식적 포도주 고문으로 자처하면서, 요구받지 않아도 언제나 좋은 포도주에 조언과 추천을 아끼지 않을 태세로 준비되어 있었다. 예를 들어 몬로가 대통령으로 취임할 때, 제퍼슨은 긴 편지를 그에게 보냈는데, 거기에는 축하의 문장으로 는 단 두 구절만 들어 있었고, 그 나머지는 백악관에서 어떤 포도주를 유럽에 주문해야 하는지 그 리스트를 빼곡하게 써 내려갔다.

콜렉터가 가장 선호하는 포도주 중의 하나는 제퍼슨 이름의 이니셜, Th.J.가 씌어 있는 1787년산 샤토라피트(Chateau Lafite)이다. 샤토라피트가 제퍼슨을 위해서 마련했던 포도주 중 네 병이 현존한다고 알려졌다. 그 중 한 병은 1985년 언론계의 대부 맬컴 포브스의 아들, 크리스토퍼 포브스(Christopher Forbes)에게 15만 6450달러에 팔렸다. 그것은 여태까지 가장 비싸게 팔린 한 병의 포도주로 기록되어 있다.

레이건 대통령 재임 이래로 백악관에서 제공되는 포도주는 대개 미국산이다. 1993년에 클린턴 대통령이 취임하면서 처음으로 베푼 만찬에서는 제퍼슨를 기리며 생산된 포도주가 제공되었다. 처음에는 그의 농장 몬티첼로에 가까이 있는 포도원에서 출하된 오켄크로프트 샤르도네(Oakencroft chrdonnay)가 제공되었고, 이를 이어 나파 밸리의 몬티첼로 양조장에서 생산된 제퍼슨 퀴비 카베르네 소비뇽(Jefferson Cuvee cabernet sauvingnon)이 제공되었다.

골드러시와 더불어

다음의 포도재배의 물결은 1840년대 말에 있었던 골드러시와 더불어 왔다. 캘리포니아 중부를 지나 샌프란시스코만으로 흘러 들어가는 새크라멘토 강에서 사금이 발견되었다는 소문이 퍼지자 포장마차를 타고 일확천금을 꿈꾸는 이민이 캘리포니아로 몰려들었다. 그러나 이들의 꿈이 다 이루어질 수는 없었고, 끝내 금을 발견하지

캘리포니아에서 사금을 채취하는 사람들

못한 사람들은 그 대안으로 포도주 양조장을 개발하기 시작했다.

그 중 미국 포도주 제조의 역사에서 획을 긋는 두 사람이 나타났다. 그들은 핀란드 선장 구스타프 니에바움(Gustave Niebaum)과 헝가리 귀족 어고슈톤 허라스티(Agoston Haraszthy)였다. 니에바움은 모피무역으로 성공을 거둔 후 1879년 나파 밸리(Napa Valley)에서 가장 규모가 큰 잉거누크(Inglenook) 포도주 양조장을 수립했다. 그는 모든 포도원을 보르도 품종으로 심었다. 현재 이 포도원은 영화감독 프란시스 카폴라(Francis Ford Coppola)에게 소유권이 넘어가서 니에바움카폴라라는 양조장 라벨을 단 포도주를 생산한다.

허라스티는 소노마 카운티의 부에나 비스타(Buena Vista) 포도주 양조장을 수립했을 뿐만 아니라 포도주 생산을 발전시키는 데 깊은 관심을 기

니에바움카폴라 양조장

울였으므로 캘리포니아 포도주의 아버지라고 한다. 부에나 비스타 포도원을 설립할 때 그는 165개의 서로 다른 품종의 포도를 수입해 심어서 실험적인 정신을 갖고 포도재배와 포도주 양조에 힘썼다. 이런 사람들의 노력으로 북부 캘리포니아에서 포도재배는 처음으로 활기를 띠게 되었다.

한편, 1880년대가 되자 서부 해안에서는 포도주 양조가 활기차게 진행되었고, 미국 전체가 포도주를 즐겨 마시는 나라가 될 것 같은 전망도 보였다. 왜냐하면 첫째는 포도주를 마시는 인구가 미국에 급격히 증가하였고, 둘째는 포도원을 확장하는 데 필요한 노동력이 있었기 때문이었다. 포도주의 소비인구는 1870년대 미국에 이탈리아계 이민이 증가하면서 부쩍 늘었다. 당시 이탈리아는 통일의 과정을 겪으면서 내란의 소용돌이에 휩싸였기 때문에 미국으로 피난 오는 이민이 많아졌다. 그들은 가톨릭교도로서 포도주를 잘 마실 뿐만 아니라 포도주는 그들의 생활의 일부였다. 또한 당시 팽창하는 포도원에 노동력을 제공한 것은 중국인이었다. 이들은 미국이 대륙횡단철도를 놓기 시작하던 1860년대부터 미국에 들어온 노동자들이었다. 당시 노예무역은 그보다 30년 전에 이미 세계적으로 끝났고, 미국에서도 남북전쟁으로 노예가 해방되어 흑인을 노동자로 쓸 수 없었다. 그리하여 미국의 철도회사는 서부에서는 중국의 쿨리를, 그리고 동부에서는 아일랜드인의 노동력을 사용했다. 철도를 놓는 동안 중국인은 허허벌판이나 심산유곡의 공사장에 마치 군대 캠프처럼 합숙을 하면서 지냈다. 그러나 철도공사가 완성되자 곳곳으로 흩어졌고 이 중 많은 이들을 새로 조성되는 포도원이 흡수했다. 그리하여 1880년대에 캘리포니아 포도원 노동자의 80~85%가 중국인이었다.

이렇게 중국인이 철도캠프를 떠나 백인마을이나 도시에 나타나서 노동자로 일을 하자 백인 사이에 반중국인 감정이 일어났다. 그들은 변발과 중국인 복장을 하고 그들의 독특한 생활습관과 문화를 영위하고 있어서 일반주민과 격리된 삶의 터전에서 살고 있었다. 그러자 1873년에 미국이 경제공황을 맞으면서 실업이 증가되자 중국인 노동자가 백인의 일자리를 싼 임금으로 빼앗는다고 노동계는 비난의 화살을 퍼부었다. 미국의 노동계층은 미국시민 중에서도 인종차별적인 태도를 가장 많이 갖고 있는 것으로 유명한데, 화이트 칼라 백인은 중국인이나 멕시코인 또는 흑인과 일자리나 주거지 등에서 경쟁상대가 안 되는 높은 위치에 있었고, 이에 반해 백인 노동계층은 유색인종과 직업과 주거지 문제에서 자주 부딪치게 되기 때문이었다. 백인 노동자의 요구에 부응하여 의회는 1882년에 중국인 이민금지법을 세워서 더 이상 중국에서 이민이 들어오지 못하게 하였고, 1890년대에는 포도원에서 일하는 중국인들에게서 한 달에 2.5달러의 벌금까지 거두었다. 어떤 포도 양조업자들은 "이 포도주는 순전히 백인 노동자의 손에 의해 생산되었다"는 인종적 문구를 포도주 병에 써 붙이면서 애국적 감정에 호소하는 판매전략을 추구하기도 했다.

이렇게 성황리에 발전할 것 같았던 포도주 산업은 예상과는 빗나가서

샌프란시스코의 중국인 식품점

발전하지 못했다. 그로부터 반세기 동안 미국의 포도주 산업은 불운과 재난이 겹치면서 분쇄되고 말았는데, 처음의 타격은 태평양과 대서양 양대 연안에서 포도재배에 필록세라가 감염된 것에서부터 시작했다. 그 다음 불운은 제1차 세계대전의 발발로 계속되었고, 또 금주법의 수립으로 포도주 제조업은 대타격을 받았다. 이어서 대공황의 참변과 제2차 세계대전의 발발은 포도주 산업을 고갈시켰다. 이 전쟁과 기아가 점철되던 기간에 생활의 여유와 낭만을 상징하는 포도주 양조업은 미국에서 성장하려다가 주저앉을 수밖에 도리가 없었다. 그래서 몇 개 남지 않은 양조장에서는 그들 각각 나름대로의 고유한 개성을 뽐낼 수 없는 싸고 달콤한 싸구려 포도주만 산출하며 연명할 지경이었다.

필록세라의 기습

1860년대에 미국에서 자생하는 포도나무가 실험대상으로 남부 프랑스로 보내졌다. 그 때 필록세라(Phylloxera)라는 아주 작은 노랑 진딧물이 뿌리에 함께 묻어갔다. 그것은 길이가 1/30인치이고 폭이 1/60인치밖에 안 되는 미생물이라 눈에 보이지 않았다. 20년 사이에 유럽의 포도원은 이 해충의 감염으로 거의 파괴되었다. 이 원인을 알 수 없었던 질병은 남아프리카, 오스트레일리아, 뉴질랜드로 퍼져갔다. 사람들은 이제 머지않아 이 세상에서 포도주를 더 이상 구경할 수도 없게 될 것이라고 생각할 정도였다.

필록세라는 원래 미국 토종의 해충으로써, 미국 원산의 몇몇 품종은 이 벌레에 면역이 되어서 별탈없이 자라고 있었다. 그러나 유럽산 품종은 이 진딧물에 견디지 못하고 나뭇잎이 노랗게 변했다가 말라 비틀어졌다. 그 병에 걸린 포도나무는 포도열매를 맺지 못하고 열매를 맺더라도 물만 흥건히 고인 부실한 열매를 맺다가 결국은 죽어갔다. 이 새로운 포도나무병을 막으려고, 프랑스 포도원은 화학약품을 뿌리고 물을 뿌리고 배수를 더 철저히

하는 등, 모든 방법을 동원했다. 프랑스 정부는 1873년에는 이 병을 고칠 수 있는 사람에게 3만 프랑, 즉 6만 달러를 상금으로 내걸 정도였으나 아무 효과가 없었다.

당시 캘리포니아에서는 포도주 양조업이 뜨기 시작하려는 중에 있었는데, 캘리포니아 포도밭도 결국 필록세라의 공격에 엄청난 파괴를 당했다. 왜냐하면 캘리포니아 포도원도 원래 미국 토종보다 더 우수한 유럽 품종을 심었기 때문이다. 그러다가 결국 이 필록세라의 치료법이 발견되었는데, 그 것은 미국산 토종의 포도나무 뿌리에 유럽산 품종을 접목시키는 방법이었다. 20세기가 가까워지자 세계 곳곳의 포도원에서는 포도나무를 하나하나 다 뽑아내고 거기에 미국산 뿌리에 유럽 품종을 접목한 새로운 포도나무를 심기 시작했다. 오늘날 우리가 마시는 포도주도 이 미국의 포도 뿌리에 접목한 품종에서 수확한 포도로 만든 것이다.

이로써 필록세라 문제는 다 해결되었다고 사람들은 생각했다. 그러나 또 한 번 B형 필록세라라는 재난이 발생했는데, 그것은 1983년 캘리포니아 나파 밸리에서 시작해서 무서운 속도로 퍼져 나갔다. 다행히도 포도원들은 이것이 필록세라 때문이라는 것을 알고 즉각 대처방안을 모색하여 큰 화는 면했다.

금주법이 가져다 준 타격

필록세라로 한번 타격을 입은 포도주 양조업은 미국에서 다시 일어설 기세를 보이지 않았다. 그것은 필록세라에 이어 또 다시 미국의 포도주 산업은 술의 판매를 금하는 금주법 때문에 강타당하는 비운을 맞았기 때문이었다.

미국의 주류문화를 이루는 청교도적 개신교의 전통은 카톨릭과 달리 알 코올을 죄악시했다. 청교도에게는 지극히 금욕주의적인 면모가 있어서 인간 에게 향락을 가져다주거나 육체적·일시적인 기쁨의 원인이 되는 것은 모두 죄악시했다. 그것은 청교도들이 아담과 이브가 원죄를 짓고 에덴동산에서 쫓겨났다는 원죄설을 깊이 믿었기 때문이었다. 그래서 그들은 사람은 원죄에서 구원받기 위해서 끊임없는 속죄의 길을 걸어야 된다고 믿었으며, 삶은 구원으로 향하는 여정으로서만 가치가 있다고 여겼다. 바로 이런 데서 청교도의 금욕주의는 강화되었다. 이에 따라 그들은 오페라를 구경하는 것도, 소설을 읽는 것도 죄악시했다. 일손을 놓고 오로지 신을 생각하며 쉬어야만 하는 안식일인 일요일에는 음식을 만들기 위해 불을 지피는 것도 불경스럽다고 느꼈고, 머리를 감고 청소하는 것마저도 신성한 계율을 어긴다고 처벌받았다. 예전에 보스턴은 강낭콩 도시라는 별명을 가졌다. 그 곳에 살던 청교도들은 일요일에 오로지 신만을 경배하기 위해서 토요일에 강낭콩을 미리 요리해 두고 다음날 찬 콩을 주식으로 먹었기 때문이었다. 하물며, 그들이 식사와 함께 포도주를 마시며 즐긴다는 것에 강한 거부감을 느낄 것은 두말할 나위도 없다.

한편, 남북전쟁 후 이탈리아계 카톨릭교도들이 유입되기에 앞서서, 전전(戰前)에는 이미 아일랜드계 가톨릭교도가 많이 이민 왔었다. 아일랜드에는 1840년대에 감자잎마름병으로 대기근이 와서 많은 사람이 기아에 허덕이게 되었다. 이 기근으로 아일랜드에서 미국으로 이민의 물결이 쏟아져 들어왔다. 그 즈음까지 미국은 다양한 사람이 다양한 종교를 갖고 이주를 했으나, 그래도 주민의 85%는 영국계였고 나머지도 서북유럽에서 이민 온 사람이 주로 많았다. 이들은 주로 개신교도들이었다. 이에 따라 1776년 독립혁명 당시만 해도 1% 정도밖에 안 되던 가톨릭교도가 늘어나자, 개신교도는 아일랜드의 이민과 더불어 점점

> ## 감자 잎마름병
>
> 원래 감자는 신대륙이 원산지였으나 콜럼버스가 신대륙을 발견한 후 유럽으로 전파되어 당시에는 유럽의 여러 지역에서 주식으로 쓰이고 있었다. 이 병은 감자의 줄기가 말라 들어가면서 결국 식물을 고사시키는데, 감자의 잎마름병으로 당시 아일랜드에서는 엄청난 인구가 기아로 사망했다.

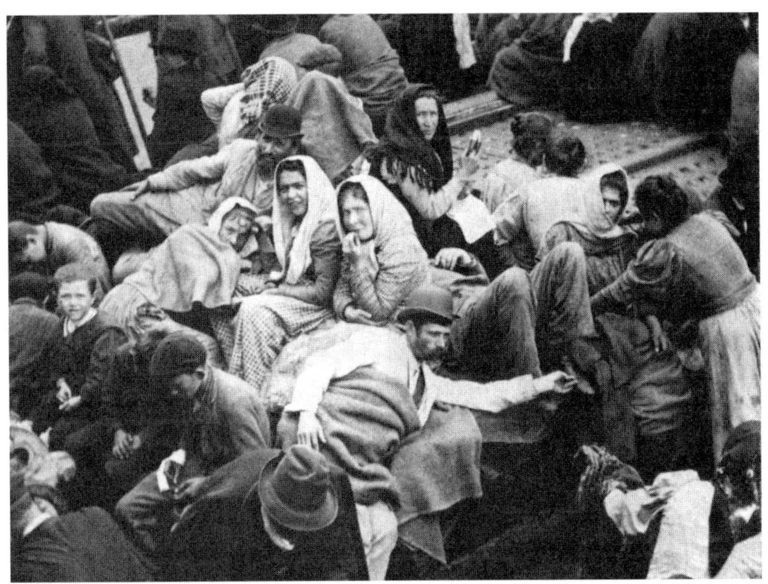

19세기 후반에 대대적으로 유입되는 이민

늘어나는 가톨릭에 의심스러운 눈초리를 보내면서 그들이 미국의 미풍양속을 해친다고 불평하고 있었다.

미국의 개신교적 덕성에는 근면, 검소 등 많은 요소가 있으나 그 중에 술이 취하지 않은 맑은 정신도 한 덕목을 차지하고 있었다. 이에 따라 개신교도들은 아일랜드인이 특히 위스키를 많이 마신다고 그들을 술주정뱅이로 보았다. 예를 들어, 1860년대에 건설한 대륙횡단 철도를 두고 동쪽의 철도는 아일랜드인이 놓았기에 그것은 위스키로 이루어진 철도이고, 서쪽은 중국인이 놓았기에 녹차로 이루어졌다는 말이 돌 정도였다. 당시 미국은 산업화가 착착 진행되어 많은 공장이 세워지고 있었다. 아일랜드인은 보스턴으로 입국해서 도시의 노동자로 주로 자리 잡았고, 주류의 미국인들이 바람직하지 않다고 보는 3D 직종에 종사했다. 당시 미국의 주류라 할 수 있는 청교도 후예들은 아일랜드인이 술을 마시며 타락한 도시에 모여 살면서 목가적인 미국

사회를 범죄와 술로 망치고 있다고 여겼다.

그러나 1870년대가 되면 아일랜드계의 자손들은 미국의 중류층으로 부상하고 그들이 남긴 자리를 새로운 이민 그룹인 이탈리아인이 차지하게 되었다. 아일랜드인이 위스키를 잘 마셨다면, 이탈리아인은 포도주를 많이 마셨다. 이탈리아계 성당마저도 포도주를 예수님의 피라고 신도에게 공식적으로 마시게 하니, 개신교도가 가만히 있을 리가 없었다. 미국에서 개신교는 감리교나 장로교, 침례교 등 무수한 독립교단으로 등록되어 존재하지만 가톨릭은 교황을 정점으로 오로지 하나의 교단으로 뭉쳐 있었다. 이에 따라 가톨릭 교단은 19세기 후반에는 미국 내에서 가장 큰 종교교단으로 부상했다. 위협을 느낀 개신교도 사이에는 교황이 미국 정부를 뒤엎으려고 음모를 꾸미고 있다는 소문마저 퍼졌다. 이미 위스키를 마시던 아일랜드계 가톨릭교도에 포도주로 취해 사는 이탈리아인이 가세했다고 그들은 보았다. 개신교도들은 무지한 이탈리아 여인이 아이들이 어릴 때부터 포도주를 마시게 해서 사람을 아예 술주정뱅이로 키운다고 우려의 눈길을 보냈는데, 그것은 이탈리아 이민

금주법

1919년에 수립된 수정 헌법 제 18조는 1920년부터 미국 전역에서 '술을 제조 판매 운송하거나 수입 수출하는 행위'를 금지했다. 이것은 술을 금기시하지 않는 카톨릭교도 이민이 미국에 많이 유입되어 카톨릭 문화가 확산되는 것을 달가워하지 않던 개신교도들의 반발이었다. 그들은 주로 앵글로 색슨, 아니면 서북유럽계로서 이미 미국의 주류문화를 형성하고 있었다. 그러나 당시 미국 사회는 산업화로 엄청나게 변모하여 가고 있었고 그들과는 다른 '비미국적인' 카톨릭계 노동자가 새로운 이민의 물결로 대량 유입되고 있었다. 미국 주류의 주민들은 미국이 비미국적인 이상한 나라가 된다고 개탄하다가 새로 유입되는 이민들을 미국화하기 위해 이렇게 우매한 정책을 수립했던 것이다. 금주법은 미국 국민의 술마시는 생활 습관을 고치기는커녕, 알카폰과 같은 밀주 유통의 조폭만 양산시키고, 15년도 못 가서 다시 헌법 수정 조항 제 21조로 사라졌던 것이다.

이 아이들이 감기가 들면 포도주를 조금 주어 푹 잠들게 하던 민간요법을 보았기 때문이었다.

이렇게 술을 멀리하는 전통을 갖고 있던 청교도 후예에게도 드디어 기회가 찾아왔다. 1920년에 미국에서는 여성 참정권의 실현과 더불어 술의 양조와 판매를 금지하는 수정헌법이 시행됐다. 당시 미국은 제1차 세계대전을 끝낸 직후였고, 세계대전 중 여권은 신장되어 여성은 헌법수정으로 투표권을 획득하였다. 그보다 20여 년 전부터 여성들은 이미 많은 주들, 특히 서부의 주에서 여성은 참정권을 행사하고 있었었는데, 이번에는 헌법이 수정되어 전국적으로 성인여성이 참정권을 갖게 되었던 것이다. 여권이 신장이 될 수렵, 여성들은 세상이 개선된 것을 확실히 보여 주고 싶었고, 특히 미국적 덕성을 유지하고자 부르짖던 개신교 여성을 중심으로 술이 완전히 없어진 천국 같은 세상을 세우려는 금주운동이 퍼져나갔다. 세태에 예민한 정치가라면, 이제 더 이상 투표 인구의 반을 차지하는 여성의 요구조건을 무시할 수 없었다. 그래서 금주법 열풍은 여러 주에서 일어났고, 드디어 전국적으로 헌법에 수정조항 18조를 덧붙이면서 무릇 모든 가정불화의 원인이 되고 가난의 근원이 되고 범죄를 유발하는 죄의 온상인 술의 판매와 구매를 불법화했다.

그러나 헌법의 수정만으로는 인간의 술 좋아하는 버릇을 개선하는 것은 역부족이었다. 오히려 불법 주류 유통으로 알 카폰과 같은 새로운 유형의 조직범죄단이 탄생될 뿐이었다. 범죄의 형태도 기술의 발전과 더불어 변하게 마련이어서, 예전의 포장마차 습격이나 말을 타고 달리며 열차를 습격하던 열차강도는 구식이 되어버렸고, 이제 달리는 자동차 뒤쪽 창문으로 기관총을 쏘아대며 무차별 살인하는 조직폭력배로 진화했다. 이것은 제1차 세계대전 중 기관총이 출현하고 전후 자동차 사용이 보편화된 데 기인한 변화였다.

그리하여 이 악법은 세워진 뒤 20년도 못 가서 인간이 있는 곳에서는 언제나 술이 있게 마련이라는 대명제를 확인하고 철폐됐다. 아이러니컬하게도 미국에서는 철저한 검증 후에 폐지된 금주의 관행이 우리나라에서는 부분적으로 잘 지켜지고 발달되었다. 우리나라에 개신교 전파가 왕성하게 시작될 때는 미국에서 금주법 열풍이 불어닥칠 때였다. 이런 상황에 맞물려, 한국의 교회에서는 유난히 금주를 엄격히 요구하는 특성을 가져왔다. 또 어떤 이들은 미국 선교사가 처음으로 한국에 왔을 당시에 한국인은 대낮부터 술을 너무 많이 마시고 얼굴이 벌겋게 되어 놀음을 했기 때문에 음주를 금했다는 설도 있다. 아마 농사를 다 짓고 한가하던 겨울 풍경이었는지도 모른다. 어쨌든, 미국 교회는 현재 금주를 그다지 엄격하게 요구하지 않는다.

야릇한 금주법의 여파

13년 동안의 금주법 시행은 다른 어떤 것보다도 미국의 음주양태에 많은 영향을 끼쳤다. 금주법은 싹이 돋아나던 포도주 문화를 좌절시켰다. 그래서 미국은 하룻밤 사이에 하드리커를 마시는 나라가 되어 버렸다.

금주법은 1920년 1월 16일부터 시행되었다가 1933년 12월 5일에 해지되었다. 이 법이 수립될 무렵 캘리포니아에는 약 700곳의 포도주 양조장이 있었는데 — 이것은 1990년대의 양조장 숫자와 맞먹는다 — 이 법이 해지될 무렵에는 140곳으로 줄어들었다. 이들 대부분은 힘든 시절을 겪으면서, 종교행사를 위해 신부나 목사 또는 랍비를 위한 포도주를 생산하거나, 허약한 사람을 위한 민간요법적 약용 포도주를 생산할 뿐이었다.

금주법 이전의 수십 년 간은 미국에서 포도주의 황금시대였다. 야심적인 독일, 스위스, 이탈리아계 이민이 유럽과는 달리 여러 가지 규제나 토지권 등에 제약받지 않는 미국의 포도주 산업에 뛰어들면서, 이 분

1920년대 금주단속반이 밀주를 압수하여 길에 쏟아 버리고 있다.

야는 급속히 성장하고 있었다. 미국의 포도주는 1900년의 파리박람회를 비롯해서 수십여 개의 국제박람회에서 상을 탔다. 유럽과 비슷하게 음식과 함께하는 포도주 문화가 일어나려는 중이었다. 그러나 새로 투표권을 부여받은 여성세력이 주축이 되어 금주법은 한 십여 년 맹위를 떨쳤다.

포도주 양조자들은 포도주는 성경이나 토마스 제퍼슨이 좋게 표현한 음료로서 이런 금주법에 저촉받지 않을 수도 있다고 생각했다. 금주운동이 타깃으로 삼았던 것은 결국 부도덕한 술집이나 공공장소에서 술 취하는 행위이지 음식과 더불어 포도주를 적당히 마시는 것 이 아니지 않았던가? 포도주 양조자들은 이렇게 안이하고 순진하게 생각하면서 그 법은 곧 폐지될 것이라고 믿었고, 1920년에는 포도가 계획했던 대로 수확될 수 있을 것을 기대하고 있었다. 그러나 금주법을 수립한 이들에게는 포도주도 술 이상은 아니었다.

많은 포도농장이 포도주 양조에서 포도주스 생산으로 방향전환을 했다. 특히 동북부에서 우리에게도 잘 알려진 음료수인 웰치(Welch)는 그때부터 지금까지 포도주스의 원조로서의 자리를 굳히고 있다. 아이로니컬하게도 이 기간에 포도재배와 집안에서 포도주 만들기는 증가했다. 금주법은 중독성이 없는(nontoxicating) 사이다나 과일주스를 200갤런까지 만드는 것을 허용했다. 그리고 중독성이 없는이라는 말은 결코 정의되지 않았다. 유통업자와 양조장은 곧 포도와 포도엑기스가 든 상자를 적재하기 시작했다. 엑기스 중 유명했던 것은 빈글로라는 상표로서 여덟 가지 종류의 포도엑기스를 제공했다. 또 포도를 덩어리로 짓눌러 벽돌처럼 만들어서 판매했는데, 이런 것은 가정에서 포도주를 만드는 데 쓰여졌다. 이 짓누른 포도덩이에는 다음과 같은 메시지가 부착되었다. "경고: 이 짓누른 포도를 한 갤런들이 항아리에 넣어 설탕과 물을 넣고 덮어서 7일 이상 놓아두면, 불법적인 알코올성 음료가 되어 버립니다."

한편, 고농도의 주정을 몰래 만드는 밀주업이 성행했으며, 한 지역의 밀주업자들은 그 곳 사람들이 무엇을 어떻게 마시는가를 결정했다고 해도 과언이 아니다. 금주기간에는 또한 스피키지(Speakeasy)라는 불법적 술집이 많이 생겨났는데, 이 어원은 말을 조심스레 작은 목소리로 하는 가게라는 뜻으로 싼 술을 팔던 밀매업자의 가게를 말한다. 금주법은 이렇게 술집을 다 닫기는커녕, 불법적 술집을 양산했다. 밀매업자와 경찰의 유착관계 때문에 뉴욕에서 금주법이 끝날 즈음에는 이런 스피키지가 3만 2000곳이나 되었는데, 그것은 그 법이 세워지면서 닫힌 술집 숫자의 두 배였었다.

스피키지에서 팔던 독한 술과 좋지 않은 음주습관은 미국에서 주류 소비의 새로운 기준을 조성했다. 그것은 더 이상 닭구이에 곁들인 진펀델 한 잔이 아니었다. 게다가 가정에서 이리저리 만들어 마시던 양조습관은 시들어 가던 포도주 양조업에 더욱 찬물을 끼얹었다. 포도를 빨리 매출하기 위해서 캘리포니아의 좋은 포도원은 동부로 운송하는 동안 차 안에서 부패하지 않도록 포도주 양조에는 질이 떨어지는 껍질이 두꺼운 품종으로 포도나무를 갈아버렸다. 점점 더 좋은 포도주는 사라지고 여러 이물질이 첨가된 달고 싼 포도주가 미국의 주종을 이루었다. 금주법이 사라진 후에도 달고 싸고 독한 포도주의 미련은 상당히 지속되었다. 그러다가 1967년에 별로 비싸지 않으나 좋은 테이블 와인이 다시 한 번 캘리포니아에서 생산되기 시작했다.

더욱 애석한 일은 금주법이 미국에서 포도주를 양조하는 정신을 말려버렸다는 것이다. 그래서 포도주 양조자 간에 대를 이어 전수되어온 지식, 기술, 전통이 총체적으로 단절되었다. 1960년대 중반에 포도주 양조업이 부활할 때, 대부분의 포도주 양조업자는 전해 내려오는 지식이나 전통을 전수받지 못했다. 심지어 20세기 후반에 가장 성공적인 세 명의 양조가인 로버트 몬다비(Robert Mondavi), 어네스트와 줄리오 갤로(Earnest and Julio Gallo) 형제 같은 이들도 독학으로 책을 읽으면서 포도주 양조기술을 습득했다.

20세기에도 계속되는 타격

금주법 수립 운동이 일어났을 때 세계는 제1차 세계대전의 피비린내 나는 와중에 있었다. 전쟁 중에 포도주의 수입이나 수출 같은 것은 중지되었다. 전후 미국은 금주법을 수립했고, 유럽은 기간산업과 식량생산을 복구하기에 바빴다. 반면 미국은 파괴된 유럽의 재건을 도맡았기에 생산 및 금융투자가 증가되고, 전후 새로 쏟아져 나오는 가전제품의 내수시장 확대로 경제가 엄청나게 팽창하였다. 그러나 그것도 잠깐이었고, 결국 전후 10년에 이르러서는 경제대공황을 맞게 되었다. 공황의 여파가 거의 10여 년을 갔으니 먹을 것이 없는 데 마실 것을 찾게 되지는 않았다.

그리고 세계는 또다시 제2차 세계대전으로 치달았다. 유럽이 다시 전쟁의 폐허에서 완전히 복구되는 것은 라인강의 기적과 일본의 경제대국으로 진출이 세계에 새로운 경제적 번영의 희망을 가져다 준 1960년대에 이르러서였다. 1950년대만 해도 대부분의 유럽지역은 전후의 폐허에서 일어서려고 몸부림치고 있었고, 미소 양대세력은 서로가 서로를 전복시키려 한다고 의심하며 힘을 겨루고 있었다. 한마디로 전후세계의 분위기는 심각한 냉전의 양대세력의 정치적 음모와 핵전쟁의 공포로 둘러싸여 있었고, 평화롭게 포도주를 음미하며 지낼 수 있는 삶과는 거리가 먼 상황이었다.

이렇게 19세기 후반기 필록세라로 받은 치명타에 이어 20세기 전반에도 금주법으로 다시 타격받은 미국의 포도주 산업은 금주법이 철회된 후에도 또다시 대공황과 제2차 세계대전의 참변을 맞이했다. 이런 국가적 위기의 연속에서 포도주의 보급은 제한성을 갖게 마련이었다. 이에 따라 미국은 여전히 달콤하고 미사에나 쓰일 만한 싼 포도주만 산출하면서 볼품없는 포도주 생산국이 되어 굳어 가는 듯했다.

2. 캘리포니아 포도주 프랑스 포도주에 도전하다

영영 죽어 버린 것 같았던 미국의 포도주 양조분야에 다시 새 물결이 일어났다. 이 움직임은 1960년대와 1970년대 캘리포니아에서 일기 시작했다. 사람들은 캘리포니아의 기후가 지중해 지역처럼 온화해서 포도재배에 아주 적당하다는 것을 재인식하고, 포도주 산업을 대대적으로 시작, 확장했다. 부유하고 학력이 높고 창조적인 마인드를 갖고 있는 사람이 포도주 양조장을 시작하려는 의도를 가지고 북부 캘리포니아에 모여들기 시작했다. 이들은 포도주 양조는 잘 모르는 다른 직업에 종사하는 전문인이 많았다. 그들은 포도주를 사랑하고 전원적인 포도원과 포도주 양조장의 조용한 삶에 매력을 느껴 들어온 사람이었다. 케이크브레즈(Cakebreads), 세이퍼스(Shafers), 조단스(Jordans), 데이비스(Davies) 같은 새로운 양조인이 마르티니스(Martinis), 드라투어스(de Latours), 몬다비(Mondavis), 갤로(Gallos)와 같

미국 정부의 포도주 산업

미국 정부는 한때 포도주 양조에 관심이 있었다. 토머스 피니(Thomas Pinney)가 쓴 『미국 포도주의 역사(*A History of Wine in American*)』에 의하면, 18세기에 의회는 인디애나주와 앨라바마주에서 포도주 생산을 장려하기 위해 장려금도 제공했다. 그 의도는 비싸지 않은 국민적 음료의 생산을 촉진하기 위한 것이었다.

그러나 금주법은 이런 실험적 정신을 말살시켰다. 그후 대공황 시절에 정부는 포도주산업이 경제 회복에 도움이 되지 않을까 해서 다시 한 번 그 산업을 부흥시키려 했었다. 그래서 농무부는 첨단기술적 장비를 갖춘 포도주 양조장을 시범적으로 두 곳에 수립하여, 그들이 새롭게 시작하는 미국 포도주 산업을 위해 기준치를 마련해 주도록 의도했다. 그러나 그 때에도 아직 금주세력은 막강했었기에 미 의회를 움직여 포도주를 채 생산하기도 전에 USDA(미국 농무부)의 포도주 양조장을 폐쇄해 버렸다. 장비는 경매에 부쳐졌고, 미 정부주도의 포도주 산업은 시작도 하기 전에 물거품이 되어 버렸다.

은 전통 있는 양조자에 합세했다.

캘리포니아의 포도재배에도 위기가 없었던 것은 아니다. 또 한번 B형 필록세라의 재난이 덮쳤다. 1983년 캘리포니아 나파 밸리에서 시작해서 무서운 속도로 퍼져 나갔다. 다행히도 포도원은 이것이 필록세라 때문이라는 것을 알고 즉각 대처방안을 모색하기 시작했다. 그것은 AxR1이라는 미국산 품종의 뿌리에서 발생했다. 1960~1970년대 포도주 양조붐 시대에 캘리포니아에서 주로 심은 품종이 바로 이 AxR1의 뿌리였고, 이것은 1980년대에 나파 밸리와 소노마 카운티에 심은 품종의 3분의 2를 차지하고 있었다. B형 필록세라의 원인이 된 AxR1은 미국산과 유럽산 품종 사이에서 태어난 튀기였다. 제1차 필록세라 재난시대에 미국의 식물학자들은 실험결과 이 품종은 면역성이 있다고 결론지었기에 캘리포니아 포도원은 그것을 믿고 심었으나, 유럽의 식물학자들은 그들의 진단을 믿지 않고 다른 미국 품종의 뿌리를 쓰도록 권유했었다.

1980년대에 캘리포니아 포도재배자들은 필록세라에 감염된 포도뿌리를 파내면서 그 지역풍토에 맞는 더 좋고 더 강한 품종을 실험적 방법으로 여러 가지 심었다. 1995년까지 B형 필록세라는 캘리포니아에서 워싱턴주와 오레곤으로 퍼져갔다. AxR1의 뿌리를 다 파내고 다른 뿌리를 다시 심은 규모는 1997년에 캘리포니아에서만 1만 7000에이커에 달했다. 그리고 이를 위해서는 120만 달러가 소모되었다. 수확을 하려면 3년이 걸리기 때문에 캘리포니아 포도주 산업이 타격을 받았던 것은 두말할 나위도 없었다.

그러나 거기에서도 하나의 희망이랄까 좋은 점을 찾을 수 있다면, 그것은 포도를 다시 심으면서 몇십 년 간 축적된 지식보다 토양에 알맞은 좋은 뿌리와 품종을 다양하게 골라 심어서 장기적으로는 캘리포니아가 더 좋은 포도주를 생산하는 데 도움이 될 가능성이 있다는 점이었다. 포도원을 송두리째 다시 시작하는 것 같은 과정에서 미국의 양조업자들은 실험적 방법으로 새로운 뿌리를 찾아 나섰을 뿐 아니라 다른 방면으로도 포도주 산업에 박차를 가했다. 그들은 프랑스의 포도주 기술자를 초빙해서 프랑스식으로 포도주를 양조하는 목표를 세웠다. 그리하여 종래에 미국 포도주는 싸고 저품질이라는 인식을 바꾸어 놓는데 성공했다. 또한 미국의 양조업자들은 미국 포도주에 프랑스산과 같이 고품질 고가격정책을 쓰면서 대대적 홍보에 나섰다. 이런 기업운영은 성공적이어서 현재 몇십 년 묵은 최고급 미국산 포도주는 드물지만 조촐한 저녁식사에 적당한, 품위 있는 포도주로서 캘리포니아산 포도주는 손색이 없으며 우리나라를 포함한 세계시장에 많이 진출해 있다.

현재 미국은 세계에서 네 번째로 큰 포도주 수입시장을 갖고 있고, 포도주의 세계 수출물량의 5%를 차지한다. 미국은 2000년에는 5억 6000만 달러의 포도주를 수출했는데, 이 중 1억 달러 이상이 캐나다로 수출되고 오스트레일리아, 뉴질랜드, 칠레 등이 그 뒤를 잇는다.

미국의 포도주 양조업의 진출은 프랑스인이보기에는 프랑스 문화의 일부

미국에서 가장 큰 포도주 양조회사

미국에서 가장 큰 포도주 양조장은 갤로(E. &. J. Gallo)인데, 그것은 또한 세계에서 가장 큰 양조장이기도 하다. 그 회사는 연간 7000만 케이스의 포도주를 생산하는데, 이것은 포르투갈 전체에서 생산하는 양과 맞먹는다.

갤로사는 금주법이 폐지되고 미국이 공황에서 벗어나던 즈음인 1933년에 수립되었다. 당시 24세와 23세밖에 안 되던 이탈리아 이민 어네스트와 줄리오 갤로는 캘리포니아 중부에 있는 농촌 모데스토로 가서 포도주 양조장을 시작했다. 그런데 그들은 포도주 양조는 물론 포도재배도 전혀 몰랐을 뿐 아니라 자본도 없었다. 그러나 모데스토 공립도서관에서 소책자를 빌려 읽고, 또 도구를 빌려서 사용하면서, 그리고 은행에서 융자받은 자금으로 포도를 사서 갤로 형제는 처음으로 포도주를 생산했다.

오늘날 미국인은 다른 어떤 브랜드보다 갤로를 많이 마신다. 그리고 그들이 마시는 것은 대부분 저렴하고 다양한 포도주이다. 그 회사는 이제 고급 포도주를 생산하고 있는데, 그것들의 대부분은 소노마 카운티에서 나온다.

분이 되어 버린 포도주 양조업에 전혀 포도주 맛도 모르는 미국이 달러의 힘을 휘두르며 경박하게 뛰어드는 것을 의미했다. 게다가 이제는 종종 지구의 여기저기에서 미국산 포도주도 프랑스산 못지않다는 이야기가 들리면서 미국의 포도주는 프랑스 포도주시장을 잠식하고 있다. 그러니 프랑스 포도주업계와 갈등을 빚지 않을 리가 없다. 몇년 전에는 성난 프랑스 농민이 미국의 무역정책에 심한 항의를 하며 맥도날드 햄버거 가게를 습격하였는데, 이것도 포도주에 얽힌 갈등과 무관하지 않을 것이다. 이와 같이 포도주는 프랑스와 미국 간의 무역쟁점으로 등장하여 감정적 갈등의 양상을 더해가고 있다.

그러나 포도주 양조업으로 새로 떠오르는 나라는 미국뿐이 아니다. 20세기 후반에 들어서자 포도재배와 포도주 양조에 기술적인 진보가 나타나고 포도주 생산의 세계화가 이루어졌다. 좋은 품질의 포도주가 역사상 유례 없이 많은 곳에서 생산되고 있다. 미국, 캐나다, 오스트레일리아, 뉴질랜드, 칠레는 2001년 12월 18일에 포도주양조상호수용협약(Mutual Acceptance Agreement on Oencological Practice)을 조인했다. 이것은 포도주 생산자가 자기 나라의 기준과 법에 따라 생산한 포도주를 상대국에서 수입할 수 있다고 규정함으로써 포도주의 수출장벽을 허물어 버렸다. 여태껏 포도주 생산국은 자기 나라의 고유한 법과 기준에 맞지 않는다고 수입을 허용하지 않는 나라가 많다. 미국인은 종국에는 유럽연합과도 이 협약을 하게 되기를 바라고 있다.

미국의 포도주 생산은 대개 캘리포니아에 집중되어 있고 저렴한 포도주를 소수의 아주 큰 포도주 회사가 생산하지만, 자그마한 생산자도 좋은 품질의 포도주를 나파 밸리와 소노마 카운티 같은 태평양 연안에서 많이 생산한다.

 # 미국 포도주의 특징

1. 포도주법

포도주의 규제는 술담배무기청(the Bureau of Alchohol, Tobacco, and Firearms)에서 관할한다. 다음은 포도주의 몇가지 중요한 규정이다.

- 포도주에 미국포도재배지역(AVA, American Viticulture Area)의 라벨을 붙일 때는 그 양조에 사용된 85% 이상의 포도가 바로 그 AVA에서 생산되어야 한다.
- AVA 이름 대신에 카운티 이름을 명기할 수 있다. 말하자면 소노마 카운티, 멘도시노 카운티 같이 말이다. 포도주에 카운티 이름을 붙이려면, 포도의 75% 이상이 그 카운티에서 생산되어야 한다.
- AVA 대신에 주(州)의 이름이 명기될 수도 있다. 이 경우에는 75%의 포도가 그주의 생산으로 되어야 한다. 그러나 어떤 주에서는 이보다 더 높은 함량을 요구한다. 예를 들어, 캘리포니아주는 100%를, 텍사스주는 85%를 요구한다.
- 포도 품종, 예컨대 샤르도네, 카베르네 소비뇽 등이 라벨에 명기될 때는 포도주 함량의 75% 이상이 그 품종의 포도로 양조되어야 한다. 이 경우에도 어떤 주는 보다 엄격한 규정을 갖고 있다. 오레곤 주에서는, 카베르네 소비뇽만 75%를 요구하고, 다른 품종의 포도주는 90%를 요구한다.
- 라벨에 빈티지가 명기되기 위해서는 양조에 사용된 95%의 포도가 빈티지 해에 출하된 것이라야 한다.
- 미국에서 생산되는 모든 포도주 병에는 음주의 위험을 경고해야 되고, 또 포도주는 유황을 함유하고 있다는 것을 명기해야 한다.

　　이상과 같은 규정 외에도 각 주는 그 나름대로의 독특한 규정을 가질 수도 있다.

2. 포도주 라벨과 경고문

1989년에 술담배무기청은 포도주 병에 건강의 경고를 써 붙이라는 규정을 만들어서 논란을 일으켰다. 즉, 임신부는 신생아 발육에 영향을 줄 수 있기 때문에 음주를 삼가야 한다. 또 음주는 당신의 자동차 운전과 기계의 조작능력을 둔화시키고 건강에 문제를 유발할 수도 있다라는 의사의 경고를 붙이라는 것이었다.

　　미국 외에는 멕시코를 제외한 어떠한 나라도 이런 경고를 포도주의 라벨에 써 붙이지 않는다. 그리고 멕시코 라벨은 음주가 아니라 과음이 건강에 좋지 않다고 할 뿐이다.

　　미국에서 이런 경고가 포도주 병에 나붙자, 버클리의 포도주 수입업자 커밋 린치(Kermit Lynch)는 포도주가 건강에 좋다는 문구를 라벨에 동시에 붙여서 그런 경고에 밸런스를 맞추려했다. 그는 포도주는 가장 깨끗한 음료라고 말한 루이 파스퇴르(Louis Pasteur)의 문구를 써넣을 것을 제안했다. 그러나 술담배무기청은 그런 인용구는 수용될 수 없다고 거절했다. 린치는 굴하지 않고 이번에는 포도주가 병을 고쳤다는 성서의 구절을 인용하려 했다.

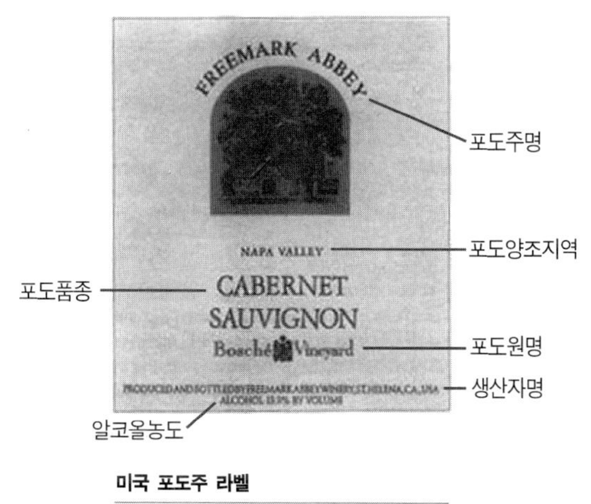

미국 포도주 라벨

그러나 또 거절당했다. 그래서 그는 마지막으로 토마스 제퍼슨의 두 구절의 문장을 제안했다. 첫 번째 것은 거절당했는데, 그것은 제퍼슨이 포도주가 건강에 좋다는 의미있는 말을 했다는 것이고, 두 번째 것은 "좋은 포도주는 내가 살아가는 데 필수품이다"라고 한 말이었다.

드디어 당국은 린치가 그 구절이 든 라벨을 5만 개 이하만 사용할 것을 허락했다. 그러나 다시 고려한 결과 당국은 허락을 번복하였고 린치는 더 이상 그 라벨을 인쇄하지 못했다.

클린턴이 1992년 대통령에 당선되자 린치는 마지막으로 또 한번의 시도를 했다. 그는 술담배무기청에 편지를 써서 삶의 필수품이라는 구절은 포도주가 건강을 돕는다는 것을 의미하는 것이 아니라, 단지 삶을 즐겁게 한다는 것을 의미한다고 주장했다. 그는 또한 정부는 위대한 건국조부인 토마스 제퍼슨을 무시해서는 안 된다고 역설했다. 그 해 말에 그의 끊임없는 노력은 드디어 성과를 올려서 당국은 그의 요구를 들어주었다. 그리하여 커밋 린치가 현재 수입하는 모든 포도주 라벨에는 포도주는 '삶의 필수품(necessity of life)' 이라고 제퍼슨이 언급한 구절이 실려 있다.

3. 포도주의 주요산지와 품종

미국에서 포도의 재배지역을 지정한 것은 1978년에야 비롯된 것으로, 술담배무기청이 처음으로 미국포도재배지역(AVA, American Viticulture Area)을 지정하고 그에 따른 제반사항을 수립했다. AVA는 포도재배지역으로 지리적 특성에 의해 그 경계를 지정한 지역이다. 미국에서 이렇게 지정한 AVA는 140곳 이상이 있다. 예를 들어 나파 밸리, 카르네로스, 핑거레이크스, 윌라메트 밸리 같은 곳이다.

미국의 AVA는 유럽의 아펠라시옹(appelation)제도를 본떠서 만들었다고 할 수 있다. 그러나 이 둘은 다른 점이 상당히 많다. 아펠라시옹 규칙은 포도의 재배지역을 단순히 지역적으로만 구분하지는 않는다. 유럽의 이 제도는 여러 가지 세부규칙이 많다. 말하자면 어떤 종류의 포도를 심어야 하는가에서부터 어떻게 포도주를 만들어야 하는가에 이르기까지 세밀히 규정한다.

이에 비해 미국의 AVA는 지역만 정했을 뿐, 많은 부분을 포도주 양조장의 임의에 맡긴다. 예를 들어 같은 AVA지역 내에서도 두 곳의 다른 양조장이 같은 품종의 포도로 양조를 할 경우에도 맛이 다를 수 있다. 유럽에서도 그럴 수 있지만, 재배지역의 이름으로 포도주 맛을 식별하기란 미국에서는 쉬운 일이 아니다. 또 지역적 구분으로 AVA 지역이 구분되지 않는 곳도 많다. 예를 들어 어떤 포도재배에 알맞은 지역적 특성이 끝난 곳을 넘어서도 AVA가 뻗어 가는 경우도 있다. 또 유명한 AVA에서는 어떤 양조장이 그 경계 안에 드느냐 그렇지 않으냐를 가지고 정치적인 논란이 일기도 한다. 이런 여러 가지 요인으로 미국의 AVA는 유럽의 아펠라시옹보다 포도생산의 통일적 기준을 덜 제공한다. 미국의 포도주를 고를 때는 그래서 경작지보다는 생산자의 이름이 더 중요하다.

캘리포니아

대개 유럽 이외의 포도주 생산지역에서 그러하듯이 캘리포니아의 포도주는 한 가지 품종으로 잘 만들어진다. 캘리포니아의 주종은 적포도주가 카베르네 소비뇽이고 백포도주는 샤르도네이다. 진펀델은 원래 이탈리아의 프리미티보 품종이었으나 거의 캘리포니아의 토종으로 여겨지고, 향기로운 적포도주를 생산하며, 껍질을 까서 만드는 화이트 진펀델은 로제와 같은 달콤한 핑크빛 포도주를 생산한다.

포도주는 토양에 따라서 수확하는 포도 맛이 달라진다. 경사가 완만하고 해양성 기후 지역인 소노마 카운티의 러시안 리버힐에 심은 포도는 잘 익은 사과나 감귤의 맛이 난다. 또한 바위에 부서지는 파도가 밀려오는 아름다운 해안가로 유명한 몬터레이 카운티의 산타루치아 하이랜드는 고원에 위치하여 모래 섞인 토양 때문에 부드러운 레몬라임의 향취가 강하다. 이처럼 향취가 서로 다른 여러 종류의 포도에서 나온 원액을 섞어 만든 것이 바로 새로운 개념의 블렌딩 와인(blending wine)이다.

포도주 평론가들은 흔히 캘리포니아의 블렌딩 와인을 신개척지의 맛이라 평가한다. 유럽산 포도주가 오랜 전통과 고정된 포도밭에서 생산된 포도주라면, 미국의 포도주는 포도원액을 배합해 새롭게 만든, 마치 신대륙을 개척하는 것과 비슷하기 때문이다.

캘리포니아는 미국에서 생산되는 포도주의 90%를 생산한다. 프란체스코파 신부가 포도주양조를 시작한 이래, 캘리포니아는 골드러시 이후 포도재배가 수십 년 동안 성공적으로 확장되었다. 그러나 필록세라와 금주법으로 타격받아서 포도주 양조가 부진하다가 1960년대에 제2의 황금기를 맞았다. 캘리포니아에서는 재배품종의 범위를 계속 확대해 왔는데, 근래에는 론지방과 이탈리아 품종들을 심었고, 앞으로는 전위적인 포도주 양조자들이 예언한 대로, 스페인 품종을 심을 것이다. 이런 실험적 태도와 동시에 캘리포니아는 카베르네 소비뇽 같은 클래식 품종도 보다 좋은 품질로 개량·생산하려고 노력하고 있다.

캘리포니아에는 거의 1200명의 포도주 양조업자가 있으며 이들의 규모는 세계에서 가장 큰 메이커인 갤로에서부터 아주 작은 생산자까지 포함하는데, 이 중에는 포도원도 양조장 건물도 없으면서 단지 포도를 사거나 때로는 포도주를 사서 섞어서 자기네 포도주를 만들기도 한다. 대략 백 가지 정도의 포도품종이 캘리포니아에서 재배되고 있으나, 여섯 품종이 이 주의 포도주 생산을 리드하고 있다. 그것은 샤르도네, 진펀델, 카베르네 소비뇽, 소비뇽 블랑, 메를로, 그리고 피노 누아르이다.

이 주의 포도주 지역은 42만 7000에이커에 달하는데, 그것은 북부 멘도시노의 구릉진 산비탈에서부터 로스앤젤레스 남쪽의 건조한 테머쿨라 언덕에 이르기까지 700마일 이상 뻗어 있다. 이 광범한 지역 내에서의 기후, 토양, 지질은 상당히 다양하다. 그래도 캘리포니아는 신세계의 지중해로 간주되며 이 주의 포도원은 밝고 풍부한 햇볕으로 축복을 받았다고 할 수 있다. 햇볕에 잘 익어서 캘리포니아의 포도주는, 우유에 비유하면 기름 뺀 우유가 아니라 크림이라고 할 수 있을 만큼 그 내용이 견실하며, 자연스럽게 잘 익어서 살 오른 과일향을 낸다.

캘리포니아의 토양은 다양하다. 그리고 많은 부분이 포도를 재배하기에는 너무 춥거나 너무 덥다. 그래서 포도의 재배지역은 너무 덥거나 추운 내륙이나 해안가에 있지 않고 해안가와 센트럴 밸리 사이에 있다. 그래서 포도의 재배지역은 이 긴 모양의 주에 비례해서 남쪽의 산타 바바라에서부터 북쪽의 멘도시노까지 길게 늘어서 있다.

그러나 이 주의 독특한 지형 때문에 독특한 기후가 조성된다. 기온이 상승해서 내륙이 더워지기 시작할 때, 태평양으로부터 시원한 바람과 안개가 나지막한 산간지역을 넘어 몇 차례씩 밀려온다. 샌프란시스코만의 탁 터진 입구로부터 시원한 바람 줄기가 바다로부터 들어와서 카네로스로 불어오고, 거기에서 나아가 나파, 소노마 계곡으로 들어온다. 해안과 마찬가지로 따뜻함과 시원함이 반복하면서 이런 기후적 음양의 조화는 지역에 따라 다양하다. 그리고 이런 요인은 캘리포니아 전역의 포도재배에 아주 중요한데, 이런 기후조건이 없었다면 캘리포니아는 좋은 포도주를 생산하기에는 너무 덥다고 할 수 있다.

시작 그리고 또 시작

캘리포니아라는 이름은 스페인의 문서에 1542년에 이미 나타나 있다. 그 명칭은 16세기 스페인의 「에스프란디안의 탐험(The Exploits of Esplandian)」

이라는 소설에 나오는 신화적인 섬의 이름에서 비롯된다. 캘리포니아의 포도주 산업은 종교적으로 시작했으나 미션의 포도재배는 단번에 수립된 것은 아니다. 작가이며 역사가인 토머스 피니(Thoma Pinney)에 의하면, 스페인 당국은 캘리포니아의 미션에는 멕시코에서 북쪽으로 운송되는 포도주로 충분히 보급될 수 있다고 믿었다. 그러나 포도주를 수송하는 도중에 일어나는 사고와 어려움은 결국 프란체스코파 신부들이 그들의 포도원을 스스로 가꾸도록 만들었다.

미션에서 포도주가 양조되면서 그 후 50년 동안 캘리포니아에는 미션포도주만 있었다. 그러나 미션의 포도주 양조업이 성공하자 세속적인 사람도 양조업에 뛰어들기 시작했다. 캘리포니아 정착민은 1783년에 작은 포도원을 가꾸기 시작했다. 1830년대에 이르자 로스앤젤레스는 영리적 경영을 위한 포도주 양조장이 최초로 수립되었다.

1850년이 되자 캘리포니아 포도주 양조업의 미래는 밝아 보였다. 바로 그 전 해의 골드러시는 그 지역 주민의 인구를 증폭시켰는데, 이는 1848~1850년의 두 해 동안에 샌프란시스코의 인구가 800명에서 2만 5000명으로 증가한 것에서도 잘 나타난다. 이런 인구증가는 포도주의 새로운 수요와 더불어 앞으로 포도주 양조장을 여는 데 필요한 인력이 있음을 의미한다. 포도주 산업은 처음에는 북쪽으로 이동해서 소노마 계곡을 향해 확장되고 이어서 나파 계곡으로 확장되었다. 이 두 계곡은 로스앤젤레스보다 포도주 양조장 수립에 더 적합했다. 그리하여 부에나 비스타(Buena Vista), 찰스 크러그(Charles Krug), 잉거눅(Inglenook), 스크램스버그(Scramsberg) 같은 큰 양조장이 들어섰다. 이런 붐이 충분하지 않다는 듯, 캘리포니아는 그들의 사업을 국제적으로 확대하려고 하였다. 왜냐하면 곰팡이로 인한 백분병과 필록세라 해충으로 인해 유럽의 포도주 양조업이 침체되어 갔기 때문이다.

초기의 캘리포니아 양조자들은 그들을 가르쳐 줄 스승이나 학교도 없었고, 어디에서도 기술적인 도움도 받지 못했고, 기구들도 없었고, 어떤 품종을 심어야 되는지도 거의 몰랐다. 그래도 그 주의 주민들은 1880년대에 필록세라가 기승을 부릴 때까지 포도주 산업을 발전시켰다. 그러나 안타깝게도 1890년대에 이르자 그 해충은 캘리포니아 전역에서 포도원을 황폐화시켰다.

그럼에도 불구하고 포도주 산업은 신속히 재건되었다. 그리하여 20세기가 시작될 무렵 300종류의 다양한 포도품종이 캘리포니아에서 재배되었고, 800개의 포도주 양조장이 들어섰다. 그러나 또 한 번의 재앙이 덮치리라고는 양조장 주인도 상상하지 못했다. 금주법의 제정으로 그들이 이렇게 어렵게 다시 이룩한 성공은 하루아침에 물거품처럼 사라졌다. 1920년 1월부터 금주법이라불리는 볼스테드법(Volstead Act)은 1933년 12월에 폐지될 때까지 많은 양조장을 도산시켰다. 단지 140개의 포도주 양조장만 남았다. 이 양조장은 종교적 예식에 쓰는 포도주를 만들면서 연명했다.

캘리포니아 포도주 양조업자는 극심한 타격을 받았지만 그들이 완전히 망한 것은 아니었다. 그러나 포도주 양조업이 활발하게 일어나기까지는 인내심을 가지고 1960년대까지 기다려야 했다. 그리고 이렇게 다시 시작하자, 그것은 아주 빠른 속도로 발전하고 있었다. 10년 뒤 캘리포니아는 세계에서 가장 진보적이고 실적이 좋은 포도주 생산지가 되었다. 이런 엄청난 변화의 속도는 두 가지 요인으로 이루어졌다. 그것은 실험정신을 가진 미국의 양조가가 새로운 품종과 방법으로 양조하기 시작했기 때문이다.

1966년에 가장 잘 팔리던 캘리포니아 포도주는 싸고 단 포르트 와인으로서 주로 캐리그넌(Carignan)이나 씨 없는 탐슨(Thompson Seedless)으로부터 만들었다. 그리고 이 두 품종은 당시 캘리포니아 포도재배의 주력 품종이었다. 그러나 실험적 양조자들은 새로운 유럽의 품종을 심었고, 10년 후 캘리포니아의 포도주는 아주 질이 좋아져서 이제는 전설처럼 되어 버린 1976년 파리의 시음회에서, 스태그 리프 와인 셀러(Stag's Leap Wine Cellar)의 카베르네 소비뇽과, 샤토 몬테렐라(Chateau Montelena)의 샤르도네가 각각 적·백포도주에서 1등상을 받았다. 그것은 당시의 유명한 샤토 모통로스차일드(Chateau Mouton-Rothchild)나 샤토오브리옹(Chateau Hau-Brion) 그리고 도멘 룰로 뮈르소 샤름(Domain Roulot Meursaultp Charmes)를 제친 것이라서 이러한 변화에 프랑스의 심판관은 적지 않게 놀랐을 정도였다.

실험정신이 많았던 양조가

유럽의 포도주 양조가들과는 달리 미국의 양조가들은 엄격한 규정에 얽매이지 않고 자기들이 심고 싶은 어떤 포도라도 심어서 양조할 수 있는 자유가 있었다. 그래서 특히 캘리포니아의 양조자들은 실험적 정신을 가지고 그 때까지 양조용으로는 잘 쓰이지 않던 포도를 사용해서 훌륭한 포도주를 만들어 내기도 했다. 물론 캘리포니아에서 재배되는 100여 품종에서도 앞에서 언급한 여섯 가지 품종이 주종을 이루지만, 1980년대와 1990년대에 양조가들은 여러 가지 새로운 포도로 양조를 하여 새로운 맛을 빚어 내려고 시도하였다. 그것은 대부분 지중해가 원산지인 포도로써 오래 전에 미국에 전해져서 계속 심어 오던 것인데, 비오니어, 루산, 피노 그리스, 시라, 프티 시라, 모르베드르, 바버라, 그리나시 등과 같은 것이 있다. 그 중에서도 시라(Syrah)는 상당히 성공적이어서 캘리포니아에서 재배지역을 넓히고 있다.

이런 실험에 가장 큰 공헌을 한 사람은 보니 둔 포도원(Bonny Doon Vineyard)을 갖고 있는 철학가이며 시인인 양조가 랜달 그레이엄(Randall Grahm)이다. 그는 여태까지 별로 관심을 받지 못했던 캘리포니아의 이름 없는 포도를 성공적으로 양조하여 캘리포니아 포도주에 깊은 영향을 끼쳤다. 그는 사람들이 구태의연한 포도주 양조로 지루해질 무렵 새로운 실험으로 양조가들의 상상력을 자극하고 활력을 불어넣었다. 예를 들어, 바버라, 또는 프티 시라 같은 것은 미국에 이민 온 이탈리아인이 1880년대에 심기 시작했던 것이다. 이 포도나무는 강건해서 어떤 토양이든지 적응을 잘해 나가서 어디서나 아주 잘 자라고 좋은 열매를 맺었다. 그래서 이런 포도는 캘리포니아에서 계속적으로 심어지면서 다른 어떤 지역보다 그 곳에서 잘 자라게 되었다. 1세기 동안 포도주 양조가들은 이런 품종을 업신여기고 관심을 안 가지다가, 드디어 그레이엄이 그것을 실험 삼아 포도주를 만들어보자 결과는 대성공이었다. 이제 캘리포니아의 대표적 포도품종을 살펴보자.

포도의 품종과 포도주의 종류

샤르도네: 캘리포니아의 포도주 양조장에서 대부분 생산되는 포도주가 샤르도네(Chardonnay)이다. 좋은 샤르도네는 양조하기 힘이 들며, 포도재배지의 여건도 까다로운 편이다. 가장 좋은 샤르도네는 서늘한 지방에서 잘 자란다. 샤르도네 품종의 클론(clone)은 캘리포니아에 1960~1990년대에 심어졌는데 이것은 아주 좋은 이상적 품종은 아니었다. 그것들은 대개 마치 버터 바른 빵을 알코올에 푹 적신 듯이 느끼하고 품위가 없었다. 그러나 1990년대 중반에 실험 끝에 보다 좋은 새로운 샤르도네 클론이 나타나서 처음으로 심어지면서 샤르도네의 품질은 아주 좋아졌다.

소비뇽 블랑: 캘리포니아의 소비뇽 블랑(Sauvignon Blanc)은 맛이 별로 신통치 않을 수도 있으나 잘 양조된 것은 아주 좋은 맛을 지닌다. 날카롭지만 아기자기하고 산뜻한 맛은 가히 일품이다. 산성의 맛이 나고 깨끗하며 신선한 향기를 갖고 있는 이 포도주는 캘리포니아에서는 오크통이 아니라 스테인리스로 만든 통에서 발효시킨다. 이 술이 만일 오크 통에서 발효된다면, 소비뇽 블랑의 독특한 깨끗하고 산뜻한 맛이 사라지기 때문이다. 소비뇽 블랑은 캘리포니아에서 때로는 퓌메 블랑(Fume Blanc)이라고도 한다.

카베르네 소비뇽: 캘리포니아의 포도주가 명성을 얻기 시작한 것은 바로 이 카베르네 소비뇽(Carbernet Sauvignon)에서 비롯된다. 이 종류의 적포도주는 캘리포니아에서 가장 많이 조직적으로 산출된다. 1980년대 이후부터 캘리포니아의 카베르네 소비뇽의 풍부하고 부드러운 맛은 해가 갈수록 더해가는데, 이것은 양조가들이 더 좋은 포도를 생산하고 더 좋은 양조법을 사용하려고 노력하면서 이 포도주가 더욱더 복잡미묘한 맛을 가지게 된 데 있다. 이런 개량을 가져온 주 요소는 포도가 잘 익는 것을 연구하여 포도송이를 탄닌성분이 잘 익을 수 있도록 포도나무에 오래 놓아두는 데 있다.

카베르네 소비뇽은 다른 포도와 섞어서 포도주를 만드는 팀워크에도 잘 이용된다. 예를 들어 니에바움카폴라(Niebaum-Coppola)가 생산하는 루비콘(Ribocon)이나 조셉 펠프스(Joseph Phelps)가 생산하는 인시그니아(Insignia) 같은 것은 카베르네 소비뇽으로 보르도 스타일의 혼합주를 만드는 데 사용된다.

피노 누아르: 캘리포니아의 피노 누아르(Pinot Noir)는 양조장에 따라 맛이 다른 경향이 있다. 그러나 대체로 상당히 믿을 만하며, 맛이 아주 좋을 수도 있고 아주 나쁠 수도 있는 버건디(Burgundy)와 비교해볼 때 캘리포니아의 피노 누아르는 맛이 상당히 지속적이다.

진펀델: 1998년 카베르네 소비뇽이 두각을 나타낼 때까지는 진펀델(Zinfandel)이 캘리포니아에서 가장 많이 심어진 적포도 품종이었다. 이 포도는 약간 단맛이 나지만, 단맛이 덜 나는 백진펀델은 가장 좋은 품질의 포도로 만들어진다. 한편 과일향이 많이 나는 드라이한 붉은 진펀델은 잼을 먹듯 입 속에 군침을 돌게 하며, 마치 귀여운 강아지가 입 속에서 노는 듯한 분위기를 가진 술이다.

캘리포니아에서 가장 유명한 포도원은 오래 된 진펀델 포도나무를 심은 곳이 많다. 옹이가 울뚝불뚝 불거져 나오고 뒤틀린 듯한 이런 포도나무는 포도송이를 적게 맺지만 열매만은 향이 그윽하고 깊은 맛을 낸다. 비록 오래 된 포도나무에서 수확한 포도로 양조했다는 것을 라벨을 보고 확인할 수 있는 용어는 없으나 만일 40년 이상 아니면 거의 100년까지 거슬러 올라가서 포도주를 생산해 왔던 포도주 양조장에서는 이런 오래 된 포도나무에서 술을 빚고 있다.

진펀델은 흔히 미국산 포도라고 하는데 그것은 유럽에는 이런 이름의 포도품종이 없기 때문이다. 이것이 유럽종의 후예임이 밝혀진 것은 1980년의 DNA 실험결과였는데, 이탈리아산 프리미티보(Primitivo)의 계보였다. 그래도 역사적 기록에는 진펀델이 이탈리아에서 미국으로 이민과 함께 들어오기 이전부터 미국에 있었던 것으로 기록되어 있다. 이에 따라 다시 DNA 실험을 한 결과 그것은 원래 크로아티아 해안의 달마티아(Dalmatia)원산지인 팔박 말리(palbac mali)라는 품종에서 나왔다는 것이 밝혀졌다. 그러므로 진펀델의 원산지는 달마티아로서 이탈리아를 거쳐 오래 전에 미국에 유입되었다고 보아야 할 것이다.

론 스타일 혼합형 포도주: 캘리포니아 양조가들은 프랑스 론계곡이 원산지인 포도로 적·백·핑크 포도주를 새롭게 성공적으로 만들어냈다. 이 종류의 적·백 포도주는 단일 품종에서 양조하는 것이 통례로 여겨졌다. 예를 들면 적포도주는 시라로, 또 백포도주는 바이오니어(viognier)로 만들었다(Rhône Blends). 그러나 캘리포니아인은 여러 품종을 섞어서 만드는 혼합형을 개발했다. 론 스타일의 혼합형 적포도주는 시라, 그레나슈(grenache), 무르베드르(mourvèdre), 캐리넌(carignane)을 섞어서 만든다. 백포도주는 혼합형이 드물지만 바이오니어, 마르산(marsanne), 로잔(roussanne)을 혼합해서 만들기도 한다. 혼합형 포도주는 양조가가 자기 마음대로 이름을 붙이는데, 예를 들어 보니 둔(Bonny Doon)에서 르시가볼란트(Le Cigar Volant), 조셉 펠프에서 르미스트랄(Le Mistral)이라는 이름을 붙여 생산한다. 혼합형의 로제는 여가 가지의 포도를 쓰지만 특히 그레나슈가 주가 된다.

스파클링 와인: 흔히 샴페인은 프랑스산에 견줄 수가 없다고 하지만, 꼭 그렇지만은 않다. 예전에는 프랑스 상파뉴 지방에서만 탄산의 기포가 포함된 스파클링 와인(Sparling Wines)을 만들었으나 기술이 발달된 지금은 캘리포니아에서도 좋은 샴페인을 산출한다. 샴페인을 제맛이 나게 하는 비결은 상파뉴에서 전수되어 오는 상파뉴 양조법에 있었다. 그것은 발효과정에서 기포가 생기는 것을 개개의 병 속에 잡어 넣는 기술이었다. 그러나 미국에서 그 동안 산출되던 싼 샴페인은 큰 탱크에서 기포를 빨리 다량으로 쉽게 생산하는 샤르마(charmat) 방법을 썼고, 이렇게 해서 앙드레(André), 토트(Tott), 쿡(Cook) 같은 싼 샴페인이 생산되었다.

그러나 소노마에서는 1890년대부터 체코슬로바키아에서 이민 온 코르벨(Korbel)가의 세 아들이 스파클링 와인을 혼합주를 써서 상파뉴 방법으로 양조하기 시작했다. 하지만 금주법 시대가 도래하자 1960년대 까지 스파클링 와인은 캘리포니아에서 암흑시대를 맞았다. 대부분의 샴페인 양조가들은 샤르마 방법의 싼 샴페인을 만들 뿐이었다. 단지 코르벨과 나파벨리의 양조가 한스 코넬(Hanns Kornell)만이 상파뉴 방법의 샴페인을 계속해서 양조해 왔다. 그러다가 1960년대 스크램스버그(schramsberg) 양조장에서 캘리포이나 샴페인이 새롭게 시작되었다. 이 샴페인은 처음에는 당시에는 흔하지 않았던 샤르도네로 만들었는데 곧 이 양조장의 산품은 다른 캘리포니아 샴페인을 능가했다.

그러자 프랑스의 상파뉴 사람들은 긴장했다. 그도 그럴 것이 캘리포니아의 어떤 지역은 샴페인을 만드는 데 잘 쓰이는 샤르도네나 피노 누아르의 재배에 기후조건이 알맞고, 이런 지역은 캘리포니아에 널려 있고 땅값도 쌌기 때문이다. 이에 비해 상파뉴 지역의 크기는 제한되어 있었고 이미 좋은 곳은 다 포도원으로 들어차 있었다. 그래서 1973년에 유명한 샴페인 양조회사 모에 샹동(Möet & Chandon)은 나파밸리에 200에이커(약 24만 평, 1에이커는 1224.2평)의 땅을 사고 250만 달러를 투자해서 도멩 샹동(Domain Chandon)을 세웠다. 그 후 15년 동안 또 다른 6개의 샴페인회사와 세계에서 가장 큰 샴페인 회사인 스페인의 프레이세네트(Freixenet)와 코도르뉴(Codorniu)가 캘리포니아에 합작회사를 설립했다. 현재 캘리포니아에는 샴페인 양조장이 30여 곳 이상이 있다. 그 중 아이언 호스(Iron Horse), 조단(Jordan), 웬트(Wente) 같은 양조장은 스파클링 와인과 일반 포도주 두 가지를 다 생산한다.

캘리포니아의 샴페인은 깨끗하고 가볍고 과일맛이 전혀 없는 순수한 향기로 잘 조화되어서 그 품질이 뛰어나다. 그것은 프랑스의 샴페인에서 흔히 나는 비스킷이나 빵에서 나는 듯 한 이스트 같은 맛이 없다. 이런 개선이 이루어진 요인은 양조장을 서늘한 곳에 세우고 또 스파클링 와인을 양조할 때 샹파뉴 방법을 전부 고수하지 않은 데 있었다. 캘리포니아는 좋은 기후 때문에 빈티지 스파클링 와인을 매년 생산한다. 그리고 캘리포니아에서는 샹파뉴의 고급양조장이 그렇듯 혼합형으로 스파클링 와인을 만드는데, 20개 품종에서부터 60개 포도주의 혼합으로 만든다. 이 혼합되는 포도주가 각각 서로의 맛을 죽이지 않고 북돋아서 조화로운 시너지효과를 가져오게 하는 것은 아주 힘든 다년간의 축적된 노하우를 요하는 기술인데, 캘리포니아는 그것을 잘 해내고 있다. 캘리포니아의 스파클링 와인은 주로 단맛이 전혀 없는 아주 드라이한 브루트(Brut) 스타일이다. 어떤 곳에 서는 샤르도네로만 백샴페인을 만들고 피노 누아르로 적샴페인을 만들기도 한다.

디저트 또는 포르트 스타일 포도주: 캘리포니아의 디저트 포도주와 포르트 스타일 포도주(Port-Sytle Wines)는 마치 숨겨진 보석함에 잘 감추어진 보석과 같다. 지난 수십 년 동안 조용히 거의 알려지지도 않았지만, 어떤 포도주 양조장은 아주 좋은 품질의 디저트 포도주를 생산해왔다.

캘리포니아의 디저트 포도주는 대체로 다음 네가지 종류로 나뉜다.

첫째, 소턴즈(소테른) 스타일: 소턴즈 스타일(Sauternes-style)은 캘리포니아에서는 양조하기가 아주 힘들고 드물었다. 소턴즈식 양조법은 포도껍질에 생기는 보트리티스 시네리아(Botrytis cinerea)라는 회색빛의 고상한 곰팡이(貴腐, noble rot) 때문에 당도가 높아진 포도로 만드는 것이다. 그 곰팡이는 포도 알갱이 껍질에 끼게 되는데, 그 곰팡이는 물을 먹고 살기 때문에 포도 알에서 수분을 흡수해서 포도의 당도가 높아진다. 거기다가 그 곰팡이는 발효작용에 영향을 주어서 더욱 조화로운 맛을 낸다.

캘리포니아는 너무 건조하거나 덥거나 너무 서늘해서 보트리티스 시네리아라는 곰팡이가 끼는데 알맞은 기후가 아니다. 그러나 1957년에 베링거(Beringer)의 유명한 포도주 양조가인 마이론 나이팅게일(Myron Nightingale)은 캘리포니아에서 처음으로 소턴즈 스타일로 달콤한 포도주를 만드는 데 성공했다. 그는 이미 수확한 포도에 실험실에서 배양한 보트리티스의 종균을 이식했던 것이다. 요즈음 캘리포니아의 가장 좋은 디저트 포도주는 베링거 양조장에서 만든 나이팅게일인데 그것은 세미용과 소비뇽 블랑 포도로 만들며, 이 포도주는 아직도 나이팅게일 자신이 처음 만들었을 때와 같이 일일이 손으로 만들기 때문에 1년에 단지 반병들이 병으로 60~300개의 케이스만 출품한다.

둘째, 늦 수확한 리즐링(Late harvest rieslings): 이것은 일반적으로 포도를 포도가지에 오랫동안 놓아두었다가 수확해서 만드는데, 거기에다가 발효기간을 짧게 주어서 포도주에서 자연스럽게 달콤한 맛이 남게 하여 만든다. 이 리즐링을 늦게 수확해서 만드는 포도주도 보트리티스로 만드는 포도주만큼 만들기가 아주 힘들다. 달면서도 둔탁하지 않고 기상과 품위를 갖추고 미묘한 맛을 내기란 수월하지 않다. 캘리포니아에서 생산되는 디저트 포도주는 나바로(Navaro) 양조장에서 만드는 클러스터 실렉트, 레이트 하베스트 백리즐링(Cluster Select, Late Harvest White Riesling)과 벨 테르(Belle Terre) 양조장에서 나오는 샤토 생장 스페샬 셀렉트, 레이트 하베스트 요하네스버그 리즐링(Chateau St. Jean Special Select, Late Harvest Johanneisberg Riesling)이다. 이 두 양조장은 소노마 카운티 중에서 습기가 많은 알렉산더 계곡에 있다.

셋째, 남부 프랑스와 이탈리아 디저트 포도주: 이것은 머스캣(Muscat)품종으로 만든 사랑스럽고 맛있는 술이다. 머스캣은 오래 전부터 페니키아나 그리스인들이 지중해 지역에 널리 퍼뜨린 품종으로서, 캘리포니아에 있는 것은 머스캣 카넬리(Muscat Canelli), 오렌지 머스캣, 블랙 머스캣 등인데 모두 아주 향이 짙다. 머스캣 포도주는 다른 디저트 포도주처럼 시럽같이 진하고 향이 강하지는 않다. 그러나 아주 신선해서 감귤이나, 살구맛이 난다. 아주 좋은 품질의 머스캣 포도주는 콰디(Quady)와 보니 둔 양조장에서 여러 종류가 생산된다.

넷째, 캘리포니아 포르트 포도주: 예전에는 캘리포니아에서 농익은 포도로 진한 값싼 포도주를 저렴한 가격으로 만들었다. 이런 포르트 포도주가 아직도 생산되지만, 몇몇 양조장은 토우리가(touriga), 나시오날(nacional), 틴다 카오(Tinda Cao). 틴타 로리츠(tinta roriz) 같은 포르투갈의 포도품종을 사용해서 좋은 포르트 포도주를 만든다. 또 진펀델이나 프티 시라로써도 좋은 것을 만든다. 콰디와 보니 둔 양조장은 스타보드(Starboard)라는 이름의 오렌지향도 나고 모카맛도 나는 풍성한 맛을 가진 포르트 포도주를 생산한다. 대부분의 나라는 진정한 포르트 포도주는 포르투갈의 도우루 계곡(Duro Valley)에서 생산할 수 있다고 정한 포르투갈의 법을 준수하지만, 미국 정부는 이를 안 따르고 양조가들이 포르트라는 이름을 쓰도록 허가해 준다.

캘리포니아의 주요 포도재배지역

캘리포니아는 미국에 있는 총 140여 개의 AVA 중에서 81개를 차지한다. 이들은 크기가 각각 다르고 한 AVA 내에 또 다른 AVA가 있을 수도 있다. 이들은 첨단기술로 무장하고 있어서 컴퓨터로 토양의 습기 같은 것을 유지하고 있다. 미국 외에는 호주나 뉴질랜드가 그런 첨단기술로 재배된다. 한편, 캘리포니아에는 오래 된 포도원도 있다. 이들이 생산하는 포도의 양은 적지만 상당히 좋은 향을 갖은 포도주를 생산하기에 소중히 여겨진다. 미국을 대표하는 AVA는 물론 나파 밸리(Napa Valley)와 소노마 카운티(Sonoma County)이다. 그러나 캘리포니아에는 그 밖에도 유명한 AVA가 여럿 있다.

나파 밸리: 이 곳은 미국의 가장 유명한 AVA이지만 단지 전국에서 생산되는 포도주의 4%만을 생산할 뿐이다. 1세기 반 동안 이 곳은 포도주에서 전설적인 인물과 역사로 유명해졌다. 구스타프 니에바움(Gustave Niebaum)이 세우고 지금은 카폴라(Francis Ford Coppola)의 소유가 된 니에바움카폴라 양조장도 이곳에 있고, 세계적으로 유명한 로버트 몬다비(Robert Mondavi)와 필립 드로스차일드(Baron Phille de Rothschild)의 양조장도 이 곳에 있다. 캘리포니아에서는 이 곳에서만 한 병에 100~200달러가 되는 포도주를 산출한다. 예컨대 레이크(Lake) 포도원의 1987년 산 카베르네 소비뇽과 다이아몬드 크릭(Diamond Creek)의 1992년산 카베르네 소비뇽과 같은 것 들이다. 로버트 몬다비는 캘리포니아가 포도재배에서 유럽의 것에 못지않을 것이라는 비전을 가졌는데, 그의 꿈은 이루어졌다. 나파라는 말은 원주민의 와포에서 왔는데 풍성함을 의미한다.

이 계곡의 중심부는 해안의 만에서 시작해서 서쪽으로 향해 세인트 헬레나(St. Helena)산의 화산에서 끝나며 양쪽이 산맥으로 이어졌다. 200년 전에 있었던 화산폭발로 이 계곡은 거의 30여 개의 다른 토양으로 이루어졌고, 12개로 분류되는 세계의 토질구분에서 8개의 종류를 포함한다. 이런 토질적 다양성과 함께 이 계곡의 기후도 아주 다양하다. 계곡 남쪽 끝은 산파블로(San Pablo)만으로 이어졌는데, 그 곳에서 어떤 사람이 스웨터를 입고 있다면, 그 때에 북쪽 계곡의 끝에 있는 칼리스토가(Calistoga) 근처에 있는 사람은 수영복을 꺼내 입으려 할 것이다. 그러나 이 계곡의 대부분은 낮에는 덥지만 그리 무덥지는 않고 밤에는 시원하지만 춥지 않다.

이 지역은 여러 가지의 포도주를 생산하지만, 단연 카베르네 소비뇽이 우세하다. 또 양질의 소비뇽 블랑, 메를로, 진펀델도 생산된다. 이 곳에서 품질이 가장 좋은 카베르네 소비뇽 포도주는 그 품종 하나로만 양조되는 것은 아니다. 흔히 메를로, 카베르네 프랑(cabernet franc), 프티 베르도(petit verdo), 그리고 보르도의 일종인 말렉(malec)을 약간 혼합해서 만든다. 미국에서는 25%까지는 다른 품종을 섞어도 주 품종의 포도주로 라벨을 붙일 수 있기에 가능한 일이다. 이런 100%가 안 되는 카베르네는 그 맛이 가장 오묘하다. 1974년 조셉 펠프스 포도원(Joseph Pelphs Vinyards)은 이런 혼합형 양조법을 한층 더 심화시켜 카베르네를 75% 이하로 해서 보르도와 혼합형을 만들어서 인시그니아(Insignia)라는 이름으로 출품했다. 나파 밸리는 요즈음 이런 포도주로 유명해져서 콜렉터들은 이런 포도주를 메리티지 포도주(Meritage wine)라고 하며, 그 중에는 인시그니아 외에도 오퍼스 원(Opus One), 도미누스(Dominus), 루비콘(Rubicon), 트릴로지(Trilogy)같은 명품이 있다.

나파 밸리 안에는 13개의 작은 AVA가 또 있다. 그 중에서 러더퍼드(Rutherford)와 오크빌(Oakville)은 충적토가 널리 펼쳐져 있고 토양은 배수가 잘 되는 진흙인데, 역사적으로 가장 유명한 포도원이 바로 이 곳에 있으며, 그것들은 니네바움카폴라, 로버트 몬다비, 오퍼스 원, 케이무스(Caymus), 케익브레드 셀러(Cakebread Cellars), 거르기크 힐(Grgich Hills) 등이다. 해

발 2000피트 고도에까지 이르는 이 계곡에서 포도는 서서히 익는다. 그러나 그것은 안개지역보다 높게 위치해서 포도원은 태양을 오래 받을 수 있다.

만일 미국의 포도주 양조장을 방문하려면, 나파 밸리를 찾는 것이 제격이다. 아주 잘 훈련된 안내원이 곳곳을 보여 주고 좋은 식당도 있다. 여름과 수확기인 9~10월에는 사람이 많아서 호텔예약이 힘들 수도 있으나 포도꽃이 피는 봄에 오면 방문객도 드물고 여러 가지 콘서트, 전시회, 요리강습 등 문화 이벤트에 참석할 수 있다. 클로스 페가스(Clos Pegas)에 있는 헤스컬렉션(Hess Collection) 포도주 양조장의 미술관도 인상적이고, 센슈퍼리(St. Supery)에 있는 와인센터(the Wine Discovery Center)에서는 훌륭한 체험교육적 전시를 하고 있다. 많은 양조장이 시음을 위해서는 입장료를 조금 받는다. 나파 밸리의 상업회의소(Chamber of Commerce)는 1년 내내 이 곳의 행사정보를 제공한다.

소노마 카운티: 샌프란시스코 북쪽에서부터 태평양에 이어져 있는 소노마 카운티는 100만 에이커로서 나파 밸리보다 두배나 크다. 이 곳은 계곡, 산, 하구, 평야 그리고 벤치랜드(Benchlands)라는 약간의 고지대로 이루어졌다. 이런 다양한 지형 내에 12개의 AVA가 있는데 그들은 기후와 토양 조건이 서로 다르다. 이 곳의 포도주 양조장은 예전부터 포도농사를 짓던 집안사람들의 것이 많다. 흔히 캘리포니아의 프로방스라는 이 곳은 해안으로부터 밀려오는 부드럽고 하얀 안개가 땅에 깔려서 계곡을 시원한 수증기로 감싸안는다. 소노마는 매일 안개와 햇빛이 번갈아 마치 음양의 조화를 이루듯이 찾아왔다가 가곤 한다. 해안가 쪽은 보다 시원하고 대륙 안쪽으로 들어갈수록 약간 덥다. 그러나 낮에는 덥고 밤에는 서늘한 기온이 포도를 골고루 잘 익게 해 준다. 소노마는 마치 나파가 카베르네 소비뇽으로, 그리고 아마도어 카운티(Amador County)가 진펀델로 유명하듯이 단일품종 재배지역이 아니다. 아주 다양한 지형과 고도를 갖춘 이 곳은 다양한 품종의 재배를 가능케

하며, 실제로 캘리포니아에서 생산되는 모든 품종의 포도가 이 곳에서 생산된다고 해도 과언이 아니다. 그러나 요즈음 소노마 카운티의 포도원은 각 토양에 잘 맞는 한 가지 품종을 전문적으로 생산하기 시작했다. 따듯한 알렉산더 밸리(Alexander Valley)에서는 카베르네 소비뇽을, 러시안 리버 밸리(Russian River Valley)처럼 좀 시원한 곳에서는 피노 누아르를 생산한다.

소노마에서 포도원을 처음 개발한 사람은 스페인계 사람이 아니라 러시아 사람이었다. 19세기가 시작될 무렵 그들은 로스 요새(Ft. Ross)에 정착해서 수달피를 모으고 어로에 종사했다. 그러다가 1820년경 스페인계 사람이 들어오기 시작했다. 프란시스코파 신부는 미션 중에서 가장 북쪽 끝에 있던 샌프란시스코 솔라노(San Francisco Solano)의 주변에 포도밭을 가꾸었다. 그 후 이 미션은 멕시코 지배 하에 들어가고 1850년대에는 캘리포니아 전체가 미국에 점령당했다. 그러자 맥시코와 교통이 끊기는 바람에 소노마의 포도줄기는 캘리포니아 북부로 퍼져갔다.

우리에게도 영화로 잘 알려진 부에나 비스타(Buena Vista) 포도원은 1857년에 세워진 소노마에서 가장 오래 된 양조장이다. 이 포도원은 헝가리의 수완가로 인디아나 존스와 제임스 본드와 토마스 제퍼슨을 합쳐놓은 것 같다는 평을 받는 어고스톤 허라스티(Agoston Haraszthy)가 세웠다. 그는 소노마가 포도재배지역의 요람이 된 데에 큰 역할을 했다. 부에나 비스타는 300에이커로 당시 캘리포니아에서 가장 컸다. 이 포도원이 수립된 지 얼마 지나지 않아 그는 캘리포니아주를 설득해서 유럽에 가서 포도재배를 시찰하고 1861년 10만 종의 프랑스, 독일, 스페인, 이탈리아의 품종을 갖고 왔다. 그는 소노마가 포도주 생산에 적격지라고 믿었는데, 그의 이러한 추진력은 프랑스, 독일, 이탈리아에서 소노마로 포도 양조가를 모여들게 했고, 그 곳의 땅값을 불과 몇 년만에 6달러에서 150달러로 올려놓았다.

소노마 카운티에 들어와 포도주 양조장을 세운 사람 중에는 또 이탈리아에서 온 갤로형제(Ernest and Julio Gallo)가 있다. 포도주 양조에 문외한이던

부에나 비스타 양조장

이들은 공립도서관에서 관련 책자를 빌려 읽어가면서 양조업을 시작했다. 금주법이 해제될 때 성년에 이른 이들은 기후가 더운 캘리포니아 중부 계곡에 있는 모데스토에서 양조를 시작했다. 그러나 얼마 지나지 않아 소노마가 포도재배에 좋다는 것을 깨닫고, 그 곳으로 포도원을 옮겼다. 1993년 60달러의 카베르네와 30달러의 샤르도네 같은 고급 포도주를 생산했을 때, 이들은 4000에이커에 이르는 포도원을 이 카운티에 갖고 있었다. 소노마 북부에서 갤로가 생산하는 카베르네 소비뇽은 풍성하고 과일에 흙냄새가 섞여 있는 듯 중후한 맛이 스며드는, 갤로 상품 중의 압권이다.

포도재배의 역사를 잘 간직한 곳으로도 소노마 카운티는 유명하다. 시에라 산록(Siera Foothills) AVA와 더불어 이 곳은 가장 전통있는 포도재배지이다. 이 곳 사람은 진펀델 클론을 심어서 1세기가 넘도록 그것을 이 곳의 토양에 맞게 가꿔서 독특하고 좋은 포도주를 생산해 냈다.

소노마의 12개의 AVA중에서 알렉산더 밸리는 카베르네 소비뇽의 지대로 실버 오크(Silver Oak)와 가이저 픽(Geyser Peak)이 그것을 생산한다.

마르카신(Marcassin)의 가우어(Gauer)포도원이나 피터 마이클(Peter Michael), 샤토 셍장(Chateau St. Jean) 같은 곳은 샤르도네를 생산한다. 러시안 밸리와 그린 밸리(Green Valley)는 보다 서늘한 곳으로 피노 누아르와 샤르도네를 생산한다. 스파클링 와인을 생산하는 아이언 호스(Irong Horse)와 조르단(Jordan)의 J 또한 이 곳에서 나온다. 드라이 크릭(Dry Creek)은 진펀델을 주로 생산한다.

소노마 카운티를 방문하려면, 플라자를 둘러싸고 앉아 있는 아름다운 역사적 마을 힐스버그(Healsberg)와 소노마(Sonoma)를 지나치지 말 것을 권한다. 그리고 포도재배의 정보를 많이 얻으려면, 벤지거 양조장(Benziger Winery)을 방문해서 안내받으면 좋다. 포도재배는 산타로사(Santa Rosa)에 있는 캘리포니아 웰컴센터(California Welcome Center)가 소노마 카운티의 포도원 정보와 시음을 제공한다.

나파와 소노마 이외의 지역: 나파 밸리와 소노마 카운티 외에도, 캘리포니아의 AVA에는 커네로스(Carneros), 멘도시노(Mendocino), 레이크 카운티(Lake County), 시에라 산록(Sierra Foothills), 리버모어 계곡(Livermore Valley), 중부해안 북부(Nothern Central Coast), 중부해안 중남부(Middle and South Central Coast)가 있다.

부에나 비스타 와인 라벨

커네로스 AVA에는 샌프란시스코만 최북단에 있는 샌패블만에서 불어오는 시원한 바람 때문에 포도가 찬란한 햇빛을 받으면서 서서히 원숙하게 익는다. 그래서 이 곳의 포도는 맛이 깨끗하고 성숙한 것으로 유명하여 미국에서 가장 좋은 샴페인을 만드는 데 쓰인다. 캘리포니아의 대표적 스파클링 와인의 양조장인 도멩 커네로스(Domaine

예술가들이 많이 사는 아름다운 타운 멘도시노, 그 주변에 예쁜 포도원이 많다.

Carneros), 멈 나파 밸리(Mumm Nappa Valley), 글로리아 페러(Gloria Ferrer), 도멩 샹동(Domaine Chandon) 같은 양조장이 커네로스에 있다.

멘도시노 카운티 AVA는 유기농법으로 재배되는 포도원을 자랑한다. 그들은 캘리포니아 유기농 포도원의 20%를 차지한다. 예술인 마을로 1858년에 도시와 멀리 떨어진 곳에 세워진 멘도시노 타운은 태평양을 굽어보는 언덕에 있으며 그림같이 아름답다. 미국에서 가장 좋은 브랜디가 멘도시노 카운티에서 나오는데, 그 양조장은 1982년에 프랑스에서 건너온 위베르 제르맹로뱅(Huberrt Germain-Robin)이 한 미국인과 동업하며 시작하였다. 제르맹로뱅가는 1782년부터 프랑스에서 코냑을 만드는 특수한 양조법으로 명성을 날리던 가문이었다. 현재 제르맹로뱅 양조장은 매년 최고의 포도를 써서 수작업으로 정제하여 80배럴의 브랜디를 만든다. 코냑지방이나 다른 지역의 것과 달리 이 양조장에서는 여러 가지 품종의 포도를 섞어서 브랜디를 만들어, 그 향이 여러 가지가 깃든 오묘한 맛을 낸다. 현재 가장 좋은 것은 XO 리저브(XO Reserve)로서 아주 부드럽고 우아하고 풍성해서 거의 말을

　와인에 담긴 역사와 문화

잃을 정도라는 찬사를 받는다.

레이크 카운티 AVA는 멘도시노 옆
에 있으며 요즈음 대대적으로 포도주 생
산에 나선 캔들잭슨(Kendall-Jackson)
양조장이 있다. 그리고 이 카운티의 게
녹(Guenoc) 양조장은 한 때 유명했던 영
국 여배우 리틀 랭트리(Little Langtry)

캔들-잭슨의 라벨

의 사진을 라벨에 많이 붙이는데, 그녀는 1850년대에 이 양조장을 소유했던
적이 있었다.

시에라 산록 AVA의 포도원은 해발 3000피트의 고지대에 있으며 미국에
서 가장 높은 곳에 있다. 이 곳에 있는 포도원에서는 거의 사계절 눈덮인
시에라 산맥이 멀리 보인다. 이에 따라 이 곳의 포도는 알맹이가 작고 농축된
과즙을 갖고 있다. 따라서 훌륭한 시라, 진펀델, 프티 시라를 생산한다.

캔들잭슨(Kendall-Jackson) 뜨 다

1974년 샌프란시스코의 법률가 제스 잭슨(Jess Jackson)은 레이크 카운티에서 전원생활
을 하려고 호숫가의 땅을 샀다. 그리고 몇 년 후에 포도나무를 취미삼아 기르기 시작했다.
그러나 1995년이 되자 캔들잭슨 포도원에서 생산되는 샤르도네 2만 케이스는 미국에서
제일 잘 팔리는 샤르도네가 되었다. 캔들잭슨에서 생산되는 다른 포도주와 마찬가지로
이 샤르도네도 그의 농장에서 재배되는 포도뿐만 아니라, 캘리포니아 전지역에서 재배되는
포도로 양조되었다.
그러자 그는 포도재배에 본격적으로 나서면서 대대적으로 포도농장과 포도주 양조장을
하나둘 집적하여 하나의 제국을 이루었고, 현재 캘리포니아에서 가장 큰 포도주 생산자가
되었다. 잭슨가가 갖고 있는 포도주 양조장은 캠브리아(Cambria), 페피(Pepi), 카디날레
(Cardinale), 라크리마(La Crema), 마탄자 크릭(Matanzas Creek)에 널리 흩어져
있다.

리버모어 카운티 AVA는 샌프란시스코 북쪽에 있으며, 스프링클러로 관개하여 대규모 포도원을 재배한다. 이 지역에서는 예전의 유서깊은 포도주 양조장이었던 웬트 포도원(Wente Vinyards)이 가 볼 만한데, 방문객 센터, 아름다운 정원, 골프코스, 시음장, 고품격 식당이 들어서있다. 리버모어의 언론인이었던 찰스 위트모어(Charles Wetmore)는 1882년대에 캘리포니아 의회를 설득시켜서 포도주 위원회를 세우고 회장을 역임하면서 유럽에 가서 소비뇽 블랑(Sauvignon blanc), 세미용(sémillon), 그리고 머스카델(musca-delle) 품종의 접붙이용 가지를 샤토 드이켐(Chateau d'Yquem)에서 가지고 왔다. 이 가지들은 리버모어 포도원에 심어졌고 점차 가지를 쳐서 캘리포니아 전체에 보급되었다.

중부해안 북부 AVA는 몬터리(Montrey) 카운티에서부터 북쪽으로 올라가 샌프란시스코 만에 이르기까지에 걸쳐 있으며 산타크루즈산맥(Santa Cruz Mountains), 산타클라라 계곡(Santa Clara Valley), 샬론(Chalone), 할란산(Mount Harlan) 그리고 카멜계곡(Carmel Valley)을 포함한다. 이 지역은 아주 아름다운 해안선으로 유명하다. 몬터리 카운티는 예전 프란시스코 수도사들이 미션을 세운 곳으로 상추재배의 집산지이며, 산타클라라 계곡에는 실리콘 밸리가 들어가있다. 그리고 그림 같은 타운 카멜은 한때 클린트 이스트우드가 시장직을 맡기도 했다.

이 지역은 암반이 많은 산타쿠르즈산맥에 시원한 바닷바람이 불어와서 공기가 아주 신선하다. 그러나 척박한 땅 덕분에 이 곳의 포도원은 풍부한 수확을 기본으로 한 대량생산 보다는 개성 있는 소규모의 포도주를 양조하는 데 주력했다. 산타크루즈 산록에는 약 40여 개의 포도원이 있는데, 포도주 콜렉터가 선호하는 리지 포도원(Ridge Vineyards)의 카베르네 소비뇽을 포함해서, 이든산 포도원(Mount Eden Vineyard)의 피노 누아르, 그리고 데이비드 브루스 포도주 양조장(David Bruce Winerey)의 샤르도네에는 컬트 애호가가 조성되어 있다. 이 외에도 이 지역에서는 진판델과 론 스타일 혼합형

캘리포니아 중부해안중부 페이소 로블스에 있는 에벌리(Eberle) 포도원 전경. 화려한 수상경력을 가진 와인을 출고하며, 특히 진펀델로 유명하다.

와인이 생산된다.

이 곳의 포도원은 방문이 수월하지 않다. 그러나 카멜의 하이랜드 드라이브(Highland Drive)에 있는 하이랜드 인(Highlands Inn)이나 하이웨이 1번 도로상에 있는 벤타나 인(Ventana Inn)에서 하루를 보내거나 적어도 저녁을 들면 캘리포니아에서 가장 한적한 곳에 자리 잡은 호텔에서 숨막힐 듯 아름다운 태평양 경관을 음미할 수 있다.

중부해안 중남부 AVA는 샌프란시스코와 로스앤젤러스 중간 쯤에 있는 페이소 로블스(Paso Robles)에서 서쪽으로 뻗은 요크 산(York Mountain), 에드나 계곡(Edna Valley), 아로요 그란데(Arroyo Grande) 그리고 산타 바바라 카운티(Santa Barbara County)에 속해 있는 산타 마리아 계곡(Santa Maria Valley)과 산타 이네즈 계곡(Santa Ynez Valley)을 포함한다. 이 지역은 캘리포니아의 포도재배지역 중에서 가장 서늘한 곳이다. 서쪽으로 뻗어내린 산록에 자리잡은 포도원이 태평양의 안개와 바람을 한껏 품에 안기 때문이다. 그러므로 시원한 곳에서 고품질의 포도를 생산하는 샤르도네와 피노 누아르를 주로 재배한다. 이 곳에서 수확된 포도들은 밤과 낮의 기온 차이가

에벌리 포도주 양조장에서 시음하는 필자

에벌리 양조장은 발로 밟는 대신 포도분쇄기를 사용한다.

  와인에 담긴 역사와 문화

분쇄 후 옮겨 담는 발효기. 그 후 오크통에서 숙성시킨다.

많기 때문에 향과 과즙이 뛰어나며, 시라, 진펀델 같은 품종도 생산된다. 조금 따듯한 군데군데 지역에서는 소비뇽 블랑도 생산한다.

이 지역은 예전에 스페인의 미션과 포도원들이 많이 들어섰던 캘리포니아에서 가장 오래 된 포도재배 지역이다. 그리고 최근에 포도주 양조업이 부활하면서 포도재배가 급격히 확장된 지역이다. 예를 들면 1970년에 산타 바바라 카운티에는 171에이커의 포도원이 있었는데, 1996년에는 1만 6000에이커로 늘어났다. 로버트 몬다비, 캔들잭슨, 베링거 블라스(Beringer Blass) 같은 대규모 포도주 기업도 이 곳으로 포도원을 확장하였다. 이 지역의 포도주 양조장은 상당히 소박하여 편안한 마음으로 방문하여 즐길 수 있다. 대부분이 소규모로 가족적으로 운영되는 곳이 많으며, 시음장과 피크닉 장소를 갖추고 있다. 방문을 하려면 몇 시간 전에 예약을 해 놓는 것이 좋다. 페이소 로블스 포도재배자협회(the Paso Robles Vintners and Growers Association)와 산타

바바라 카운티 포도재배자협회(the Santa Barbara County Vintners' Association)에 연락하면 지도, 정보, 이벤트 스케줄을 알 수 있다.

뉴욕주

금주법이 시행되기 몇 십 년 전부터 뉴욕주의 포도주 양조업은 그 곳에 이민 온 프랑스, 네덜란드, 영국인, 독일인, 스위스인에 의해 발달되었다. 그러나 19세기에 발전될 기미를 보이던 포도주 산업은 금주법으로 다른 지역에서와 마찬가지로 큰 타격을 받는다. 그러다가 1970년대 포도주 생산붐을 타고 뉴욕주에서도 다시 한번 포도주 생산이 활기차게 진행되었다.

뉴욕에서 예전부터 생산되던 포도주는 주로 미국이 원산지이거나 미국과 유럽종의 교배에서 나온 하이브리드(hybrid) 품종으로 양조된 것이었다. 사람들은 오랫동안 유럽 품종의 포도는 뉴욕의 추운 기후에서는 재배가 불가능하다고 믿어 왔다. 예를 들면, 1980년대에는 오직 324에이커의 유럽종인 비니페라(Vitis vinifera) 포도의 경작지가 있었는데, 그것은 그 곳에서 잘 자라는 미국 원산의 품종이나 미국과 유럽의 교배종을 심는 포도원의 한 구석을 차지하였을 뿐이었다.

뉴욕에서 미국 원산과 유럽산 품종과 교배를 하여 보다 좋은 포도 품종을 개발하려던 노력은 1850년대부터 시작되어 1950년대까지 끈질기게 이어졌다. 특히 프랑스 과학자와 원예학자들은 마치 유럽종 비니페라처럼 맛이 좋지만 미국종처럼 병충해에 강한 포도 나무를 개발할 수 없을까 하고 많은 연구와 실험을 거듭했다. 그 결과 수백 종, 심지어 수천 종에 이르는 하이브리드의 신품종이 나왔다. 그 중에는 뉴욕주에서 성공적으로 재배된 품종이 더러 있다. 이를테면, 세이발 블랑(seyval blanc), 비뇰(vignoles), 비달 블랑(vidal blanc), 그리고 바코 누아르(Baco noir) 같은 것이다.

그러나 이 품종은 잡종 강세로 보다 질이 좋은 포도나무를 개발하려던 과학자의 소망을 완전히 채워주지는 못했다. 그것은 포도의 질과 향기가 프랑스의 뱅드 페(vin de pays, 지역 와인) 정도의 수준에 머물렀다. 그리고 20세기 후반부 수십 년 동안 미국이 더욱 풍요로워질수록, 또 유럽과의 왕래가 잦아질수록 미국의 식탁에 프랑스산 포도주가 차지하는 부분은 점점 더 커가고 있었다. 미국 원산이나 하이브리드 품종은 이제 유럽의 포도주맛에 길들여진 풍요로운 미국인의 취향을 만족시키기는 어려웠다. 그것은 미국원산의 품종은 포도주를 양조할 때 발효과정에서 나오는 톡 쏘는 성분이 포도맛과 혼합되어 둔탁한 맛을 내기 때문이다. 그리하여 뉴욕주의 포도주 양조가들은 다시 한번 유럽종을 재배할 수는 없을까 하고 고심하기 시작했다.

유럽에서 이주한 두 사람이 이런 고민을 해결하고 나섰다. 한 사람은 프랑스에서 이민 온 샤를 푸르니에(Charles Fournier)인데, 그는 샴페인 양조의 대가로서 후에 뉴욕의 골드실 와인회사(Gold Seal Wine Co.)의 사장이 된 사람이었다. 또 한 사람은 러시아 태생의 콘스탄틴 프랭크(Konstantin Frank) 박사로서 그는 식물학을 전공하였는데, 1950년대부터 포도재배에 투신하여 뉴욕주에 비니페라의 재배를 확산시키는 데 크게 기여한 사람이었다. 그는 뉴욕의 핑거레이크 지역보다 더 추운 우크레이나에서도 비니페라가 재배가능하다는 데 착안하여 뉴욕에서도 유럽품종이 재배가능하리라 믿고, 이리저리 심어 보고 여러 가지로 실험한 결과 재배에 성공하였다. 그리고 푸르니에는 또 이 포도를 품질 좋은 포도주로 만드는 데 성공했다. 그리하여 1960년대에는 프랭크도 스스로 포도주 양조장을 열고 샤르도네와 리즐링을 위시해서 약 60여 종에 이르는 유럽의 품종을 그의 포도원에서 재배하기 시작했다.

뉴욕주에서 1976년에 통과된 포도원법(Farm Winery Act) 또한 새로운 포도주 양조업이 확산되는 데 기여했다. 이것은 소규모 포도주 양조장의 세금을 줄이고, 생산품을 식당, 와인가게, 그리고 소비자에게 직접 팔 수 있는 길을 열어 주었다. 이에 따라 몇 년 사이에 작은 규모의 포도주 양조장이 뉴욕에는 많이 생기게 되었고, 뉴욕주에 자리한 캐넌대이과(Canandaigua) 포도주회사는 갤로에 뒤이어 미국에서 두 번째로 큰 포도주 양조장이 되었다. 그러나 대부분 뉴욕주의 140여 개 양조장은 소규모의 것이 주종을 이룬다.

이러한 여건으로 해서 뉴욕주는 미국에서 가장 다양한 포도를 재배하는 지역이라고 할 수 있다. 미국의 다른 지역은 유럽 품종인 비니페라를 주로 재배한다. 그러나 뉴욕은 비니페라는 물론, 미국을 원산지로 하는 라브루스카(Vitis labrusca), 리파리아(Viris riparia) 같은 품종도 재배한다. 그리고 미국 원산지 사이에서 교배로 나온 크로스(cross), 또 유럽과 미국 원산지 품종 사이의 교배에서 나온 하이브리드 등 여러 가지 품종의 포도를 재배한다. 이 품종은 대개 50여 종에 이르며, 10~15개의 품종이 상업적으로 중요성을 갖는다.

포도품종

뉴욕주에서 주로 재배되는 포도품종은 카베르네 프랑, 카베르네 소비뇽, 샤르도네, 게뷔르츠트라미너(Gewürztraminer), 메를로(Merlo), 리즐링 같은 유럽종과 콩코드(Concord) 같은 미국 원산, 또 캐토바(Catawba), 나이아가라(Niagara), 카치텔리(Katsitele)같이 미국 원산끼리 크로스한 것, 아니면 바코 누아르, 세이발 블랑, 비달 블랑(Vidal Blanc), 비놀 같은 미국과 유럽의 하이브리드 등 다양하다.

주요산지

뉴욕의 포도재배지역은 총 3만 1000에이커인데, 이중 반 이상이 주스나 잼, 젤리 용의 포도로 사용된다는 것을 가정하면 포도주용 포도재배는 1만 2000에이커밖에 안 된다. 이 수치는 캘리포니아의 42만 7000에이커에 비하면 아주 작은 것이지만, 뉴욕주에서 양조되는 포도주는 나름대로의 특성이 있으므로 포도주 애호가 사이에 사랑받고 있다. 특히 뉴욕 북부의 서늘한 기후는 질 좋은 스파클링 와인이나 늦수확 포도주 아니면 아이스 와인 또는 게뷔르츠트라미너를 생산하는 데 적당하다.

뉴욕의 AVA는 4개로 나뉜다. 허드슨강 계곡, 핑거레이크 지역, 이리호 지역, 그리고 롱아일랜드이다. 이 AVA 중에서 허드슨강 계곡은 가장 오래 전에 포도주 양조를 시작한 곳이고, 롱아일랜드 지역은 가장 최근에 발달된 AVA이다. 또, 핑거레이크지역은 가장 많은 포도주 양조장이 있고 가장 빨리 확장되고 있는 지역이다.

허드슨강 계곡: 허드슨강 계곡(Hudson River Valley)의 포도원은 1677년부터 프랑스 위그노(프랑스에 살고 있던 칼뱅교도)들이 포도주를 양조 하면서 시작되었다. 벤말(Benmarl)이나 캐스케이드 산(Cascade Mountain), 또는 밀브룩(Millbrook) 같은 양조장이 유럽종인 비니페라 품종이나 미국과 유럽의 하이브리드를 재배한다.

허드슨강 지역에서 가 볼만한 곳은 미국에서 가장 오래된 브라더후드(Brotherhood) 양조장이다. 이 양조장은 장 자크(Jean Jaques)라는 위그노가 1839년에 종교적 예식에 쓰이는 포도주를 블루밍 코브(Blooming Cove) 양조장에서 생산하면서 시작되었다가 제시 에머슨(Jesse Emerson)이 1885년 이 양조장을 사들여서 브라더후드 양조장이라고 새로 명명했다. 그것은 '새로운 생활의 형제단'(Brootherhood of New Life)이라는 많은 전설을 남기고 사라진 컬트집단의 이름을 딴 것이었다. 대부분의 경우 브라더후드 양조장은 달콤한 포도주나 후식으로 쓰이는 포도주를 생산한다. 그리고 요즈음은 명절에 마시는 스파이시 와인이나 아이스 와인으로 명성을 날린다.

브라더후드 양조장

핑거레이크 지역 (The Finger Lakes) 핑거레이크 지역은 남북전쟁 때부터 뉴욕 주에서 양조용 포도재배의 중심이 되어왔다. 1990년대에도 60여개가 넘는 양조장이 있었다. 남북전쟁 전에 이 지역은 미국산 라브루스카 (labursca) 품종이나 미국산 크로스 품종들을 생산했다. 그러나 금주법 이후 에는 유럽과 미국의 하이브리드를 생산하는 곳이 되었다. 즉 이곳은 바로 찰스 푸르니에(Charles Fournier)와 콘스탄틴 프랭크(Konstantin Frank) 박 사가 함께 뉴욕의 비니페라 혁명을 이룬 곳이었다. 푸르니에는 1936년에 골드씰(Gold Seal) 양조장을 열었고, 17년 후 그는 프랭크 박사를 기용하여 비니페라 품종을 심기 시작했다. 그들은 1961년에 비니페라로 만든 포도주 를 골드실 양조장의 이름으로 처음 출품했다.

요즈음 핑거레이크 지역은 샤르도네, 리즐링을 포함하여 미국산 콩코드 를 주로 쓰는 포도주, 또 미국 유대인이 마시는 코셔(kosher, 유대인율법에 따라 만든 음식) 와인의 주종인 마니슈비츠(Manischewiz) 등 여러 가지 타입의 포도주를 생산한다. 문화적·역사적 향기를 가진 프랭크 박사의 비나프라 와인셀러(Dr. Frank's Vinafra Wine Cellars)는 가볼 만한 곳이다.

이리호 지역: 이리호 주변에 펼쳐 있는 2만 에이커의 포도재배지 중에서 1만 9000에이커는 주로 포도 주스용으로 쓰이는 미국산 콩코드가 차지한다. 그 러나 새로 생긴 작은 양조장에서는 대부분 포도주 양조용인 비니페라와 하이 브리드 품종을 재배·양조한다.

롱아일랜드: 1970년대 말과 1980년대 초에 와인 붐을 타고 뉴욕시에서 얼마 떨어지지 않은 이 곳에 비니페라 재배가 퍼져나갔는데, 여기에는 이미 1960 년대에 비니페라를 재배하는 데 성공한 존 위컴(John Wickham)의 공로가 컸다. 조용한 농부였던 그가 만든 것은 상업용 포도주는 아니었다. 단지 그는 개인적인 흥미로 유럽산 포도품종을 길러 본 것이었다. 그러다가 1973년에

루이자와 알렉스 하그레이브(Louisa and Alex Hargrave)는 카베르네 종류를 길러 성공적인 포두주로 상품화하면서 경이의 물결을 일으켰고 90년대가 되자 롱아일랜드의 포도주 양조장은 20여 개로 늘어났다.

롱아일랜드는 서늘하지만 좋은 해양성 기후 덕분에 뉴요커들은 보르도 포도품종에 관심을 가질 수 있었다. 이에 따라 보르도 적포도 품종인 메를로, 카베르네 소비뇽, 카베르네 프랑 등을 많이 재배한다. 롱아일랜드 포도주 양조장은 미국에서 가장 고가의 첨단장비를 갖추고 있다. 이 곳의 포도주 양조가들은 부유한 사람이 많은데, 그들은 비록 포도재배와 포도주 양조에는 미흡한 경험을 갖고 있으나 그들의 포도주 사랑이 이런 약점을 극복하면서 좋은 포도주를 생산한다.

뉴욕주의 포도원 지역은 유서 깊은 고택으로 이루어진 여관이나 B&B(Bed and Bread, 민박), 그리고 시골풍의 식당으로 가득 차 있다. 뉴욕시의 근교에도 포도원이 많이 있고 관광과 시음을 잘 안내해 준다. 뉴욕 포도주와 포도재단(New York Wine & Grape Foundation)은 매년 뉴욕주에 있는 모든 포도주 양조장에 그 곳을 찾아가는 약도와 개장시간 등을 명기해서 소개한다. 또 포도원에서 거행되는 수백 가지의 행사와 축제를 소개한다. 안내서를 받으려면 재단에 연락하면 된다.

웰치 포도주스

뉴욕에서 수확되는 포도의 50%는 포도주스 생산에 사용된다. 주스용으로는 유명한 웰치(Welch)는 콩코드 품종이 주종을 이룬다. 1869년에 토머스 웰치(Thomas Welch)는 이리운하의 둑을 따라 자생하는 포도품종에서 포도주스를 만드는 데 성공했다. 열렬한 금주운동가였던 웰치가 아니었더라면 어쩌면 이리호 지역은 미국에서 상당한 포도주 생산지가 될 뻔했는지도 모른다. 아직도 이리호 부근에서 나오는 포도는 95%가 콩코드로서 주스용으로 이용된다.

워싱턴주

워싱턴주도 1990년대에 포도주 양조지역으로 떠오르고 있었다. 그리고 이 곳은 놀랍게도 메를로와 카베르네 소비뇽의 정신적 고향이 되었다. 물론 이 곳에서는 처음에 북유럽에서 잘 재배되는 백포도주 양조용의 리즐링, 샤르도네, 게뷔르츠트라미너를 키워 보려 하였다. 이 품종들은 잘 자랐지만 메를로나 카베르네 만큼 여러 가지 딸기맛이 나는 매력적인 풍성한 과실을 열지 못하였다. 워싱턴주 중에서도 우리에게 많이 알려진 시애틀에 가 본 사람은 그렇게 습한 곳에서 어떻게 포도재배가 원활하게 이루어지는지 의아할 것이다. 그러나 그 주의 포도재배는 대부분 시애틀 부근의 서부가 아니라 건조하고 거의 사막 같은 동부에서 이루어진다.

이 지역은 높은 북위도에 있다. 이에따라 포도원은 캘리포니아의 나파 계곡보다 실제로 약 두 시간 정도 일조량이 길다. 사막같은 기후때문에 밤낮의 기온 차가 심하고 기후가 덥지만 고위도 때문에 견디지 못할 정도로 덥지는 않다. 이런 여건은 포도가 골고루 익도록 만들고, 결국 포도주의 우아함과 세련된 맛을 더해준다.

이 지역의 토양은 모래와 점토가 화산재와 섞여 있어서 배수가 잘 된다. 모래성분이 있는 토질, 추운 겨울 기후, 또 포도원이 띄엄띄엄 있는 것, 이러한 요인들로 이 주의 포도원은 19세기 말 필록세라가 미국 전역을 강타할 때에도 그 영향에서 벗어날 수 있었다.

원래 워싱턴주에서 포도주 양조는 1860~1870년대에 이탈리아와 독일계 이민이 정착하면서 시작되었다. 그러나 다른 주와 마찬가지로 침체했다가 100년 후에야 포도원이 확대되었다. 1960년에 이 주에는 단지 열다섯 군데의 포도주 양조장이 있었다. 그러나 1995년에는 88개소로 늘어났고 2000년에는 145개소에 이르렀다.

이 곳에도 포도재배와 포도주 양조에 힘을 기울인 교수가 있었다. 로이드

우드번(Lloyd Woodburne) 박사는 포도주를 애호하다가 드디어 몇몇 동료 교수와 함께 포도주 양조장을 차렸다. 그것은 1984년에 콜럼비아 포도주 양조장으로 탄생했고, 현재 워싱턴주에서 가장 좋은 포도주를 생산하는 두 곳의 양조장 중의 하나이다.

워싱턴주의 포도재배자들은 물론 유럽의 유명품종을 많이 기르지만, 한편으로는 사람들에게 잘 알려지지 않은 메들린 앤지바인(Madeleine ange-vine)이나 렘버거(Lemberger) 같은 것도 재배한다. 전자는 영국에서 많이 재배되는데, 마치 캘리포니아의 진펀델에 비유될 수 있으며 꽃다발의 친숙한 아로마가 느껴지는 포도주이다. 렘버거는 독일과 오스트리아에서 많이 양조되는 적포도주이다. 또 이 지역에서는 세미용과 샤르도네의 혼합주도 잘 만들고, 어떤 이들은 세미용에서 귀부(noble rot)곰팡이를 얻어내 후식용 세미용을 만들기도 한다.

포도품종

백포도주로는 샤르도네, 세닌 블랑(Chenin Blanc), 게뷔르츠트라미너, 매들린 앤지봐인(Madeleine), 머스캣 캐널리(Muscat Canelli), 리즐링, 소비뇽 블랑 등이 있고 적포도주는 카베르네 프랑, 카베르네 소비뇽, 렘버거, 메를로, 시라 등이 있다.

주요산지

워싱턴주에는 다섯 군데의 AVA가 있다. 콜럼비아 계곡(Columbia Valley), 야키마 계곡(Yakima Valley), 레드 마운틴(Red Mountain), 왈라왈라(Walla Walla), 그리고 푸제 해협(Puget Sound)이다.

콜럼비아 계곡은 워싱턴 주에서 가장 큰 AVA로 1만 8000에이커를 덮고 있으며 이 주 포도주 생산의 60%를 차지한다. 콜럼비아 계곡에는 야키마 계곡 AVA가 있고, 또 야키마 계곡에는 레드마운틴 AVA가 있다. 야키마 계곡은 워싱턴주에서 포도주 생산의 심장부이다. 이 곳에 이 주에서 가장 유명한 양조장이 자리잡고 있다. 레드 마운틴은 적포도주용 포도를 주로 재배하고, 왈라 왈라는 콜롬비아 AVA에 비해 아주 작은 포도재배지역이다. 그러나 좋은 포도주 양조장이 존재한다. 푸제 해협은 다른 AVA에 비해 습하며 단지 한두 곳의 포도주 양조장이 있을 뿐이다.

시애틀에서 20마일밖에 안 되는 우드빌(Woodville)에 위치한 콜럼비아 포도주 양조장(Columbia Winery)과 샤토 센트 미셸(Chateau S. Michelle)에는 상당히 품위있는 시음장이 있으며 언제나 방문객으로 꽉 차 있다. 푸제 해협의 양조장도 시애틀에서 1시간이면 당도한다.

매년 워싱턴주 포도주위원회(the Washington Wine Commission)는 이 주의 포도원과 포도주 양조장 안내서 『*Touring the Washington Wine Country*』를 발간한다.

오레곤

오레곤에서 포도를 재배한다는 것은 쉬운 일이 아니다. 짧은 일조량과 낮은 기온이 과실의 성숙을 위협할 수 있다. 여름에는 연중 강우량이 40인치나 되어 습하고 봄과 가을에는 서리가 내린다. 그래서 오레곤에서 포도를 재배하는 것은 수월하지가 않고 해마다 도박하듯 마음 졸여야 한다. 그러나 자연이 자비를 베풀어 이런 조건이 포도재배에 유익하게 작용하면 오레곤에서 익는 포도는 더할 나위 없이 우아한 품성을 마음껏 발휘한다. 기온이 덥지 않아서 갑자기 성년으로 다가가지 않고 서서히 숙성하며 충분히 익어감으로써 과즙에서 나오는 성숙한 맛은 타의 추종을 불허한다.

최근의 포도주 양조업은 1961년 캘리포니아대학교 농대 대학원생이었던 리차드 써머(Richard Sommer)와 데이비드 레트(David Lett)로부터 비롯되었다. 전자는 리슬링을 성공리에 가꾸었고, 후자는 피노 누아르를 수확했다. 그 후 오레곤 포도원의 성공사례는 입소문으로 퍼지면서 미국 각지역에서 은둔자, 은퇴 직업인, 중도탈락자가 이 지역으로 대거 모여들었다.

현재는 이 주에 약 130여 개의 포도주 양조장이 들어서 있다. 이들 모두는 피노 누아르를 기른다. 이 위대한 적포도송이는 상하기 쉽고 그 재배가 까다로워 프랑스의 부르고뉴지방 외에는 이 세상에서 잘 자라는 곳이 없다. 오로지 오레곤만이 예민한 피노 누아르의 성품을 맞추어 주면서 훌륭한 포도주를 빚어내는 곳이다. 오레곤에서는 또한 피노 누아르의 형제뻘이 되는 피노 그리(Pinot gris), 피노 블랑도 재배된다. 이 두 품종도 요즈음 신선한 맛 때문에 와인 애호가 사이에 인기가 날로 상승하고 있다.

오레곤 주의 법에 의하면, 라벨에 포도 품종명을 쓰려면 포도주가 그 품종을 90% 이상 함유하여야 한다. 단지 카베르네 소비뇽만 예외적으로 그것은 75%만 함유해도 된다. 캘리포니아를 포함하는 대부분 다른 주는 모든 종류의 포도주에 75%만 요구한다.

포도품종

주로 경작되는 품종에는 샤르도네, 피노 그리, 피노 누아르, 피노 블랑, 리슬링, 카베르네 소비뇽 등이 있다.

주요산지

오레곤의 AVA는 다섯 군데로 나뉜다. 가장 중요한 곳은 윌라미트 계곡(Willamette Valley)이다. 이 곳은 푸른 언덕의 부드러운 구릉이 계곡으로 길게 이어지며 포트랜드까지 뻗어나간다. 여기에 오레곤주 포도원이 들어서서 피노 누아르를 재배한다. 다른 AVA 지역은 윌라미트보다 아래에 있는 움프쿠아 계곡(Umpqua Valley)과 로그 계곡(Rogue Valley)이다. 여기는 윌라미트보다 따듯하기 때문에 카베르네 소비뇽이나 메를로를 재배한다. 그 다음의 AVA는 워싱턴주와 같이 나누어 갖는 콜럼비아 계곡, 왈라왈라지역이다. 이들은 오레곤주에서는 그 크기가 비교적 작다.

미국 독립기념일인 7월4일과 추수감사절(11월 네번째 목요일)에 오레곤의 포도주 양조장은 거의 다 개방된다. 관광과 시음회가 거행되며 특별히 예약을 할 필요도 없다. 단지 하루 이상 머문다면 B&B는 빨리 차기 때문에 예약이 필요하다. 그러나 윌라미트 계곡에 가면 조얼 파머 하우스(Joel Palmer House)에서의 저녁을 권하고 싶은데 그곳은 예약이 필요하다. 그 식당은 야생버섯을 전문으로 하는 희귀한 곳이며, 미국에서 가장 권위 있는 버섯 전문가 부부가 경영하는 곳이다. 그들은 향취가 물씬 풍기는 오레곤의 자연산 버섯에 잘 어우러지는 피노 누아르를 대접할 것이다. 그 식당건물은 150년 전에 오레곤을 개척한 파머가 살던 집으로 역사적 유적지로 보존되는 곳이다. 오레곤 포도주 고문단(The Oregon Wine Advisory Board)은 그 주에 있는 포도주 양조장의 리스트를 약도, 연락처, 주변의 숙소 등과 함

조얼 파머 레스토랑

께 소개한다.

텍사스

우리가 지레 짐작하는 텍사스는 카우보이 부츠에 로디오를 즐기는 황야의 거친 땅일 것이다. 그러나 텍사스는 하도 넓어서 그 중에는 사막도, 푸른 농업지대도 다 있다. 텍사스는 그리하여 미국에서도 상당히 일찍 포도주 양조를 하던 곳이었다. 물론 프란시스코파 수도사가 세운 미션에서 가꾸던 미션 포도주였다.

그 후 텍사스에 이주하는 사람은 유럽으로부터 포도뿌리를 가져와서 포

도재배를 시작하였지만, 병충해에 시달려서 완전히 실패하였다. 단지 그런 것에 아랑곳하지 않고 잘 자라던 것이 미션포도였다.

계속 이주하는 유럽의 이민은 끈질기게 유럽의 포도뿌리를 갖고 왔으나 다 실패작이었다. 그래서 그들은 이번에는 텍사스 원산의 포도를 재배하기 시작했고, 머스탱(Mustang) 같은 품종을 발굴, 재배하기 시작했다. 금주법이 시행되기 이전에 텍사스에는 약 16개소의 포도주 양조장이 있었으며, 나름대로 포도주 양조업이 발전될 수 있는 기틀이 있었다. 그러다가 여기도 금주법의 타격을 받는다. 1970년대에 이르러서야 텍사스에 유럽 품종의 포도재배가 시작된다. 현재는 3200에이커의 포도원이 있다.

포도재배에 공헌을 많이 한 텍사스 주민으로는 에드 아울러(Ed Auler)가 있다. 그는 1973년에 유럽에 목장시찰을 간 길에 부르고뉴에 있는 클로 드부제(Clos de Vougeot) 포도원을 방문하며 몇 주일을 머물다가 포도원에 반해 10년 후 포도주 양조장을 열었다. 그는 부르고뉴의 화강암과 석회암이 섞인 토질이 자기 목장의 토질과 많이 비슷하다는 데에 착안하여 유럽산 포도를 기르기 시작했다.

그 외에도 텍사스 포도주 양조에 기여한 사람은 텍사스 기술대학(Texas Tech)의 두 교수이다. 그들은 고지대에서 취미삼아 포도원을 열었는데, 그것은 상당한 수익사업으로 발달했다. 그러자 텍사스대학교(University of Texas)는 아예 포도주 양조업을 학교의 수익사업으로 추진하면서 포도주 양조장 세인트 주네비브(S. Genevieve)를 세웠다. 현재 그 학교의 양조장은 2백10만 에이커에 다다르며 텍사스에서 제일 큰 이 포도원에서는 매년 수십만 상자의 포도주가 출하된다.

포도품종

샤르도네, 셰닌 블랑, 리즐링, 소비뇽 블랑, 카베르네 소비뇽, 메를로가 주재배품종이다.

주요산지

텍사스의 AVA는 꼭 포도재배에 따르지 않고 일반적으로 지역을 구분하는 셋으로 나뉜다. 힐컨트리(Hill Country), 텍사스 펜핸들(Texas Penhandle), 그리고 트랜스 페이코스(Trans Pecos)이다.

버지니아

영국인이 북아메리카에 처음으로 1607년에 정착하여 식민지를 세웠던 제임스 타운 주민은 유럽산 포도뿌리를 가지고 왔다. 그것은 버지니아의 습한 공기에 살아남지 못하고 곰팡이가 생기고 병충해가 심해지면서 실패하였다. 그러나 포도주를 양조하겠다는 주민의 신념은, 신부감 여성을 배에 하나 가득 태우고 신대륙으로 오던 1619년에도 이어졌다. 버지니아 의회는 각 가정이 적어도 10포기의 포도모종을 심어야 된다고 정했고, 이를 위해 여덟 명의 포도주 양조가를 프랑스에서 모셔왔다. 그러나 이런 적극적인 사업도 결국 해충에 견딜 수 없는 포도나무 때문에 수포로 돌아갔다.

영국으로부터 독립하여 나라를 세운 후 토마스 제퍼슨은 프랑스 대사로 건너가게 되었다. 그는 거기에서 포도원에 대해 너무 큰 사랑에 빠져서 1787

미국에서 가장 오래 된 상표가 붙은 포도주

미국에서 상표를 붙여 포도주를 생산한 가장 오래 된 양조장은 버지니아 데어(Virginaia Dare)로서 1835년부터 포도주를 생산했다. 이것은 아메리카에서 영국인을 부모로 처음 태어난 아기의 이름을 딴 것이다. 그 포도주는 스쿠퍼농(scuppernong)이라는 원산지가 미국인 품종에서 만든 것으로 아직도 남부에서 자란다. 버지니아 데어의 백포도주는 원래 미네하하(Minnehaha)라 했고 적포도주는 포카혼타(Pocahontas)라고 했다.

년에는 유명한 포도원들을 방문하고 포도재배와 포도주 양조를 자세히 기록
해두었다. 또 1807년에는 그의 몬티첼로 농장에 유럽산 24품종과 미국산
24품종을 각각 20그루씩 심었다. 그의 포도재배가 어떻게 되었는지 어떠한
기록도 남아 있지 않지만 포도주에 얽힌 그의 일화는 풍부하게 후세에 전해져
온다.

19세기 말에 필록세라가 유럽의 포도원을 강타하자, 버지니아에서는 미
국과 유럽의 하이브리드를 생산하려는 노력이 일어났다. 그것은 어느 정도
성공적이어서, 비록 그 맛이 유럽산 비니프라에 비해 떨어진다고 해도, 지금
까지도 이 주에서는 이런 하이브리드로 양조한 포도주가 잘 팔리고 있다.

다시 한번 금주법은 조금 일어서려는 포도주 산업을 망가뜨려 버렸다.
포도주 산업은 그러나 1970년대에 다시 미국과 유럽의 하이브리드 품종으로
양조를 하면서 버지니아에서 부활했고, 한편 유럽품종을 심는 실험도 계속되
어 나갔다. 이에 따라 1979~1986년에는 버지니아의 포도원은 그 크기가
480배로 성장했다. 요즈음 버지니아에는 60여 곳이 넘는 중소규모의 포도원
이 있으며 이곳에서 생산되는 포도주는 그 주에서 90% 이상이 소비된다.

포도품종

버지니아에서 주로 기르는 품종은 샤르도네, 리즐링, 세이발 블랑, 비달 블
랑, 바이오니어(Viognier), 카베르네 프랑, 카베르네 소비뇽, 메를로, 노톤
(Norton) 등이다. 이 중에는 미국산 토종끼리 교배한 크로스도 있으나 요즈음
은 3/4 이상이 유럽산 비니페라이다.

주요산지

버지니아의 AVA는 버지니아 동부해안(Virginia Eastern Shore), 세난도 계
곡(Shenandoah Valley), 몬티첼로(Monticello), 노던네크(Northern Neck),
로아노크의 노스포크(North Fork of Roanoke), 로키납(Rocky Knob) 등 여섯

지역으로 나뉘지만, 그 사이의 차이를 구별해 내기란 쉬운 일이 아니고, 버지니아의 포도주 양조가조차 라벨에 AVA 지역보다는 단순히 버지니아에서 생산했다고 쓰기를 좋아한다.

버지니아 포도주 양조장은 대부분 작은 규모로 집안에서 운영하는 곳이 많다. 이 양조장의 면면을 보면 스스로 독학하여 양조가의 입지를 굳힌 전직 교수, 의사, 금융가, 군인 등이 많다. 그 중에는 몇몇 큰 규모의 포도주 양조장도 있는데, 예컨대 프랑스 금융가의 소유인 버지니아의 프린스 미셸(Prince Michel de Virginia)이나, 이탈리아의 거대한 포도주 생산업자인 조넨(Zonnen)이 소유한 바부스빌 포도원(Barvousville Vinyards)이 포함된다.

이 곳의 포도주 양조장을 방문하려면, 버지니아 포도주 판매 프로그램(The Virginia Wine Marketing Program)에서 발간하는 안내서의 도움을 받는 것을 권한다. 거기에는 약도, 시음, 관광, 축제 등 자세한 정보가 담겨 있다. 대부분의 버지니아 포도주 양조장은 '서던 호스피탈리티'(Southern Hospitality)라는 풍부한 남부의 인정을 베풀며 어떤 작은 포도원이라도 손님에게 푸른 풀밭에서 와인 한 병으로 분위기 있는 점심을 제공할 준비가 되어 있다.

미 국 최 초 의 포 도 재 배 지 역

미국에서 처음으로 세워진 포도주용 포도재배지역은 1980년에 밝혀진 바에 의하면, 미주리주, 오거스타(Augusta)였다. 가장 큰 포도주 포도재배지역은 텍사스의 힐 카운티(Hill County)이다. 거의 1만 5000에이커로서 다른 웬만한 주보다 더 크며 버몬트와 매사추세츠를 합친 것보다 크다.

기타 지역

이상의 6대 지역 외에도 미국에는 41개 주에 자리 잡은 포도원에서 포도주를 양조한다. 그 중에서도 애리조나에는 1980년대부터 인공관개의 장비를 갖춘 포도원이 열 곳 정도 들어서서 품질이 좋은 카베네르 소비뇽을 소재로 한 블랜딩 와인이나 론 스타일 포도주를 생산한다. 금주법시대 이전에는 미주리주가 미국에서 둘째 가는 포도재배지역이었다. 그러했던 역사에 힘입어 그 주에는 근래에 포도주 양조장이 활기차게 들어섰다. 뉴멕시코에는 현재 열아홉 곳의 포도주 양조장이 있다. 그 중에서 유명한 곳은 트루스 오어 콘스퀜스(Truth or Consequence)에 자리잡은 그루웨(Gruet) 양조장이다. 이 곳은 1983년 그루웨 남매와 여동생의 남편이 프랑스에서 이주하여 세운 곳으로 아주 신선하고 우아한 스파클링 와인을 생산한다. 펜실베이니아에는 55개소나 되는 포도주 양조장이 있으며 그 중에서 차즈포드(Chaddsford) 양조장이 생산하는 버건디가 유명하다. 로드아일랜드에서는 뉴잉글랜드 동남부가 유럽 북부의 포도재배지역과 기후가 비슷하다고 느낀 사람들이 포도원을 열기 시작했다. 이 중 사코넷(Sakonnet) 양조장의 비달 블랑은 미국과 프랑스 품종의 하이브리드로 만든 포도주로서 상당히 사랑받는다. 이곳은 샤르도네나 피노 누아르도 생산한다.

4. 미국의 대표적 음식과 포도주

미국의 음식은 대개 다른 나라로부터 들어와서 미국식 식문화로 다시 개량·정리되어 정착되었다. 그래서 대표적인 미국음식을 들면, 각 나라에서 들여온 가지각색의 음식을 다 들어도 모자랄 것이다. 특히 다문화주의가 확산된 21세기에 들어서는 김치마저도 미국의 대표적 음식대열에 든다고 누가 주장한다 하더라도 그것을 딱히 아니라고 반박하기가 쉬운 일이 아닐지 모른다. 왜냐하면 그것은 로스앤젤레스 한인촌의 대표적 음식이기 때문에, 어떤 사람이 이에 대해 "글세" 하면서 눈썹을 올리고 어깨를 갸우뚱하면, 그를 당장 인종주의자라고 몰아붙여도 어쩔 수 없는 것이 지난 이삼십년 간 미국사회의 분위기였기 때문이다.

이 김치 이야기는 좀 과장되었지만, 다문화주의가 팽배하여서 미국의 아이덴티티, 미국의 정신, 미국의 성격 등 미국의 대표성을 논하는 것이 아주 위험하고 힘들게 된 것은 사실이다. 따라서 미국의 대표적 음식을 논한다는 것도 쉬운 일이 아니다. 왜냐하면, 유럽인이 남긴 음식문화에 접목된 음식을 지적한다면 그것은 백인 우월주의라는 비난을 받을 여지가 있기 때문이다.

어쩌면 멕시코계 미국인의 식단, 알래스카 원주민의 주식, 아랍계 미국인의 식사를 논하는 것이 훨씬 더 매력적이고 비난을 받지 않을 다문화주의적 접근방법인지 모른다. 그러나 우리는 이런 것이 미국의 음식문화를 놀랍도록 풍부하게 만들고, 시너지적 상승작용을 가져와 미국 음식문화의 질을 높였다는 데는 동의하지만, 그런 음식을 각민족의 식단별로 아무리 살펴보아도 미국인 전체에 보편적으로 해당되는 미국 음식문화의 특성을 알아내기는 힘들다.

그러면 진실로 무엇이 미국의 대표적 음식인가, 그것과 와인의 관계는 어떠한가. 미국의 대표적 음식이라면, 아무래도 비프스테이크, 감자, 샐러드라고 할 수 있다. 어느 나라건 기본음식은 탄수화물, 단백질, 비타민의 삼대요소를 갖추고 있다. 우리나라의 밥, 된장, 김치가 그렇고 미국 원주민의 옥수수, 콩, 토마토가 그렇다. 또 채소가 없는 알래스카 원주민의 물개의 생식이 그렇다. 생식은 비타민이 파괴되지 않아 삼대영양소가 균형 있게 섭취된다. 미국의 스테이크, 감자, 샐러드도 이 삼대요소를 제공한다.

비프 스테이크는 쇠고기를 약 2~3cm 두께로 썰어서 직접 불기운에 노출시켜서 굽거나 번철에서 지진 요리이다. 불기운에 직접 닿게 굽는 것을 브로일이라고 하는데, 집 뒷마당이나 야외에서 석쇠로 구울 때는 야외조리용 석탄인 챠콜을 사용하고, 부엌에서 구울 때는 오븐 밑의 섹션에 있는 브로일러에서 굽는다. 번철에서 구울 때는 두꺼운 무쇠의 스킬렛이 제격이지만 흔히 쓰이는 보통 프라잉 팬도 괜찮다.

스테이크는 고기의 종류와 부위 크기에 따라서 여러 가지가 있으며, 가정마다 선호하는 조리법에 따라 우리 나라의 김치 맛이 다 다르듯이 모두 다르다. 굽는 방법도 이상의 두 가지 기본적 방법 외에, 어떤 사람은 고기를 오븐에서 오랫동안 간접적 열기로 굽는 제3의 방법을 좋아하기도 한다. 집안에 따라 일등품 부위 중에서도 티본, 설로인(등심), 텐더로인(안심), 뉴욕스트립, 립아이(갈비살) 등 좋아하는 부위도 다 각각이고, 브로일을 할 때도 브로일 팬에 물을 조금 넣는다든가, 스테이크를 전가족이 먹을 만한 약 5cm 두께의 큰 덩이로 석쇠에 올려놓는다든가, 또 조리할 때 아무 양념도 하지 않든가, 마늘만 넣든가, 특별한 소스를 쓰든가 하며 모두 다양하다. 그러나 아무튼 스테이크는 채식주의자가 아니면 미국인이 언제 어디서나 우리의 불고기와 같이 즐기는 음식이며, 빈부귀천을 가리지 않고 미국인에게 사랑받는 음식이다. 학교 기숙사에서도 스테이크가 나오는 날은 그 소문이 솔솔 퍼져서 보통은 인기 없던 식당에 학생들이 일찌감치 줄을 서기도 한다.

스테이크를 먹는 방법도 다양해서, 예전에는 팬 프라이드 스테이크를 만들면 고기가 지져질 때 나오는 철판에 들러붙어 탄 기름에 물과 밀가루를 섞어가며 만드는 브라운 소스 — 우리나라 식당의 햄벅스테이크 위에 뿌려진 소스 같은 것 — 를 뿌려먹었으나, 점점 비만관리 때문에 이 소스를 포기하는 추세로 나가고 있다. 그래서 브라운 소스는 으깬 감자요리에나 아니면 우리의 입맛에는 정말 맛이 짐짐한 로스트 비프를 먹을 때나 약간씩 뿌려먹고 있는데, 로스트 비프는 다섯 근 정도의 장작개비 같은 고기 덩어리를 오븐에서 낮은 간접 열로 장시간 구운 것이다. 조리시에 기름이 쫙 빠져서 스테이크보다 지방이 훨씬 적고 연하다. 로스트 비프 중에서도 가장 연한 살로 뭉근한 불로 오래 구운 것을 프라임 립이라 하는데, 입에 넣으면 살살 녹는 듯하다. 우리나라의 호텔에서도 좋은 질의 프라임 립을 제공하지만, 어떤 때는 화학 물질 성분으로 만든 미트 텐더라이저를 써서 육질을 부드럽게 했다기보다는 퍼석퍼석하게 만들 때가 많아 애석하다.

스테이크가 개인용 접시의 중심에 자리 잡는다면 그 곁에 단골로 오르는 것은 감자요리이다. 감자도 조리방법이 다양해서 음식점에서는 주로 구운 감자를 주지만, 집에서는 굽거나 삶거나 튀기거나 입맛에 맞게 해서 먹는다. 시간이 넉넉하면 감자를 굽는데, 은박지에 쌓아서 약 한 시간 오븐에 넣어두면 되며, 구이용으로 가장 좋은 감자는 길쭉하고 큼직한 아이다호 감자로서 파삭파삭한 밤감자이다. 다 익으면 감자 가운데에 칼집을 내어 버터를 끼우거나, 약간 새콤한 사워 크림에 달래 같은 차이브를 채썰어 얹어먹기도 한다. 시간을 많이 들이지 않는 번개식 조리법에는 한 10분 브로일한 스테이크에 감자를 껍질도 까지 않고 툭툭 네 조각쯤 내서 소금을 약간 친 물에 약 15분 삶는 것이 좋다. 삶는 데는 동그란 작은 감자가 맛있는데, 그리 할 시간도 없다면 그냥 마이크로오븐 레인지에 넣어 익혀도 상관없다. 여기에 샐러드만 곁들이면 훌륭한 저녁식사가 된다.

샐러드는 기본적으로 상추에 다른 채소 한 가지만 곁들이면 된다. 드레싱도 대개는 기름에 식초를 섞은 간단한 것이거나 거기에 마늘 등 약간의 조미료가 가미된 이탈리안 드레싱을 가정에서는 애용하는데, 그때 올리브 오일과 질 좋은 와인식초를 쓰면 그 우아한 맛은 일품이다. 상추 종류도 다양해서 양상추, 우리나라 것과 같은 잎상추, 불고기집에 많이 나오는 길쭉한 로메인 상추 등이 있다. 첨가하는 채소는 주로 날로 쓰며, 토마토가 보편적이고, 브로콜리, 아브카도, 당근, 피만, 앨펄퍼순, 숙주나물, 호박 등 냉장고에 있는 어떠한 것이라도 쓰면 된다. 특별한 상차림이라면 채소도 몇 가지 쓰고 거기에 햄, 치즈, 해바라기씨, 잘게 썰어 구운 양념 빵인 크로톤 등을 얹어도 좋다.

아! 거기에 빠진 것이 있다. 음식이 좋으면 와인을 부르고, 미국을 포함한 서양의 식탁에 와인 없이는 좋은 식사가 완성되지 않는다. 얼린 식품이나 캔 식품으로 저녁 한 끼를 적당히 때우지 않는 이상, 공이 든 스테이크 요리를 샐러드를 갖추어 먹을 때는 와인 한 잔이 꼭 끼어야 마땅하다. 주인공이 왜곤을 타지 않았을 때는 말이다. 이 표현은 알코올중독자가 재활과정에서 완전 금주령을 받고 있는 것을 의미한다. 그리고 미국의 중년은 의외로 그런 사람이 많다. 식탁에도 미국식 개인주의는 여지없이 나타난다. 비록 남편이 왜곤을 타도 "그것은 그 사람 문제이고……"라고 여기며 손님과 안주인은 카버넷 소비뇽 아니면 버건디 잔을 기울인다. 여기에 촛불까지 테이블에 곁들여지면, 완전한 캔들 라이트 디너로 분위기는 무르익고 도란도란 이야기꽃이 피어오른다.

여름 주말 뒷마당에서 스테이크 굽는 연기가 피어오르고 식구가 마당에 둘러앉아 저녁식사를 즐길 때는 와인에 더해서 맥주도 많이 마신다. 미국에서는 특히 멕시코산 맥주가 인기 있다.

그리고 외식을 할 때에도 스테이크는 보편적으로 인기를 유지한다. 전가족이 스테이크 하우스 같은 실속 있는 가족 레스트랑으로 가서 배를 실컷 채울 때도 기본메뉴는 예외 없이 스테이크, 구운 감자, 샐러드이다. 그것이 우아한 저녁 초대라면, 두꺼운 안심을 베이컨으로 묶어서 양념해 구운 프랑스풍의 필레 미뇽이나 프라임 립이 나오는 캔들 라이트 디너일 것이다. 손님은 와인으로 하루의 피로를 씻어 내린 후 레몬 트위스트 향이 잔잔히 퍼지는 에스프레소를 마시며 우아한 저녁을 마감할 것이다.

스테이크와 감자에 곁들여진 와인

카베르네 소비뇽 품종으로 빚은 칠레산 적포도주의 질은 세계에서 가장 훌륭한 포도주 중의 하나로 평가받고 있다. 또한 이 포도주가 애호가의 남다른 관심을 끄는 이유는 질에 비해 값이 매우 저렴하기 때문이다.

칠레는 지리적인 혜택 덕분에 필록세라로부터 전혀 피해를 입지 않았다. 이 지역에는 포도나무의 병이 없고, 기후는 거의 변화가 없고, 안데스산맥에서 흘러내리는 맑은 물은 풍부하다. 이 때문에 이 곳에서 생산된 포도는 칠레산 포도주의 명성을 드높이고 있다. 사실 필록세라는 유럽 전역에서 포도경작지를 초토화했다. 그러나 칠레는 이의 피해를 전혀 입지 않았다. 포도주전문가들은 이 포도나무뿌리진드기가 창궐하기 이전에 존재했던 포도나무에서 생산된 포도주가 최상품이었다고 회상하고 있다. 칠레에는 역병이 돌기 전 보르도에서 수입한 이런 포도나무가 아직도 건재하고 있으며, 여기에서 양질의 포도주가 생산되고 있다.

칠레는 자연적으로 외부세계와 단절되어 있다. 동쪽면은 길게 뻗어내린

안데스산맥, 북쪽면은 아타카마사막 (Atacama Desert) 그리고 서쪽면은 태평양과 연해 있으며, 남쪽으로 400마일을 항해하면 남극의 빙산 지대와 만난다. 또한 토양 역시 포도나무의 흑사병이라던 필록세라가 칠레에 침입하는 것을 막아 주었는데, 토양에는 구리 성분이 많이 함유되어 있어서 어떠한 병균도 이에 견디지 못한다. 강수량은 매우 적은 편이지

장엄한 안데스산맥

만, 안데스 고도에서 녹아내린 빙하 녹은 물은 부족한 부분을 보충해 주고 있으며, 거의 모든 경작지는 원하는 만큼의 물을 공급받는다. 이런 천혜의 조건 덕분에 홍수나 지진 같은 천재지변이 일어나지 않는 한 포도작황은 매년 거의 동일하다. 칠레의 적포도주 중에서 1984년산이 최고 품질로 기록되고 있으며 1980, 1981, 1982, 1985, 1986년산 품질도 높이 평가받고 있다.

칠레의 인구 구성

총인구의 66%가 메스티소이고, 29%가 백인계, 3%가 원주민, 2%가 기타인종이다. 백인계 가운데 스페인계는 중부지방, 독일계는 남부에 많이 분포한다. 혼혈인은 에스파냐인과 아라우칸족(族) 인디오와의 혼혈이 대부분인데 이것이 칠레 메스티소이다. 칠레 메스티소는 전체 메스티소의 60% 가량을 차지하는데, 페루·볼리비아·에콰도르의 메스티소들보다 에스파냐계에 더 가깝다. 순수한 아라우칸족은 대부분 남부의 테무코 부근 삼림지대에서 집단생활을 한다. 인구의 80%가 도시에 집중해 있다. 공용어는 스페인어이다. 종교는 헌법상 신교의 자유는 있으나 전인구의 85%가 로마카톨릭교도이고 10%가 개신교도이다.

칠레는 아주 오래 전부터 포도재배와 양조를 시작했지만 오늘날 칠레 포도주의 특색이 나타나기 시작한 것은 1851년 이후부터였다. 실베스트레 오차가비아(Silvestre Ochagavia)라는 안목있는 칠레인은 당시 주로 재배되었던 스페인 품종 대신에 프랑스 보르도 지역의 품종을 선정해서 대체해 나갔다. 그가 들여온 품종은 카베르네 소비뇽, 카베르네 프랑(Cabernet Franc), 코트(Cot), 피노 누아, 리슬링(Riesling), 세미옹(Semillon)과 소비뇽(Sauvignon) 등이었다. 광산업이 칠레의 경제를 주도하던 시절 그 역시 광산업으로 많은 부를 축적하였으며, 이 부를 바탕으로 포도재배에 남다른 관심을 보였다. 그의 뒤를 이어 칠레에서 수많은 광산주가 포도주 산업에 관심을 갖게 되었으며, 이들은 새로운 품종의 도입 이외에 프랑스의 전문가를 초빙해서 최신 양조기술을 배웠다. 그래서 칠레산 포도주는 보르도의 양조공정을 많이 닮고 있다.

사실 칠레는 포도의 품질이 뛰어나지만 양조기술은 이에 따르지 못하였다. 설비는 노후화되었고, 과학적 양조기술도 폭넓게 수용되지 못했었다. 오크 통 속에서 포도주를 숙성시키는 관행도 잘 지켜지지 않는 경우가 많았고, 오크 통에서 숙성시켜도 통이 낡고 보관상태도 좋지 않아 포도주 맛을 제대로 내지 못하는 경우도 많았다. 그러나 오늘날에는 포도품질이 워낙 뛰어나기 때문에 미국과 프랑스를 비롯한 많은 외국 대기업이 칠레의 포도산업에 투자하고 있다. 캘리포니아의 프란시스칸양조회사(Franciscan Vineyards)뿐만 아니라 보르도의 유명회사 역시 전문가를 파견하고 이 곳에 합작회사를 설립했다. 미국회사들은 양조 기술자를 파견해서 포도주의 생산공정을 철저히 감독하고 생산된 포도주를 수입해 가고 있다. 그래서 칼리테라(Caliterra), 산타 모니카(Santa Monica), 왈넛 크레스트(Walnut Crest) 그리고 로버트 앨리손(Robert Allison)과 같이 칠레에는 없는 상표의 포도주가 미국시장에서는 종종 판매되기도 한다. 이처럼 칠레산 포도주가 성공할 수 있었던 것은 미국과 유럽 국가들이 자국 산에 비해 질은 좋지만 훨씬 저렴한 포도주를 대량으로 구입했기 때문이었다.

1. 칠레 포도주의 특징

생산지역

칠레의 최고급 포도주는 광산주가 모여 살았던 수도 산티아고(Santiago) 부근 지역에서 생산되고 있다. 포도경작지는 약 10만 8200ha에 달하며, 이 중 4만 4900ha는 관개수로가 설비되어 있으며, 6만 3300ha는 건조지역에 있다. 포도경작지는 국토경작지 중 2%에 불과하며 관개지역의 4%에 해당한다.

국토가 매우 좁고 긴 형태를 띠고 있지만, 포도를 비롯한 과일생산에 최적인 자연 환경을 지니고 있다. 북부 고원지대에 수도 산티아고가 있는데,

---

칠레산 포도주의 값

오늘날 칠레산 고급 포도주는 미국뿐만 아니라 영국을 비롯한 많은 나라에서 높은 평가를 받고 있다. 칼리테라(Caliterra) 회사가 생산한 카베르네 소비뇽, 메를로 그리고 카르메네레(Carmenère) 양조회사의 세냐(Seña)는 특히 높은 평가를 받고 있다. 칼리테라는 미국 캘리포니아의 로버트 몬다비 양조사(Robert Mondavi Winery)와 비냐 에라주리즈(Viña Errazuriz)사가 합동으로 만든 회사이다. 1995년에 설립된 이 합자회사는 빈티지를 1998년 첫 출고하였는데, 가격은 병당 55달러로 미국 내에서 팔리는 평균적인 칠레 포도주 보다 7배 정도 비쌌다. 또한 콘차 이 토로(Concha y Toro)와 샤토 무통로스차일드(Chateau Mouton-Rothschild)회사가 합동으로 설립한 알마비바(Alma-viva)사의 1996년산 빈티지포도주는 70달러의 높은 가격으로 판매되었다.

주변지역에는 훌륭한 관개시설이 있는 양질의 포도경작지가 산재하고 있다. 칠레의 포도재배지역은 크게 두 곳으로 대별할 수 있다. 아콩카과(Aconcágua) 계곡 남쪽에서 시작해서 산티아고와 수도권 지역을 지나 테무코(Temuco) 남쪽에 이르는 지역은 관개수로가 잘 갖추어져 있고. 고급포도가 생산되고 있다. 북부 발

아콩카과의 포도재배지

파라이소(Valparaíso)에서 해안을 따라 남으로 콘셉시온(Concepción)에 이르는 좁은 지역에서는 기후가 건조하고, 관개시설이 미비되어 있다. 이 두 지역을 자세히 살펴보면 다음과 같다.

중앙지대

아콩카과에서 수도권을 지나 탈카(Talca)까지를 지칭하며, 관개수로가 잘 갖추어져 있고, 수출용 최고급 포도주가 생산되고 있다. 이 지역에서 생산되는 포도주는 전체 생산량의 60%에 달한다. 대표적인 생산지역으로는 아콩카과, 수도권, 카차포알(Cachapoal), 탈카 등을 들 수 있다. 수도권의 마이포 계곡(Valle del Maipo)은 가장 우수한 포도주를 생산함으로써 칠레의 포도주 산업을 이끌어 나가고 있다. 이 곳에서 재배되는 품종은 카베르네 소비뇽, 피노 누아, 말벡, 프티 베르도(Petit Verdot), 소비뇽 블랑, 세미용, 메를로 등이다.

세카노의 중앙지대

발파라이소의 높은 지대에서 마울레(Maule)강 부근까지의 지역이다. 면적은 9000ha이며, 국내 포도주 총생산량의 8%정도를 담당하고 있다.

세카노 남부지대

이 지역 포도원은 해안산맥의 밑자락에 펼쳐져 있다. 칠레 최대의 재배지이며, 면적은 4만 5000ha에 이른다. 국내에서 대중적으로 가장 인기있는 증류주 피스코(Pisco)의 생산지로 유명하다.

태평양과 안데스산맥의 영향 때문에 칠레 포도주 산지의 기온은 32℃를 넘지 않고 여름철의 밤기온은 서늘하다. 대부분의 포도재배지는 수많은 계곡(valle)에 있다. 예를 들어 북부의 아콩카과와 카사블랑카(Casablanca), 중부의 마이포, 라펠(Rapel), 쿠리코(Curicó)와 마

아름다운 정경의 칠레 양조장

울레가 있다. 중부계곡은 중앙계곡이라고 총칭되고 있는데, 이 지역은 아르헨티나 최고의 포도주 산지인 멘도사(Mendoza)로부터 안데스산맥을 가로지르고 있다. 건조하고 높은 고도의 멘도사와는 달리 중앙계곡은 고도가 낮고 바다에 인접해 있어서 태평양의 차가운 바람이 몰려오지만 완만한 고도의 해안산맥이 혹독한 해풍을 막아 준다. 마이포가 칠레 최고의 포도산지라면 카사블랑카는 가장 아방가르드적인 산지이다. 재배지 중 가장 해변에 인접한 이 계곡은 향후 매우 뛰어난 품질의 포도주를 생산할 수 있는 잠재력이 있다고 평가되고 있으며, 세계 굴지의 포도주 생산업자가 1990년대 구름처럼 이 곳에 몰려와 땅을 구입하고, 샤르도네와 소비뇽 블랑을 재배하고 있다. 카사블랑카 북부의 아콩카과계곡은 모든 산지 중에서 날씨가 가장 무덥다. 이 곳에서는 특히 더위에 강한 카베르네 소비뇽과 메를로 품종이 재배되고 있다.

강의 경사면에 위치한 지역이 포도 경작지로 가장 선호되고 있지만, 칠레 포도경작지는 대부분이 비옥한 평지에 있다. 아콩카과와 마이포의 토양은 예전의 하상에서 형성된 충적토이며, 안데스산맥 정상에서 녹아내리는 빙하의 맑은 물은 이 토양에 최고의 축복을 내리고 있다. 이 지역보다 중요성이

덜하지만 남부의 비오비오(Bío-Bío)와 이타타(Itata)계곡은 춥고 습하며 늪지가 많은 편이다. 하지만 이 곳에서 생산된 포도주는 도자기에 담겨 팔리기 때문에 나름대로 특색이 있다.

2. 칠레 포도주의 등급과 품종

보통등급

포도주 중에 가장 값이 싸고 대량생산된다. 포도품종은 좋지만 아주 뛰어난 편은 아니다. 적포도주의 품종은 주로 카베르네 소비뇽이며, 양조 후 빨리 소비해야 한다. 백포도주는 세미용으로 양조하는데 알코올 함량은 적은 편이다. 이런 종류의 포도주 병에는 그란 비노(Gran Vino)나 레세르바도(Reservado)라는 라벨이 붙어 있기 때문에 소비자들은 종종 이를 최고급 품질로 오인하기도 한다. 콘차 이 토로 레세르바도(Concha y Toro Reservado)의 적·백포도주, 산타 리타 우나 메다야(Santa Rita Una Medalla), 산타 헬레나(Santa Helena)의 적·백포도주, 가토 네그로(Gato Negro)의 적포도

칠레의 전통주 피스코는 오직 북부의 사막지대인 아타카마(Atacama)와 코킴보(Coquimbo)지방에서 생산하도록 법으로 제한하고 있다. 피스코는 머스캣(Muscat), 토론텔(Torontel) 그리고 페드로 히메네스와 같은 품종에서 생산되는데, 이 술은 처음 몇 달 동안은 오크 통에서 숙성시키고, 후에 산에서 내려오는 맑은 물로 증류과정을 거치게 된다. 칠레인은 이 술을 스트레이트로 마시지만 미국에서는 레몬과 설탕을 가미한 피스코 사우어스(Pisco Sours)나 피스코 마르가리타(Pisco Margarita) 또는 칠레 맨하탄(Chilean Manhattan) 등으로 즐겨 마신다.

주, 산 호세(San José)의 적·백포도주 등의 표기가 있는 것이 가장 좋은 포도주이다.

중간등급

이 등급 포도주의 맛과 향은 좋은 편이며, 라벨에는 귀족이나 유명인의 이름이 등장한다. 특히 적포도주의 품질이 좋은데, 대표적인 술로는 토레스 카베르네 소비뇽(Torres Cabernet Sauvignon), 산타 에밀리아나 카베르네 소비뇽 콘차 이 토로(Santa Emiliana Cabernet Sauvignon Concha y Toro), 마쿨 동 루이스(Macul Dom Luis), 산타 카롤리나 트레스 에스트레야스(Santa Carloina Tres Estrellas) 등이 있다. 반면 백포도주의 이름은 화려하지만 그다지 뛰어나지는 않다. 단지 소비뇽 마쿨(Sauvignon Macul), 샤르도네 마쿨(Chardonnay Macul), 소비뇽 이 샤르도네 다 산타 리타(Sauvignon e Chardonnay da Santa Rita) 정도가 좋게 평가된다.

최고등급

가장 우수한 등급으로 오로지 적포도주만 해당된다. 이 등급은 우수한 보르도산과 비교되지만 값은 훨씬 저렴하다. 이 술은 보르도에서처럼 새 오크통에서 숙성과정을 거치는데, 8~10년 이상 숙성된 것도 있다. 대표적인 것으로는 산타 리타 메달랴 레알(Santa Rita Medalla Real), 산타 리타 카사 레알(Santa Rita Casa Real), 코우시뇨 마쿨 안티구아스 레세르바스(Cousiño Macul Antiguas Reservas), 마르케스 데 카사 콘차(Marques de Casa Concha), 동 멜초르(Dom Melchor), 산타 카롤리나 에스트렐랴 데 오로(Santa Carloina Estrella de Oro), 산타 카롤리나 레세르바 데 파밀리아(Santa Carloina Reserva de Familia), 카스띠요 데 몰리나 이 로스 바스코스(Castillo de Molina e Los Vascos)가 있다.

칠레의 포도주 총생산량은 5억 9200만*l* 이고, 이 중 백포도주가 60%,

최고 등급의 동 멜초르 포도주

나머지는 적포도주가 차지하고 있다. 또한 전체의 43%가 보통등급이며, 상표도 없이 대량으로 팔려 나간다. 파이스(Pais)품종은 적포도 재배면적의 32%, 세미용이 26.3%, 카베르네 소비뇽이 17.2 %를 차지하고 있다. 국내에서 소비되는 1억 4000만*l* 중 1억 2000만*l* 가 콘차 이 토로(Concha y Toro), 비냐 산타 리타(Viña Santa Rita), 비냐 산타 페드로(Viña Santa Pedro)와 비냐 산타 카롤리나(Viña Santa Carloina) 양조회사에서 생산된다. 그리고 나머지 2000만*l* 는 소규모인 마쿨(Macul), 린데로스(Linderos), 카네파(Canepa), 운두라가(Undurraga), 타라파카(Tarapaca), 로스 바스코스(Los vascos)에서 생산되고 있다.

칠레산 포도주를 접하는 소비자는 특히 이름에 유의해야 한다. 예를 들어 산타 리타 우나 메다야와 산타 리타 메다야 레알은 등급 자체가 다르며, 질적으로도 큰 차이를 보인다. 많은 사람은 이와 같은 라벨 때문에 종종 커다란 혼돈에 쉽게 빠지곤 한다. 다른 포도주 생산국처럼 포도재배와 양조를 규제하는 법이 없었던 칠레는 1995년에야 생산지와 양조기술, 품종 등을 통제하는 새로운 법을 제정하였다. 이 법에 의하면 만일 포도주의 라벨에 재배지를 명시하려면 적어도 75%의 포도가 해당 지역에서 생산된 것이어야 하고, 포도품종을 라벨에 표시하려면 적어도 75% 이상을 그 품종의 원액을 사용해야 하며, 수확연도를 명시할 때도 당해연도산이 적어도 75% 이상이 되어야 한다.

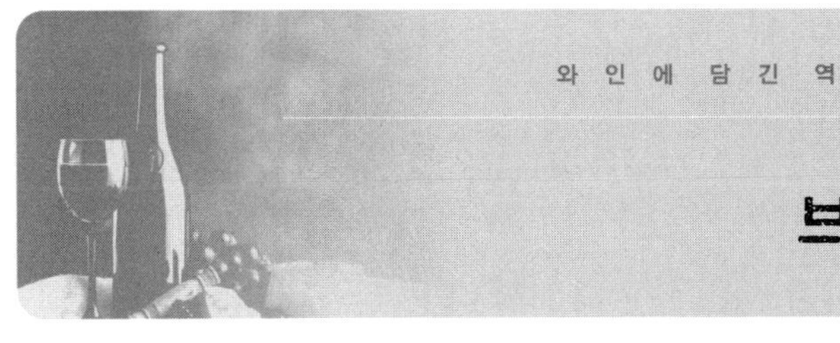

브라질 포도주는 최근 10~15년 사이에 커다란 도약을 했다. 일부 포도주는 유럽산과 비슷한 품질을 보이기도 하지만, 한 단계 더

브라질 개관

브라질은 각국의 인종이 모여 있는데 각기 자기 나라의 문화를 가지고 와서 그것들이 전통적인 포르투갈의 문화와 뒤섞여 점차로 독자적인 브라질 문화를 형성하였다. 특히 중남부의 상파울루주(州)는 이탈리아 이민(移民)의 영향이 크고, 남쪽에 있는 리우 그란데 두 술주는 독일이나 동(東)유럽에서 온 이민의 영향이 크다. 이와 같이 남부의 여러 지방은 유럽계(系)의 이민이 많이 모여 있기 때문에, 문화수준도 상당히 높고, 교육도 앞서 있다. 지방적·민족적인 문화와 유럽문화를 혼합시켜서 독자적인 브라질 문화를 창조하는 데 기여한 사람도 많다. 특히 음악부문의 빌라 로부스, 문학의 조르지 아마두, 주아킹 마리아 마샤두 지 아시스, 건축의 오스카 니마이어가 뛰어난 인물이다. 문학은 최초 포르투갈 문학의 이식시대를 거쳐 유럽의 낭만주의, 사실주의 등의 문학이 전래되면서 문학의 개화기 를 맞이하여 현재에 이르고 있다.

브라질의 포도산지

도약하기 위해서는 75%에 달하는 아메리카 대륙의 토종 포도품종과 그 변종을 개량하고 과학적 기술을 적극적으로 수용하는 것이 무엇보다 필요하다.

브라질 포도주의 역사는 이탈리아 이민이 1870년경 리우 그란데 두 술(Rio Grande do Sul)의 산악지대에 정착하면서 시작되었다. 그 이전에도 식용포도는 재배되었지만 양조용 포도는 거의 재배되지 않았다. 이탈리아인은 주로 베네투(Vêneto)와 트렌티노(Trentino) 등의 유서 깊은 포도주 생산지에서 묘목을 가지고 왔는데, 이 품종은 브라질 토양에 잘 견디지 못해서 어린 포도 삽목은 말라 버리거나 해충의 피해에 손쉽게 노출되었다. 포도재배의 꿈을 안고 이민을 떠난 이탈리아인은 이에 실망하지 않았다. 이들은 독일 정착민이 브라질 토양에 적응시켜 재배하고 있던 이사벨(Isabel)묘목을 구입해서 심었다. 평지에서 자라던 이사벨은 산악지역에서도 잘 적응했고 많은 수확량을 기록했다. 이 때문에 이탈리아 이민은 브라질 포도주 산업을 주도하면서 번창할 수 있었다. 오늘날 리우 그란데 두 술의 산악지대는 브라질에서 경제적으로 가장 활기찬 지역이다. 이 곳의 카시아스 두 술(caxias do Sul), 벤투 곤살베스(Bento Gonçalves), 가리발디(Garibaldi) 같은 도시는 현대적 양조산업의 본거지로서 주변환경의 아름다움과 더불어 매우 주목받는 곳이다.

이 지역 포도산업에 일대혁명이 일어난 것은 1970년대이다. 이 때부터 호이블라인(Heublein), 마르티니 앤드 로시(Martini & Rossi), 뫼트 앤드 찬돈(Möet & Chandon) 등의 다국적 음료회사가 들어와 대규모로 포도재배를 시작했다. 또한 최근에는 알마덴(Almadén)사가 국경 근처의 팔로마(Paloma)

에, 호이블라인과 그란자 우니앙(Granja União)
사가 핑에이루 마샤두(Pinheiro Machado)에 포
도재배와 양조업을 시작하였다. 브라질은 최근
까지 최고급 포도주를 생산하지 못했지만,
1991년산 포도주의 질은 매우 뛰어나다는 평가
를 받고 있다. 리슬링 이탈리카(Riesling
Itálica), 세미옹, 샤르도네, 슈넹 블랑(Chenin
Blanc), 리슬링 레나노(Riesling Renano), 피노
블랑(Pinot Blanc)과 실바너 품종에서 생산된

벤투 곤살베스

백포도주는 맛이 산뜻하면서도 강한 과일 향을 지니고 있다. 그러나 아직까지
주된 백포도주 품종은 리슬링 이탈리카 와 세미옹이지만, 나머지 품종의 전망
도 유망하다.

최고의 적포도주는 카베르네 프랑(Cabernet Franc), 카베르네 소비뇽,
피노 누와, 메를롯, 네비올로, 피노타주에서 주로 생산된다. 이 중 카베르네
소비뇽 품종이 가장 우수한 것으로 평가받고 있다. 많은 포도주 전문가는
브라질에서는 적포도주보다 백포도주가 더 우수하며, 향후 전망도 매우 밝을
것이라고 예견하고 있다.

브라질 주요 양조회사의 기술수준은 라틴 아메리카 생산국 중 가장 높으
며, 전세계적으로도 보아도 전혀 손색이 없다. 그러나 문제는 포도의 질 개선
에 달려 있다. 브라질 포도주 산업의 당면과제는 기후와 토양이 적합한 장소
에 고품질의 수종을 심고, 수확량도 적정수준으로 제한하는 것이다. 브라질
에서의 포도주 소비량은 다른 생산국에 비해 매우 뒤떨어진다. 포도주국제기
구(International Organization of Wine)의 자료에 의하면 브라질은 일인당
연간 2.6*l* 를 소비하고 있다. 포도주의 소비는 주로 경제적으로 잘 사는 주에
집중되어 있는데, 전체 소비량의 44%가 상파울루, 18%가 리우 그란데 두
술, 15%가 리우 데 자네이루에 집중되어 있다. 저개발지역인 북부를 제외하

고 경제적으로 발전된 지역에서의 일인당 연간 소비량은 9~10*l*에 달한다.

식사 때마다 포도주가 등장하는 유럽, 아르헨티나, 칠레처럼 브라질에서 포도주 소비를 진작시키는 것은 어렵다. 왜냐하면 이를 위해서는 국민의 식관습이 우선적으로 바뀌어야 하며, 국민의 평균구매력에 비해 비싼 편인 포도주 가격도 보다 저렴해져야 한다. 그러나 포도주 확산의 가장 큰 걸림돌은 어쩌면 무더운 기후와 전통적 관습일지도 모른다.

최근 브라질소믈리에협회와 포도주애호가협회가 발족하였고, 생활수준이 향상되면서 지난 20여년 간 포도주 소비는 꾸준히 증가하고 있다. 이와 같은 현상을 볼 때 브라질 포도주산업의 향후 전망은 어두운 편이 아니다.

브라질은 리우 그란데 두 술, 상파울루, 산타 카타리나(Santa Catarina), 파라나(Paraná), 미나스 제라이스(Minas Gerais) 그리고 페르남부꾸(Pernambuco)주에 약 6만3천ha의 포도 경작지가 산재하고 있다. 이들 중 4만ha가 있는 리우 그란데 두 술은 단연 앞서가고 있으며, 그 뒤를 상파울루가 쫓고 있다.

리우 그란데 두 술의 광활한 포도경작지

아르헨티나 편

아르헨티나는 라틴아메리카에서 최대의 포도주 생산국이자 최대의 소비국이다. 이 나라는 상당히 질 좋은 포도주를 생산하지만 내수판매에 치중하기 때문에 수출량은 미미한 편이다. 연간 포도주 생산량은 1570만hl이고, 크리오야(Criolla) 포도품종으로부터 전체 포도주의 85%가 생산되고 있다.

아르헨티나는 오랫동안 라틴아메리카에서 가장 부유한 국가였기 때문에 포도주 생산자들은 안정적으로 내수판매에만 치중할 수 있었다. 그러나 경제적 위기를 겪으면서 포도주 소비가 급격히 줄어들었고 이는 생산량 감소로 이어졌다. 이런 변화 중 한 가지 고무적인 점은 국내소비의 하락이 포도주 질의 개선으로 이어졌다는 것이다. 근래에 들어 아르헨티나

샤르도네 품종

는 자국 포도주의 해외판매 촉진을 위해 노력을 경주하고 있다. 이러한 노력이 결실을 맺어 1987년에 개최된 세계포도주박람회(Vinexpo)에는 43종류의 아르헨티나 포도주가 출품되어 27개가 메달을 획득했다. 아르헨티나의

포도품종은 매우 다양하다. 대표적인 적포도주 품종으로는 말벡, 카베르네 소비뇽, 피노 누아르, 카베르네 프랑, 백포도주 품종으로는 샤르도네, 슈냉 블랑, 소비뇽, 세미용 등이 있다.

20년 전 아르헨티나 포도주 가이드를 집필한 엔리케 케이라트(Enrique Queyrat)는 아르헨티나 포도주 라벨의 내용이 부정확하고 신뢰할 만하지 못하기 때문에 자국산 포도주의 대외공신력과 신뢰도가 낮다고 주장했다. 최근에는 종전의 유명 상표복제가 많이 줄어들고는 있지만, 얼마 전 까지만 해도 보르고냐스, 샤블레, 마고, 보졸레 등과 같은 유명 상표를 도용하는 경우가 허다했다. 포도주 과잉생산은 이 나라의 또 다른 골칫거리이다. 이 곳에서는 1ha 당 평균 78hl가 생산되고 있는데, 이는 미국이나 유럽보다 훨씬 높은 수치이다. 시렁 위에 포도덩굴을 올려 재배하는 파레이라 (Parreira) 재배법 덕분에 특히 크리오야나 세레사(Cereza) 품종에서 문제가 될 만큼 많은 포도가 생산되고 있으며, 이는 자연히 포도주의 질적 저하로 연결되고 있다.

주요산지

아르헨티나는 유럽국가와는 달리 국가가 정한 공식적인 포도주 생산 관련 법규가 없다. 생산지마다 나름대로의 규정이 있는데, 다섯 곳의 생산지가 유명하다. 살타(Salta), 라 리오하(La Rioja), 산 후안(San Juan), 멘도사 (Mendoza), 리우 네그루(Rio Negro)가 그 곳이다.

멘도사

남북으로 300km, 동서 150km의 광활한 면적에 펼쳐 있는 지역으로, 1985년 기준으로 총생산량 1570만hl 중 900만hl가 이곳에서 생산되며, 국내 전체 1890곳의 양조장 중 1312곳이 여기에 있다.

멘도사지역의 포도주 역사는 이탈리아인의 대량 이

민에서 시작되었는데, 이는 브라질 리우 그란데 두 술과

의 공통점이다. 이 지역에는 안데스산맥의 빙하 녹은

물이 흘러내리고 있는데, 맑고 풍부한 수량 그리고 잘

갖추어진 관개수로로 인해 포도재배에 이상적인 조건

을 구비하고 있다. 주요 양조업체로는 와이너트

멘도사의 포도농원

(Weinert)사를 들 수 있는데, 이 회사 제품인 카베르네 소비뇽 와이너트는

칠레산이나 보르도산 포도주와 비교해도 질적으로 전혀 손색이 없다.

리오하

이 지역 기후는 매우 무더운 편이다. 불과 몇

년 전까지만 해도 평범한 포도주가 생산되었

지만, 최근에 들어서서는 고급 포도주가 생산

되고 있다. 1987년 보르도 포도주경연대회에

서 포도주의 오스카를 수상한 나카리(Nacari)

는 이 지역을 대표하는 포도주이다.

리오하 포도산지

리우 네그루

이 지역은 세계 최남단에 위치한 포도주 생산지이다(남위 39.2도). 이 때문에

기후가 포도재배에 그다지 좋은 편은 아니며, 아르헨티나에서 가장 보편적인

크리오야 품종을 재배하는 것 역시 불가능하다. 그러나 이 지역에서는 가장

질좋은 포도품종만이 재배되고 있다. 양조인들은 고급 포도주를 생산하기

위해 콘소시엄을 구성해서 엄격한 규정을 마련했으며, 이에 따라 포도재배와

양조가 관리되고 있다. 포도주의 맛과 향을 평가하는 위원회는 포도주의 질

을 관리하고 있는데, 이 위원회의 까다로운 테스트에 합격한 포도주 병에는

인지가 부착된다. 이 지역 최대 양조사는 움베르토 카날레(Umberto Ca-nale)

이다. 이 회사의 포도주는 1978년 보르도 포도주경연대회에서 금상을 수상한 바 있다. 또한 카날레 세미용(Canale Semillon)도 보르도에서 동상을 수상한 전력이 있고, 아르헨티나인은 새로 개발된 쌉쌀한 맛에 과일향이 강한 이 양조사의 백포도주를 즐겨 마시고 있다.

살타

리오하와 살타 지역은 안데스산맥과 가까이 있고 멘도사의 북쪽에 있다. 기후는 건조하지만 관개수로가 잘 조성되어 있다. 멘도사나 산 후안 지역에 비해 규모는 작지만, 고급 적포도주와 백포도주를 생산한다. 이 지역의 포도 품종으로는 단연 토렌테스(Torrontes)가 유명하다. 이 품종은 말바시아스(Malvasias) 계열의 변종이라고 알려져 있지만, 아르헨티나 토착종인 것 같다. 부르그(Bourg)에서 개최된 포도주 경연대회에서 9개의 아르헨티나 포도주가 금상을 수상했는데, 이 중 3개가 토렌테스 품종에서 생산된 카파야테(Cafayate) 에차르트(Etchart), 나카리 그리고 바이다트(Waidatt)였다.

산 후안

산 후안지역은 생산량에서는 아르헨티나에서 2위이지만, 질은 썩 좋지 못하다. 이 지역에서는 주로 스페인의 헤레스나 포르투갈의 포르투와 같은 주정강화 포도주를 모방한 포도주가 생산된다.

호주편

호주에서는 포도주 생산은 해마다 늘어나고, 포도주 애호가도 그 수가 급속도로 불어난다. 또한 포도주 대회도 많이 열려서 적극적으로 포도주 생산과 장려에 애쓰고 있다. 이에 따라 지금은 이탈리아에 뒤이어 두 번째로 미국에 포도주를 가장 많이 수출하는 나라가 되어 프랑스에게 위협이 되고 있다.

여러 가지 면에서 호주의 포도주는 혁신적·개성적이다. 첫째, 호주에서는 포도주 양조와 포도재배가 세계에서 제일의 첨단기술과 장비로 이루어진다. 대부분의 포도주 양조장은 예술적 경지에 이르는 장비를 갖추고 가장 첨단기술로 연마된 양조가를 고용한다.

둘째, 호주는 항상 새로운 포도재배방법과 포도주 양조법을 개발하면서 미래식 포도원과 양조장의 전형을 이룬다고 할까. 양조법의 블랜딩과 더불어 격자받침대의 재배방법, 전지를 하지 않고 그냥 자연상태로 기르는 재배법, 코르크 대신 병마개로 테이블 와인을 생산한다든가, 술이름을 술통의 번호로 명명한다든가 하는 것이 그것이다.

게다가 호주의 포도주는 포도주의 대중화에 앞서 간다. 호주의 포도주도 어쩔 수 없이 호주인의 기질을 반영하여 쾌활하고 개방적·서민적이다. 호주

근대식 양조법을 사용하는 호주 포도원

인이 발명해 낸 종이상자로 포장한 포도주를 보면 귀족적 프랑스 양조가가 눈살을 찌푸릴지도 모른다. 그러나 피크닉에서나 스포츠에서나 어떠한 레크리에이션에서도 함께 할 수 있는 포도주를 호주인은 발명해 냈다. 캔맥주와 같이 종이팩 와인이 보편화될 수 있다는 참신한 발상을 호주인은 해냈고 그것을 실천하고 있다. 그리고 호주산 포도주는 대체로 품질에 비해 가격이 저렴하여 누구나가 쉽게 접근할 수 있다.

이러한 포도주의 혁신은 미국과 비슷하게 1960년대 이후에 호주에 불어 닥쳤다. 20세기 대부분을 통하여 호주의 포도주는 달착지근하고 알코올 농도가 아주 강한 값싼 포도주였다. 그러나 근래 수십 년 간 고품질의 드라이 와인을 주로 생산하는 방향으로 바뀌었다.

호주에서 산출되는 포도주 중에는 특히 과일향이 듬뿍 든 샤르도네, 꿀맛 같이 단 세미용, 그리고 잘 익은 매실 맛이 나는 시라가 유명하다.

호주의 포도주 양조장은 소규모로서 좋은 포도주를 생산하는 곳도 상당히 있으나, 대부분 중간 정도 규모의 양조장과 4개의 대기업이 호주 포도주 생산의 반 이상을 차지한다. 이 네 양조장은 서던크롭 와인(Southerncrop Wines), BRL 하디(BRL Hardy), 올란도 윈담(Orlando Wyndham), 그리고 밀다라 블라스(Mildara Blass)이다. 밀다라 양조장의 모태인 포스터(Foster) 양조장은 호주 내 여러 곳에 양조장을 세웠고, 또한 미국의 베링거 양조장도 소유하고 있다.

1. 호주 포도주의 역사와 문화

오스트레일리아에 처음으로 포도원을 세운 사람은 18세기 말에 뉴 사우스 웨일즈로 이민온 사람들로부터 시작되었다. 처음으로 포도재배를 시작한 사람은 포도주란 마시는 것 말고는 아는 바가 전혀 없었던 영국 이민이었다. 이들은 그들의 정착지에서 포도재배를 시험하였다. 그러나 그 곳의 기후는 포도재배에는 너무 덥고 습기가 많아 제대로 생산할 수 없었으므로 포도재배는 발달하지 못했다.

그러나 주민이 점차 1850년대와 1870년대에 내륙으로 들어가 헌터계곡 (Hunter Valley)에 자리 잡으면서 그 곳의 보다 서늘한 기후 덕분에 포도재배가 확산되기 시작하였다. 하지만 1877년에 호주도 세계 곳곳의 다른 나라들과 마찬가지로 필록세라의 기습을 받는다. 특히 빅토리아지역에 세워진 포도원에서 그 피해가 컸는데, 이 곳에서도 필록세라에 내구성이 강한 미국 품종의 뿌리를 들여와 포도원을 재건했다. 그러나 이 재건된 포도원에서는 달고 값싼 포도주만 생산할 뿐이었다.

그러나 1960년대에 다시 포도주 양조는 새로운 양상으로 부활하기 시작했다. 새로운 포도주 양조장은 신기술을 도입하면서 이전의 싼 포도주와는 맛이 다른 제대로 된 포도주를 생산해내었다. 그들은 드라이 테이블 와인을 주로 공략하여서 성공하였다. 1960년에 단지 100만 케이스를 생산해 내던 것이 1999년도에는 그 생산량이 8,500만 케이스를 생산하게 되었다.

호주의 포도주 양조장은 아방 가르드적으로 양조를 실험하고 또 개성있게 밀고 나간다. 예컨대 그들은 두 가지 이상의 품종을 혼합하는 블랜딩과 양조를 위한 좋은 포도 선택에 좋은 포도주를 생산해내는 비결이 있다고 본다. 그래서 호주 포도주의 대부분은 한 지역의 포도로만 만들어지지 않는다. 호주의 포도주는 예컨대 동남부지역의 포도주라고 명기 되는 적도 많은데, 이것은 넓은 동남부 지역의 전체를 섭렵하는 여러 지역에서 생산된 포도

중에서 좋은 것들만 골라서 양조되는 것이 보통이다. 한편, 호주에서도 호평받는 포도주가 한 군데 포도재배지역의 이름을 표기하는 전통적 관례도 많이 시행된다. 즉 그들은 쿠나와라(Coonawarra), 바로사 계곡(Barossa Valley), 또는 마가렛 강(Margaret River)이라는 이름을 달고 있다.

인구가 희박한 호주에서는 포도수확기에 일손이 부족하다. 이것이 그곳에서 포도재배를 기계화로 이끈 근본 원인이다. 수작업으로 하는 작은 포도원도 있으나 대개는 포도를 수확하는 일은 물론 가지치기, 잎 따주기, 농약 살포 등 많은 일을 기계가 담당한다. 호주의 미래지향적 포도원에서는 그밖에도 여러 가지 참신한 재배방법을 실험·도입한다. 예컨대 격자울타리를 세우는 트렐리스 시스템(trellis system)으로 포도를 보통보다 더 빽빽하게 심지만 가지들이 햇볕을 더 많이 쪼이게 한다든가, 한편 어떤 포도원은 여태까지 해왔던 가지치기를 하지 않고 포도나무를 있는 그대로 덤불지게 한다. 이런 방법이 더 좋은 포도를 생산하느냐는 아직 확실히 입증되지는 않았으나 다른 나라의 포도원이 이런 호주의 방법을 사용하는 것을 보면 무엇인가 장점이 있음에 틀림없다.

호주의 양조가들은 테이블 와인에 코르크를 쓰지 않고 병마개를 썼는데 이것은 새로운 유행을 만들었다. 예컨대 클레어 계곡에서 산출되는 2000년도 빈티지 리즐링은 모두 병마개로만 만들어졌다.

여러 가지 포도주의 종류에 호주에서는 술통번호 자체를 많이 쓰는 것도 신기한 일이다. 예컨대 펜폴즈(Penfolds) 양조장에서 통번호(Bin) 407은 저렴한 카베르네이고, 707은 비싼 카베르네이다. 그리고 389는 그 양조장에서 가장 비싼 카베르네 시라이다. 그리고 린드만(Lindeman) 양조장의 통번호 65인 샤르도네는 품질에 비해 가격이 무척 저렴하므로 세계에서 가장 많이 팔리는 포도주 중의 하나이다. 50만 개 이상의 케이스가 팔려나갔다.

또한 호주산 포두주에는 대회수상품(Show Reserve)라는 특별한 칭호가 붙어있는 것이 있다. 이것은 국내에서의 포도주대회의 수상작품이라는 것을 뜻한다. 호주인은 포도주대회를 아주 진지하게 여기고 여러 군데서 많이 연다.

2. 호주 포도주의 특징

포도주법

오스트레일리아는 미국과 마찬가지로 포도주 양조에 엄격한 법을 적용하지 않는다. 그러나 포도 라벨에 품종을 명시하면, 사용된 포도의 85%가 그 품종으로 이루어져야 한다. 포도품종을 두 가지 이상 혼합하여 만드는 블랜드 와인(blend wine)을 양조하려면, 사용된 모든 품종을 %로 명시해야한다. 블랜딩 와인에서는 주종의 품종을 앞에 쓴다. 만일 카베르네 시라 라고 표시된 포도주는 카베르네를 더 많이 사용하였고, 시라 카베르네라고 명시되었으면 시라가 더 많이 사용된 것이다. 만일 라벨에 재배지역이 명기된다면 그것은 사용된 포도 중, 그 지역에서 생산된 포도가 85% 이상을 차지하여야 한다.

포도주의 종류

백포도주는 호주에서 생산되는 포도주의 약 60%를 차지한다. 30%만이 적포도주이다. 백포도주에서는 샤르도네가 주종을 차지하고 그 다음이 리즐링, 세미용이 차지한다. 주종을 이루는 적포도주는 시라와 카베르네 소비농이다. 늦게 수확하여 생기는 귀부곰팡이로 달게 만든 리즐링도 생산된다.

　　그러나 오스트레일리아에서 가장 좋은 포도주를 생산하는 서부 아프리카의 헌터계곡에서는 세미용이 가장 유명하다. 이 포도주는 세월과 더불어 숙성하면서 맛이 깊이를 더 해가는데, 10여 년 지나면 부드러운 크림과 같은 맛을 내며 은은히 퍼지는 오렌지향의 여운을 남겨 주는 사랑스러운 백포도주가 된다. 또한 가장 호평받는 시라는 그랜지(Grange)라는 이름이 붙여져 펜폴즈(Penfolds) 양조장에서 생산하는 포도주이다.

스파클링 와인 또한 호주에서는 빼놓을 수 없는 상품이다. 호주에서 생산되는 포도주는 20%가 스파클링 와인인데, 이들은 대개 샴페인 방법으로 양조되며, 피노 누아르, 샤르도네를 사용해서 드라이한 부르트 스타일로 생산된다. 그리고 호주는 마치 북부 이탈리아 지방에서처럼 적포도주로 스파클링 와인을 만들기도 하지만 이것은 대개 국내소비용이다. 가장 유명한 스파클링 와인은 빅토리아 지역에 있는 세펠트(Seppelt)에서 생산된다. 세펠트는 여러 지역의 포도를 혼합하여 스파클링 와인을 만든다.

포르트 스타일 포도주도 호주에서 생산되는데, 호주는 앞으로 유럽의 특정지역의 이름을 단 포도주를 생산하지 않을 것을 유럽국가와 약속했다. 또한 호주에서는 팔로미노(Pallomino)와 같은 스페인의 포도품종을 사용하여 셰리도 생산한다.

저렴하게 판매되는 종이팩 포도주(bag-in-the-box wine)는 호주 포도주 생산의 58%를 차지한다. 이것들은 상당히 다양한 포도주 품종으로 만들어졌는데, 샤르도네, 머스캣 알렉산드리아(Muscat of Alexandria), 프랑스종인 콜롱바르(Colonbard)나 트레비아노(trebbiano) 같은 품종으로 양조된다. 대부분 맛이 좀 떨어지는 단점이 있으나, 종이상자에 붙여 놓은 꼭지로 따라 마시는 이 포도주는 들고 다니기에 간편해서 포도주를 일상생활과 일반행사에서 손쉽게 즐길 수 있게 만든다.

포도주의 주요산지

호주의 포도주 산지는 남부 오스트레일리아(South Australia), 뉴사우스 웨일즈(New South Wales), 빅토리아(Victoria), 서부 오스트레일리아(West-ern Australia), 타스마니아(Tasmania)로 대별된다. 호주는 또한 이렇게 나뉜 포도재배지역을 통째로 섞어서, 가령 뉴사우스 웨일즈와 빅토리아, 그리고 남부 오스트레일리아 등 몇 개의 포도주 재배지역을 포괄하여 동남부 오스트레일리아산이라고도 라벨에 붙인다. 그러므로 호주산 포도주를 고를 때 가장 중요한 것은 포도주 양조장의 이름이다.

남부 오스트레일리아는 현재 호주의 포도주를 반 이상을 생산하며, 해밀턴(Hamilton), 세펠트, 펜폴즈 같은 유명한 양조장이 들어 차 있다. 종이팩 포도주가 많이 생산되는 곳도 이 곳이다. 특히 뮤레이(Murray) 강을 따라 남부 오스트레일리아에서 빅토리아를 거쳐 뉴사우스 웨일즈에까지 광활하게 펼쳐있는 리버랜드(Riverland)지역의 포도원에서는 관개농업으로 저렴한 종이팩 포도주를 생산한다.

뉴사우스 웨일즈지역에서 가장 유명한 곳은 헌터 계곡으로 이 곳은 시드니에서 북쪽으로 100km 정도 되는 데 있다. 이 곳은 유럽에서 최초의 이주민이 왔던 19세기 초에 포도주 농장이 들어섰다가 지지부진 했으나 1960년대에는 펜폴즈가 이곳에 포도원을 열면서 다시 포도재배가 활성화되었다. 이 곳의 기후와 토질은 포도재배에 너무 덥고 습한 듯하고, 토양도 이상적인 진흙타입이 아니지만, 신기하게도 아주 질이 좋은 샤르도네를 생산한다.

빅토리아에서는 1851년 금이 발견되었다. 많은 사람이 황금을 찾아 이주했으나 금이 잘 나오지 않게 되자 그들도 미국의 경우와 같이 포도주 생산에 손을 댔다. 그러나 곧 필록세라가 기습하여서 포도주 양조업은 쇠퇴했다가, 1960년대 이후 포도주 산업이 부흥하자, 빅토리아는 호주에서 세 번째로 중요한 포도재배지역으로 거듭 났다.

서부 오스트레일리아는 문명의 중심이 된 동남부와는 멀리 떨어진 개척지대이다. 이 곳에도 1820년대부터 포도주 양조가 시도되었으나, 너무 격리된 지역이었고, 인구가 희박함으로 해서 왕성하지는 못했다. 그러나 한때

제2차 세계대전 전에 호주에서 가장 잘 알려졌던 휴튼(Houghton)의 백버건디는 이 지역에서 생산되었으며, 달고 알코올농도가 높고 거친 포도주로서 셰닌 블랑, 머스카델, 샤르도네로 만들었었다. 비로소 이 지역에도 1970년대 이후에 양질의 포도주를 생산하는 양조장이 생겨나기 시작했다. 요즈음은 해양성 기후와 배수가 잘 되는 토양 덕분에 포도원은 보르도나 세미용, 소비뇽 블랑을 심고 있다. 샤르도네 재배도 마가레트(Margaret)강 유역에서 성공을 거두어 현재 호주에서 가장 좋은 포도주를 생산하는 곳이 되었다. 이 지역 양조장 중 가볼 만한 곳은 하워드 파크(Howard Park), 플랜타즈네트(Plantagenet), 곤드레이(Goundrey), 그리고 케이프 베일(Capel Vale) 같은 곳이다.

타스마니아는 오스트레일리아 연방에서 가장 작은 주로서 빅토리아에서 남쪽으로 약 200km 떨어져 있는 섬이다. 이 섬은 오래 전에 다윈이 진화의 법칙을 발견하였던 시험장으로 유명하다. 온화하고 일조량이 풍부한 해양성 기후로 요즈음 포도재배지역으로 주목을 받고 있으며 56개소의 포도주 양조장이 있다. 그 중에서 파이퍼스 브루크(Piperr's Brook), 무릴라 에스테이트(Moorilla Estate), 힘스커크(Heemskerk)가 유명하다.

남아프리카공화국 편

현재 남아공의 포도주생산은 세계 7위로서 최근에는 좋은 품질의 포도주를 저렴한 가격으로 출하하면서 세계적인 포도주 수출국으로 떠오르고 있다. 정부의 적극적인 포도주 수출 진흥정책에 힘입어 남아공에서는 1999년에 남아공 포도주 수출협회가 결성되어 포도주의 수출을 위해서 열심히 활동하고 있다. 이런 사업의 일환으로 남아공은 그 동안 국내행사였었던 네덜버그 경매를 2000년에는 세계적 이벤트로 만들어 세계시장의 포도주 구매자를 위해서 세계적 박람회를 개최했고 대성공이었다. 거기에는 100여 개의 남아공 포도주 생산업자와 영국, 미국, 네덜란드, 독일, 스캔디나비아, 캐나다, 일본 등에서 포도주 바이어가 모여들어서 성황을 이루었다.

남아공의 포도주 생산은 KWVBZA(남아공포도주양조공동조합)이 총괄하여 관리고 있다. 수출량은 갈수록 증가하여 1991년에는 약 800만 l 였는데 1998년에는 약 1억 2000l 가 되었다.

1. 남아프리카 포도주 역사와 문화

네덜란드인들은 1652년 케이프타운에 정착하기 시작했으며 그들은 케이프 타운의 서남부 끝에 있는 케이프에서 자라는 야생포도를 양조하였다. 그러나 남아프리카 공화국에서 포도주가 본격적으로 양조펴기 시작한 것은 케이프 타운의 수립자 얀 반 리벡(Jan van Rieeck)이 주도했다고 전해진다. 그는 1655년 포도주 나무를 네덜란드로부터 케이프에 들여와 포도주 양조에 착수 하였다. 당시 원양항해에서 희망봉을 돌아 인도양으로 나가는 범선에 승선한 선원 사이에는 비타민C 부족으로 오는 괴혈병문제가 심각했었는데, 그는 이 문제를 풀기 위해 포도주 생산을 장려했다.

그 후 케이프 식민지의 포도주 생산은 프랑스에서 쫓겨온 위그노 교도들 에 의해 기술적으로 더욱 발달되었다. 18세기 중엽에 이르면 케이프 포도주 는 유럽에 수출되어 18~19세기에 궁정에서 인기가 높았다. 특히 콘스탄치 아(Constantia)라는 머스캣을 주로 써서 양조된 달착지근한 포도주는 나폴레 옹이 즐겼던 술로 이름 높다.

네덜버그 경매(Nederburg Auction)

매년 4월 팔(Paarl)에서 열리는 케이프(Cape)의 휘귀포도주에 대한 네덜버그 경매는 부르군디의 호스피스 드본(Hospices de Beaune), 독일의 클로스터 에베르바크 (Kloster Eberbach), 미국의 나파 밸리 포도주 경매와 더불어 세계에서 가장 큰 포도주 경매행사에 속한다. 최초의 네덜버그 경매는 1975년에 남아공 포도주 양조가가 보다 품질좋 은 포도주를 생산하도록 장려하는 의도로 시상식을 여는 데에서부터 시작하였다.

이 경매에는 모든 남아공 포도주 생산자들이 참여하도록 초대받으며, 눈을 가리고 진행되는 시음회에서 선발되는 100가지의 포도주를 축제일에 경매한다. 경매 이익금은 남아프리카 호스피스협회에 기부된다. 안내는 011-27-21-770-2482이다.

그러나 영국이 18세기 말과 19세기 초에 걸쳐 케이프를 점령하고 1825 년부터는 수출용 포도주를 관리하면서 영국의 지배를 싫어한 네덜란드계 농민들이 이주해 버렸고 그 결과 포도주 양조업을 비롯한 농업이 침체되었다. 이에 더해서 19세기 말에 영국은 케이프에 주세를 부과하고, 그에 이어 필록 세라가 창궐하고, 또 1899년 보어전쟁이 일어남으로써 포도농사는 몰락하 여 일어설 줄을 몰랐다.

1970년대에 남아공은 아파르트헤이트 인종차별 정책으로 인해서 전세 계 국가로부터 경제제재를 받았는데, 이로써 포도주 산업도 계속 침체된 채로 남아 있었다.

그러나 1994년 넬슨 만델라가 최초의 흑인 대통 령으로 취임함으로써 경제제재도 사라지게 되었고, 이에 따라 포도주산업이 세계시장을 겨냥하며 부활하 여 포도주의 품질과 완성도가 현격하게 향상되었다.

2002년도 네델버그 경매광고

2. 남아프리카공화국의 포도주 특징

포도주법

1972년에 남아공에서는 포도주원산지법(Wine of Origin legislation)이 실행 되었다. 이것은 포도재배지역을 지역적 특성에 따라 분류하였다. 이 법은 더욱이 1990년대 중반에 에스테이트(estate) 제도를 수립했는데, 하나의 에스테이트 포도주는 지질과 토양과 재배조건이 동일한 환경에 속하는 곳에 서 재배되는 포도로 양조된 것으로 한 재배지역을 일컫는다고 명시하였다.

대부분 남아공의 포도주는 포도의 품종에 따라 라벨이 붙여진다. 그렇게 붙여진 라벨에는 75%의 해당 품종으로 포도주가 양조되어야 한다.

포도주 종류

남아공에서 생산되는 가장 대표적인 적포도는 카베르네 소비뇽이다. 이 품종으로 때로는 보르도형 블랜딩 와인을 만들기도 한다. 두 번째로 중요한 품종은 프랑스 원산인 생소(cinsau)이다. 케이프의 생소는 남아공의 한 실험실에서 1925년에 피노 누아르와 교배되었는데, 여기에서 나온 품종이 핀토지(pintoage)였다. 핀토지는 1959년에 스텔렌보슈 양조장에서 처음으로 양조되어서 지금까지도 사랑받고 있다. 이것은 마치 남아공의 진펀델 같은 로컬 포도주이다.

더운 기후를 좋아하는 소비뇽 블랑, 시라, 카베르네 소비뇽은 남아공에서 아주 맛좋은 포도주를 생산한다. 케이프의 소비뇽 블랑은 풍부한 허브 향과 훈제한 맛이나 구즈베리 딸기의 맛이 나며 이러한 맛을 유지시키기 위해 스텐레스 술통에서 발표된다.

시라와 카베르네 소비뇽은 아프리카 포도주의 부드러운 질감을 갖고 있으며 훈제 맛이 감도는데 이 맛을 밝은 체리맛이나 매실, 커피맛이 중화하여 아주 복잡미묘한 매력을 발산한다. 남아공의 적포도주는 너무 현란하지도, 지나치지도 않은 솔직하고 적당한 품격을 갖고 있다. 근래에는 점점 양조가들이 포도주의 맛과 깊이를 더하기 위해 시라나 카베르네 소비뇽을 미국산 오크통에 저장하여 오래 숙성시키는 경향이 있다.

포도주 산지

남아공에서의 포도원은 주로 동남부에 집중되어 있다. 그 곳은 서쪽으로는 대서양을 만나고 남쪽으로는 인도양을 면해 있다. 내륙지방은 사막의 더운 기후여서 포도재배에 적합하지 않음으로 포도재배지역은 해안가를 따라 분포되어 있다. 그들은 콘스타치아(Constatia), 프란스초크 계곡(Franschhoek

Valley), 파알(Paarl), 스텔린보슈(Stellenbosch)로
서 케이프타운을 둘러싸고 있으며, 이 곳의 기후는
지중해의 더운 곳의 날씨를 연상시킨다. 포도원은
한낮의 찌는 듯한 더위를 피해서 고지대로 향하는
경사면에 있으며, 대서양과 인도양에서 불어오는 해
풍이 더위를 식혀 준다.

이상과 같이 오래 전에 잘 수립된 산지에 더해서
요즈음은 새로운 포도주 산지가 떠오르고 있다. 이
들은 인도양 오른편에 있는 모셀만(Mossel Bay)이나
케이프타운 가까이 있는 워커만(Walker Bay)과 엘
진(Elgine) 같은 곳인데, 소비뇽 블랑을 생산한다.

시원한 해풍이 불어오는 고원지대에 있는 De-
laire 포도원

좋은 포도원은 케이프타운에서 얼마 멀지 않은
거리에 있기 때문에 방문하기 아주 좋고 편리하다. 그루트 콘스타치아(Groot
Constantia)는 아름다운 네덜란드풍 건물이 예전의 남아프리카의 역사를 말
해 주고, 그 옆에 있는 자매 포도원인 클라인 콘스탄치아(Klein Constantia)
는 남아공에서 요즈음 떠오르는 근대 포도주 양조장의 모습을 보여 준다.
그리고 버켈더(Berkelder) 양조장은 예전의 케이프 더치 홈스테드(Cape
Dutch Homestead)를 재건축한 것으로서 좋은 관광지이며, 15명의 실력 있
는 양조가가 조합을 이루어 함께 양조하고 있다.

3. 포도주와 음식

흔히 남아프리카공화국의 음식을 생각하면 타조알을 떠올릴지 모르지만, 그
곳은 2면이 거대한 바다로 둘러싸여 있고, 내륙에는 풍부한 야생동물이 있다.
거기다가 다양한 민족이 섞여 살던 역사는 남아공의 식습관에 네덜란드, 영

국 그리고 말레이 요리법이 혼합된 다양성을 보여 준다.

남아공의 전통적인 식사에서 야외 바비큐 브라이(Braai)를 빼놓을 수 없다. 브라이에는 기니아 닭, 사슴고기, 돼지고기, 카루양, 소고기, 타조 같은 다양한 종류의 고기류가 등장한다. 이것들을 가지 친 포도 덩굴로 굽는다. 바비큐를 먹을 때는 또한 냄비에 채소와 양파 그리고 소고기를 켜켜이 얹어 놓고 오후 한나절을 계속해서 바비큐 불 옆에서 천천히 끓이는 파제코(potjekos)와 무쇠 프라이팬에 구어내는 팟브레드(potbread)가 곁들여지게 마련이다. 식당에 가면, 아마 이런 팟브레드 대신에 발아된 밀로 만든 네덜란드식 빵을 제공할 것이다. 이런 바비큐에는 남아공의 카베르네 소비뇽이 잘 어울린다.

또한 인도양과 대서양으로 둘러싸인 그 곳에서는 해물요리도 풍부하고 보편적이다. 특히 남아공의 바다가재라는 크레이 피시(Cray fish)와 전복, 홍합, 오징어, 조기, 굴, 심해에서 잡는 큰 생선으로 만드는 요리는 앞에서 말한 세 나라의 혼합된 방법으로 다양하게 요리된다. 생선 요리는 소스의 강약에 맞추어 소비뇽 블랑이나 적포도주를 맞추어 먹는다. 생선이라고 해도 강한 말레이시아 카레소스로 조리한 것이면 시라나 카베르네 소비뇽이 제격이다.

포도주 상식

 ## 포도와 포도주에 관하여

포도 열매는 무게로 따진다면 75%가 과육, 20%가 껍질 그리고 5% 는 씨로 되어있다. 과육은 부드럽고 즙이 많은 포도의 중심으로 바로 이것에서 포도주가 나온다. 달콤한 과즙에는 산, 미네랄, 팩틴 산 그리고 비타민 성분이 함유되어있다. 과육 속의 당분은 양조시 알코올로 변하는 중요한 역할을 한다. 포도 껍질의 역할도 매우 크다. 이 부분은 포도주의 향과 맛을 책임지며, 특히 색깔과 탄닌 성분을 제공한다.

포도 열매가 포도주가 되어 유리 잔에 이르기까지를 살펴보자.

알코올은 효모가 포도 열매의 과육에 담긴 자연산 설탕과 접촉하여 나타난 결과라 할 수 있다. 포도가 잘 익으면 익을수록 그 안에 포함된 자연산 설탕성분은 더 많아지고, 알코올 농도는 더욱 높아지게 된다. 알코올은 향과 맛에도 영향을 미친다. 알코올 도수가 높으면 강렬한 냄새가 나고 약간 타는 듯한 감각을 느끼게 한다. 그리고 알코올의 맛은 달콤하다. 오직 물과 순수한 에틸 알코올로 이루어진 이 용해물질은 달콤한 미감을 느끼게 해준다.

포도에 함유된 산(Acid)은 매우 중요한 요소이다. 포도 열매가 익으면서 설탕 성분은 증가하고 산 성분은 감소한다. 따라서 이 두 성분이 적절한 균형을 이루기 위해서는 수확 시기를 잘 선택해야 한다. 산도는 포도주에 활력을 주고 갈증을 풀어주는 역할도 한다. 충분한 산도를 지니지 못한 dry wine은 활기 없고 투미한, 마치 김빠진 맛이다. 또한 충분한 산도를 지니지 못한 sweet wine 역시 활기 없는 느낌을 준다. 반면에 산도가 너무 높은 포도주는 품위 없고 쓴 맛을 느끼게 한다. 결국 가장 적당한 산도를 지니는 것은 레모네이드에서처럼 포도주에 있어서도 중추적인 부분이다.

캘리포니아나 오스트레일리아처럼 더운 기후에서는 포도가 고유한 자연 산성을 빨리 상실하게 된다. 그래서 양조자는 포도주의 발효시 1ℓ당 2~3g 의 산을 넣어 산도를 조정한다.

탄닌(Tannin): 포도의 껍질과 씨에 함유된 탄닌 성분은 특히 적포도주에서 가장 흥미를 끄는 구성 분자이다. 어떤 포도주가 최상급인지 하등급인지를 판가름하는데 있어 탄닌 성분이 다른 구성 분자들과 이루는 양과 균형의 비중은 매우 크다. 지나친 양의 탄닌은 마치 수축 포장에 싸인 것처럼 입 안을 거북스럽게 만들지만 다른 요소들과 균형을 이룬 알맞은 양은 포도주의 중추가 탄닌임을 느끼게 한다. 잘 숙성된 탄닌은 풍요로운 색깔과 조화를 이루며 떫은 맛을 강하게 내지 않는 포도주를 만든다.

과일향과 맛(Fruitiness): 포도주에서 과일 향과 맛을 내는 것은 과일 풍미는 덜 숙성된 포도주의 특징이지만 숙성된 포도주에서도 드물게 나타난다. 또한 일부 포도 품종은, 예로서 게뷔르츠트라미너와 가메이 품종은 과일향과 맛이 매우 강하게 나타난다.

단맛과 드라이한 맛(Sweetness와 Dryness): 만일 익은 포도 열매의 설탕 성분 모두가 알코올로 변한다면 그 포도주는 쌉쌀한 맛만을 낼 것이다. 또한 설탕의 일부만 알코올로 변한다면 잔여 설탕으로 인해 포도주는 높은 당도를 갖게 될 것이다. 캘리포니아 리슬링 같이 잔여 설탕이 1~2%인 과일맛 나는 포도주는 대부분의 사람들이 드라이한 맛으로 생각한다. 3% 의 설탕 성분은 약간의 달콤한 맛으로 간주되고, 5~30% 또는 그 이상은 디저트용 포도주이다.

최고 명성의 포도주는 아무데서나 나오지 않는다. 지구 상에는 최고품질의 포도주가 생산될 수 있는 요건을 갖춘 소수의 산지가 있다. "포도주는 포도원에서 만들어진다" 또는 "포도주 맛은 포도 농사와 함께 시작된다"는 말은 포도주 양조에 있어 제배가 얼마나 중요한지를 설명해주고 있다. 어머니가 아이의 출생에서 행하는 역할 보다 포도원이 포도주에서 차지하는 역할 보다 덜 중요하다고 생각하는 양조자는 그 어디에도 없을 것이다. 또한 포도 제배자에게는 훌륭한 포도주의 원료를 제공하기 위해 기후, 토양, 포도 품종, 클론(clone), 접목의 접본(rootstock), 포도나무 사이의 간격, 그밖의 많은 요건들을 숙고해야 할 의무가 따른다.

1. 기 후

자연은 기후를 통해 포도주의 질에 큰 영향력을 행사한다. 포도나무는 대략 10℃에서 성장을 시작한다. 그 이하의 기후에서는 수면 상태에 있다. 그리고 매일 평균 기온이 17℃~20℃에서 꽃을 피운다. 착화도 매우 중요하다. 아무리 좋은 기후 조건에서도 포도 꽃의 85%까지가 열매를 맺지 못한다. 기온이 27℃대 중간 정도에 이르면 성장이 최고조에 달해 무성해진다.

물은 햇볕만큼이나 큰 중요성을 지닌다. 그러나 물의 적절한 양은 없다. 포도나무가 얼마만큼의 물을 필요로 하는 지는 포도나무의 나이, 크기 그리고 성장기간, 성장기의 온도, 바람, 습도, 배수, 토양의 물 보유 능력, 포도나무간의 간격 등에 따라 다르기 때문이다. 포도나무는 결코 제멋대로 자라지 않는다. 메마른 토양에서는 뿌리를 땅 속 더 깊이까지 파고들어 물을 찾는다. 그리고 거기서 보다 안정된 환경을 찾아내는 것이다. 포도나무는 잘 발달된 뿌리 체계를 통해 가뭄을 조절하고 다른 기후적 어려움을 극복하는 것이다.

포도주의 질을 보장받기 위해 많은 유럽 포도주 생산 지역들은 포도 성장 시에 관계 수로에 의한 물 공급을 금지한다. 유럽에서 자연에 의한 강우와 습도는 포도나무가 건강하게 자라기에 충분하다. 만일 여기에 관계 시설로 물을 공급한다면 의심의 여지없이 더 풍요로운 생산량을 나타낼 것이다. 그러나 이것은 곧바로 질적 저하로 연결될 것이다.

유럽과는 달리 캘리포니아, 오스트레일리아, 워싱턴 주 그리고 칠레 같은 건조 지대에서는 가뭄으로 어려움을 겪는다. 그래서 관계 수로가 허용된다.

포도는 봄에 꽃이 피기 전에 물이 필요하다. 이 순간에 물이 없으면 착화가 되지 않는다. 물은 또한 초여름 백포도의 경우 초록 빛 열매가 노란 색을 띨 때, 그리고 적포도의 경우 자주 빛을 띨 때 절실히 요구된다. 이때 물이 부족하면 열매가 작아지고 완전히 익지도 못하는 것이다.

그러나 매번 물이 요구되는 것은 아니다. 수확기 전에는 물 공급을 막는 것이 매우 중요하다. 수분 공급이 많아지면 포도의 당도가 낮아지고, 또한 심한 비가 내리는 경우에는 낙과율도 높아지고, 크게 손상을 입는다.

2. 바 람

포도 재배시 적절한 바람은 통풍에도 좋고 포도 열매가 썩는 것도 막아준다.
그러나 매서운 찬 바람이 불면 문제는 달라진다. 꽃이 핀 직후 부는 바람은
매우 위험하다. 열매가 맺는 것을 위협하기 때문이다. 모진 바람은 때로는
포도나무 잎 뒷면의 기공을 막아버릴 수도 있다. 이리하여 수분 증발이 중단
되면 뿌리는 수분 공급을 멈추게 되고 결과적으로 나무 줄기 안에 흐르는
수분이 줄어들고 나무의 성장은 멈추게 된다.

3. 토 양

대부분의 포도 제배자들은 가장 중요한 토양의 요건은 그 구조라고 한다.
특히 물을 배수하는 능력이 중요하다. 포도나무는 뿌리를 땅 속 깊이 뻗어내
려 수원과 자양분을 찾는다. 물의 배수를 위한 토양의 능력은 그 비옥도 보다
훨씬 중요하다. 세계 최상의 포도 제배지의 대부분은 비옥한 땅에 있지 않다.
오히려 많은 곳들이 거의 아무 것도 자랄 수 없는 황무지에 있다.

　세상에는 수많은 토양의 종류가 있다. 그들은 토양의 소립자의 크기에
따라 구분된다. 모래나 더 큰 입자는 배수에 적합하다. 그러나 침니(silt)처럼
소립자도 중요하다. 오히려 이것이 포도나무 성장에 도움을 주는 수분을 충
분히 함유한 비옥한 흑토와 진흙을 형성하기 때문이다. 또한 바위 층이나
유기물질도 물의 적절한 배수와 유지를 균형있게 조절해 주기 때문에 큰
도움이 되고 토양에 공기를 통하게 하는 역할이나 미네랄과 영양분을 공급해
준다.석회암과 편암은 균열로 얇게 잘라진 거대한 수직면을 이루고 있는데
포도나무 뿌리가 수분을 찾아 뻗어 내리기에 적합하다.

　포도 재배에서 토양이 갖추어야 할 또 하나의 중요한 요건은 색깔과 햇빛

의 반사능력이다. 추운 샹파뉴의 북부 지방은 포도나무가 따뜻한 태양 볕에 잘 익도록 강한 반사력으로 도움을 주는 백악질 토양에서 자란다. 토양은 포도주의 향에 큰 영향을 미친다. 물론 향은 다른 여러 가지 요인으로 달라진다. 다른 포도 품종, 다른 기후 등으로 향은 달라질 수 있다. 심지어는 불과 한 발자국 거리도 안 되는 곳에 있는 두 포도원에서 동일한 포도로, 동일한 조건과 동일한 양조업자가 만든 포도주가 맛이 다른 경우도 있다.

4. 좋은 땅에서 좋은 포도를

최고의 기후와 토양 조건을 갖춘 곳이라 할지라도 포도의 품종이 고려되어야 한다. 포도의 품종들은 물, 열기, 일조권, 바람 그리고 기후와 토양에 따라 각각 달리 반응한다. 훌륭한 포도주는 이처럼 포도의 품종이 그 환경이라는 채널에 정확히 들어맞을 때 생산된다.

일반적으로 카베르네 소비뇽, 진펀델, 소비뇽 블랑과 같은 품종은 비교적 따뜻한 기온을 좋아하고, 피노 누아르나 리슬링 품종은 차거운 기온에서 잘 적응한다. 포도가 완전히 익는 데는 지역이나 품종에 따라서 각기 다른 기간이 요구된다. 예로서, 리슬링은 캘리포니아에서 보다 독일에서 익는데 시간이 더 많이 걸린다. 또한 보르도 지역에서는 100일 정도가 걸리지만, 햇빛의 강도에 따라 120~150일까지 차이가 난다.

그러나 한 품종에 적합한 지역이 한 군데만 존재하는 것은 아니다. 물론 버건디(Burgundy)의 포도원에서는 피노 누아르가 유일한 품종이다. 한편 지구상의 많은 곳들에서는 한 지역에 둘 또는 그 이상의 품종이 잘 적응하는 곳들이 있다. 예로서 보르도나 캘리포니아 북부는 카베르네 소비뇽과 메를로가 잘 자란다. 이러한 품종들은 각기 수확기가 다르기 때문에 자연의 피해로부터 생산자의 손실을 줄여주기도 한다. 또한 이 품종들을 잘 혼합하면 보다 좋은 질의 포도주를 생산할 수도 있는 것이다.

5. 접 본

포도나무에 관한 단순하지만 놀라운 사실은 오늘날 지구상에 존재하는 대부분의 포도나무는 대부분이 그 자신의 뿌리에서 자라는 것이 아니라는 것이다. 대부분의 포도나무는 다른 접본(Rootstockcs)에 접목된 것 들이다. 접본은 단지 땅 밑의 뿌리 조직이다. 그리고 이것은 포도의 품종과는 관계가 없다. 포도 열매는 접본에 접목된 포도의 품종으로부터 나온다. 결국 뿌리의 역할은 물과 자양분을 공급하는데 있다고 여겨질 수 있다. 그러나 접본은 실제에 있어 훨씬 더 복합적이고 중요한 역할을 수행한다. 그들은 포도나무의 생장력, 열매 맺기, 그리고 질병과 가뭄에 대한 저항력을 길러준다.

1800년대만 해도 대부분의 포도나무는 원래의 뿌리에서 성장했다. 그러나 뿌리를 먹는 진디인 필록세라가 퍼졌을 때, 접본의 중요성이 인식되기 시작했다. 질병에 강한 북아메리카 산 포도의 접본은 이 재앙적인 병충해의 구세주였다. 오늘날 세계 대부분의 포도원의 포도나무들은 북 아메리카 산 포도의 접본에 접목된 것들이다. 이 아메리카 원산 접본들은 비티스 리파리아(Vitis riparia), 비티스 루페스트리스(Vitis rupestris) 그리고 비티스 베르란디에리(Vitis berlandieri) 세 종류이다.

6. 포도원과 수확

포도나무의 크기와 형태는 품종과 기후의 영향을 받는다. 포도나무의 가지치기, 시렁에 포도나무를 올리는 방식, 나무 간의 간격 등도 매우 중요하다. 가지치기는 겨울에 나무가 동면 상태에 있을 때 행한다. 가지치기가 철저하게 행해지면 열매와 나무의 힘이 보장된다. 그러나 가지치기가 적게 된 포도나무는 새싹도 많이 나고, 잎도 무성해지며 너무 많은 열매를 맺어 질적으로 문제가 된다. 과잉 생산은 열매의 완전한 성숙에도 어려움을 주고 이듬해에 포도나무의 성장에도 큰 지장을 준다.

세계 도처에서 오래된 포도나무들은 땅 위를 기어 다니듯이 자라지만, 현대의 포도원의 대부분은 시렁 위에서 높게 자란다. 이런 제배 방식으로는 공기의 유통이 보장되고, 열매가 햇볕을 듬뿍 받아 잘 익게 되고 부패되지 않는 장점이 있다.

포도나무의 시렁은 포도 품종과 장소에 맞게 조정되어야한다. 힘이 약한 나무는 공기 유통과 햇빛을 많이 받게 하기 위해 수직의 단일 시렁에서 제배한다. 그러나 포도나무의 원기가 강하면 햇빛이 중앙으로 잘 침투할 수 있도록 두 가닥 줄을 따라 V자 형태로 된 덮개 있는 시렁에서 제배한다.

포도나무 시렁만큼이나 나무 간의 간격도 중요하다. 과거에 포도나무는 단지 경제적 요인으로 그 간격이 결정되었다. 유럽에서는 노동자가 등에 바구니를 메고 일할 수 있을 만큼의 간격 또는 말이 쟁기질을 할 수 있을 만큼의 간격을 두고 포도나무를 심었다. 그러나 캘리포니아에서는 더 큰 간격을 두는데 나무와 나무 사이는 2.5m, 또한 열 간의 간격은 3.7m로 거의 모든 농기계, 특히 트랙터가 불편 없이 일할 수 있게 했다.

사실 포도 나무 사이의 간격이 좁으면 좁을수록 나무뿌리들은 동일 토양에서 물과 자양분을 찾기 위해 경쟁해야만 한다. 만일 포도나무가 매우 힘이 넘쳐나면 이 같은 경쟁은 유익하다. 포도나무의 성장을 느리게 해주고, 포도 송이의 수를 조절해주며, 보다 안정된 균형을 이루게 해주기 때문이다. 이렇게 되면 더 좋은 포도 열매와 더 좋은 포도주를 보장해주는 것이다.

캘리포니아에서는 이제 나무간의 간격을 더욱 가깝게 하고 있다. 20년 전에는 1에이커(약 0.4ha)에 400~600그루를 심었다. 그러나 이제는 1에이커당 600~3,000그루까지 제배한다.

최근 포도의 수확도 손으로 하였던 예전과는 달리 기계의 힘을 많이 활용한다. 이것은 장단점이 있다. 기계는 사람처럼 선별력이 없다. 익은 것과 안 익은 것의 구분을 하지 못한다. 기계는 또한 나무에 손상을 입힐 뿐만 아니라 열매에도 많은 피해를 입힌다. 그러나 기계는 포도가 익자마자 순식간에 커다란 포도밭 전부를 쉽게 수확한다. 보통 8시간 작업에 80~200톤을 수확한다. 그러나 인간은 2톤 정도를 딸 수 있다. 더욱이 기계는 악천후에도 일을 할 수 있다. 또 하나의 이점은 저녁에 기온이 차가울 때도 작업이 가능하기에 포도 열매의 신선도가 보장된다. 마지막으로 기계에 의한 작업은 수작업 보다 저렴하고 특히 노동력이 부족한 지역에서는 매우 중요하다.

7. 포도주의 양과 질

값싼 포도주를 생산하는 양조자는 질을 따지지 않기 때문에 최대한의 생산량에만 관심이 있다. 캘리포니아에서 나파 벨리의 카베르네 포도원에서는 1에이커 당 5톤 정도의 포도를 생산한다. 언덕에서는 3~4톤이 일반적인 생산량이다. 그리고 일부 지역은 2톤 정도를 생산한다. 반면에 오스트레일리아의 스페인 품종 페드로 시메네스(Pedro Ximenez)를 제배하는 곳에서는 1에이커 당 무려 20톤을 생산하여 싸구려 주정 강화 포도주를 만들기도 한다.

물론 가장 완벽한 수확량은 없다. 평균 이상의 포도주 중에서 특히 샤르도네와 카베르네 소비뇽은 매우 폭넓은 수확량에서 만들어진다. 그러나 피노 누아르 같은 품종은 수확량이 어느 수준을 넘어서면 포도주의 질이 떨어진다.

양과 질은 서로 양립할 수 없는 것인가? 모든 포도원에는 한계점이 있다. 즉, 너무 많은 포도 열매는 그 포도원의 균형을 잃게 하고 포도주의 질을 급락시킨다.

포도품종

　일반적으로 세계적인 명성을 지닌 포도주는 대부분이 우리가 알고 있는 고전적 포도 품종(Classic Variety)의 산물이다. 따라서 어떤 경우에는 포도 품종이 포도주의 이름을 대신하기도 한다. 고전적 포도 품종의 위치에 서기 위해서는 오랜 기간 동안 그 질의 뛰어남이 입증되어야하고, 도처에서 제배되어 우수한 포도주가 생산되어야 할 것이다. 여기서는 대표적인 포도 품종을 백포도주와 적포도주 품종으로 구분하여 살펴보고자 한다.

1. 고전적인 백포도주 계열

샤르도네

오랜 기간 샤르도네는 세계적으로 훌륭한 백포도주의 모체로 인정받고 있다. 바닐라, 버터, 버터볼, 버터 바른 토스트, 커스터드(Custard), 풋사과, 열대과일, 레몬, 파인애플 등의 향미가 싱싱하고, 크림 같으며, 깊은 맛이 넘쳐나는 이 품종의 특질과 조화를 이룬다. 미국, 오스트랠리아, 프랑스의 버건디 등에서 샤르도네는 오크 통에서 발효되고 짧게 숙성된다.

　샤르도네는 오늘날 전세계적으로 제배되는데 대표적인 곳들은 아르헨티나, 오스트레일리아, 미국의 캘리포니아, 롱 아일랜드, 오레곤, 택사스, 버지니아 그리고 워싱톤 주, 칠레, 프랑스의 버건디, 샹파뉴 그리고 랑그독-루씨용(Languedoc-Roussillon), 이탈리아의 베네치아와 토스카나, 뉴질랜드, 남아공 등이다.

소비뇽 블랑

산도가 강하고 허브 향이 풍기는 이 품종의 이름은 프랑스어의 소바쥐 (sauvage) 즉, "야생의"이라는 의미에서 나왔다. 세밀하게 분석한다면 이 포도는 밀짚, 건초, 목초지, 연기, 녹차, 허브의 향미를 느끼게 한다.

최고의 품질은 프랑스의 르와르 계곡과 뉴질랜드에서 나오지만 오스트레일리아와 남아공에서도 질 좋은 포도가 생산된다. 보르도에서는 모든 백포도주가 이 소비뇽 블랑(Sauvignon Blanc)에 세미용을 블랜딩해서 양조된다. 시큼한 허브향의 소비뇽 블랑과 달콤한 세미용의 결합은 오스트레일리아와 캘리포니아에서도 이루어진다.

세미용

보르도와 캘리포니아에서는 종종 이 품종이 소비뇽 블랑과 혼합으로 훌륭한 백포도주를 탄생시킨다. 보르도의 쌉쌀한 백포도주와 소테른(Sauternes)의 달콤한 포도주는 약간의 소비뇽 블랑을 가미한 세미용의 산물이다. 세미용 (Sémillon)은 사실상 소테른에게 가장 이상적인 품종이다. 보르도를 벗어난 다른 지역에서 세미용이 가장 많이 제배되는 곳은 매우 훌륭한 쌉쌀한 백포도주를 생산하는 오스트레일리아이다.

종종 숙성의 정도는 세미용의 특성을 크게 바꾸어 놓는다. 오래 숙성된 세미용은 풍요롭고 달콤한 향미를 제공하며 라놀린 같은 특성을 나타낸다.

2. 고전적인 적포도주 품종

카베르네 소비뇽

가장 뛰어난 적포도 품종으로 자타가 공인하는 카베르네 소비뇽(Cabernet Sauvignon)은 숙성도에 따라 놀라운 변화를 보여준다. 이 포도의 향미는 매우 다채롭다. 검은 딸기, 건포도, 계피, 민트, 유카리 나무, 삼나무, 가죽 그리고 자두의 향이 집합되어 있다. 이 향들은 숙성도에 따라 한데 섞여 달콤한 아말감을 이룬다. 이러한 강한 특성 때문에 이 품종은 오크 통과 병에서의 오랜 숙성을 필요로 한다.

이 품종에서 나온 세계 최고의 와인은 마고(Margaux)의 메독코뮌과 보르도의 생-에스떼프(St.-Estèphe)에서 나온다. 그리고 캘리포니아, 오스트레일리아와 이탈리아에서도 수준 높은 포도가 생산되고 있다.

메를로

카베르네와 비슷한 향미를 지닌 메를로는 눈가리고 하는 시음에서 서로가 혼동되기 쉽다. 이 품종의 향미는 검은 딸기, 자두, 계피, 초콜릿, 모카 그리고 가죽의 느낌도 준다.

역사적으로 가장 유명한 메를로(Merlot) 품종의 재배지는 보르도의 뽀메롤(Pomerol)과 셍테밀리옹(St.-Emilion)이다. 그러나 메를로는 거의 항상 카베르네 소비뇽, 카베르네 프랑 또는 말백이나 뻬띠 베르도(Petit Verdot) 등과 혼합해서 사용된다. 오직 세계에서 가장 비싼 포도주의 하나인 뽀메롤의 샤릴 페트뤼(Château Pétrus)만이 90%의 메를로를 사용한다.

보르도와 캘리포니아에서 메를로는 카베르네 소비뇽 보다 부드럽고, 과육이 많다고 평가된다. 이 품종은 오늘날 미국의 캘리포니아, 롱 아일랜드,

버지니아 그리고 워싱톤 주와 이탈리아의 트레 베네치에(Tre Venezie), 칠레, 프랑스의 보르도와 랑그독-루씨용(Languedoc-Roussillon)에서 제배되고 있다.

피노 누아르

이 품종은 그 어느 포도주 보다 육감적인 술을 창조해 낸다. 피노 누아르(Pinot Noir)는 유연하고 부드러우며 흙내음이 풍기는 포도이다. 또한 이 포도로 담근 술에서는 따끈하게 구운 버찌, 자두, 습기찬 흙, 버섯, 삼나무, 궐련, 초콜릿, 닳아 빠진 가죽, 땀 그리고 낙엽의 향미가 느껴진다.

피노 누아르는 카베르네, 메를로 그리고 진펀델에 비해 탄닌 성분이 적고 색깔도 더 연하다. 모든 고전적 포도 품종 중에서 이 품종은 포도주를 만들기에 가장 어렵다. 또한 제배시 기후변화에도 민감하고 토양에 따른 변화도 심하다. 버건디 지역은 보졸레를 제외하고 모든 적포도주가 이 피노 누아르로 빚어진다.

신세계에서는 오레곤과 캘리포니아의 중남부와 소노마 해안 등에서 많이 제배되며 프랑스의 버건디와 샹파뉴 그리고 뉴질랜드에서도 좋은 포도가 생산된다.

시라

이 품종은 소박하고 남성답지만 우아함도 잃지 않는 유명한 론 지역의 포도주를 생산한다. 이 품종은 가죽, 습기찬 흙, 야생 검은 딸기, 연기, 구운 고기 그리고 후추와 향신료의 향미를 지닌다. 론 계곡 북부의 에르미타쥬와 꼬뜨-로떠는 최고의 시라 포도주 생산지이고 남부에서는 다른 품종과의 블랜딩이 이루어진다. 오스트레일리아와 캘리포니아에서는 부드럽고, 걸쭉하고 시럽

같은 나무딸기의 향미를 지닌 시라(Syrah)가 생산된다.

17세기에 프랑스 위그노파가 이 품종을 남아공의 희망봉지역에 옮겨심어 "Shiraz"로 개명되었고, 이곳에서 다시 오스트레일리아로 건너가 "Syrah Shiraz"라 불리고 있다.

3. 그 밖의 주요 품종들

백포도주 품종

게뷔르츠트라미너

접두어 gewürz는 독일어에서 향료를 의미한다. 실제로 이 품종은 여주열매, 생강 빵, 바닐라, 푸르트 칵테일 시럽, 연기, 미네랄, 인동덩굴 등의 다양한 향미를 지닌다. 프랑스의 알자스 지방은 놀랄만큼 쌉쌀한 맛의 게뷔르츠트라미너(Gewürztraminer) 포도주를 생산하고, 알자스처럼 추운 기후의 독일에서도 맛 좋고 향기로운 백포도주가 만들어진다.

피노 블랑(Pinot Blanc)

이 품종은 일반적으로 좋은 포도주의 원료이지만 최고의 술은 만들어내지 못한다. 캘리포니아 산은 소박한 샤르도네 포도주와 비슷하다. 그러나 이탈리아의 트레 베네치에와 프랑스의 알자스에서 생산하는 소량의 백포도주는 실로 환상적이다.

피노 그리스(Pinot Gris)

이 품종은 어디서 제배하는가에 따라 각기 다른 맛을 낸다. 이탈리아의 틀「베네치에에서 생산되는 포도주는 단순하고 가벼운 편이지만 일부 소규모

양조자들은 마치 다른 품종을 사용한 것처럼 강렬하고 인상적인 술을 양조하고 있다.

미국의 오레곤 주에서도 1990년대에 이 품종이 널리 확산되었는데 배의 향미가 나는 좋은 포도주를 생산한다. 이 품종 역시 피노 블랑처럼 피노 누아르의 변종이다.

비오그니어(Viognier)

이 품종은 프랑스가 원산으로 론 계곡 북부지역에서 많이 제배된다. 이 포도로 빚은 꽁드리우(Condrieu)와 샤또-그리에(Château-Grillet)는 매우 뛰어난 포도주이고, 꼬뜨-로띠(Côte-Rôtie)의 시라 포도주에 소량이 혼합되어 좋은 향을 제공한다. 오늘날 이 품종은 론 계곡과 캘리포니아 외에도 랑그독-루씨용과 버지니아에서 제배되며 오스트랠리아와 이탈리아에서도 시험 제배되고 있다.

적포도주 품종

바르베라(Barbera)

오랜 기간 동안 바르베라는 거칠고 반드럽지 않은 질의 품종으로 알려졌다. 그러나 1980년대부터 이탈리아 북서부 피에몬테 양조자들은 바르베라 제배에 알맞은 토양을 찾고, 산출량을 조절하여 잘 숙성시킨 포도주를 생산하면서 놀라운 변화를 가져왔다. 이 포도는 검은 딸기, 검은 버찌, 검은 나무 딸기, 그리고 검은 자두의 향미가 입안 가득 풍요로움을 주고, 포도 자체의 높은 산도가 활력을 느끼게 해준다. 이탈리아의 대표적 포도이고 캘리포니아에서도 제배되고 있다.

가메이(Gamay)

가메이는 단연 보졸레(보졸레 누보)의 주 품종으로 잘 알려지고 있다. 검은 버찌의 과일향이 강하게 느껴지고 탄닌 성분이 약한 이 포도주는 약간 차갑게 해서 마시는 것이 좋다. 프랑스 밖에서의 가메이 제배지는 찾아보기 어렵다. 캘리포니아의 나파 가메이 역시 가메이와 다른 품종이다.

네비올로(Nebbiolo)

이 품종은 숙성 초기에는 탄닌 성분이 너무 강해 입안을 오그라들게 하는 것 같은 느낌을 준다. 그러나 잘 숙성된 후에는 유연함과 강렬함이 잘 조화를 이룬다. 이탈리아인들의 마음에 네비올로는 프랑스인들이 카베르네 소비뇽을 생각하는 것과 같은 의미를 지닌다. 이 품종은 이탈리아 북서부 피에몬테에서 생산되는 바론로(Barolo)와 바르바레스코(Barbaresco) 포도주의 원료가 된다. 포도를 수확하는 늦가을 언덕을 감싸고 도는 짙은 안개 "Nebbia"에서 연유한 네비올로는 타르, 바이올렛 그리고 탁하고 농도 짙은 에스프레소의 쓴 맛을 연상시키며 이탈리아 밖에서는 캘리포니아가 작은 제배 단지를 갖고 있다.

산지오베세(Sangiovese)

이탈리아의 가장 유명한 포도 품종 산지오베세는 투스카니의 끼안띠, 비노 노빌레 디 몬떼 불치아노그리고 최고의 권위를 자랑하는 고가의 부르넬로 디 몬딸치노(Brunello di Montalcino)의 주품종이다. 향미나 구조에 있어 이 품종은 피노 누아르와 많이 닮았다. 미 숙성시 산지오베세는 따끈한 체리 파이 같다. 그러나 잘 숙성된 후에는 낙엽, 말린 오랜지 껍질, 차, 모카와 흙내음이 어우러진다. 이 품종은 캘리포니아에서도 성공적으로 제배되고 있다.

템프라니요(Tempranillo)

스페인 포도주를 이끄는 이 포도 품종은 미 숙성시 버찌 향을 풍기지만 아메리카 산 오크 통에서 2년 이상 숙성하면 달콤한 바닐라 향미를 드러낸다. 템프라니요는 스페인 북부 중앙의 리오하 지역에서 많이 재배되며 그밖에도 포르투갈, 아르헨티나 등지에서 좋은 포도주를 생산한다.

진펀델(Zinfandel)

진펀델은 1998년 카베르네 소비뇽이 추월하기 이전까지 캘리포니아 최고의 생산을 자랑했다. 이 품종은 흔히 카멜레온으로 불리는데 백포도주와 적포도주 그리고 로제 까지도 만들기 때문이다. 그렇지만 전문가들은 진득진득한 검은 딸기를 다져넣은 것 같은 쌉쌀한 적포도주를 가장 높게 평가한다. 이 품종은 아메리카 원산으로 알려지고 있지만 사실은 유럽 품종으로 크로아티아 원산이다. 진펀델 포도주에는 가끔 라벨에 'old vines'라는 어구가 표시되는데 이것은 최소한 40년 생 이상의 포도나무에서 수확되었음을 의미한다.

 포도주 양조법

포도주는 인간과 5,000년 이상 함께 했다. 그러나 발효로 이루어지는 자연적인 공정이 알려진 것은 불과 150년 전부터였다. 파스퇴르가 이스트의 작용에 의한 설탕 성분의 알코올로의 전환을 밝혀낸 것은 1850년대였다.

2차 세계 대전까지만 해도 포도주는 두 개의 고전적인 방식으로 양조되었다. 백포도주 양조 방식과 적포도주 양조 방식. 유일한 예외가 있다면 세리주, 뽀르뚜 포도주와 같은 주정 강화주와 샴페인 같은 스파클링 포도주의 양조 방식이 있었다. 1960년대에 포도주 양조에 새로운 진전이 있었다. 스테인레스 탱크가 개발되어 온도를 조절할 수 있게 되었고 포도주의 향과 맛을 한층 개선시켰다. 이처럼 새로운 기술로 많은 발전이 있었지만 아직도 최고의 명성을 자랑하는 포도주는 그 양조 공법이 변하지 않고 있다. 포도주 양조는 항상 포도 재배에 최적합지의 선택 그리고 재배 품종에서 시작된다.

1. 적포도주 양조법

색소 외에도 포도의 껍질에는 탄닌 성분이 함유되어 있다. 적포도주는 포도 껍질과 함께 발효되기 때문에 그 안에는 백포도주 보다 훨씬 많은 탄닌이 포함되어 있다. 탄닌은 포도주의 중추적 역할을 맡고 있고 또한 자연 방부제의 역할도 수행한다. 탄닌 성분 때문에 적포도주는 백포도주 보다 오래 숙성될 수 있다. 모든 적포도주 품종이 다 동일한 양의 탄닌을 함유하는 것은 아니다. 유전학적으로 어떤 것은 더 많이, 어떤 것은 더 적게 이 성분을 지닌다. 예로서, 카베르네 소비뇽은 피노 누아르보다 많은 탄닌 성분을 지닌다.

탄닌은 포도의 씨와 꼭지에도 함유되어 있다. 그런 이유로 탄닌 성분이 많은 카베르네 소비뇽은 포도를 압착 분쇄하기 전에 필히 꼭지를 분리시켜야 한다. 아울러 탄닌 성분이 적은 론 지방의 그레나체나 버건디 지방의 피노누아르는 탄닌 성분을 강화하기 위해 열매꼭지도 함께 발효시킨다.

분쇄된 포도 열매, 껍질, 과육, 씨, 그리고 꼭지의 걸쭉한 반죽 덩어리는 모스트(Must)라 부른다. 예전에는 이것은 커다란 목조 통에서 발효되었다. 오늘날 대부분의 적포도주는 온도 조절이 쉬운 스테인레스 탱크에서 발효된다.

지하 저장고의 포도즙은 이스트의 작용으로 포도주로 변한다. 발효는 하나의 격렬한 화학 반응이다. 그 동안에 이산화탄소와 열이 발생한다. 이스트가 포도의 당분을 알코올로 전환시키기 시작하면 이산화탄소는 반죽 덩어리를 끓어 올려 포도 껍질을 포도주 표면에 떠오르게 한다. 그러나 양조자들은 이것이 떠오르는 것을 원치 않는다. 이 껍질이 포도주의 색깔과 탄닌 성분을 결정하는 중요한 역할을 할 뿐만 아니라 향에도 작용하기 때문에 양조업자들은 그것을 포도주 속으로 다시 침잔시킨다.

발효가 진행되는 동안에 모스트의 온도는 약 16~30℃로 올라가야 한다. 보다 높은 온도에서는 섬세한 과일향이 사라질 수 있다.

익은 포도는 8~15%의 알코올 성분을 지닌 포도주로 변한다. 자연적인 방법으로는 16.5% 이상의 알코올 농도의 포도주 생산은 불가능하다.

적포도주도 역시 이차적인 방법으로 양조될 수 있다. 보졸레 같은 포도주를 양조할 때는 포도 송이를 발효 탱크에 집어넣으면 그 안에서 산소가 이산화 탄소로 대체된다. 위에 쌓인 포도는 아래에 있는 포도를 짓눌러 분쇄한다. 그러면 자연적으로 포도 껍질에서 나온 효모의 도움으로 발효가 시작된다. 그리고 보다 많은 이산화 탄소가 발생한다. 이렇게 되면 그 일부는 포도 안으로 스며들어 발효를 촉진시킨다. 그 결과 부드럽고, 과일향이 강하고 포도향도 강한 포도주가 탄생하는 것이다.

일차 발효와 발생한 탄소의 외부 유출이 끝난 후 포도주는 껍질을 분리하고 통에서 배수하거나 다른 탱크로 옮겨 담는다. 이 포도주는 후리 런(Free Run)이라 부른다. 그리고 남아있는 포도주와 고형물은 압착하여 먼저 배수한 포도주와 섞거나 저급 포도주로 판매하기도 한다. 이 압착한 포도주는 종종 훌륭한 향과 값진 탄닌 성분도 함유한 것들이 있다. 최상급 포도주는 주로 이 프리 런으로 만들어진다.

적포도주는 통에서 일반적으로 몇 개월에서 때로는 수년 간 숙성된다. 발효 과정을 거친 포도주는 이스트 냄새가 나고 탄산가스가 베어 있어서 숙성 기간 동안에 복합적인 화학작용으로 점차 포도주의 향과 그 특질을 찾게 된다. 통 숙성의 가장 중요한 부분은 통의 밑바닥에 고형물을 침전시키는 것이다. 이를 레킹(Racking)이라 한다. 그리고 중간 부분에 맑고 깨끗한 포도주를 뽑아내는 것이다. 이처럼 찌꺼기를 침전시키고 포도주에 공기를 주입시켜 숙성을 돕는 과정은 수차례 반복된다.

말산의 유산 발효(Malolatic fermantation)

이 발효는 대부분의 적포도주와 많은 백포도주가 오크 통 숙성 동안에 자연적으로 겪는 중요한 과정이다. 이 과정은 양성 박테리아에 의해 일으켜 진다. 유산 발효 동안 사과산이 부드러운 젓산으로 변해서 보다 부드러운 포도주를 만든다. 양조자의 선호도나 지하 저장고의 기온에 따라 유산 발효는 효모에 의한 발효 동안에 뒤이어 즉각 이루어지거나, 또는 양조장 실내 기온이 약간 상승하는 이듬해 봄에 나타나기도 한다. 숙성의 마지막 단계에서는 아직 포도주에 남은 고형물을 정제하는 작업이 남는다. 정제는 지나치게 많이 남은 탄닌 함유율을 떨어트리고 포도주의 특성과 균형을 개선하는 과정이다. 포도주 정제에는 벤토나이트(Bentonite)(주: 화산재의 풍화로 된 점토의 일종으로 흡수재로 사용된다) 또는 계란 흰자 같은 물질이 사용되는 데 이 성분이 포도주의 고형물과 결합하여 무거워진 찌꺼기를 통 밑바닥에 침전하게 만든다.

오크 통 숙성과 병입 이전에 포도주는 여과되고, 이후에 포도주는 병입된다. 병 속에서 물과 알코올은 증발될 수 없다. 그리고 코르크 마개가 정상적이면 산소가 쉽게 침투하지도 못한다. 오크 통과는 달리 병 자체는 살균되어 있기에 화학적으로 활동력이 없다. 병 속에서 포도주의 성분은 천천히 조화를 이루며 유합하며 상호 작용한다. 오크 통과 병에서의 숙성은 함께 최상의 상태를 위해 공동 작용을 한다. 세계 최상의 적포도주는 항상 오크통에서 산화와 병에서 숙성을 경험한 것들이다.

 | 와인에 담긴 역사와 문화

2. 쌉쌀한 백포도주 양조법

비록 많은 양조자들이 포도 수확기에 엄청난 주의를 기울이지만 청포도의 경우에는 특별한 처리가 필요하다. 양조장에 도착하기 전에 분쇄된 열매는 껍질에서 탄닌 성분이 포도액으로 새어나간다. 이렇게 되면 포도주 맛은 매우 거칠어진다. 또한 수확시에 상처난 포도 열매는 백포도주의 향과 맛에도 큰 손상을 입힌다.

적포도주 제조시 색소가 든 껍질은 발효 동안에 포도액과 함께 남는다. 그리고 발효가 끝나면 제거된다. 그러나 백포도주에서는 포도액과 껍질이 발효 전에 분리된다. 양조장에서 포도는 차게 식혀진다. 이것은 포도의 신선도뿐만 아니라 섬세한 향을 유지하는 데도 도움이 된다. 그리고 압착하여 짜내진 포도액 역시 발효 전에 차갑게 냉각된다.

과거에 백포도주는 압착된 다음 침전 탱크로 옮겨졌다. 그리고 침전 과정이 끝난 후 발효에 들어갔다. 백포도주는 약 10~18℃에서 발효되도록 온도 조절 발효 탱크에 들어간다. 백포도주에서는 신선도와 과일 맛의 보존이 무엇 보다 중요하다. 온도 조절기능을 지닌 스테인레스 탱크는 두 겹으로 되어 있고 바깥 부분은 글리콜(주: 글리세린과 알코올과의 중간 물질로 부동액)이나 냉각수가 흐르며 항상 차거운 온도를 유지해준다.

통에서 발효를 할 때 통은 보통 3/4 정도가 채워진다. 포도주가 거품이 일어 넘치기 때문이다. 발효시 온도는 약 21℃까지 상승한다. 이때 효모는 오크 나무로부터 훈훈한 바닐라 향을 끌어낸다. 통 발효시 샤르도네 같이 깊은 맛이 나는 백포도주는 포도주 찌꺼기나 효모균이 남게 된다. 이 포도주에서는 이러한 고형물을 분리시키기보다 계속 남겨둔다. 결과로서 포도주는 효모로 절여지게 된다. 그리고 포도주는 보다 풍요로운 특성을 지니게 되고 때로는 보다 복합적인 요소를 나타낸다. 버건디나 캘리포니아에서는 찌꺼기가 그러한 효과를 강하게 하기 위해 정기적으로 휘저어진다. 샤르도네 같은 백포도주는 그 찌꺼기와 함께 4~12개월을 보낸다. 그리고 난 후 이것을 분리시킨다.

백포도주에서 유산 발효를 막기 위해서 양조자들은 효모균, 단백질 그리고 박테리아 등을 여과하고, 포도주를 차갑게 식히거나, 아황산염을 첨가한다. 이 시점에서 대부분의 포도주는 며칠 동안 얼기 직전까지의 온도로 차갑게 유지시킨다. 이렇게 하면 포도주에서 주석산염이 빠져나가고 병입 과정으로 들어가게 된다.

오크 통의 매력

오크가 없었다면 아마도 많은 훌륭한 포도주가 이 세상에 존재하지 못했을 것이다. 다른 많은 나무들이 있지만 오크가 포도주에 끼치는 영향력에 도저히 미치지 못한다. 오크와 포도주는 서로 간에 어떠한 친화력이 있는 것일까? 오크는 포도주를 변모시키고, 단순한 포도 쥬스의 발효를 넘어서 그것에 깊이, 길이, 복합성 그리고 강도 까지도 제공한다.

기원 2천년 훨씬 전부터 뚜껑 없는 오크 물통은 포도주를 담거나 운반하는 데 사용되었고, 로마 제국 시대에는 밀폐된 오크 통이 사용되기 시작했다. 유럽의 숲에 무진장한 오크 나무는 마멸되지 않고, 가벼우며 굴리거나 운반하기 위해 통을 만들 때 펴늘릴 수 있는 특성을 지닌다. 그리고 오크는 물이 새지 않는다.

또한 오크는 포도주 자체에 매우 바람직한 영향을 준다. 초기의 양조자들은 포도주가 오크 통 숙성 후 더 부드러워지고 맛도 개선되는 것을 알게 되었다. 최근에 양조 전문가들의 연구로는 그 이유를 두 가지 과정에서 찾는다. 첫째는 증발이다. 물과 알코올은 둘 다 밀폐된 오크 통의 널을 통해서 매년 10%씩 밖으로 방산된다. 통이 정상적이라면 포도주는 천천히 숙성될 것이다. 그리고 포도주 속의 효모균은 다른 구성 분자들과 결합하게 된다.

오크 나무는 복잡한 화학 성분으로 구성되어 있다. 이러한 특성이 포도주의 향미와 독특한 향을 특징지어 준다. 이들 중 가장 주목할 만한 것은 페놀이다. 페놀의 가장 중요한 등급이 탄닌이다. 오크 나무는 약 4백여 종이 있지만 이 중 3 가지가 포도주 제조에 사용된다. 즉, 아메리카산 오크 케르쿠스 알바(Quercus alba), 프랑스산 케르쿠스 로무르(Quercus robur)와 케르쿠스 세씰리플로라(Quercus sessiliflora)이다. 아메리카 산 오크가 포도주에 주는 향미는 프랑스 산과 매우 다르다. 아메리카 산은 바닐라 향이 강하고 프랑스 산은 전자 보다 더 미묘한 느낌을 준다. 어느 것이 더 좋다고 말하기 힘들다. 문제는 어떤 오크가 포도주에 과일향을 최고로 잘 돋보이게 하는가에 있다. 이것을 알아내기 위해 양조가들은 소량의 포도주를 각종 오크 통에 숙성시켜본다.

또한 그들은 새로운 통, 사용해온 통 또는 두 가지를 혼합해서 사용해보기도 한다. 이 모든 것은 최상의 포도주를 탄생시키기 위한 노력의 일환이다.

오크 통에서 얼마나 오래 포도주가 시간을 보내야하는가는 정해져 있지 않다. 캘리포니아산 피노 누아르는 1년간 오크통에 보관된 후 출고된다. 카베르네 소비뇽으로 만든 보르도 포도주는 오크 통에서 2년을 보낸다. 그리고 네비올로 품종의 바롤로는 4년이나 보관된다. 따라서 포도 품종 뿐만 아니라 포도주 자체의 힘과 강도에 문제가 있는 것이다.

향미를 위해 포도주는 얼마나 오래 숙성되어야 하는가도 관심사이다. 스페인에서 리오하 포도주 양조자들은 템프라니요 품종으로 최고의 적포도주를 만들기 위해 아메리카 산 오크 통에서 10년 이상을 숙성시킨다. 그렇게 해서 부드럽고, 소박한 바닐라 향이 풍기는 포도주를 만드는 것이다.

오크 통에서의 숙성은 오크 통에서의 발효와 동일하지 않다. 명백히 다른 이 두 가지 과정은 다른 결과를 가진다. 예로서, 오크 통에서 발효되고 6개월 동안 오크 통에서 숙성된 샤르도네 포도주를 상상해보자. 그리고 스테인레스 탱크에서 발효되고 동일한 기간 오크 통에서 숙성된 같은 포도주를 상상해보자. 비록 발효와 숙성이 오크 통에서 행해진 포도주가 가장 뚜렷한 오크와 바닐라 향미를 지니고 강한 탄닌 성분을 지닐 것으로 생각하겠지만 그렇지가 않다는 것이다.

오크를 현명하게 사용하는 것은 양조자의 선택사항이다. 즉, 오크 통에서 발효하지만 숙성은 다른 것으로 하는 방법, 오크 통에서 숙성은 하지만 발효는 다른 것에서 하는 방법 등은 자유이다.

오프 드라이(Off-Dry)한 포도주 양조

약간의 당도를 지닌 포도주를 오프 드라이하다고 표현한다. 이같은 포도주는 쌉쌀한 백포도주 양조와는 약간 다른 공정을 거친다. 쌉쌀한 백포도주의 발효 동안에 효모는 포도 안에 있는 설탕 성분 모두를 알코올로 전환시킨다. 그러나 약간의 당도를 지닌 포도주는 효모가 설탕 성분 모두를 바꾸기 전에 발효과정이 멈추어진다. 즉 포도주에 자연적 당분을 남기고 알코올 도수도 낮추는 것이다. 많은 캘리포니아산 쉐넨 블랑, 게뷔르츠트라미너, 리슬링 그리고 로제스가 이렇게 만들어진다.

그렇다면 어떻게 이처럼 발효를 멈추게 할 수 있는 걸까? 설탕을 모두 전환시키기 전에 효모를 죽이기 위해 SO^2(Sulfar Dioxide)를 처방하는 방법이나 포도주를 냉각시켜 효모를 여과하는 방법이 있다.

달콤한 포도주를 만드는 방법

흔히 디저트로 마시는 달콤한 포도주를 만들기 위해서는 우선 당도 높은 포도를 선택하는 것이 중요한 과제이다. 이를 위해서는 첫째, 포도가 설탕 성분을 최고로 많이 함유하는 시기인 정상적인 수확기 이후에 딴다. 둘째, 따낸 포도를 매트 위에 널어서 당분이 농축되게 건포도를 만든다. 마치 우리나라에서 떫은 감으로 곶감을 만드는 것과 같다. 셋째, 수분이 설탕 액에서 분리되게 하기 위해 포도를 얼린다. 넷째, 포도의 수액을 없애버리고 증발을 도와 설탕 성분을 농축시키는 보트리티스 균류의 공격으로 매우 당도 높은 포도를 얻는다.

이 모든 과정은 매우 위험하다. 날짐승들이 달콤한 포도를 먹어치울 수도 있고, 곰팡이나 질병의 공격을 받을 수도 있고, 수확 이전에 기후의 악화로 포도가 손상을 입을 수도 있는 것이다. 더욱이 이 과정은 매우 노동이 집약된 것이어서 달콤한 포도주는 자연히 희귀하고 값비싼 것이 될 수밖에 없다.

앞서 언급한 4가지 방법 중 어떤 것으로든지 포도는 높은 설탕 성분을 함유하게 된다. 효모가 이 모든 설탕을 알코올로 전환시키기 전에 양조자가 일찍 발효를 멈추거나, 효모의 활동이 그들이 생산한 알코올에 의해서 멈추게 된다. 일단 알코올의 수준이 약 16%에 이르면 대부분의 효모는 더 이상 기능을 발휘하지 않는다. 그러면 자연 그대로의 설탕이 포도주에 남아 달콤함을 간직하게 되는 것이다.

샤탈이제이션(Chaptalization)

나폴레옹 시대 농무대신을 지낸 샤탈(Antoine Chaptal)의 이름을 딴 샤탈리제이션은 발효 전이나 발효가 진행되는 동안 낮은 알코올 농도를 지닌 포도주에 설탕을 첨가하여, 효모가 전환시킬 설탕이 많아짐으로서 알코올의 수준을 높이는 행위이다. 이것은 약간 당도가 있는 포도주나 디저트용 포도주를 만드는 공정과 다르다.

이 공정으로 담근 포도주는 북유럽에서 많이 생산된다. 포도가 잘 익지 않아서 충분한 알코올을 만들지 못할 정도일 때 이 공정이 사용되는 것이다. 반대로, 캘리포니아나 오스트레일리아처럼 포도가 잘 익어 알코올 농도를 충분히 지니는 곳에서는 이 공정은 사용되지 않는다.

🍶 포도주 시음

포도주는 음악, 회화와 같은 다른 분야들과 같이 문화의 한 부분을 차지하지만, 이들과는 달리 고독을 사랑하지 않는다. 실제로 포도주를 마시는 기쁨은 함께 나누는 차원에 있는 것이다. 그러므로 목이 마르거나 혼자 있는 경우에는 포도주를 마시지 않는 편이 좋다.

1. 포도주의 선택

오늘날 포도주를 마시는 데 있어서 주된 경향은 식사에 오직 한 가지 종류의 보통은 도수가 높지 않은 가벼운 포도주를 동반한다. 그럼에도 종종 식탁에는 2가지 종류의 포도주가 오르기도 한다. 백포도주는 식사의 시작을 동반하여 전채와 first dish 특히 생선이나 해물인 경우 또는 크림으로 버무린 요리에는 필수적이다. 그 다음에는 적포도주가 등장하는데, 이때 그 모습을 드러내는 적포도주로는 메뉴가 위에 부담을 주는 정도에 따라 도수가 높거나 숙성된 것이 필요하다.

포도주의 종류는 되도록 제한하는 것이 좋다. 포도주 음미자의 미각과 정신을 혼미하게 하고 그 다음날 반드시 과음을 후회하게 만드는 포도주 6병보다는, 정성 들여 선택한 두 병 정도의 포도주가 적당하다. 적포도주를 마시기 전에, 백포도주를 먼저 마신다. 또 햇 포도주를 마신 다음에 오래된 포도주의 순서대로 마시는 것이 올바른 음용법이다. 알코올 농도가 강한 포도주를 마시기 전에, 가벼운 포도주를 먼저 드는 것이 좋다. 또한 포도주를 마시는 잔은 미리 골라놓는다. 너무 무겁거나 색깔이 있는 잔은 포도주의 고유한 맛이나 격을 떨어뜨릴 위험이 있다. 가능한 우아하고 깃털처럼 가벼우며 단순한 모양의 잔이 좋다. 마치 노래하는 것 같은 플루트 잔(flûte: 굽 달린 가느다란 술잔)은 특히 샴페인을 마실 때 제일 적당하다. 침전물이 밑에 가라앉은 포도주는 맑은 부분을 떠 옮길 필요가 있다. 그러나 백포도주의 경우에는 윗물을 따라 옮길 필요가 없다. 그냥 가라앉힌 채 조용히 따라 마시면 된다. 또한 오래된 포도주 역시 경사해서는 안 된다.

소비자들이 포도주를 다른 사람과 나누는 법을 알기 위해서는 우선 포도주에 대한 구체적인 지식과 모두가 공감하고 이해할 수 있는 용어들에 대한 사전지식이 필요하다. 올바른 포도주시음을 위해서는 올바른 방법은 물론 적절하고 전문적인 용어와 적합한 도구들을 사용하는 것이 중요하다. 시음을 위해 포도주를 잔에 부을 때에는 잔을 1/3이나 1/4 정도를 채우는 것에 주의해야 한다. 손님을 집에 초대하였을 경우, 거친 동작으로 인해 포도주병이 깨질 우려도 있기 때문에 식탁 위의 바구니에 포도주 병을 살짝 담아 내놓는 것도 좋은 방법이다.

2. 포도주 시음의 적정온도

포도주를 너무 차게, 또는 너무 뜨겁게 마셔서도 안 된다. 특히 적포도주의 경우는 방의 온도와 비슷한 정도가 좋다. 물론 포도주의 온도에 엄격한 절대규칙이 존재하는 것은 아니다. 전문가에 따라 약간의 차이가 있지만, 대개 샴페인과 리쾨르 술의 경우는 6~8℃, 백포도주와 선홍빛 로제포도주는 10~12℃가 적당하며, 가벼운 적포도주는 14~15℃, 질 좋은 고급 적포도주는 15~18℃, 그리고 쥐라 지방의 노란 포도주는 15~18℃ 정도가 적당하다고 본다.

일반적으로 백포도주와 숙성되지 않은 포도주는 적포도주와 숙성된 것보다 더 차갑게 해서 마시는 것이 보통이다. 특히 여름에는 뜨거운 음식을 동반하는 만큼 약간은 차갑게 해서 마시는 것이 현명하다.

포도주에 있어서 온도의 증가는 점진적인 것이 이상적이다. 그러므로 히터나 뜨거운 물과 같이 열을 발산하는 대상의 근처에 포도주를 놓아두는 것은 절대로 피해야 한다.

그 이외에도 포도주를 인위적으로 급히 냉각시키는 것은 바람직하지 않다. 사실 냉장고는 포도주 보관에 결코 이상적이지 않다(다만 적정온도를 유지하는데 필요한 장치가 설치된 냉장고의 경우에는 예외이다). 그 이유는 샴페인 종류의 경우 급작스런 냉각이 포도주의 고유한 맛과 특성을 변질시키기 때문이다.

결론적으로 포도주의 신선도를 위해 점진적인 냉각을 유도하는 것이 바람직하며 보통은 매우 차가운 물이 담긴 통에 넣어 목적을 달성하는 것이 이상적이다.

포도주 종류와 적절한 소비조건

White wine(dry) : 충분히 차갑게 해서 마시데 결코 얼려서는 안 된다.	낮은 도수 : 숙성되지 않은 포도주	8~10℃
	white wine(DOC: white Pinot, Cortese di Gavi)	10~13℃
단 맛이거나 도수가 높은 백포도주 : 신선한 기운이 맛을 촉진하기 때문에 매우 차갑게 해서 마시는 것이 좋다.	보통	5~8℃
	가능하다면 Piccolit	1~5℃
vini rosati	보통	8~10℃
	Chiaretto del Garda	11~13℃
	Rosato del Salento	1~12℃
Red wine(도수가 낮은 포도주는 신선하게, D.O.C.와 D.O.C.G. 등급의 숙성된 포도주와 연산식의 포도주는 bouquet를 촉진하기 위해 주변온도에 맞추어 마시는 것이 좋다.	도수가 낮으며 숙성되지 않은 테이블 와인	13~15℃
	숙성되지 않고 밀도가 높은 포도주	15~16℃
	바롤로와 부르넬로와 같은 연산의 포도주는 키안티(Chianti), Cabernet 그리고 Sassella보다 조금은 온도가 높게 해서 마시는 것이 좋다.	16~18℃

3. 포도주의 개봉

적포도주는 개봉한지 대략 1시간 정도 지났을 때 음용하는 맛이 가장 좋다. 그래서 전문가들은 식사 전에 미리 병마개를 따 놓는 것이 좋다고 적극 추천한다. 왜냐하면 포도주는 '살아있는 생명체'이기 때문이다. 병 속에서 조용히 잠들어 있다가 병이 갑자기 열리는 순간, 포도주는 기지개를 켜고 나른한 잠에서 깨어난다. 그리고 숨을 쉬기 시작하며, 온 몸으로 공기 속의 산소를 흡수한다. 이처럼 자연의 신선한 공기와 교감하며 살아 숨쉬는 과정을 통해, 포도주의 방향(bouquet)과 향기는 최고로 고조된다. 한 시간, 즉 그 한 시간의 호흡작용이 적포도주의 깊이와 부드러움을 한층 더해주는 것이다.

백포도주와 로제포도주는 섬세하기 이를 데 없는 향기를 지니고 있다. 그런데 만일 이 섬세한 향이 공기 속에 너무 장시간 노출되면 신선함을 잃게 된다. 그러므로 백포도주나 로제포도주는 먹기 바로 직전에 개봉하는 것이 좋다.

4. 포도주 따르는 법

포도주를 따르는 것은 물론 그리 복잡하거나 어려운 일은 아니다. 그러나 포도주를 따르는 데에도 존중해야 할 규칙이 따른다. 전문가의 견해에 따르면, 포도주는 식탁으로 가져가기 전에 반드시 휴식(?)을 취해야 한다. 또한 적정온도에서 서빙하는 것이 매우 중요하다. 포도주의 병마개를 따는 것은 조용한 가운데, 깊은 주의력과 집중을 요한다. 또한 마개를 연 다음에 깨끗한 천으로 병 주둥이를 한 번 훔쳐 주는 것이 좋다. 코르크가 자칫 병 속에 들어가 그대로 가라앉을 수도 있기 때문에, 절대로 코르크 마개에 구멍이나 흠집을 내서는 안 된다. 또한 포도주 잔은 포도주의 방향을 충분히 음미할 수 있도록,

2/3 정도만 채우는 것이 좋다. 항상 손의 체온이 포도주를 데우지 않게 항상 잔의 밑 부분을 잡고, 포도주의 자연 방향이 우러나오도록 천천히 잔을 흔들어 주는 것이 좋다. 포도주 한 병을 대체로 7~8잔이 될 정도의 비율로 따라 마시는 것이 좋다. 단 맛이 없는 포도주나 로제 포도주는 차게 해서 마시는 것이 좋으나, 너무 차가워도 안 된다.

5. 포도주 시음 에티켓

사적인 장소에서 포도주를 음미하거나 포도밭에서 직접 시음하는 경우에도 포도주 에티켓은 거의 대동소이하다. 만일 저녁식사에 손님들을 초대하는 경우라면, 여성이나 나이가 많은 연장자에게 먼저 포도주를 서빙하는 것이 올바른 순서이다. 그 다음에 남자손님, 그리고 마지막이 호스트다. 포도주를 마시는 사이 간간이 입술을 축일 수 있는 물을 준비한다. 포도주를 마시는 동안 미각을 정화시키기 위해 소금기 없는 가벼운 크래커나 식빵을 몇 조각 곁들이는 것이 좋다. 약간 짠맛이 나는 모짜렐라 치즈를 그 위에 발라먹는다. 또한 포도주 잔을 씻을 수 있는 물도 준비한다. 그리고 그 물을 버릴 수 있는 빈 컵도 함께 놓는 것을 잊지 말자. 시음회에 초대받은 게스트들은 되도록 자극성이 강한 향수나 향기 나는 로션 등을 바르지 않는다. 또한 포도주를 마시기 전에는 흡연을 하지 않는 것이 바람직하다. 담배의 연기와 향은 포도주의 그윽한 맛과 향기를 방해한다. 그리고 시음이 시작되기 전에 물로 입안을 헹구는 것을 잊지 말자.

포도주 시음은 포도주의 특징과 혼을 천천히 음미하는 예술이다. 시음의 단계는 시각을 통한 감상, 후각으로 느끼는 포도주의 오묘한 방향과 혀끝에서 서서히 번지는 미각의 3단계로 구분된다. 우선 시각을 통해 포도주의 색조와 아름다운 의상을 느긋하게 감상한다. 엷은 노랑에서, 연한 빨강, 짙은 빨강, 또 음영이 살짝 드리운 장밋빛에 이르기까지 포도주의 옷에는 여러 가지 다양한 색과 농도가 있다. 우리는 포도주를 마시기 전에 포도주의 방향(芳香)을 통해 그 포도주가 과연 독한지, 미의 여신 비너스의 사랑을 듬뿍 받았던 미소년 아도니스처럼 원기왕성한지 아니면 섬세한 지 따위를 미리 알 수 있다. 포도주와 관련된 그 모든 것이, 이 포도주 향과 밀접한 연관성이 있다. 그러므로 가슴속 깊은 곳까지 포도주의 방향이 스며들 수 있도록 깊게, 아주 깊게 코로 포도주의 향을 들이마신다. 시음자마다 약간의 차이는 있겠으나, 대체로 포도주에 대하여 첫 번째 느낀 인상이 가장 정확할 때가 많다. 신선한 포도송이 같은 과일냄새가 나는 포도주도 있고, 포도주 통이나 병 속에서 충분히 휴식을 취한 덕분에 그 깊이를 알 수 없을 만큼 매우 오묘하고 복잡한 방향을 지니고 있는 포도주도 있다.

일단 포도주가 입안으로 들어가면, 달콤한지 단 맛이 없는 드라이한 포도주인지, 혹은 떫은 타닌산이 느껴지는 지 따위를 구체적으로 알 수 있다. 즉 코가 미리 습득한 정보를 혀가 다시 한 번 확인하는 필연적인 과정이다. 포도주가 입 속에 머무르는 동안, 포도주 시음자는 입술사이로 외부의 공기를 지긋이 빨아들인다. 입술의 온기는 포도주의 휘발성을 더욱 촉발시킨다. 포도주를 입 속으로 삼키거나 아니면 도로 뱉어내는 경우에도 포도주의 방향과 맛은 오랫동안 입안에서 사라지지 않는다. 포도주를 시음하기 전에 반드시 주의해야 할 사항은 포도주의 순수한 정수만을 맛보기 위해 미각을 '중립적'으로 해두어야 한다는 것이다. 이런 용도를 위해 위에서 언급한 대로 무미한 맛의 하얀 식빵 등이 사용된다. 또한 시식하는 포도주의 샘플을 여러 가지 종류대로 한꺼번에 진열하는 것은 가급적 피해야한다. 모름지기 모든 포도주가 적당히 비교될 때, 그 진가가 더욱 빛난다.

단맛은 혀의 끝 부분에서 느껴진다. 과일 맛이나 더욱 복잡 미묘한 맛은 혀의 중간부분에서 느낄 수 있다. 신맛은 혀의 양 쪽 옆에서 감지된다. 백포도주나 가벼운 스타일의 적포도주에서는 언제나 강렬한 신맛이 느껴진다. 약간

떫떠름한 타닌산은 혀의 중앙부분에서 알 수 있다. 타닌산은 붉은 적포도주나 나무통에서 오래 숙성된 백포도주에서 난다. 포도주 속에 타닌산이 많으면 입안 전체에 떫은맛이 존재한다. 그런 경우 과일로 이 떫은맛을 원천 봉쇄시키는 것도 좋은 방법이다. 단 한 가지 명심해야 할 일은 타닌은 맛이 아니라, 촉각과 관련해서 느껴지는 감각이라는 점이다.

포도주를 모두 시음하고 난 후에도, 우리의 입 속에는 여전히 포도주의 싱그러운 맛과 균형이 남아 있다. 이러한 포도주의 조화와 여운은 언제까지 유지될 수 있는가? 대체로 포도주의 상큼한 여운은 질 좋은 포도주일수록 오래가고 지속적이다. 그래서 좋은 포도주를 시음하고 나면, 모든 포도주의 요소가 미적 균형과 조화를 지키면서, 대략 1~3분 정도 입안 가득히 가슴으로 느끼는 행복과 심적인 평온함을 안겨준다. 포도주를 시음한 다음 자리에 조용히 앉아서 그 맛을 음미해보자. 또한 방금 전에 무엇을 경험했는 지를 잘 반추해보자. 그리고 자신에게 물어 보라. 내가 마신 포도주는 맛이 가벼운지, 그냥 보통인지, 아니면 잘 익은 진한 술인가? 포도주의 신맛은 어느 정도 였는가? 적포도주의 경우는 타닌산이 강한지 아니면 혀를 톡 쏘는 어지러운 맛인가? 그것은 유쾌하고 상큼한 맛인가? 설탕, 과일, 산, 타닌 중 어떤 맛이 가장 강한가? 이러한 질문들은 우리가 마신 포도주를 평가하는데 가이드 라인이 될 만한 기본적인 사항들이다. 그러나 좋은 포도주에 대한 가장 훌륭한 정의는 우리가 어떻게 포도주를 즐기느냐 하는 데 달려있다. 그러므로 다른 사람이 포도주의 맛을 대신 시음하거나 평가하지 않도록, 본인이 직접 마셔보고, 조용한 명상을 한 다음 평가하는 것이 가장 중요하다.

6. 소믈리에

소믈리에는 고대에 포도주에 관련된 일을 하던 전문가로서 그 어원은 '화물을 운반하던 가축을 이끌던 사람'을 의미하던 고대의 'Saumalier'에서 유래한다. 또한 군주가 직접 전장터에 참가하던 시대에는 사선을 오가는 급박한 상황에서도 포도주의 맛을 잊지 않으려는 군주를 동행하였다.

소믈리에의 역할이 황금기를 맞이한 것은 18세기이다. 사보이나 공작의 칙령에서 보듯이 이 전문직업인은 공공관리의 신분으로 왕가를 위해 최고의 포도와 포도주를 그 유래지 별로 선별하여 보관하였다. 뿐만 아니라, 상황과 순간에 어울리는 포도주를 제안하고 포도주 창고를 관리하며, 음식과의 궁합을 고려하여 고객들에게 주문한 요리나 음식의 맛에 가장 적합한 포도주를 제공하는 일을 수행했다. 만약 레스토랑이나 호텔 또는 포도주 전문점을 소유한 경우라면 그의 역할은 그날의 메뉴에 따라 포도주를 미리 준비하는 것 이외에도 포도주 창고와 주변 환경을 청결하게 유지하는 것까지 관장한다. 또한 새로운 음식이나 메뉴를 고객의 식탁에 제공하기에 앞서 미리 맛을 보고 이에 상응하는 포도주에 대한 감각을 준비하는 지혜도 필요하다. 언제나 그렇듯이 단골들의 만찬은 소믈리에의 출현으로 더욱 진지하고 흥겨워진다.

소믈리에는 무엇보다 풍부한 상상력과 호기심, 쉬운 용어를 선택하는 능력, 인내심 그리고 적극적인 성격을 갖추어야 한다. 그러나 이러한 다양한 능력은 수준 높은 문화적 감각, 언어능력, 포도주에 관한 해박한 지식이 없다면 얻기에 불가능한 것들이다.

소믈리에가 사용하는 도구

병따개

소믈리에(Sommelier)의 활동에서 가장 중요한 장비는 역시 병따개이다. 시장에 가면 언제든지 독창적이고 기발한 디자인의 병따개들을 만날 수 있다. 그러나 실제로 기능적이고 실용적인 것은 몇 개에 불과하다. 전문가의 병따개는 활동에 필수적인 기능들을 수행하는데 매우 적합해야 한다는 조건을 만족시켜야만 한다. 먼저 가볍고 사용하는데 불편하지 않아야 하며 쉽고 신속하게 사용하는데 적합한 것이 좋다. 훌륭한 병따개에는 상부가 넓고 하단이 둥글게 생긴 나선형의 송곳이 반드시 있어야 한다. 또한 그 길이는 최소 6cm 이상이어야 하며 용량이 큰 병의 코르크 마개를 어렵지 않게 뽑아낼 수 있어야 한다. 그리고 손잡이는 별다른 고생 없이 병마개를 여는데 편리하도록 가능한 넓은 것이 바람직하다.

외날의 칼과 집게

또한 병의 마개를 감싸고 있는 덮개를 잘라내기 위해서는 외 날의 칼도 필요하다. 샴페인 포도주의 병을 닫는데 사용되는 버섯모양의 매개들을 여는 것은 비교적 용이하여 손으로도 할 수 있다. 그럼에도 마개를 여는 작업이 어려운 때도 종종 있다. 따라서 강제로 비틀어 열려는 별로 세련되지 못한 필요없는 동작을 피하기 위해서는 일반 집게와 유사하게 생긴 샴페인 용 집게를 사용하는 것이 좋다. 집게의 안쪽부분에는 작은 가위가 있는데 이 부분은 마개를 덮고 있는 금속 줄(병의 마개가 내부의 압력을 견디도록 도와준다)을 끊을 때 유용하다.

온도계

금속의 펜과 매우 흡사한 소믈리에의 온도계는 소비될 포도주의 정확한 온도를 알아내는데 매우 편리하다. 사용 시에는 병의 입구에 넣는 것보다 잔에 넣어 온도를 측정하는 것이 좋다. 샴페인 포도주나 백포도주를 적정온도로 유지하거나 차갑게 학 위해서는 물과 얼음이 가득한 통을 이용한다. 보통은 요리용 소금을 약간 첨가하는데 그 이유는 짧은 시간에 포도주를 차갑게 하거나 가능한 오랫동안 얼음이 녹지 않도록 작용하기 때문이다. 이 때 주의할 점은 포도주 병의 마개나 뚜껑부분이 절대로 물에 잠기지 않도록 하는

것이다. 뿐만 아니라, 빈 병들의 목 부분이 잠기지 않도록 하는 것도 매우
중요하다.

시각테스트

포도주에 대한 시각적인 검사는 심미적인 한계에만 국한되는 것은 아니다.
신중한 분석은 오히려 수많은 정보를 제공할 수 있다. 이러한 의미에서 포도
주에 대한 시각검사에서는 분류, 색상, 색의 톤과 밝기, 투명성, 유연성 그리
고 거품의 관점에서 포도주를 관찰하는 것이 바람직하다.

투명성

생산된 지 얼마 되지 않은 포도주는 알코올이 발효된 직후에 매우 탁한 상태
를 보인다. 따라서 일단 병에 포도주가 넣어지기 직전에는 맑은 상태를 유지
하는 것이 무엇보다 중요하다. 이러한 측면에서 볼 때, 중요한 것은 병이나
통에서 쏟아 낸 포도주를 시음하는 것에 따라 다양한 결과가 발생한다는
사실이다. 그러나 소비되는 시점에서, 즉 포도주가 병에 담아진 이후에 투명
성에 변화가 발생하는 것은 좋지 못한 것으로 보아야 한다.

색

색의 농도가 짙은 포도주는 후각검사의 경우에 매우 강하고 풍부한 향을
가지고 있는 것으로 보아야 한다. 또한 이러한 포도주는 미각검사의 경우에
도 강한 냄새를 발산하는 것이 보통이다. 반면에 엷은 색의 포도주는 후각검
사에서 꽃이나 과일의 약하고 가벼운 맛으로 판명될 가능성이 매우 높으며
미각의 차원에서도 부드럽고 신선하며 가벼운 느낌을 줄 것이다.

　적포도주의 색을 검사할 때 우선적으로 고려해야 할 것은 투명성과 명도
의 정도에 대한 관찰이다. 포도주가 담긴 잔을 45° 기울인 상태에서 반대편에

흰 종이 또는 글씨가 쓰여진 종이를 데어보고 만약 포도주를 관통하여 글씨들이 읽혀지는가를 실험한다. 시험 결과 잔의 반대편에 있는 종이의 글씨가 판독 불가한 상태라면 포도주는 매우 탁하고 불투명하다고 할 것이다.

색	색 조	추정 결과
백색	거의 무색	직전에 생산되어 산화되지 않음.
	푸른색 기운	대체적으로 생산된 지 얼마 되지 않은 생산된 후에 포도주 통에 넣어진 포도주
	황금빛 노란색, 밀집색	숙성됨. 나무통에 있었던 포도주
	옛스런 황금빛 노란색	이미 오래된 포도주
	호박색	산화과정이 진행된 포도주
붉은색	Rosato 기운의 밝은 양파 껍질 색	발표되지 않은 포도 액이 짧은 기간동안 침적됨
	엷은 붉은빛	발효되지 않은 포도 액이 오랜 기간동안 침적됨
	농도 짙은 양파색	지나치게 오래된 rosati
적색	보라빛 자색	갓 담근 포도주(6~18개월)
	루비 홍옥(紅玉)색	담근지 2~3년 된 포도주
	암적색	숙성초기의 포도주(3~7년)
	오렌지 빛 적색에서 벽돌 색까지	최고 절정의 포도주

점착성 혹은 유동성

포도주의 점착성은 맛을 검사하는 과정에서 드러나는 감촉성의 정도에 대한 판단을 통해서 필연적으로 드러난다. 그러나 포도주를 잔을 따를 때 잔의 안쪽 벽면을 타고 퍼지는 음직임을 통해 이미 어느 정도의 판단은 가질 수 있다. 그 다음에는 잔을 내려놓고 잠시 있으면 포도주의 표면에서 마치 눈물처럼 보이는 방울들이 보인다. 이들이 중요한 것은 근본적으로 알코올에 기인한다. 표면의 방울들은 알코올 숙성에서 우선적으로 만들어지는 글리세린이 함유되어 있어 보다 명확하게 드러나 보인다. 그 이외에도 단 맛의 포도주 또는 도수가 높은 포도주, 즉 당분이 잔존하는 포도주의 경우, 점착성은 당분

그 자체에 의해 더욱 높아질 것이다.

발포성

이 검사는 포도주가 발포성인가 아닌가에 따라 검사 방식이 다르다. 후자의 경우를 살펴보자. 알코올이 숙성된 후에 포도주는 카본 무수물이 과포화상태에 있는 음료나 다름없는 상태이다. 여러 제조공정에서 과포화의 가스는 스스로 신속하게 제거된다. 포도주가 병에 넣어질 때에는 적당량의 카본 무수물이 남아 있게 된다. 포도주에 종류에 따라 정도의 차이는 있지만, 적당한 카본 무수물은 필요하다고 할 수 있다. 그 이유는 카본 무수물이, 비록 현상으로 감지되지는 않지만, 포도주의 신선도를 유지하고 향을 발산시키기 때문이다. 만약 카본 무수물의 포함 정도가 과도하면 포도주의 모든 특성이 자극의 효과로 상실되며 반대로 그 양이 지나치게 적으면 포도주는 말 그대로 사람의 핏기 없는 얼굴모습과 같아진다.

후각 테스트

잔의 포도주를 흔들지 말고 코를 잔에 가까이하고 크게 호흡을 하여 콧구멍 속의 공기에 포함되어 있는 포도주 향을 음미한다. 이러한 방식은 방향성의 포도주 향을 수집하는 가장 정확한 방법이다. 그리고 계속해서 잔을 회전시켜 포도주에 담겨있는 모든 향을 좀더 활동적으로 자극한다. 이러한 방식으로 우선은 방향성 향기를 수집하고 그 다음에는 포도주에 유동성을 부여하여 방향성이 약한 향을 모은다.

미각 테스트

미각 테스트는 보다 다양한 느낌(또는 감각)이 요구되는 만큼 매우 복합적이

다. 입안에 포도주 한 모금이 있을 때 우리는 가장 먼저 미각의 느낌을 받게
되며 이어서 촉각 그리고 후각의 느낌을 가지게 된다.

미각 테스트의 요령

우선 입안에 약간의 포도주를 넣은 다음 머리를 약간 위로 올려 혀의 양 측면과
깊은 곳까지 흐르도록 한다. 그 다음에는 머리를 앞으로 숙여 입안의 포도주가
다시 혀의 끝 부분으로 돌아오도록 유도한다. 그리고 끝으로는 되돌아온 포도주를
씹고 입의 양 측면에 부딪히도록 한다. 이러한 과정이 끝나면 일정한 양의 공기를
흡입하여 포도주의 향이 공기에 녹아들도록 한 후에 미뢰(味蕾)로 하여금 가능한
최대로 필수적인 특성을 파악할 수 있도록 도와준다. 그리고 마지막으로 포도주를
마신다.

 # 포도주의 보관

포도주 애호가들은 집안에 항상 좋은 포도주 몇 병쯤은 가지고 있으며 이들을
잘 보관하기 위한 나름대로의 비법을 터득하고 있다. 그러면 포도주를 이상
적으로 그리고 오랫동안 보관하는데 필요한 기본사항 몇 가지를 소개해 보자.

　　포도주의 보존을 위한 환경으로는 선선하고 어두우며 빛과 진동을 예방
할 수 있는 창고가 좋으며 실내온도는 13℃를 넘지 않아야 한다. 그러나
현실적으로 이러한 모든 조건을 완벽하게 갖추고 있는 창고는 점차 그 수가
줄어들고 있다. 따라서 주어진 여건에서 최고의 환경을 조성하는 것이 무엇
보다 중요하다고 할 것이다.

1808년에 유명한 화학자이며 국가고위공직자였던 찹탈은 「포도주를 만드는 기술」이라는 논문에서 다음과 같이 기술했다. 가장 이상적인 포도주 지하저장소는 너무 건조하지도, 너무 습하지도 않은 장소이어야 한다. 온도는 항상 일정해야하고, 지하는 깊고 통풍이 약한 곳이어야 한다. 빛도 약하고 부드러우며, 행여 약간의 진동이나 동요가 있어서는 안 된다. 마치 새가 날개를 파닥거리듯이 지하공간에 파장이 생기는 것은 포장도로에 자동차가 부르릉 경적을 울리며 지나갈 때이다. 그러므로 포도주 지하저장소 근처에는 철도도, 도로도 있어서는 안 된다. 거리나 작업장, 화장실, 하수도, 장작광 등에서 되도록 멀리, 아주 멀리 떨어져 있어야 한다. 그러나 오늘날 파리의 포도주 지하저장소는 메트로(지하철)에서 거의 두 발짝 떨어진 곳에 위치한 경우가 많다.

통풍과 습도

포도주를 보존하기 위한 장소로 반지하의 창고를 사용할 수 있다면, 시간이 갈수록 마개를 통해 포도주에 곰팡이의 냄새나 맛을 오염시킬 수 있는 좋지 못한 공기를 제거하기 위한 통풍장치가 필요하다.

약간의 습도는 무시해도 좋다. 오히려 마개가 필요이상으로 말라버리는 것을 방지하기 위해서는 바람직하다.

만약 포도주 창고가 매우 건조하다면 필요한 습기를 잡아둘 목적에서 바닥에 곱고 미세한 자갈을 2~3㎝ 높이의 층으로 깔아두는 것이 바람직하다.

온도변화

여건이 허락하지 않는 상황에서는 포도주창고의 온도를 반드시 13℃로 유지하지 않아도 된다. 사실 포도주의 보존을 위한 최대한 허용온도는 24℃이다. 그러나 이미 오래된 포도주의 경우에는 16℃를 넘지 않는 것이 좋다. 따라서 뜨거운 물이 흐르는 관이나 열의 원천을 가까이 두는 것은 별로 바람직하지 않다. 일반적으로 백포도주는 적포도주에 비해 열에 보다 민감한 편이다. 그러므로 이들을 가능한 최대로 바닥에 가까운 곳이나 창고의 가장 신선한 장소에 보관하는 것이 현명하다.

집안에서의 보존

반 지하 상태의 창고가 없는 경우에는 단순한 기능의 저장고나 붙박이 장, 찬장(식기저장고) 또는 계단 밑도 나쁘지는 않다. 왜냐하면 이러한 장소들은 제한된 상황이기는 하지만, 그럼에도 가급적 신속하게 소비할 포도주를 보관 하기에는 적절한 환경을 제공하기 때문이다. 결국 중요한 것은 비교적 빛에 덜 노출되어 있거나 집안의 선선한 구석을 선택하여 포도주를 보관하는 것이 바람직하다.

작은 저장고에 보존

포도주 저장고를 마련하는데 가장 우선적인 조건은 반지하 또는 이와 유사한 장소를 물색하는 것으로서, 궁극적으로는 포도주병들을 포개어 쌓아두거나 또는 앞뒤로 나란히 두어 우발적인 사고나 파손을 방지하려는 목적이다.

포도주 도매상들은 포도주의 보존을 위해 금속이나 나무 또는 플라스틱 으로 제작된 선반을 사용하여 비용을 절감하기도 한다(그러나 이때 지나치게 높은 습도가 나무의 형태 변화를 가져올 수 있다는 사실에 유념해야 한다). 각 가정에서 도 이를 모방하여 자체적으로 포도주 저장고를 만들 수 있다. 다만 견고하고 안정적인 상태를 유지하는 것이 무엇보다 중요하다.

포도주와 속담

- 수염이 희어지면 여자를 멀리하고 포도주를 가까이 하라.

- 포도주에 우유는 독이지만, 우유에 포도주는 모든 사람의 건강에 이롭다.

- 쓴 맛의 포도주에 애착을 가져라.

- 포도주는 진실을 털어놓게 한다.

- 물은 건강에 해로울 수 있지만, 포도주는 우리를 노래하게 만든다.

- 마실 줄 아는 사람에게 포도주는 건강을 준다.

- 주님은 포도주를 좋아하지 않는 사람에게는 물도 주지 않는다.

- 포도주가 있는 곳에 침묵은 없다.

- 좋은 포도주는 마시고 물은 방앗간에 흐르게 하라.

- 좋은 포도주는 식사시간을 연장한다.

- 빵은 냄새를 풍기지만, 포도주는 향기를 낸다.

- 모든 포도에 연연하는 사람은 좋은 포도주를 가질 수 없다.

- 인간을 즐겁게 하지 않는 포도주는 좋은 포도주가 아니다.

- 집에서의 포도주는 주정하지 않는다.

- 포도주는 황혼을 춤추게 한다.

- 첫 잔에 순한 양이, 두 번째 잔에 사자가 그리고 세 번째 잔에는 돼지가 된다.

- 좋은 포도주는 피를 맑게 한다.

- 포도주는 금메달, 커피는 은메달, 초콜릿은 동메달이다.

- 좋은 포도주에 이름이 필요 없다.

- 포도주는 식량이나 다름없다.

- 좋은 포도주 창고가 좋은 포도주를 만든다.

- 물은 해롭지만, 포도주는 우리를 노래하게 만든다.

- 작은 포도주 항아리에 좋은 포도주가 있다.

- 약간의 포도주는 위장을 편안하게 하지만, 지나치면 위와 머리를 아프게 한다.

- 쓴 맛의 포도주를 소중히 여겨라.

- 피아스코 병의 포도주는 저녁이면 좋지만, 아침이면 그 맛이 변한다.

- 즐겁지 않은 사람에게 포도주는 해롭다.

- 좋은 포도주는 노인에겐 지붕(지팡이 또는 우유)과 같다.

- 포도주를 마시면 100년 장수한다.

- 기침을 멈추게 하려면 포도주를 뜨겁게 해서 마셔라.

- 바다는 바라만 볼 뿐 결국에는 가 버리지만, 주점은 바라보다 결국에는 안으로 들어간다.

- 포도주의 좋은 친구는 처음에는 물을 맛보겠지만 결국에는 포도주를 마신다.

- 올리브기름 냄새보다는 썩은 포도주 냄새가 차라리 견딜 만하다.

포도주와 격언

- 페니실린이 병자를 낫게 한다면, 스페인의 셰리주는 망자도 다시 이승으로 돌아오게 한다. - 알렉산더 플레밍경 -

- 포도주는 물 속에 갇힌 햇빛이다. - 갈릴레이 -

- 태양은 신 다음으로 우리에게 가장 선행을 베푸는 고마운 존재이다. 좋은 태양이 좋은 포도를 만들고, 좋은 포도는 좋은 포도주를 만든다. 또한 좋은 포도주는 좋은 피를 만들고, 좋은 피는 인생의 최고선인 좋은 양식(bon sens)을 만든다.

- 내게 네가 무엇을 먹는지 말해다오. 그러면 네가 누구인지 내가 가르쳐 주겠다. -브리아 사바랭 -

- 어느 날 어떤 사람이 브리아 사바랭에게 포도알을 건넸다. 그러자 그는 대뜸 "나는 내 포도주를 환약으로 먹지는 않는다네!" 라고 대꾸했다.

- 음식의 열정보다 더 진지한 사랑은 없다(버나드 쇼) - 닥쳐! 그리고 먹기나 해(우리 엄마) -프랑수아 르루 -

- 먹고 마시는 일은 인간의 영혼과 육체를 하나로 만든다. - 하인리히 빌 -

- 인간의 일생은 행복사냥이라고 할 수 있다. 그 중에 식도락이 가장 중요한 행복의 요소 중 하나이다. - 장 지오노 -

- 나는 유혹만 빼놓고 그 모든 것에 저항할 자신이 있다. - 오스카 와일드-

- 나는 천상의 포도주보다 지상의 포도주가 좋다. - 프랑시 블랑슈 -

- 오래 될수록 좋은 것이 두 가지가 있다. 그것은 포도주와 좋은 친구이다.

- 사람의 입은 물론 먹고 마시기 위해 존재하는 것이다.

- 새로운 요리의 발명은 새로운 행성의 발견보다 더 가치 있는 일이다.

- 브리아 사바랭 -

🐚 프랑스인에게 부디 영광이 있기를. 그들은 인류에게 꼭 필요한 두 가지를 위해 일한다. 그것은 미식과 시민적 평등이다. - 하이네 -

🐚 치즈가 없는 디저트는 마치 한 쪽 눈이 없는 애꾸 미녀와 같다.
- 브리아 사바랭 -

🐚 먹는 것은 위장의 필요성 때문이지만, 마신다는 것은 정신의 필요성 때문이다.
- 클로드 티이예 -

🐚 좋은 요리와 좋은 포도주, 그것은 지상의 낙원이다. - 앙리 4세 -

🐚 좋은 포도주는 내 인생의 필수조건이다. - 토머스 제퍼슨 -

🐚 한 번의 취기는 천 가지 슬픔을 잊게 해 준다. - 중국속담 -

🐚 포도주가 입 속에 들어오면, 자연비밀이 새나간다. - 탈무드 -

🐚 내가 인생에서 오직 후회하는 일은 샴페인을 더 많이 마시지 않았다는 것이다.
- 존 케인즈 -

🐚 좋은 독일인은 프랑스인을 견디기가 어렵다. 그러나 프랑스 포도주는 기꺼이 마신다.
- 괴테 -

🐚 포도주는 노인의 우유이다 - 플라톤 -

프랑스

Dion, Roger. *Histoire de la vigne et du vin en France des origines au XIXe siècle*. Flammarion, 2001.

Garrier, Gilbert. Hitoire sociale et culturelle du vin. Bordas, 1995.

Gautier, Jean-François. *Histoire du vin* (*Que sais-je?*). Press Universitaires de France, 1992.

________. *La civilisation du vin* (*Que sais-je?*). Press Universitaires de France, 1994.

________. *Les vins de France* (*Que sais-je?*). Press Universitaires de France, 1994.

Cahier d'histoire de la vigne et du vin (Numero 1).

Dictionnaire des vins de France.

이탈리아

Dal Pane, A.. *Industria e commercio nel Granducato di Toscana nell'età del Risorgimento*. vol. II, L'Ottocento. Bologna, 1973.

Del Lungo, A.. *Un contatore di precisione per liquidi a pressione variabile, applicabile soprattutto all'enologia*. Firenze: Ramella, 1912.

Della Cornia, C.. *La divina villa di Corniolo della Cornia. Lezioni di agricoltura tra XIV e XV secolo*. a cura di L. Bonelli Conenna. Siena, 1982.

Embo Roiter L.. *Toscana: gente di vino, Ponzano*. Grafiche Vianello, 1987.

Gallo, A.. *Le vinti giornate dell agrixoltura et de′ piaceri della villa*. G. Percaccino, Venezia, 1569.

Mainardi, G. - Berta, P.. *Il vino nella storia e nella letteratura*. Edagricole: Bologna, 1991.

Peynaud, E.. *Il gusto del vino : il grande libro della degustazione*. edizione italiana a cura di Lamberto Paronetto, Brescia: AEB, 1983.

Righi, Parenti G.. *Il libro del saper bere : guida ai segreti e ai piaceri del vino*. Milana: AMZ, 1980.

Alberini, M.. *Storia della cucina italiana*. Piemme: Casale Monferrato, 1992.

Benporat, C.. *Storia della gastronomia italiana*. Milano: Mursia, 1990.

Capatti, A. & Montanari, M.. *La cucina italiana. Storia di una cultura*. Roma-Bari: Laterza, 1999.

Cesari, Sartoni, Monica. *Il Dizionario del ghiottone viaggiatore/Italia. Guida alle specialità regionali italiane*. Bologna: Fuori Thema, 1994.

독 일

Ambrosi, H. & Becker H. *Der deutsche Wein*. München, 1978.

Ambrosi, Hans. *Das Weinkloster Eberbach im Rheingau*. Eltville, 1988.

Arnzt, H. *Aus der Geschichte des deutschen Weinhandels*. Wiesbaden, 1964.

Beazley, Mitchell. *The Story of Wine*. Mitchell Beazley Publishers, 1989.

Dominé, André. *Wein*. Könemann, 2000.

Francis, A. D.. *The Wine Trade*. London, 1972.

Hagenow, G.. *Aus dem Weingarten der Antike*. Mainz, 1982.

Hengarten, Thomas. *Genussmittel: Ein Kulturgeschichtliches Handbuch*. Campus, 1999.

Jentsch, Christian. *Licht und Rauch*. Böhlau, 2004.

Johnson, Hugh & Stuart Pigott. *Atlas der deutschen Weine. Lagen, Produzenten, Weinstrassen*. Ostfildern, 1995.

Kalinke, K.. *Der Rheingau, Weinkulturzentrum gestern, heute und morgen*. Wiesbaden, 1969.

Priewe, Jens. *Wein: Die neue Welt*. München, 1998.

Roderick, Phillips. *Die grosse Geschichte des Weins*. Campus, 2000.

Scharfenberg, H.. *Deutschlands Weine*. Bern, 1990.

Schreiber, G.. *Deutsche Weingeschichte*. Bonn, 1980.

스페인, 포르투갈

강석영. 최영수, 『스페인, 포르투갈사』. 대한교과서, 1998.

임영상, 최영수, 노명환 편, 『음식으로 본 서양문화』. 대한교과서, 1986.

Afonso, A Martins. *Breve História de Portugal*. Porto. Editora, 1984.

————, *História da Civilização Portuguesa*. Porto. Editora,1984.

Bravo, Núncio. *Vinhas e Vinhos de Portugal, Lisboa*. Ed Livraria Popular
   Francisco, 1979.

Carvalho, Bento de, *Vinhos do Nosso País*, Instituto do Vinho do Porto,
   O Porto, 1988.

Galvão, Saul. *Tintos e Brancos, Editoria Ática S.A.* São Paulo, 1993.

Instituto do Comércio Externo de Portugal. *Wine of Portugal, Lisboa*.
   1996.

Lima, José. *Joaquim da Costa*. Ed I.V.P., 1956.

Ortiz, Elizabeth Lambert. *The Food of Spain & Portigal*. Oxford:
   Lennard Publishing, 1989.

Rand, Margaret. *The Red Wine of France*. New York: Vintage Books.

Schivelbusch, Wolfgang. *Taste of Paradise*. New York: Salamander
   Book, 1996.

Toussint-Samat, Maguelonne. *History of Food*. Cambridge: Blackwell,
   1994.

Vieira, Edite. *The Taste of Portugal*. London: Grub Street, 1995.

미 국

Adams, Leon D. *The Wines of American*. N.Y.: McGraw Hill, 1985.

Case, Bruce, editor, and Jancis Robinson, consulting editor. *The Oxford
   Companion to the Wines of North America*. Oxford: Oxford

Univ. Press, 2000.

De Villers, Marq. *The Heartbreak Grape: A Journey in Search of the Perfect Pinot Noir.* Toronto: HarperCollins Publishers, 1993.

English, Sarah Jane. *The Wines of Texas: A Guide and a History.* Austin: Eakin Press, 1980.

Gabler, James M. *Passions: The Wine and Travels of Thomas Jefferson.* Baltimore: Bacchus Press, 885.

Hill, Chuck. *The Northwest Winery Guide.* Seattle: Speed Graphics, 1988.

Holliday, James. *Wine Atlas of California.* N.Y.: Viking, 1993.

MacNeil, Karren. *The Wine Bible.* N.Y.: Workman Publishing, 2001.

Martin, John F. *The Dictionary of American Food and Drinks.* New Haven: Ticknor & Fields, 1983.

Sullivan, Charles L. *A Comparison to California Wine: An Encyclopedia of Wine and Winemaking from the Mission Period to the Present.* Berkeley: University of California Press, 1998.

기타국가

Dominé, André. *Wine.* Barnes & Noble Books, 2004.

Johnson, Hugh & Jancis Robinson. Ed. *The World Atlas of Wine.* Mitchell Beazley, 2001.

Burkholder, Mak A. & Lyman L. Johnson. *Coloial Latin America.* Oxford University Press, 1994.

Halliday, James. *Australian Wine Companion.* Haper Collins, Australia, 2005.

Hooke, Huon. *The Penguin Good Australian Wine Guide.* Penguin Books Australia Ltd. 2004.

Hughes, Dave. *South African Wine.* Struik Publishers, 1992.

Platter, John. *South African Wine Guide.* Mitchell Beasley, 1995.

Skidmore, Thomas. *Modern Latin America.* Oxford University Press, 1997.

찾아보기

(영문)

DOC ·························· 178
DOCG ······················ 178
DOC법 ····················· 177
IGT ························· 178
Vino da Tavola ··········· 179

(ㄱ)

가르강튀아 ················· 112
가메이(Gamay) ············· 456
가하페이라(Garrafeira) ······ 323
갈가메시 ··················· 134
갈로 네로 ·················· 151
갤로 ······················ 358
게뷔르츠트라미너 ·········· 454
골드러시 ··················· 345
구스타프 니에바움 ·········· 345
귀부병 ····················· 227
귀스타브 도레 ·············· 112
그란 레세르바(Gran Reserva) 287
그레코 ····················· 137
글리콜(glycol) ············· 461
금주법 ····················· 349
길가메시(Gilgamesh) ········· 25

(ㄴ)

나파 밸리 ·················· 378
네고시앙 ··················· 70
네덜버그 경매 ·············· 436
네비올로(Nebbiolo) ········· 456
뉴욕주 ····················· 390

(ㄷ)

다고베르 국왕 ·············· 83
다웅(Dão) ················· 332
돌체토 ····················· 160
동 페리뇽 ···· 45, 59, 63, 99, 114
동페르난두(D. Fernando) ······ 309
디오니소스(Dionysus) ········ 29
디오클레시아노(Diocleciano) 황제
························· 275

(ㄹ)

라르가르(Largar) ·········· 273
라인강 ············ 229, 258, 269
람브루스코 ················· 174
랑그독-루씨용 ·············· 453
랜달 그레이엄(Randall Grahm)
························· 370

레세르바(Reserva) ··············· 287
레이크 카운티(Lake County) · 383
렛지나(retsina) ·················· 30
로버트 몬다비 ···················· 356
롱사르 ··························· 111
루에다(Rueda) ·················· 285
르그랑 도시 ······················ 58
리버모어 계곡(Livermore Valley)
··································· 383
리베라 델 두에로(Ribera del Duero)
··································· 271
리비우스 ························· 136
리슐리외 원수 ···················· 59
리슬링 ····· 25, 94, 192, 227, 231
리오하(Rioja) ·················· 271
리프 에릭손(Lief Eriksson) ····· 26

(ㅁ)

마데이라(Madeira) ··············· 308
마르케 ··························· 166
마르케스 데 리스칼
   (Marqués de Riscal) ······ 284
마르케스 데 무리에타
   (Marqués de Murrieta) · 284
마르틴 루터 ···················· 220
마리 앙투아네트 ·················· 56
마테우스 호세(Mateus Rosé) · 309
말름세이(Malmsey) ·············· 31
말바지아 ························· 136
메룸(merum) ···················· 38
메를로(Merlot) ················· 452

메투엔(Methuen) 조약 ··········· 45
메투엔조약 ······················· 319
멘도시노(Mendocino) ··········· 383
모리스 에르조그 ·················· 65
모스트(Must) ··················· 458
모젤
   40, 190, 196, 209, 217, 230
몬다비 ··························· 358
몬사웅(Monção) ················· 309
몬테 테스타치오(Monte Testaccio)
··································· 32
몽테뉴 ··························· 55
물숨(mulsum) ··················· 34
미션(Mission) ··············· 44, 340
민뉴(Minho) ··················· 308

(ㅂ)

바롤로 ··························· 154
바르베라(Barbera) ········· 160, 455
바실리카타 ······················· 136
바야돌리드(Valladolid) ·········· 305
바칼료아다(Bacalhoada) ········· 333
바쿠스 ··························· 98
백년전쟁 ···················· 218, 309
버지니아 ························· 402
버지니아 발더(Virginia Balder) 24
베가 시실리아(Vega Sicilia) ··· 284
베네딕트 ························· 63
베네딕트 수도원 ······ 40, 208, 262
베네토 ··························· 162
벤토나이트(Bentonite) ··········· 460

보들레르 ·················· 118
보졸레 누보 ················ 50
보트리티스(Botrytis Cinera) · 465
볼테르 ···················· 115
부르고뉴 공작 ·············· 69
부셀라(Bucela) ············ 319
뷔르츠부르크 ······ 200, 212, 225
뷔르템베르크 ·············· 223
브라간사(Bragança) ········ 325
브라질 ···················· 419
비오그니어(Viognier) ······ 455
빈뉴 베르드 ················ 330
뿌리진디병 ················ 71

(ㅅ)

사두(Sado) ················ 310
산세바스티안(San Sebastián) 291
산지오베세 ················ 150
산지오베세 디 로마냐 ······ 175
산지오베세(Sangiovese) ···· 456
산티아고 데 콤포스텔라(Santiago de
　　Compostela) ·········· 288
산티아고의 길(Camino de
　　Santiago) ············· 280
살라자르(Salazar) ·········· 321
상그리아(Sangria) ·········· 293
상퀼로트 ·················· 106
생테밀리옹(saint-émillion) ·· 56
샤르도네(Chardonnay) ·· 72, 450
샤탈(Antoine Chaptal) ······ 465
샤토뇌프 뒤 파프 ······ 55, 102

샤프탈(Chaptal) ············ 45
샴페인 제조법 ·············· 66
샹파뉴 ················ 59, 61
서고트 왕국 ················ 277
세고비아(Segovia) ·········· 305
세네카(Seneca) ············ 35
세뚜발(Setúbal) ············ 329
세미용(Sémillon) ·········· 451
셍드니(Saint-Denis) ········ 41
셍제르맹(Saint-Germain) ···· 41
소노마 카운티 ·············· 380
소비뇽 블랑(Sauvignon Blanc)
　　···························· 451
솔레라(Solera) ············ 297
슈페트레제 ········ 232, 238, 247
스칼라 데이(Scala Dei) ······ 303
시드르 ···················· 54
시라(Syrah) ·············· 453
시에라 산록(Sierra Foothills) 383
시인 호라스(Horace) ········ 36
시장개시권 ················ 214
시칠리아 ·················· 163
시토회 ···················· 231
식탁예절 ·················· 131

(ㅇ)

아가페(Agape) ············ 31
아냐다(Añada) ············ 297
아라라트산(Monte Ararat) ·· 24
아소레스(Açores) ·········· 308
아일랜드 ·················· 350

아키텐(Aquitaine) ················ 41
아포테카(Apotheca) ·············· 34
안포라(Anfora) ·················· 276
알가르브(Algarve) ··············· 308
알렌테주(Alentejo) ··············· 335
알리아니코 ····················· 137
알리에노르 다키텐 ················ 75
알만소르(Almanzor) ············· 279
알바리뇨(Albariño) ·············· 271
알퐁소 10세 ···················· 280
알하켄 2세(Calif Alhaken II) 278
양조지 호칭등록 ················· 71
어고슈톤 허라스티 ··············· 345
어네스트와 줄리오 갤로 ·········· 356
에리고네(Erigone) ··············· 29
에밀 페이노(Emile Peynaud) ··· 46
에밀리아로마냐 ················· 164
에버바흐 수도원 ················ 232
에브로(Ebro) ··················· 288
에스트라본(Estrabon) ············ 272
엘빙 ·························· 230
엠파나다(Empanada) ············ 302
오레곤 ························ 398
오시리스(Osiris) ················ 27
오존(Ausone) ·················· 52
윅슬레 계량기 ················· 234
요하니스베르크 ················ 234
움부리아 ····················· 167
워싱턴주 ······················ 396
웰링턴(Wellington) ············· 319
웰치 ·························· 395
유리시스 ····················· 311

이사벨 1세 여왕 ················ 283

(ㅈ)

장 아누이 ····················· 131
전채요리 ······················ 185
접본(rootstock) ················· 443
제로니모(Jeronimo) ············· 277
제퍼슨 ························· 67
조세핀 황후 ···················· 83
조셉 펠프스 ···················· 379
종이팩 포도주 ·················· 432
중국인 ························ 346
중부해안 북부 ·················· 383
중부해안 중남부 ················ 383
지하 저장고(Cellar) ············· 458
진펀델(Zinfandel) ········· 372, 457

(ㅊ)

칠레 ·························· 410

(ㅋ)

카바(Cava) ···················· 286
카베르네 소비뇽(Cabernet
    Sauvignon) ················ 452
카비네트 포도주 ················ 234
카스티아(Castilla) ·············· 304
칼대제 ························· 230
칼라브리아 ···················· 136
캔들잭슨(Kendall-Jackson) ··· 385

커네로스(Carneros) ················ 383
커밋 린치(Kermit Lynch) ······ 363
코냑 ··························· 76, 77, 384
코루멜라(Columela) ················ 33
코르도바 ······························· 314
코르크 ································· 179
코르크의 역사 ························ 72
코르테스(Cortes) ···················· 44
코트 드 뉘 ··························· 72
콘다두 포르투갈렌스(Condado
　　Portugalense) ·················· 314
콜로멜라 ···························· 138
쾰른 ······················ 195, 212, 215
크로톤(Croton) ······················ 31
크루아상 ···························· 101
크리안사(Crianza) ················ 287
클라레(claret) ················ 26, 76
클라인베르거 ······················ 230
클레망 마로 ·························· 86
클로 ·································· 69
클로드비히 왕 ······················ 200
클로비스 ····························· 61
클론(clone) ························ 443
키안티 ································ 150

(ㅌ)

타르테소(Tartesso) ················ 310
타파(Tapa) ························· 297
탄닌(Tannin) ······················ 442
테오도르 호이스 ···················· 235
테주(Tejo) ························· 310

텍사스 ································ 400
템프라니요(Tempranillo) 271, 457
토로(Toro) ························· 300
토머스 제퍼슨(Thomas Jefferson)
　　······························· 342
토스카나 ····················· 135, 161
트레 베네치에 ······················ 453
트레비아노 ························· 150
트리어 ······················· 197, 260
티베리우스(Tiberius) ·············· 35

(ㅍ)

파공 ···························· 59, 115
파레야다(Parellada) ·············· 271
파스타 ······························ 185
파스퇴르(Pasteur) ········· 124, 457
페르낭 브로델(Fernand Braudel)
　　································ 39
페리키타(Periquita) ·············· 323
페스트 ······························ 226
포도주 등급 ···· 95, 176, 244, 292
포도주법 ····· 236, 241, 286, 321,
　　362, 431, 437
포도주양조상호수용협약 ············ 361
포도주통(barrel) ·················· 37
포르투(Porto) ···················· 308
퐁발 후작 ·························· 318
퐁파두르 ···························· 64
풀다 ································ 232
풀다 수도원 ························ 206
프란시스 드레이크 ················· 283

프란켄 ········· 200, 211, 223, 227
프랑수아 1세 ························· 86
프랑수아 모리악 ··············· 116
프랑스인의 사생활 ············· 58
프랑크푸르트 ······················ 217
프랑크푸르트 소시지 ··········· 268
프리오라토(Prirato) ··········· 271
플리니오(Plinio) ················· 33
피노 그리스(Pinot Gris) ········ 454
피노 누아르(Pinot Noir) ········ 453
피노 블랑(Pinot Blanc) ········· 454
피스코 ································· 416
피에몬테 ····························· 160
필록세라(Phylloxera) ···· 348, 447

필리프 드 발루아 ················· 69
필립 4세 ···························· 62
필립 오귀스트 ··········· 56, 82, 83

(ㅎ)

한스 크리스토퍼 ················· 221
한자 ································· 219
헤레스 (Jerez) ··················· 271
헤레스산 백포도주 ···· 53, 125, 126
헤세르바(Reserva) ·············· 323
호리우스(Horius) ················ 27
후리 런(Free Run) ·············· 459
히바다비아(Rivadavia) ·········· 316

최영수

한국외국어대학교 포르투갈어과를 졸업하고 포르투갈 국립리스본대학교 문과대를 수료, 단국대학교에서 이베리아 연구로 박사학위를 받았다. 미국 Delaware 대학교 사학과에 객원교수, 한국외대 외국학종합연구센터 원장과 부총장을 역임한 후 현재 포르투갈어과 교수로 재직중이다. 『라틴아메리카 식민사』, 『중남미사』, 『스페인·포르투갈사』 등 다수의 저서와 『음식으로 본 서양문화』, 『지구촌상관습』, 『해상실크로드』의 공저가 있다.

김복래

한국외국어대학교 불어과를 졸업하고 프랑스 파리 1대와 파리 4대(소르본느) 대학에서 석사 및 박사학위를 받았다. 원래 전공은 경제, 사회사이나, 귀국 후 문화사 쪽에 많은 연구를 하고 있다. 한국외국어대학교 국제지역대학원 강사와 연구원, 원주 한라대 강의전담교수로 근무하다가, 현재는 한국외대 EU연구소 연구교수로 재직중이다. 저서로는 『프랑스가 들려주는 이야기』, 『서양생활문화사』, 『프랑스 문화예술』, 『악의 꽃에서 샤넬 no.5까지』, 『재미있는 파리역사산책』, 『파리혁명과 예술의 도시』, 『프랑스사』가 있다.

김정하

한국외국어대학교 이탈리아어과를 졸업하고, 이탈리아 시에나국립대학교 역사학 박사학위를 받았다. 현재 한국외대 유럽연합자료실 연구교수로 재직 중이다. 저서 및 번역서로 『음식으로 본 서양문화』, 『바다의 실크로드』, 『중세허영의 역사』, 『치즈와 구더기』, 『종교로 본 서양문화』, 『유럽의 축제문화』, 『축제로 이어지는 한국과 유럽』, 『세계의 성문화』, 『세계의 혼인문화』 등이 있다.

김형인

고려대학교 원예학과를 졸업하고 The University of New Mexico에서 미국사로 박사학위를 수료하였다. 고려대, 한양대, 한국외대 국제대학원에서 미국 역사와 문화를 강의하였고, 현재 한국외대 외국학종합연구센터 대우교수로 재직 중이다. 『미국의 정체성』, 『미국 현대사』 등의 저서와, 『한국전쟁의 국제사』 역서가 있다. 미국문화에 대해 전반적으로 연구하고 있다.

조관연

한국외국어대학교 독어과를 졸업하고 독일 쾰른대학교에서 민족학으로 박사학위를 받았다. 한국외대 외국학종합연구센터 영상문화실에서 책임연구원으로 재직하였으며, 현재 한신대학교 디지털문화콘텐츠전공 초빙교수로 있다. 관심분야는 영상과 문화와의 상관관계와 문화변동이다. 저서로는 『음식으로 본 동, 서양문화』, 『영화 속의 동서양 문화』, 『효문화와 콘텐츠』(공저) 등이 있다.